원림과 중국문화 4

園林與中國文化, 王　毅 著
Copyright ⓒ [1990] by [王　毅]
All Rights reserved.

Korean translation edition ⓒ 2014 by The National Research Foundation of Korea
Published by arrangement with the author, Yi Wang, China
Through Bestun Korea Agency, Seoul, Korea.
All rights reserved.

이 책의 한국어 판권은 베스툰 코리아 에이전시를 통하여
저작권자인 저자 Yi Wang과 독점 계약한 (재)한국연구재단에 있습니다.
저작권법에 의해 한국 내에서 보호를 받는 저작물이므로
어떠한 형태로든 무단 전재와 무단 복제를 금합니다.

본 책은 (재)한국연구재단의 지원으로 학고방출판사에서 출간, 유통합니다.

한국연구재단 학술명저번역총서 　동양편 607

# 원림과 중국문화 4

저자 | 王 毅
역자 | 김대원

學古房

|일러두기|

1. 이 책은 주곡성(周谷城)이 주편(主編)한 '중국문화총서(中國文化叢書)'의 하나인, 왕의(王毅)의 『원림과 중국문화(園林與中國文化)』(上海人民出版社, 1990, 5)를 완역한 것이다.
2. 번역은 최대한 원문의 의미를 살리되 가급적 쉽고 이해가 용이한 현대어를 위주로 하였다. 번역된 글이 직역으로 이해되지 않는 경우, 본의에서 위배되지 않는 범위 내에서 한국적인 언어의 표현방법을 구사하였다.
3. 원문의 각주는 장별로 나누어 주석하였다.
4. 인용문은 원전에 대한 이해가 용이하도록 하여, 한글로 표기하고 주석에서 원문을 참고하게 하였다. 주석의 원문이 없는 경우에는 한자를 병기하였다.
5. 단행본인 경우에는 『』로 표시하고, 편명(編名)·시제(詩題)·서(序) 등은 「」로 표시하였으며, 그림은 〈 〉로 표시하였다. 단행본과 편명·시제·서 등을 함께 표시할 경우에는 『사기(史記)·오제본기(五帝本紀)』의 예로 표기하였다. 원문 인용에는 " "를 사용하였고, 강조나 요약 인용의 경우는 ' '를 사용하였다.
6. 인명을 포함한 고유명사, 고전용어, 전문용어 등에 관하여 일반인도 인식할 수 있도록 주석과 풀이를 제공하며, 원전을 인용한 경우에는 출처를 상세하게 밝혔다.
7. 한글표기와 한자표기의 음이 같은 경우에는 병기하였고, 한글표기와 한자표기의 음이 다를 경우에는 [ ]를 사용하였다.
8. 본문의 내용과 관련된 도판을 최대한 수록하여 내용에 대한 이해도를 높이고자 하였다.

## 저자 서문

이 책은 지면이 너무 작거나 내용도 그리 복잡하지 않지만, 대체적인 의미는 간단명료하게 개괄했다고 하겠다.

첫째, 중국고대문화의 완정한 체계에서 극히 일부분을 채택했지만, 그것들은 원래 곤륜산과 아름다운 숲이 한 곳에 이어진 것과 같다. 비유하자면, 이 가운데서 언급한 한대(漢代)의 작은 초형인(肖形印)·천지에 가득한 화상전(畵像磚)·색조가 아름답고 고운 당삼채(唐三彩)·얼음처럼 깨끗한 당대(唐代)의 백자(白磁)·진(晋)나라 사람의 수담(手談)·송(宋)나라 사람들의 다도(茶道)·골동서화(古董書畵)·금기시주(琴祺詩酒)·원시종교(原始宗敎)·선진제자(先秦諸子)·위진현학(魏晉玄學)·송명이학(宋明理學) 등과 같은 것이다. 이전의 관례로 보면 이런 것들은 반드시 형이하학적(形而下學的) '기(器)'로 구분하거나 혹은 형이상학적(形而上學的) '도(道)'로 귀결시켰지만, 그 사이에 중첩된 산과 물이 아득하게 보였던 것도 아니고, 눈에 보이는 모든 현상과 원림이 반드시 관계된 것도 아니다.

둘째, 중국고전원림의 면모는 중국고대사회형태의 기본특징과 역사과정에서 엄격한 제약을 받았다. 비록 대수롭지 않은 산을 쌓고 물길을 내는 기교라든가 담담한 분경(盆景)·짧은 난간(欄干)·자그마한 명나라 양식 의자 같은 것 등에 엄격한 영향을 끼쳤다. 원림의 면모가 한 단계 변천할 때마다 모든 정치·철학·예술의 많은 영역에서 전반적인 사회문화체계의 발전과 변화의 추세에 이르기까지 필연적인 원인이 있었다고 보아야 할 것이다.

이 두 가지의 서술이 대체로 마음에 들지 않는다면, 전인들이 역대원림의 형태를 나보다 분명하게 묘사했는지 논할 것 없이, 이 책은 잘못된 기록까지 설명해야 할 것이다. 다시 말해서 독자들로 하여금 원림의 산(山)·지(池)·정(亭)·대(臺)를 통하여 그 이면의 깊고 넓은 배경을 볼 수 있다면 다행이겠다. 물론 책 곳곳에서 얕은 식견이 드러나서 보잘 것 없지만, 세상에 흔치 않은 방법은 시도해볼 가치가 있을 것이다.

## 원림과 중국문화를 번역하며


이 책은 중국의 원림과 원림문화를 통시적으로 연구한 것이다. 중세 중국의 원림은 건축이면서 동시에 그것을 경영한 사람의 우주·사회·인간에 대한 정취를 표현하는 예술적·심미적 수단이었다. 뿐만 아니라, 원림을 통해 중세의 많은 시(詩)·서(書)·화(畵)·건축(建築) 등의 예술이 발전되기도 하였다. 원림[정원]은 중국인의 사상, 즉 그들의 우주관·자연관·인생관 등을 나타냈다. 이는 자연과 조화시키려는 마음, 자연과 인간이 하나라는 사유를 표현한 것이다. 중국인들은 원림으로써 정조(情操)를 배양하고, 미학적인 가치를 표현하며, 우주관과 인생관을 포함시켰다. 독일의 역사철학자 슈펭글러(Spengler; 1880~1936)의 저서『서양의 몰락』에서도 그러한 점이 확인된다.

중국처럼 풍경을 건축의 실제 요소로 담은 나라는 지금까지 없었다. 또 중국의 묘우(廟宇)는 독립된 건축물일 뿐만 아니라 풍경을 위하여 배치했으며, 전반적인 설계에서 산·물·나무·돌·대문·담장·다리·집 등의 조화를 꾀하였다. 중국문화는 원림을 종교예술문화가 되도록 하였으며, 원림을 통하여 중국의 가옥과 궁전건축을 이해하도록 하였다.

중국에서 원림을 조성한 것은 삼황오제 때부터라고 하지만 문헌기록으로는 주(周) 문왕 때부터라고 한다. 초기의 원림에는 과목(果木)과 채소 등을 심고 금수(禽獸)를 길렀는데, 제왕의 교화와 심신 단련에 목적이 있었다.

후대에 내려올수록 제왕뿐만 아니라 제후들이 유원(囿園)을 만들게 되었고, 한나라 때부터는 돈과 권세가 있는 개인들도 만들기 시작하였는데, 여기에는 자연과 조화를 이루고 자연에 귀의하려는 노장사상이 많은 영향을 끼쳤다. 이 때의 궁원(宮園·황가원림)으로는 미앙궁(未央宮)·사현원(思賢苑)·상림원(上林苑)·동원(東苑)·감천원(甘泉苑) 등이 유명하였고, 사원(私苑)으로는 무릉원(武陵園)이 유명하였다. 시대를 거듭할수록 원림의 규모는 커지고 화려해졌다.

위진남북 시대는 정치사회의 혼란, 귀족의 비대, 문인의 피난, 불교와 도교의 흥성, 산림문학의 발달 등으로 각종원림이 수 없이 생겨났다. 귀족이나 문인들도 한 결 같이 승려나 도사들처럼 산과 들에 기거하고자 했다. 물론 수심양성(修心養性)이 목적이었다. 산거야처(山居野處)가 쉽지 않은 경우에는 도시 안에 자연을 상징하는 원림을 만들고 자기의 미감과 인격을 표현하고 성정을 기탁하였다.

수당 시대에는 이궁원유(離宮苑囿)의 규모는 더욱 커졌고 중국정원의 기본형식이 완성되었다. 여기에는 조원기술과 산림문학이 큰 역할을 하였다. 이 때에 유명한 것은 왕유(王維)의 망천별업(輞川別業)과 백거이(白居易)의 여산초당(廬山草堂) 등이었다. 특히 〈망천도(輞川圖)〉는 일종의 정원설계도이기도 하여 귀중한 사료가 되고 있다. 여산초당은 문인의 이상적인 생활의 전형(典型)이 되었다. 백거이가 쓴 「초당기(草堂記)」는 아름다운 초당의 모습을 찬탄한 명문장이기도 하다.

송나라 때 이격비(李格非)가 쓴 「낙양원명기(洛陽名園記)」에는 20여개의 크고 좋은 원림이 소개되어 있다. 송조(宋朝)가 양자강 남쪽의 임안(臨按; 지금의 杭州)으로 천도한 후부터는 강남 일대에 원림을 만드는 것이 크게 유행되었다. 즉 금릉(金陵; 지금의 南京) 광릉(廣陵; 지금의 揚州) 상주(常州) 소주(蘇州) 항주 일대에 수 백 개의 원림이 조성되었다.

원나라 때는 화가 예찬(倪瓚)이 만든 청비각(清閟閣)·운림당(雲林堂)·사자림(獅子林) 등이 유명했는데 사자림은 지금도 소주에 남아 있다.

명나라 때 역시 당송시대의 전통을 계승하면서 원림을 조성하는 것이 전국각지에 유행했다. 원림설계는 갈수록 전업화(專業化) 기교화(技巧化)되었다. 이때의 원림에 관한 글로는 계성(計成)의 『원야(園冶)』, 육종연(陸從衍)의 『취고당검소(醉古堂劍掃)』, 문진형(文震亨)의 『장물지(長物志)』 등이 남아 있다. 또 명나라 때 조원된 것으로는 졸정원(拙政園)·유원(留園)·만원(漫園) 등이 소주에 남아 있다.
　청나라 때는 소주와 양주지역에 있는 원림을 본 건륭황제(乾隆皇帝)가 북경의 궁정원유(宮廷苑囿)에 모방하기도 하였다. 북경의 어원(御苑·皇家園林)으로는 이화원(頤和園)·원명원(圓明園) 등이 유명하고, 강남의 사원(私園)으로는 이원(伊園)·개자원(芥子園)·수원(隨園) 등이 유명하였다. 모두 기화요초·기암괴석·누각전정·대소원지 등으로 전통원림의 특징을 갖추었다.
　중국미술의 특징이 일반적으로 거대하고 화려하고 섬세하며 기교적이라고 하는데, 중국의 원림도 그렇다. 한국정원의 자연스런 아름다움과는 달리 중국 원림은 인간의 기교를 다해 만든 괴석과 가산(假山), 온갖 꽃과 이상한 모양의 인공 못[池], 동굴과 곡교(曲橋)가 많은 전각과 누정 등으로 이루어졌다. 따라서 한국인이 중국정원을 보면 쉽게 싫증을 느낄 수 있고, 중국인이 한국정원을 보면 보잘 것 없다고 할 수도 있다.
　우리가 중국의 원림을 관람할 때는 중국인의 자연관과 인생관, 미의식, 중국문인의 조원관(造園觀) 등을 생각하며 보아야지 단순히 건물의 화려함·괴석과 가산의 웅장함, 화초와 과목의 번잡한 등만 보면 안 된다. 중국원림은 중국인 사상의 총체이며 상징이기 때문에 원림과 문학, 미술, 철학 등 모든 문화와의 관계를 고려하여 보아야할 것이다.
　중국의 경우 원림은 사대부의 은일문화가 형성되기 시작한 위진남북조시대로부터 발달하였다. 이 시대에는 사대부의 은일문화가 전면적으로 발달하여 원림 외에도 시와 회화, 음악 등 사대부의 은일문화를 구성하는 각각의 영역이 높은 수준을 이루었다. 이처럼 시와 회화, 음악 등의 예술이 원림과 융합되어 사대부의 은일문화를 형성하였으며, 이러한 각각의 예술 영역들이 예술적 취향과 풍격을 공유하면서 상호 교류하는 것은 필연적이라고 할 수 있다.
　가령 시와 원림에 국한하여 볼 때, 진나라 말기 저명한 원림 건축가이자 시인이었던 사령운의 시는 대부분 원림의 경관에 대한 묘사였고, 그의 시에 대한 제가의 평가도 원림의 풍격에 대한 형용어와 직접적으로 통하는 것이었다. 뿐만 아니라, 양나라의 종영이 자신의 『시품』이란 저서에서 원림의 풍격을 묘사하는 언어를 가지고 시의 풍격론을 펼쳤던 것도 이와 같은 원림문화 속에서 가능한 것이었다.

 원림이라는 것은 형태상으로나 내용상으로 인간의 우주에 대한 이상을 예술적으로 표현하는 하나의 심미적 수단이다. 따라서 이 책은 원림에 반영된 중국 역대의 심미관·우주론·예술정신 등의 전반을 인식하고, 아울러 문학·예술·철학·건축 등 각 분야별 인문적 사유와 예술적 구현 형태를 다각도로 탐구할 수 있다.

 중국원림을 통하여 문화예술 전반에서 중국 고전과 관련된 총체적인 지식기반을 제공하며, 한국의 역대 원림에 관한 인문·예술적 사유와 심미구현의 실태를 연구하는 기반이 되기를 기대한다.

 시·서화에서부터 문학·철학에까지 일천한 식견으로 번역한 책이지만, 이를 통하여 인문학과 공학·건축·예술·철학이 소통히는데 조금이라도 도움이 되기를 바랄 뿐이다. 이 책의 번역을 위하여 수고를 마다하지 않은 이기범 박사와 동료 교수인 장지훈 박사에게 고마운 마음을 잊지 않겠다. 아울러 책을 완간할 수 있게 지원해준 한국연구재단 관계자 여러분께 감사드리며, 귀한 책으로 엮어 준 학고방 하운근 대표님께 삼가 사의를 표한다. 항상 가까운 곳에서 묵묵히 참고 견디어 준 아내와 가족들에게 고마움과 사랑을 전한다. 끝으로 평생을 자나 깨나 걱정해주시다가 지난 해 유명을 달리하신 어머니 영전에 이 책을 바친다.

2014년 1월 15일 어머니 기일에
소남헌(素南軒)에서 김대원

# 차례

## 01 중국고전원림의 발전 요약

### 제1장 상고 원림과 선민의 원시숭배 ···································· 3
- 제1절 영대靈臺 ···································································· 6
- 제2절 영소靈沼 ···································································· 21
- 제3절 영유靈囿·원림苑林 ···················································· 31
- 제4절 상고원림의 대략적인 모양 및 그 의의와 영향 ········ 44

### 제2장 양주의 원림 ···························································· 66
- 제1절 신을 즐겁게 하는 것으로부터 인간을 즐겁게 하는 것까지 ··· 67
- 제2절 건축미학에서의 천국과 속세 ···································· 74
- 제3절 산수의 아름다움과 인격의 아름다움 ························ 81

### 제3장 진한시기 원림 ························································ 91
- 제1절 통일대제국의 예술상징 ············································ 93
- 제2절 진한시대의 우주관 및 원림과 건축의 예술풍격 ······ 101
- 제3절 한대 예술풍격의 개설 — 우주를 뒤덮는 기백과 역량 ··· 127

### 제4장 위진남북조 원림 ···················································· 145
- 제1절 서한 궁원이 남긴 업적 — 동한에서 남북조시대까지의 황가원림 ··· 147
- 제2절 사인원림士人園林의 발흥 ········································ 154

### 제5장 수·초당·성당의 원림 ············································ 225
- 제1절 황가원림皇家園林 ···················································· 227
- 제2절 사인원림士人園林 ···················································· 242
- 제3절 초당·성당 예술과 한·당 풍모의 동이점 개설 ······ 259

### 제6장 중당에서 양송까지 원림 ········································ 283
- 제1절 호중천지壺中天地는 중국고전원림에서 중당 이후의 기본적인 공간원칙이다 ··· 285
- 제2절 호중壺中에서 전반적으로 발전한 중당·만당의 원림예술기교 ··· 307
- 제3절 송대 원림의 전형적인 의의 중 첫째인 비교할 수 없는 정미한 호중의 경관체계 ··· 333

### 제7장 명청 시대 원림 ······················································ 369
- 제1절 호중천지에서 개자납수미芥子納須彌까지 ················ 371
- 제2절 구주청안九州淸晏 — 황가궁원의 회광반조回光返照 ··· 378
- 제3절 명청 원림의 예술기교인 개자납수미의 여러 수단 ··· 388

찾아보기 ················································································ 392

## 02 중국봉건사회 형태의 특징과 중국고전원림 발전의 역사가 형성된 원인

제1장 중국봉건사회 구조의 특징을 결정하는 사대부계층과 집권제도의 관계 ················· 3
제2장 사대부 출처사은의 모순과 은일문화의 발전 ································································ 21
  제1절 춘추전국시대에 제기되어 양한시대에 성숙된 모순 ·············································· 22
  제2절 위진남북 시대에 탐색된 은일문화의 전반적인 발전과정 ····································· 33
  제3절 초당·성당에 성숙된 사은출처의 균형관계가 원림 발전에 미친 영향 ············· 52
  제4절 중은 — 중당 사인中唐士人들의 고통스러운 재창조 ················································ 74
  제5절 중은中隱을 마음에 새겨두고 더욱 확장시킨 양송 사인兩宋士人 ·························· 96
  제6절 오랫동안 배양된 탈바꿈 ······························································································ 119

제3장 원림—은일문화의 가장 기본적인 재체 ········································································ 136

## 03 천인지제天人之際의 우주관과 중국고전원림의 경계

제1장 천인지제天人之際가 중국고대철학의 주제로 성립된 원인 ········································ 143
제2장 중국고전원림의 사중四重경계 ·························································································· 167
  제1절 끝없이 광대하며 만물을 함유한 우주의 모방형식 ················································ 169
  제2절 무아지경 — 원림의 경관과 우주의 융합 ································································ 173
  제3절 유아지경 — 심미자審美者와 원림·우주의 융합 ···················································· 190
  제4절 조화롭고 영원한 우주의 운율 ···················································································· 208

제3장 송명이학의 중대한 의의 중 첫째인 천인지제 체계의 강화와 완선이 원림경계에 미친 영향 ········ 243
  제1절 이학의 출현과 강화되고 완선해진 천인체계를 기본목적으로 하는 역사의 필연성 ·········· 245
  제2절 이학의 강화와 천인체계 완선 방법 ·········································································· 268
  제3절 천인체계의 강화와 완선이 송대 이후 원림경계에 미친 영향 ···························· 279

찾아보기 ················································································································································ 324

## 04 사대부인격의 완선과 중국고전원림의 흥기작용

제1장 중국봉건사회 형태의 특징과 사대부인격 완선의 의의 ·················································· 3
제2장 사대부인격완선에 대한 중국고전원림의 작용 ·································································· 31
제3장 송명이학의 중대한 의의 중 둘째인 인격관·우주관·원림심미 삼위일체의 고도 강화 ········ 67
  제1절 공안낙처孔顔樂處 - 이학理學의 인격이상과 그것이 생겨난 역사적 필연성 ············ 71
  제2절 이학 중건과 이상인격의 강화 방법 ·········································································· 94
  제3절 공안낙처孔顔樂處와 송대 이후의 원림미학 ···························································· 113

## 05 중국사대부의 사유방식과 중국고전원림의 사의寫意기법

제1장 중국고전원림에서 사의의 운용 ························································································ 147
제2장 중국사대부 사유방식의 특징과 그 형성 원인 ···································································· 175
제3장 송명이학의 중대한 의의 중 셋째인 전통사유방식의 고도·강화·완선이
  원림의 사의에 미친 영향 ································································································ 199
제4장 사의가 중국사대부 문화예술에 차지하는 보편적 의의 ···················································· 242

## 06 중국고전미학에서의 중화中和원칙과 중국고전원림의 조경예술

제1장 중화 - 중국고전미학 방법론의 기본원칙 및 그 정제와 반제 ·········································· 313
제2장 고전원림예술에서 중화의 실현 - 풍부·조화·완정이 구축된 경관체계 ······················ 337
  제1절 중국고전원림 경관요소의 분류와 조합 ·································································· 341
  제2절 중국고전원림예술의 공간원칙과 기법 ···································································· 393

찾아보기 ······················································································································································ 426

## 07 중국전통문화체계의 높은 자아완선이 원림문화에 미친 영향

제1장 동진 시기에 초보적으로 확립된 사대부 문화예술체계 ·············· 3
제2장 송대 원림의 전형적인 의의 중 둘째인 호중壺中은
　　　고도로 완선된 사대부 문화예술체계 ·············· 21

## 08 중국고대문화체계와 중국고전원림체계의 종결

제1장 '호천'에서의 탐닉과 '천인'체계의 분산 ·············· 155
제2장 은일문화의 필연적 침윤 ·············· 215
제3장 졸재·나원과 사대부 인격의 융해 ·············· 251
제4장 전통사유방식과 사의예술의 자체소멸로 인한 원시사유로의 복귀 ·············· 307
제5장 이면으로 향하는 예술변증법과 중국고전원림·건축예술의 쇠퇴 ·············· 361

결　론 ·············· 446

찾아보기 ·············· 449

# 07 중국전통문화체계의 높은 자아완선이 원림문화에 미친 영향

앞에서 수차 언급했듯이, 전통양식에서 끊임없이 완벽한 수준으로까지 진행된 것은 중국고대문화가 독자적으로 발전하게 된 중요한 특징이다. 이 과정에서도 부분적인 완선과 체계적인 완선으로 나눌 수 있다.

부분적인 완선은 체제에 있는 요소를 가리키는데, 즉 크게 보면 사대부의 우주관이나 인격관까지이다. 작게는 원림에 있는 작은 물이나 주먹 만 한 돌이나, 건축물 중의 문·창·칸막이 같은 것들이 발전하여 성숙하고 스스로 느껴서, 자신의 능력과 조건이 허락하는 범위에서 더할 나위 없이 잘 된 방향으로 발전해간 것을 가리킨다.

체계적인 완선은 체제에 있는 요소를 가리키는데, 즉 크게 보면 종법(宗法)체계 중의 임금[君]·신하[臣]·아버지[父]·아들[子]의 관계와 사상체계 중의 유교[儒]·불교[釋]·도교[道]와 이학(理學)체계 중의 우주관·인격관·심미관·사유방식, 성시의 건축체계 중의 외성·내성·황성·궁성 같은 것이다.

작게는 정원 사이에 있는 집 가운데의 정자의 규모·풍격, 돌다리가 치우친 각도, 한 쪽에 있는 회랑이 감긴 완만함과 급경사, 심지어 가구 중에 있는 사소한 부재의 비례·곡선, 같은 것들은 철저하게 조화시켜 전반적인 체계 가운데 넣었고, 정확하게 체제에서 요구하는 위치에 고정시켰으며, 광범위하고 복잡한 모순관계가 침투하여 제약하기 때문에, 모두 이런 것이 기초가 되어 체계의 구성이 날로 완정하고 치밀한 방향으로 발전한 것이다.

따라서 전통문화가 계속되어 모든 부분에서 완벽하게된 것도 더욱 철저히저서 체제의 완선한 기운 데로 들어선 것이다. 독자들도 이 책의 중요한 명제인 '체계의 고도한 완선'을 어렵지 않게 느낄 것이다. 중국전통문화의 발전에 관해서는 특히 전통문화는 중당 이후에 발전하였고 그러한 변화는 중요한 의의가 있다. 앞에서 이런 명제를 끊임없이 언급한 뒤에 반드시 이 명제에 대한 전반적인 이해가 자연스럽게 요구된다. 전통문화체계 중의 복잡한 문화부분·문화요인은 결국 어떤 연결체를 통하여 더욱더 긴밀하게 한 곳으로 응집해야하는가?

실제로 이러한 유대관계는 없는 곳이 없는데, 다만 연구자들의 시각이 다르기 때문에 각기 편중할 뿐이다. 이편에서 사대부생활이 예술작품을 하는 심미대상으로 선택한 것은 그 이유가 사대부문화가 중국고대문화 중에서 가장 대표성을 갖추었기 때문이다. 원림은 원림에 사는 자 뿐만 아니라 예술이 존재하고 발전하는 자연환경 조건을 제공한 것이다.

원림에 사는 자들의 생활을 떼어 놓는다면, 이는 생명이 없는 껍질에 불과하다. 원림과 문화의 발전관계를 토론하면, 고대문화의 높은 수준과 완벽하게 된 과정을 토론하는 것도 소홀히 해서는 안 된다. 원림이 날로 밀접해져서 전반적인 사대부 문화체제와 함께 한 곳에 응집시키는 것이 이런 발전과정을 조성한 부분 중의 하나이다.

중국사대부문화의 발전을 전후 두 시기로 나눈다면, 전기의 최고봉은 동진(東晋) 때이고, 후기의 최고봉은 양송(兩宋) 때이다. 이 두 시기의 최고봉은 분명히 서로 비슷한 점이 있다. 사회의 모든 곳에서 기체(機體)가 진행하여 스스로 조정해야할 것을 느꼈던 시기이고, 허다한 문화영역에서 전에 없었던 성취를 얻었으며, 더욱 중요한 것은 이후의 사대부문화를 안정시키게 된 방식이 되었다. 그렇다면 이들의 서로 다른 점이 어디에 있는가?

서로 다른 점과 고대문화체제가 매우 높은 수준으로 완벽하게 된 과정은 근현대 중국의 발전 변화에도 필연적 연관관계가 있는가?

이러한 문제를 설명하기 위하여 앞으로 서로 비슷한 점과 다른 점을 함께 비교해야할 것이다.

# 제1장

## 동진 시기에 초보적으로 확립된 사대부 문화예술체계

◁ 자희황태후(慈禧皇太后)바둑두는 그림

동진 시기는 중국사대부 문화발전사에서 두드러진 지위를 차지한다. 그 까닭은 유가나 도가, 벼슬하는 사람들 모두가 이 시대에 은거했다고 전인들이 언급하였고, 이론과 은거생활을 처음 시행한 것이 변하여 사대부 자신의 광범한 생활영역에서 실천했기 때문에 중요한 시기라고 이미 수차 지적하였다.

이러한 기초 위에서 중국사대부문화의 짜임새가 확립될 수 있었고, 은거를 비롯하여 원림·산수문학·회화·서예·음악·현학·불교·도교·유람·저술·음식·복식·바둑 등을 포괄하여 발전하였고, 의태와 풍신 같은 방대하면서 통일된 문화체계에까지 이르게 되었다.

또한 동진 사대부문화가 출현하여 고도로 번영하였고, 갈홍葛洪·왕희지王羲之·고개지顧愷之·도연명陶淵明 등 중국문화사에서 영원히 빛나는 인물들이 대거 탄생하였다. 그들이 성취한 문화예술은 이전이나 이후의 어떤 거장들보다도 훌륭하다고 할 수 있고, 더욱 중요한 것은 그들이 생활이나 예술에서 표현한 것은 정신의지와 인격기질이었기 때문에, 이후 긴 세월동안 고대사회에 심원한 영향을 끼쳤다.

중국의 원림·산수시·문인화·서예·종교 등의 문화예술은 내용이나 기법 면에서는 더욱 휘황찬란한 시대가 있었다. 그러나 사상이나 미학의 연원을 말하면, 도리어 동진 때로 거슬러 올라가야할 것이다.

왕희지·사안·고개지·도연명 같은 이들의 이름과 자는 많은 후대 사람들까지도 그들의 인격과 예술을 바랄 수 없는 이상의 경지로 보았다. 제1편 제4장에서 원림예술이 동진시기에 거대하게 발전했다고 언급하였으나, 당시 사대부문화가 전반적으로 번영하여 빠트릴 수 없어서 이 부분에 구성하였다.

전반적인 중국고대문화발전에 대한 맥락을 벗어나서 파악한다면, 이것도 동진 원림과 동진문화의 모든 현상을 진정으로 인식하기가 어려울 것이 분명하다. 아래에서 동진의 원림과 사대부문화예술체제의 관계를 더욱 구체적으로 보겠다.

동진의 저명한 조원가를 이미 소개했다. 지둔遁·손작孫綽·사안謝安·왕희지王羲之·대규戴逵·도연명陶淵明·종병宗炳 같은 사람들은 거의 모든 것을 갖추었고 당시 사대부문화를 전반적으로 발전시킨 대표적인 사람들이다.

예를 들면 '대규戴逵'를 당시의 현학가들 모두가 '통은通隱'¹⁾이라고 칭찬하였다. 또 「죽림칠현론竹林七賢論」을 저술하여 사대부인격과 은일문화를 명백하게 주장하였고, 그는 예술상에서도 정심하고 해박한 조예가 있었으며, 『세설신어·아량』에 다음과 같이 기록되어 있다.

대규가 동쪽에서 도읍으로 나오자 사안이 만나러 나갔다. 사안은 일찍부터 대규를 대단하게 여기지 않았으나, 함께 금서를 논하자 인색함이 없어지고 금서를 말하는 것이 더욱 묘했다. 사안이 차츰 그의 도량을 알게 되었다.❶

> ❶ 『세설신어(世說新語)·아량(雅量)』, "戴公從東出, 謝太傅往看之. 謝本輕戴, 見但與論琴書. 戴既無吝色, 而談琴書愈妙. 謝悠然知其量"

유주劉注를 인용한 「진안제기」에서도 그를 다음과 같이 칭찬했다.

편안하게 생을 즐기며 금 타기를 좋아하고, 문장을 잘 지었으며, 잔치를 열어 더욱 즐겼다.❶

> ❶ 『진안제기(晉安帝紀)』, "泰於娛生, 好鼓琴; 善屬文, 尤樂游燕."

또 『세설신어・서일』에서 『속진양추續晉陽秋』의 주를 인용하여 말했다.

대규는 권세를 좋아하지 않고, 금서를 스스로 즐기며, 회계 섬산에 은거하였다.❶

> ❶ 『세설신어(世說新語)・서일(棲逸)』, "逵不樂當世, 以琴書自娛, 隱會稽剡山."

대규는 자신의 「금부」에서 다시 말했다.

지극한 사람은 완물에 의탁하여, 덕을 인도하고 정을 베풀며, 깊고 미묘한 속뜻과 비고 먼 것에서 사물의 영험함 느낀다.❶

> ❶ 대규(戴逵), 『금부(琴賦)』, "至人托玩, 導德宣情, 微旨虛遠, 感悟物靈."

이런 것들에서 알 수 있듯이, 원림과 똑같이 음악・서예・문학・잔치연과 사대부 특유의 유연함과 아량 등은 모두 사대부생활과 예술에서 없으면 안 되는 문화의 요소이다. 이에 대규가 「한유찬」에서 이런 점을 스스로 느껴서 "금서 옆에 누워서 쉰다."는 것과 "바위에 흘러내리는 사이에 그늘이 진다."2)는 것을 한곳에서 논하였다. 동진 사인들은 음악을 통하여 자기 인격과 우주관의 예를 든 것이 매우 많은데, 다음과 같은 것들이다.

왕희지는 자신을 일컬어 "거문고나 피리에 의지하여 성정을 도야한다."3)하였다.

환온이 사안을 일컬어 "북창 아래에서 무릎을 세우고 금슬을 연주하니 하늘 가의 진인이라는 생각이 든다."4)고 하였다.

또 도연명은 자신의 원림을 묘사하여 "꽃과 약초 구분하여 나열하고, 숲 대나무 무성하구나. 평상에 맑은 소리 거문고 있고, 탁주는 반병이나 있네."5)라고 하였다.

진나라 말기의 주속지周續之6)와 도연명은 '심양삼은潯陽三隱'7)으로, 당시 사람들이 평가하길, 그의 생활에서 원림과 음악이 통하여 기초가 되었다고 "본성이 넘긴 것이 없어 영화와 춥고 굶주림이 모두 떨어졌구나. 징을 사모하나 바위의 못과 금서가 모두 멀리 있구나."8)라고 명백하게 말하였다.

대규가 금과 서예를 함께 논한 것에서 서예가 동진 시대 사대부문화에서 차지하는 위치를 알 수 있고, 왕희지나 사안 등은 조원가인 동시에 저명한 서예가이기도 하였다.

왕희지를 말할 필요 없이, 남제 왕승건이 『논서』에서 사안을 일컬어 "「능서록」에도 들었고, 자신도 꽤 중하게 여겼으니, 곧 자경[왕헌지]글씨 혜중산[혜강]의 시이다."9)고 하였다.

당나라 사람 장회관이 사안을 일컬어 "더욱 행서를 잘 썼다.", "예서·행서·초서가 묘한 경지에 들었다. 그의 형은 사상인데 자가 인조이다. 동생은 사만인데 자가 만석이며 모두 서예를 잘 했다."10)고 하였다.

진·송 무렵의 사령운은 이미 당시 원림예술가를 대표하였고, 또 서예·문학·현학·불학 등에 정통하였고, 유송劉宋 때 우화虞和가 「상명제논서표上明帝論書表」에서 일컫길, "사령운 어머니는 유씨이고 자경[왕헌지]의 생질이다. 고로 사령운이 글씨를 잘 썼고 특히 왕법[왕희지와 왕헌지의 서예]이 많다."11)고 하였다.

장회관도 그에 대하여 "소왕[왕헌지]을 모범으로 하여, 진서와 초서가 모두 아름답다. 바위는 천년의 색을 간직하고 소나무 아래의 백 척의 나뭇가지가 비록 스승에게는 미치지 못하지만, 바람을 맞고 구름을 토해내며 요동치는 산악도 거의 근사하다."12)고 하였다.

동진 서예의 번영은 당시 전반적인 사대부문화가 이상인격을 추구하고 표현하는 것과 직접적인 관계가 있기 때문에 "떠다니는 구름처럼 나부끼고, 놀란 용처럼 바르다"는 찬사는 이미 당시 사람들이 왕희지에 대한 용의와 풍신을 품조한 것이 분명하다.13) 후인들이 그의 글씨를 표일한 필세라고 칭찬하였다.14) 제5편 제4장에서 언급한 서예와 사대부인격의 필연적인 연관관계를 다시 한 번 생각하게 된다.

서예에 미루어 회화를 생각하면 용이하다. 회화를 사대부정취의 풍격을 표현하는 것이라고 자각한 것은 동진에서 비롯되었고, 회화도 당시 사대부문화와 밀접한 관계가 있다.

동진의 사대부계층이 산수심미·원림예술·산수문학의 자양을 분명히 공급받았다. "고장강[고개지]이 회계에서 돌아와서, 인간과 산수의 아름다움에 대하여 '깊은 산속 경치가 빼어나고, 많은 골짜기에 물이 다투어 흐르고, 풀과 나무 몽롱한 모습이 구름 피어오르고 노을 짙어오는 것 같네."15)라고 하였다.

이런 지위의 화가들이 머물렀던 회계산은 당시 사인원림으로 사인들이 모이는 장소였다. 고개지 역시 동진 사대부문화예술을 전반적으로 발전시킨 대표적인 사람으로, 회화를 제외하더라도 문학·음악·서예 등에도 정통했다.

양나라 때 저명한 문학비평가 종영이 시로 칭찬하여 "문장이 비록 많지 않지만, 기운과 격조가 뛰어나게 기발하다."16)고 읊었다.

『진서·고개지전』에 "고개지는 박학하고 재기가 있어서, 일찍이 「쟁부」를 짓고, 사람들에게 말하길 '나의 부는 혜강의 금에 견주면, 감상할 것이 못되지만 반드시 이후에는 서로 다른 점이 드러날 것이니, 잘 아는 자들도 고귀함을 귀중하게 여길 것이다.'"17)하였다. 고개지는 문화전반에 소양을 갖춘 사대부였다.

왕몽은 동진 중기에 현학의 영수 중의 한 사람인데, 서광徐廣18)이『진기』에서 이르길, "대개 풍류를 일컫는 자는 모두 왕몽과 유담을 본보기로 거론한다."19) 하였다. 그는 풍류 뿐만 아니라 예술재능이 광범하다고 사람에게 칭송되었다. 왕승건王僧虔이「예로부터 명필가 성명의 계보를 올리다條疏古來能書人名啓」에서 그를 일컬어 "초서와 예서를 잘 썼다"20)고 하였다. 장언원의『역대명화기』5권에 다음과 같은 기록이 있다.

---

동진의 왕몽은 …… 거리낌 없이 아무 데도 얽매이지 않고, 서예는 유익과 견줄 만하다. 그림에 특히 묘하여 높은 경지에 바랐다. 항상 나귀를 타고 가게 집에 와서 상여수레를 그렸다. 스스로 이르길, '나는 술 마시기를 즐기고, 고기를 좋아하고, 그림을 잘 그린다. 다민 남들이 음식과 맛있는 술과 좋은 비단을 기지고 있는데 내가 어째서 가지 않겠는가?'하였고, 특히 청언을 잘 하여서 당시에 소중하게 여겼다.❶

---

❶『역대명화기(歷代名畵記)』5권, "王濛 …… 放誕不羈, 書比庾翼, 丹靑特妙, 頗希高達. 常往驢家畵輀車. 自云; '我嗜酒, 好肉, 善畵, 但人有飮食·美酒·精絹, 我何不往也?' 特善淸言, 爲時所重."

---

진말 송초의 산수화가인 종병은 여전히 은일·서화·음악·문학·현학·불학 등을 다 같이 천단하였다.21)고 하였다.

중국고대문화에서 항상 금·바둑·그림·서예를 함께 칭송하였다. 바둑을 두는 것이 사대부문화체계의 하나로 여긴 것도 동진 때에 비롯되었다. 당시 바둑계의 명수는 모두 높은 집안과 벼슬하는 집안에서 배출되었을 뿐만 아니라, 모두 전반적인 문화수양을 갖추었다. 예를 들면 강빈江彬22)은 "넓은 학문으로 명성이 알려졌고 바둑도 잘 두어서 중흥의 우두머리로 여겼다."23)

청(淸) 자희황태후(慈禧皇太后) 바둑두는 그림

왕도王導24)같은 이는 사대부의 대표적 인물이고 바둑에 명수였으며, 범왕范汪25)이 『기품』26)에서 "강빈과 왕념王恬 같은 이는 바둑이 제1품이고, 왕도 같은 이는 5품이다."27)하였다.

왕도의 종제인 왕이는 "어려서부터 글을 잘 지었고 많은 것을 두루 섭렵하였으며, 글씨와 그림을 잘했고, 음악 활쏘기 바둑 장기 잡기에 능했다."28) 더욱 유명한 것은 비수대전淝水大戰29) 때에도 사안謝安과 사현謝玄30)이 원림에서 바둑을 두었다는 고사이다.

부견❶이 나중에 군사를 늘려서 백만이라고 선전하면서 회비에 주둔시켰으니 경사에서는 질겁하였는데, 사안이 대도독을 정벌하였다. 사현이 들어가서 계책을 물어도 사안은 편안하게 두려워하는 기색이 없이 대답하길, '이미 다른 명령이 있었다.' 하고 평온하였다. 사현이 감히 다시 말할 수 없어서 곧 장현❷에게 거듭 청하게 하였다. 사안이 드디어 산속의 별장으로 나가게 명하니, 가까운 친구들이 모두 모여서 환현과 바둑 두는 것을 별장에서 보았다. 사안은 바둑이 사현보다 항상 열세였는데, 이날은 사현이 두려워하면서 곧 대적했으나 또 이기지 못했다. ……❸

❶ 부견(苻堅; 338~385): 전진(前秦)의 제3대 왕(재위 357~385). 태학을 정비, 학문을 장려하고 농경을 활발히 일으켰다. 특히 한인학자 왕맹의 보필로 국세를 크게 떨쳤고 전연과 전량을 멸했다.
❷ 장현(張玄): 진한대 정치인, 후한 하내(河內) 하양(河陽, 하남성 孟縣) 사람. 자는 군하(君夏)이다. 『안씨춘추(顔氏春秋)』를 공부했다.
❸ 『진서(晉書)·사안전(謝安傳)』, "苻堅後率衆, 號百萬, 次於淮淝, 京師震恐. 加安征討大都督. 玄入問計, 安夷然無懼色, 答曰 '已別有旨, 既而寂然, 玄不敢復言, 乃令張玄重請, 安遂命駕出山墅, 親朋畢集, 方與玄圍棋賭別墅. 安常棋劣於玄, 是日玄懼, 便為敵手而又不勝. ……"

이 고사의 내용은 사람들이 알고 있지만, 자세한 부분에는 신경 쓰지 않는다. 후진 황제 부견이 진을 치려고 백만 대군이 국경까지 쳐들어 왔을 때, 동진의 존망은 일선에 매달려 걱정스러운 시기에 사안은 원래 대성臺省31)에서 평형을 유지할 여러 가지 방책을 짜고 있었는데, 사현은 그 책략을 알지 못하고 자주 들락거리며 계책을 물었다. 사안은 그들이 어려움에 처해도 전혀 두려워하지 않고, 무리들을 거느리고 원림에서 놀았다. 『자치통감』105권에 "사안이 마침내 명령하여 말을 타고 나와서 산속의 집에서 놀았다"32)고 하였으며, 원림에서 사현과 바둑을 두었다고 하였다.

원림과 대성에서 바둑 두는 것은 소요하며 즐기고 경물을 감상하는 것만이 아니고, 사대부 특유의 기지와 아량을 표현하는 수단이었다는 것을 분명하게 간파할 수 있다.

『세설신어·교예』에서 이런 관계를 분명하게 설명하여 "왕중랑33)이 바둑 두는 것은 앉아서 은거하는 것이고, 지둔支遁34)공이 바둑 두는 것은 수담手談35)하는 것이다."36)하였다.

왕탄지와 지둔공은 동진 때 영향을 끼친 사상가였는데, 왕탄지는 일찍이 『장자』를 세상에서 없애야 한다는 주장을 담은 「폐장론廢莊論」을 지어, 유현공로儒玄孔老37)의 균형을 주장하였다.38) 지둔은 당시 현학의 영수였고, 그들은 약속하지 않아도 바둑 두는 것이 사대부의 청일하고 빼어난 인격을 표현하는 중요한 작용으로 여겼기 때문에, 바둑 두는 것을 은일이나 철학과 동등하게 여긴 것이다.39)

동진 사대부들이 자각하여 자신의 인격이상과 정신경계를 문화예술 영역에 조화롭게 주입시킨 예는 많다. 이런 영역은 원림예술에도 똑같아서, 대표적인 인물도 사인의 영수들이다.

예를 들면 복식문화 중에, 사안이 우연히 포규선蒲葵扇40)을 사용하였는데, "서울의 선비와 서민들이 경모하여 착용해서 값이 몇 배 올라서 한 달이 지나자 살 수가 없었다."41)고 하였다. 어떤 옷은 고귀한 집안이나 사인의 자랑거리로 여겨서 청광한 인격의 전용물이 되었다.

주미塵尾42)도 같은 예이다. "장사의 왕몽이 병으로 위독하여, 등잔불 아래에 드러누워서, 사슴꼬리 돌리는 것을 보고, 한탄하며 말하길, '이 같은 사람이 40을 더할 수 없구나!'고 하였다."43) 이 때문에 곧 남제 시기에는 미천한 집안이나 부귀한 집안에서도 자손들에게 훈계하는 것을 잊지 않고, "사슴꼬리는 왕몽과 사안 집안의 재물이니, 너희들이 이것을 늘 잡고 있을 필요는 없다"44)고 하였다.

몸가짐이나 말소리도 이와 같아서 "동진의 사안이 코 먹은 소리로 '낙하서생영洛下書生詠'45)을 지어서 읊었는데, 어려서 콧병을 앓아 발음이 탁하였다. 후에 사람들이 그 곡을 많이들 배웠으나 사안의 코 먹은 소리가 나지 않자, 손으로 코를 쥐고 코 먹은 소리로 불렀다."46)고 하였다. 사현은 사안을 칭송하여 "오직 공손하게 앉아서 코를 틀어잡고 돌아보면, 곧 스스로 거처하는 곳이 산과 늪 사이에 있는 것 같은 의용이 있다."47)고 하였다. 당시 사람들의 안목에는 사안이 손을 들고 발을 디딘 것은 모두 그가 구학이나 원림에 정을 기탁한 흥취와 통하는 것으로 여겼다는 것을 알 수 있다.

서예나 명화에 대한 품평과 수장은 뒷날 사대부문화예술을 조성하게 된 중요한 부분으로, 이런 기풍도 동진에서 비롯되었다. 환현桓玄48)은 서예로 유명하며, 또한 감상·수장가였다. 『역대명화기』의 예를 들겠다.

---

대사마 환현은 항상 고개지와 양흔을 불러서 그림과 글씨를 논하였는데, 밤을 새워도 피로한 줄 몰랐다.❶

성질이 탐욕스럽고 진기한 것을 좋아하여, 천하의 법서와 명화를 반드시 자기에게로 돌아오게 하였다.❷

❶ 장언원(張彦遠), 『역대명화기(歷代名畵記)』, "桓大司馬每請長康與羊欣論書畵, 竟夕忘疲".
❷ 장언원(張彦遠), 『역대명화기(歷代名畵記)』, "桓玄性貪 好寄, 天下法書名畵, 必使歸已."

제1장 동진 시기에 초보적으로 확립된 사대부 문화예술체계  13

얼마 전까지만 해도 황권에 완전히 예속된 문화 활동을 했는데, 이 시기에도 사대부 사가에서 종사해야 문화 활동이 가능하였다. 예를 들면, 양한 시기에는 개인이 역사책을 편집하는 것이 불법이어서, 반고班固49)가 『한서』를 찬술하여서 화를 입었다.

사적 저술과 도서의 수집 정리도 모두 동관東觀50)이나 난대蘭臺51)의 직책을 가진 자만 비각의 경전재료를 활용할 수 있었는데, 사마담司馬談52)·사마천·유향劉向53)·유흠 같은 이들 이후에도 똑같았다. 위진 이후 이런 활동은 먼저 사관을 통해야 승낙하였다. 유지기劉知幾54)의 말을 예로 들겠다.

중조의 화교·진수·육기·속석 등과 강남의 왕은·우예·간보·손성 같은 이들은 모두 사관 중에서 더욱 아름다우며, 저작랑으로 선발되었다.❶

> ❶ 『사통(史通)·사관건치(史官建置)』, "若中朝之華嶠·陳壽·陸機·束晳, 江左之王隱·虞預·干寶·孫盛, 并史官之尤美, 著作之妙選也."

동진 이후에도 사대부 사가에서 역사책을 저술하여 대대로 계승하였다. 왕표지王彪之55) 같은 이는 저작랑에 임직한 시기가 매우 짧은데도 여러 차례 승진하여 상서령尙書令이 되어서, "사안과 함께 조정을 담당하였다."56) 그러나 왕씨가 찬술한 전장典章 고사故事의 기풍은 시종 이어지지 않았다.

"왕표지는 박문 다식하며 조정의 모든 의식을 익혀서, 집안 대대로 전하여, 강남의 옛 일을 암송하고, 푸른 상자에 넣어서 봉했다, 세인들이 이를 '왕씨청상학

王氏靑箱學'이라 하였다."⁵⁷⁾

후대 양나라 때 '처사' 완효서阮孝緖⁵⁸⁾는 「칠록」을 지어서, 전통학술체계의 구성과 강목을 상세하게 묘사하였다. 상징적인 측면에서 보면 고대문화가 날로 성숙하게 한 것이다.⁵⁹⁾ 그의 성취는 동진 이후 사대부 사가의 학술활동에 직접적으로 도움이 되었으며 그 자체는 그 중의 일부분이다. 「칠록 서문」에서 다음과 같이 말했다.

완효서는 어릴 때부터 서책을 좋아하여, 오래보아도 싫어하지 않았다. 병으로 누워서 한가한 때에도, 옆에 너저분한 것이 없었고, 새벽이면 일어나서 비단 주머니가 이미 흩어졌다. …… 송나라·제나라 이래로, 왕공이나 사대부의 관청에는 실로 서책을 모아서 비축할 수 있으나, 반드시 그 명부를 생각하게 했다. 만나는 곳마다 보거나 들으면, 관목과 비교하여, 다소 빠진 것은 모두 여러 집에 모아서, 다시 새로 기록하였다.❶

❶ 완효서(阮孝緖), 「칠록서(七錄序)」『전상고삼대진한삼국육조문(全上古三代秦漢三國六朝文)·전양문(全梁文)』 66권, "孝緒少愛墳籍, 長而弗倦, 臥病閑居, 旁無塵雜, 晨光才啓, 緗囊已散. ……凡自宋·齊已來, 王公搢紳之館, 苟能蓄聚墳籍, 必思致其名簿. 凡在所遇, 若見若聞, 較之官目, 多所遺漏, 遂總集衆家, 更爲新錄."

이당시 원림은 '왕공 사대부의 관청'이나 개인 처사가 '병으로 한가하게 누워 있는' 장소로 이용되었는데, 이러한 원림이 전반적인 사회문화에서 작용되었다는 것과, 시대가 너무 멀지 않으면 비교할 수 있다는 것을 알 수 있다.

'위진 풍격'이 높은 경지로 발전하여 총결됨으로써, 이후 동진 사대부문화 탄생에 영향을 크게 끼쳤으나, 몇몇 사람들은 사안·도연명 등이 생활에서 사대부 인격관·우주관·심미관의 가치를 체득했다는 점을 알지 못한다. 앞서 언급했듯이, 이런 가치를 보편적·자각적으로 추구하는 것은 중국전통문화가 성숙한 방향으로 나아가는데 필요한 조건이며, 전통문화체계가 쇠퇴하는 중에 자기 생명과 존재가치를 연속시키는 기본적인 수단이기도 하다.

성당의 이백·중당의 백거이·송대의 소식을 논하지 않더라도, 동진 사인들에 대하여 진심으로 경탄한 것을 볼 수 있었는데, 명대의 왕사임[60]도 "고금의 풍류는 오직 진대에 있었다."[61]고 말했다.

이편에서 더욱 흥취를 느끼는 것은, 동진 사인이 중국사대부문화의 기본구성이나 내용 및 발전방향의 실천을 어떻게 확립했는가 하는 것이고, 또 사대부인격의 핵심이 되고, 원림이 본체가 되어, 원래 엉성하게 연계된 문화예술부문을 응집하여 하나로 통일시키고, 이런 요소를 끊임없이 친화적이며 치밀하게 내재구조에 주입했는가 하는 것이다.

이런 구조나 조직이 발휘되기 이전에는, 성숙하고 통일된 사대부 문화체계 내지 모든 중국전통문화체계가 근본적으로 세워질 수 없었다는 것이 분명하다.

다음 1장에서도 볼 수 있듯이, 이와 같은 조직이 형성되어 발휘한 이후에는, 반드시 어떤 타성이 생겨서, 끊임없이 위축된 '호천' 가운데 사대부 문화구조의 부재마다 완미하게 할 수 있으면, 매우 정교하게 부합할 것이다.

이처럼 오랜 기간 연속하여 발전하면, 오래된 체계의 존재가치가 한층 더 유지될 것이다. 이처럼 점점 더 협소해지지만, 도리어 모든 문화구조가 점점 치밀해지는 것은 고립적인 전통문화요소가 아니라, 점점 심각해지는 위기를 저항하여 방어하고, 자신을 적당하게 억제하는 가운데에서 고립적인 전통문화의 발생을 타파할 수 있을 것이다. 이러한 과정의 시기를 설명해야 또 한걸음 나아가서 동진 원림문화의 가치와 의의를 이해할 수 있을 것이다.

01 통은(通隱): 마음이 탁 트이고 활달한 은사(隱士)를 이른다.

02 대규(戴逵), 『한유찬(閑游贊)』, "偃息琴書之側", "蔭映巖流之際"

03 『세설신어(世說新語)·언어(言語)』, 王羲之稱自己 "正賴絲竹陶寫"

04 『세설신어(世說新語)·아량(雅量)』, 桓溫稱謝尙 "企脚北窓下彈琴瑟, 故自有天際眞人想"

05 「시운(時運)」, 『도연명집(陶淵明集)』1권, "花藥分列, 林竹翳如. 淸琴橫床, 濁酒半壺."

06 주속지(周續之; 358~423): 동진(東晋) 때 안문(雁門) 사람. 자는 도조(道祖)다. 12살 때 예장태수(豫章太守) 범녕(范寧)의 문하에 들어가 수업했고, 오경(五經)과 오위(五緯)에 통달해 사람들이 '십경동자(十經童子)'라 불렀다.

07 심양삼은(潯陽三隱): 진(晋) 나라 도잠(陶潛)과 주속지(周續之), 유유민(劉遺民) 등 3인이 심양 땅에 은거하였으므로, '심양 삼은'이라고 한다.

08 『송서(宋書)·주속지전(周續之傳)』, "性之所遣, 榮華與飢寒俱落; 情之所慕, 巖澤與琴書共遠."

09 『전상고삼대진한삼국육조문(全上古三代秦漢三國六朝文)·전제문(全齊文)』8권, "亦入「能書錄」, 殊亦自重, 乃爲子敬(王獻之字子敬)書秅中散詩"

10 왕승건(王僧虔), 『서단(書斷)』중권, 唐人稱張懷瓘 "尤善行書", "隷·行·草入妙. 兄尙, 字仁祖; 弟萬, 字萬石, 幷工書."

11 『전상고삼대진한삼국육조문(全上古三代秦漢三國六朝文)·전송문(全宋文)』55권, 「상명제논서표[上明帝論書表]」, "謝靈運母劉氏, 子敬之甥, 故靈雲能書, 而特多王法."

12 『서단(書斷)』중권, "模憲小王, 眞·草俱美. 石韞千年之色, 松低百尺之柯, 雖不逮師, 歘風吐雲, 簸蕩川岳, 其亦庶幾."

13 『세설신어(世說新語)·용지(容止)』, 「시인목왕우군(時人目王右軍)」조(條)에 보인다. "飄如游雲, 矯若驚龍".

14 『진서(晉書)·왕희지전(王羲之傳)』에 보인다. 여기에서, 서품(書品)과 사대부 인격이 시종 서로 융회관통(融會貫通)한다. 예를 들면 『남제서(南齊書)·왕승건전(王僧虔傳)』에서 "승건은 약관의 나이에 넓고 두텁게 예서(隷書)를 잘 썼다. 송 문제(宋文帝)가 부채의 글씨를 보고, 감탄하여 '그대의 서예는 자경(子敬; 王獻之)만큼 좋을 뿐만 아니라, 그대가 가지고 있는 재기(才氣)와 아량(雅量)이 왕헌지(王獻之)보다 낫구려!'라고 하였다.

15 『세설신어(世說新語)·언어(言語)』, "顧長康從會稽還, 人問山川之美, 顧云'千巖景秀, 萬壑爭流, 草木蒙籠其相, 若雲興霞蔚."

16 『시품(詩品)』중권, "文雖不多, 氣調警拔".

17 『진서(晉書)·고개지전(顧愷之傳)』, "愷之博學有才氣, 嘗爲「箏賦」, 謂人曰; '吾賦之比嵇康琴, 不賞者必以後出相遺, 深識者亦當以高奇見貴'."

18 서광(徐廣; 352~425): 동진(東晉) 동완(東莞) 고막(姑幕) 사람. 자는 야민(野民)이고, 서막(徐邈)의 동생이다. 성격이 배우기를 좋아해서 백가(百家)의 여러 술수를 연구해 보지 않은 것이 없었다. 12년 동안 심혈을 기울여 『진기(晉紀)』를 편찬했다.

19 『세설신어(世說新語)·품조(品條)』주를 인용, "凡稱風流者, 皆擧王(濛)·劉(惔)爲宗焉."

20 『전상고삼대진한삼국육조문(全上古三代秦漢三國六朝文)·전제문(全齊文)』8권, 왕승건(王僧虔), 「예로부터 명필가 계보를 올리다[條疏古來能書人名啓]」 "能草·隸".

21 『송서(宋書)·종병전(宗炳傳)』, "晉末宋初, 山水畵家宗炳, 仍然是兼擅隱逸 書·畵·音樂·文學·玄學·佛學等."

22 강빈(江彬; ?~1521): 명 청대 정치인, 명나라 선부(宣府) 사람. 간신. 자는 문선(文宣)이다. 말 타기와 활 쏘기에 능했다.

23 『세설신어(世說新語)·방정(方正)』, 서광(徐廣)의 『진기(晋紀)』의 주를 인용하였다. "江彬 '博學知名, 善兼 弈, 爲中興之冠'."

24 왕도(王導; 276~339): 동진(東晉) 때 낭양(琅邪) 임기(臨沂) 사람. 자는 무홍(茂弘)이고, 시호는 문헌(文獻)이다. 조야(朝野)에서 중보(仲父)라 불렀다. 동각좨주(東閣祭酒)를 지냈다. 뛰어난 처세술로 위기를 극복한 인물로 평가받는다.

25 범왕(范汪): 진(晉) 남양(南陽) 순양(順陽) 사람. 자는 현평(玄平), 봉호는 무흥현후(武興縣候). 시호는 목(穆)이다.

26 『기품(棋品)』: 바둑에 관한 책.

27 『세설신어(世說新語)·방정(方正)』, 주를 인용하였다. "江彬與王恬等, 棋第一品, 王導等五品."

28 『진서(晉書)·왕이전(王廙傳)』, "王廙 '少能屬文, 多所通涉, 工書畵·善音樂·射御·博奕·雜伎'."

29 비수대전(淝水大戰): 중국 오호십육국시대(五胡十六國時代) 전진(前秦)의 부견(符堅)이 383년 동진(東晉)을 공격했다가 비수(淝水)에서 동진의 사현(謝玄)에게 패배한 전투이다. 비수는 현재 안휘성(安徽省)에 있는 회하(淮河)의 지류이다.

30 사현(謝玄; 343~388): 진(晉)의 유명한 정승인 사안(謝安)의 조카.

31 대성(臺省): 성을 지키고 적을 막기 위한 시설.

32 『자치통감(資治通鑒)』105권, "安遂命駕出遊山墅".

33 왕탄지(王坦之; 330~375): 동진(東晉) 태원(太原) 진양(晉陽, 산서성) 사람. 자는 문도(文度)고, 시호는 헌(獻)이다. 왕미(王迷)의 아들이다. 약관의 나이로 치초(郗超)와 이름을 나란히 했다.

34 지둔(支遁; 314~366): 동진(東晉)의 명승(名僧). 자 도림(道林). 심공(深公)에게 숨어 살 산을 사 달라고 부탁한 일이 있으며, 당시 명사인 허순(許詢; 자 현도玄道)이 산수 간에 놀기를 좋아해서 여러 번 지둔을 찾아와 두 사람이 깊이 사귀었고, 여러 필의 말을 길렀는데 어떤 사람이 도인(道人)이 말을 기를 수 있는가 하니 '나는 신준(神駿, 훌륭한 준마)을 아낄 뿐이오.'라 했음.

35 수담(手談): 상대(相對)하여 말없이도 의사(意思)가 서로 통(通)한다는 뜻으로, '바둑을 둠'을 일컫는 말.

36 『세설신어(世說新語)·교예(巧藝)』, "王中郎以圍棋是坐隱, 支公以圍棋爲手談."

37 유현공로(儒玄孔老): 유교(儒教)·도교(道教)·공자(孔子)·노자(老子)를 이른다.

38 『진서(晉書)·왕탄지전(王坦之傳)』에 보인다.

39 '수담(手談)'의 '談'은 현담(玄談)이나 청담(淸談)의 간칭(簡稱)인데, 진(晉)나라 사람들은 항상 이를 생략했다.

40 사상(謝相)의 포규선(蒲葵扇): 동진(東晉)의 명상(名相) 사안(謝安)의 포규선(蒲葵扇)으로, 시골로 가는 사람이 있어 돌아가려는 차에 사안에게 가서 뵈었는데, 사안이 돌아갈 노자가 있느냐 물으니, '포규선[부들 잎으로 만든 부채] 다섯 자루밖에 없습니다.'하였다. 사안이 그 중에서 하나를 골라 쥐니, 경향(京鄕)의 사서(士庶)들이 다투어 사서 값이 몇 배나 더 올라갔다는 고시이다. 『진서(晉書)·사안전(謝安傳)』

41 『세설신어(世說新語)·경저(輕詆)』, "於是京師士庶竟慕而服焉. 價增數倍, 旬月無貰."

42 주미(麈尾): 총채. 말총이나 헝겊 따위로 만든 먼지떨이.

43 『세설신어(世說新語)·상서(傷逝)』, "王長史(濛)病篤, 寢臥灯下, 轉麈尾視之, 嘆曰: '如此人, 曾不得四十!'"

44 『남제서(南齊書)·진현달전(陳顯達傳)』, "麈尾是王·謝家物, 汝不須捉此自逐"

45 낙하서생영(洛下書生詠): 낙하(洛下), 즉 낙양(洛陽)의 서생(書生)이 읊던 시가라는 뜻이다. 그 성조(聲調)가 중후하고 탁했는데, 특히 낙양에서 강을 건너온 동진(東晉) 때의 명사들이 읊기 좋아하여 낙생영(洛生詠)이라고 불렸다. 『세설신어(世說新語)·아량(雅量)』

46 『세설신어(世說新語)·아량(雅量)』에서 송명제의 「문장지(文章志)」 주를 인용하였다. "(謝)安能作洛下書生詠, 而少有鼻疾, 語音濁, 後名流多學其詠, 弗能及, 手掩鼻而吟焉."

47 『세설신어(世說新語)·용지(容止)』, "但恭坐捻鼻顧睞, 便自有寢處山澤間儀".

48 환현(桓玄; 369~404): 동진(東晉)의 역신(逆臣)으로 자는 경도(敬道)이고, 환온(桓溫)의 아들이다. 안제(安帝; 재위397~418)를 폐위시키고 스스로 제위에 올랐다가 후에 송(宋)나라 고조(高祖) 유유(劉裕)에게 피살당하였다. 환현이 서화의 수집에 집착하는 내용은 『晉書』「桓玄傳」에 나온다.

49 반고(班固; 32~92): 중국 후한(後漢) 초의 역사가. 자는 맹견(孟堅). 아버지(班彪)가 사망한(38) 뒤 고향에 돌아와 아버지의 뜻을 이어받아 전한의 역사서인 『한서(漢書)』의 저술에 착수했으나 국사(國史)를 개작한다는 의심을 받고 투옥되고 가서(家書)를 몰수당했다. 동생(班超)이 명제(明帝)에게 변호하여 교서부(校書部)에 불려, 그 진의를 밝힘으로써 이해되어 오히려 난태영사(蘭台令史)의 벼슬을 받고, 거기서 진종(陳宗)·윤민(尹敏)·맹이(孟異) 등과 함께 『세조본기』를 편술하였다. 20여년의 세월을 소비하여 완성시킨 『한서』는 사마천의 『사기(史記)』에 계속되는 중국의 정사(正史)이다. 는 또 당시의 중요한 문학 형식인 부(賦)의 작가로서 후한 최고의 지위를 차지하였다. 뒤에(화제(和帝) 때) 대장군 두헌(竇憲)을 따라 흉노 정벌에 종군했다가 실패하여 투옥, 옥사 하였다.

50 동관(東觀): 한(漢)나라 때에, 궁중에서 저작(著作)·장서(藏書)의 일을 맡아보던 곳.

51 난대(蘭臺): 춘추관(春秋館) 또는 사관(史官)을 말함. 한(漢)나라 때 궁중의 장서를 보관하던 곳.

52 사마 담(司馬談; ?~BC110): 전한(前漢)의 사상가. 『사기』의 저자 사마천(司馬遷)의 아버지이다. 천문과 역법을 주관하고 황실의 전적을 관장했다.

53 유향(劉向; B.C.77~B.C.): 전한(前漢)의 경학가이며 본명은 갱생(更生), 자(字)는 자정(子政)이다. 유흠(劉歆)의 아버지다

54 유지기(劉知幾; 661~721): 수당대 정치인. 당나라 서주(徐州) 팽성(彭城) 사람. 자는 자현(子玄)이고, 유지유(劉知柔)의 동생이다.

55 왕표지(王彪之; 305~377): 동진(東晉) 낭야(瑯邪) 임기(臨沂) 사람. 자는 숙무(叔武)고, 소자(小字)는 호독(虎犢)이다. 20살 때 머리카락이 하얗게 세어 왕백수(王白鬚)로 불렸다.

56 『진서(晉書)·왕표지전(王彪之傳)』, "與(射)安共掌朝政".

57 『송서(宋書)·왕준지전(王准之傳)』, "彪之博聞多識, 練悉朝儀, 自是家世相傳, 幷諳江左舊事, 緘之靑箱, 世人謂之'王氏靑箱學'".

58 완효서(阮孝緖): 조원가인데, 그의 사적은 이 책 제1편 제4장에서 이미 언급하였다.

59 요명달(姚名達), 『중국목록학사(中國目錄學史)』, p.81.

60 왕사임(王思任; 1576~1646): 명말의 문인화가. 자는 계중(季重), 호는 수동(遂東). 산음(저장성 소흥) 사람. 만력 23년(595)에 진사가 됨. 관직은 구장첨사(僉事), 예부시랑(禮部侍郞)을 역임하다가 관직을 버리고 귀향했다.

61 『세설신어(世說新語)·서(序)』, "今古風流, 惟有晉代".

# 제 2 장

송대 원림의 전형적인
의의 중 둘째인
호중壺中은 고도로
완선된 사대부
문화예술체계

◁ 투다도

중국전통문화가 어째서 성당 때에 전면적으로 성숙되었는지를 여러 측면에서 소개하였다. 성당 이후 전통문화가 여전히 오랜 구조 안에서 계속 발전하였고, 그 과정에서 모종의 역량이 중단되지 않은 상황에서도 한 발짝 못해진 결과가 무엇 때문인가? 하고 독자들이 반드시 질문할 것이다.

이런 문제를 대답할 때, 저명한 사학자인 진인각陳寅恪 선생이 "중국민족 문화는 몇 천 년을 지나면서 발전하여, 조송趙宋 시대에 절정에 이르렀다."[1]고 한 구절이 생각난다. 진 선생은 수당隋唐 문화를 깊이 연구하였지만, 그가 굳이 중화문화가 송나라에서 절정을 이루었다고 한 것은 꽤 완미할 가치가 있다. 진 선생이 이런 견해를 구체적으로 설명한 것이 없어서 아쉽지만, 이런 임무를 후인들에게 남겨두었다.

중화민족이 남긴 문화는 모두 송대에 최고봉에 올라서 절정을 이룬 것이 아니라는 것을 쉽사리 볼 수 있다. 국력의 상징으로 비유하면, 송대 도시의 규모나 기개는 근본적으로 수당과 비교할 수 없다. 송나라 소박邵博[2]이 일찍이 기록한 것을 보겠다.

내가 옛적에 장안에 여행하면서 조이도를 수성주에서 만났다. 함께 당나라의 대명궁에 가서 함원전 옛 터에 올라갔다. 대개 용수산의 동쪽 기슭에 있었으며 높이가 평지에서 40여 척이고 남쪽으로 향하는 문이 다섯인데, 중간의 것을 단봉문이라 하고, 정면의 남산은 기세는 서로 높고 낮아서 남은 터에서 우뚝 솟아 구별할 수 있다. 전에서부터 문에 이르기까지 남북으로 4백 보이고 동서로 5백 보이다. 큰 뜰을 만들었는데, 전 뒤에 두루 보이는 곳이 모두 밭갈이하는 밭이었다. 태액지 옛 자취는 오히려 수십 경이고 그 가운데도 밭이었다. 다음날 길을 따라서 함양에 들어가서 한 나라 미앙궁과 건장궁 옛터에 도착하여 그 번다하고 넓은 둘레를 헤아려보니 대명궁보다 훨씬 빼어났다. …… 또 다음날 진나라 아방궁의 전의 터에 도착하였는데 동서로 5백 보이고, 남북으로 50장이었고 위에는 만 명이 앉을 수 있고, 아래에는 5장의 기를 세울 수 있다고 하였으며 주위를 달리는 각도에는 바로 아래 남산이 드러나고 산꼭대기에는 궐이 있다. 미앙궁과 건장궁을 보면

제2장 송대 원림의 전형적인 의의 중 둘째인 호중壺中은 고도로 완선된 사대부 문화예술체계

또 말로 표현할 수 없을 정도이다. …… 이도가 크게 탄식하며 말하길, 『시경』에서 말한 '시작할 때 너무 조급히 굴지 말게. 서민들이 자식처럼 달려와서 도와주리니.'라고 한 것이구나! 그 오로지 간이하고 검약을 덕으로 여기니 처음에는 부강함을 말로 다 형용할 수 없으나 인의의 높음과 도덕의 귀함을 더욱 알겠구나. 저 험하고 단단한 웅호함은 모두가 부족한데서 생기는 것이니 진·한·당의 유적이 더욱 부끄럽구나.'하였다.❶

❶ 『소씨문견후록(邵氏聞見後錄)』 25권, "予昔遊長安, 遇晁以道赴守成州, 同至唐大明宮, 登合元殿故基. 蓋龍首山之東麓, 高於平地四十余尺, 南向五門, 中曰丹鳳門, 正面南山, 氣勢若相高下, 遺址屹然可辨. 自殿至門, 南北四百余步, 東西五百步, 為大庭, 殿後彌望盡耕為田. 太液池故跡尚數十頃, 其中亦耕矣. 明日, 追(隨)路以道入鹹陽, 至漢未央·建章宮故基, 計其繁夥宏廓, 過大明遠甚. ……又明日, 至秦阿房宮一殿基, 東西五百步, 南北五十丈, 所謂上可坐萬人, 下可建五丈旗, 周馳為閣道, 直抵南山表, 山之巔為闕者, 視未央·建章, 又不足道. ……以道太息曰, '『詩』所謂 '經始勿亟, 庶人子來'者, 其專以簡易儉約為德, 初不言形勝富強, 益知仁義之尊, 道德之貴. 彼阻固雄豪, 皆生於不足, 秦漢唐之跡, 更可羞矣'."

진·한·당대 궁원의 넓은 둘레와 웅장하고 호방함과 형상에서 빼어난 부강함을 직접 보면, 송나라 사람들이 당연히 송나라의 국력이 쇠약해졌기 때문에, '검약위덕儉約爲德3)이라는 말만하는 것을 좋아했다는 생각이 들것이다.

바로 이 때문에 전통문화를 유지하는 것이 자기의 소임이라고 여기는 이학가들은, 당송의 성쇠를 가장 청초한 것으로 보지 않았다. 소옹의 말을 예로 들겠다. 『관유당음觀有唐吟』에서 다음과 같이 말했다.

| | |
|---|---|
| 憑高始見山河壯 | 높은데서 비로소 산과 강의 웅장함이 보인다. |
| 三百年間能混一 | 3백 년 동안에 하나로 섞였다.❶ |

❶ 소옹(邵雍), 『관유당음(觀有唐吟)』.

『관성화음』에서 송나라를 평하여 말했다.

|  |  |
|---|---|
| 生來只慣見豊稔 | 살아서 오니 습관적으로 풍년든 것만 보고, |
| 老去未嘗經亂離 | 늙어 가는데 아직 난리를 겪지 못했구나.❶ |

❶ 소옹(邵雍), 『관성화음(觀盛化吟)』, "生來只慣見豊稔, 老去未嘗經亂離".

소옹 아들은 이 시가 '난리'라는 말이 너무 지나쳐서 상세하지 못한 점이 있는 것 같다고 하자, 소옹이 다음과 같이 말했다.

|  |  |
|---|---|
| 吾老且死矣 | 내가 늙었으니 이제 막 죽으리라, |
| 汝輩行且知之 | 너희들이 가면 곧 알 것이다.❶ |

❶ 송(宋), 조여시(趙與時), 『빈퇴록(賓退錄)』 9권에 보인다. "吾老且死矣, 汝輩行且知之".

이와 유사한 예는 매우 많다. 쉽게 보이는 중화민족의 문화 중의 많은 부분은 모두 송대에 최고의 경지에 도달했는데, 그 중에서 사대부문화예술이 완벽하게 정미한 것은 더욱 전무후무할 것이다.

철학·사학·문학·회화·원림건축 등은 이 범위를 벗어날 수 없어서, 원나라 사람이 총결한 "삼대三代로 내려오며, 문물文物4)을 다스리는 성명聲明5)을 고찰하여 논하면, 도덕과 인의의 기풍은 송나라가 한나라나 당나라에 양보할 것 없다."6)고 한 것과 같다.

전통문화의 생명력을 한나라나 당나라에 비교하면, 매우 쇠약한 조건 아래에서 송나라 사람들은 의외로 전례 없이 휘황찬란하였는데, 이는 매우 기괴한 현상형상 같다. 하지만 주의해서 보면, 이것들이 모두 전통사대부문화예술체제 안에서 구축된 것이라면, 상술한 모순을 해석할 수 있고, 더욱 깊은 범위까지도 볼 수 있을 것이다.

송대 사대부문화의 발전이 전통문화 체계의 '고도한 완선'과 연관관계가 있는가? 사대부문화 발전이 전통문화를 발전시킨 과정의 한 부분이라면, 이는 사대부문화 내지 전반적인 전통문화가 명청 이후의 면목과 운명에 어떤 영향을 끼쳤는가? 이런 문제를 분명하게 설명해야 고전원림이 성당 이후에 발전한 것에 대하여 이해할 수 있을 것이다. 따라서 중딩에서 오대까지의 문화가 모든 전통문화 후기의 시작이기 때문에, 송대 문화의 서곡으로 간주하여 함께 토론하는 것이다.

중국고대사회 후기 전체의 역사발전 추세를 결론지으면, 중당 이후 사대부정신과 생활이 한당 때의 광대한 경지와 멀리 벗어나서 '호중천지의 경계'로 들어갔다고 할 수 있다.

이런 변화는 결국 사람의 뜻에 의지하지 않고 변천되기를 원하여 묘당 위나 산림 가운데를 논하지 않았고, 또 세상 일을 대하는 태도가 어떤지, 직분을 다하는지, 더러는 소극적인지를 논하지 않았기 때문에 개인이 이런 제약을 벗어날 수 없어서, "당나라 대중 이래로부터, 병사를 희롱 대상으로 삼고, 낭묘廊廟7)에서 도략韜略8)을 부끄럽게 여겼다."9) 이런 예를 몇 가지 들겠다.

구양수 같은 정치가도 요결을 말하였다.

| 位望愈隆心愈靜 | 지위와 명망이 높을수록 마음은 더욱 고요하여 |
| 每來臨水玩游儵 | 매번 물가에 와서 피라미가 노는 것을 완상하네.❶ |

❶ 「관어헌(觀魚軒)」, 『구양수전집(歐陽修全集)・거사집(居士集)』 14권.

한세충韓世忠10) 같은 명장도 최후에 귀착점을 다음과 같이 말했다.

...................

입을 다물고 병사에 관한 것을 말하지 않았고, 스스로 '청량거사'라 불렀다. 때로 작은 나귀를 타고 서호의 천석 사이를 방랑❶할 수만 있었다.

...................

❶ 주밀(周密), 『제동야어(齊東野語)』 19권, 「청량거사조(淸凉居士條)」, "絶口不言兵, 自號淸凉居士. 時乘小驢, 放浪西湖泉石間."

육유같은 지사도 요결을 말했다.

| 平生著書汗馬牛 | 평생 동안 저서가 우마가 땀을 흘릴 정도인데 |
| 一事不施今白頭 | 하나의 일도 펼치지 못한 지금 백발이구려. |
| 河洛未淸非我責 | 낙수 물 깨끗하지 않은 것은 나의 책임이 아니나 |
| 山林高臥復何求 | 산림 높이 누워서 어찌 회복하길 바라겠는가!❶ |

❶ 「저서(著書)」, 『육유집(陸游集)・유남시고(劉南詩稿)』 26권.

제2장 송대 원림의 전형적인 의의 중 둘째인 호중壺中은 고도로 완선된 사대부 문화예술체계

이 당시의 철학은 이런 역사에 대한 추세를 개괄한 것에 불과하이다. 때문에 남송 이학가가 다음과 같이 말했다.

주문공이 진동부에게 고하여 이르길, '진정으로 큰 영웅이 된 사람은 도리어 전전긍긍하며, 깊은 못에 이르는 것 같고 엷은 얼음이 있는 곳을 디디는 것처럼 매우 신중하게 하는데, 이와 같은 것은 혈기가 호방하여 조금도 붙지 못하게 하는 것이다.'라고 동부에게 논했는데, 정수리에 일침을 가하는 따끔한 충고라 할 수 있다.❶

❶ 나대경(羅大經), 『학림옥로(鶴林玉露)』, 「진정영웅조(眞正英雄條)」. "朱文公告陳同父曰: '眞正大英雄人, 却從戰戰兢兢, 臨深履薄處做將出來, 若是氣血粗豪, 却一點使不着也.' 此論於同父, 可謂頂門上一針矣."

이런 배경 아래에서 중당 때부터 사대부들이 세상의 분분한 일을 '와각쟁투' 蝸角爭鬪11)로 보기 시작한 것이 점점 보편화되었고, 점점 많은 곳에 자신의 생활이 '정원 깊숙이' 들어갔기 때문에, 중당 양송에 이르러 원림예술이 전에 없는 정미함이 실현된 것이다. 하지만 고도하고 완미한 자연경관체계를 세우는 것만이 중당 이후 원림의 가장 표면적인 목적이고, 이를 이루기 위한 기본적인 임무는 다음과 같은 것들이었다.

'호중'의 날로 협소해지는 천지 안에서 성당 때 전반적으로 성숙했지만 반드시 전통방식에 근거하여 오랫동안 진보하는 사대부문화가 끊임없이 발전한 여지를 물색하는 것이다.

사대부문화 체계의 발전과 '호중'의 격식을 서로 적응시켜야 한다. '호중' 체계에 있는 요소마다 완선한 방향으로 나갈 수 있게 한다. 모든 요소 간에 연계되는 것을 치밀하게 발전시켜서, 생명을 연속하는데 필요한 역량을 획득하는 것이다. 이 때문에 중당 이후 사대부 생활환경 발전과 사대부문화 예술의 발전이 고도로 강화된 방향으로 향하였는데, 그들의 생활과 예술체계를 지난 어느 때보다도 더욱 긴밀하게 한 곳으로 모았다.

제1편에서 백거이가 중당 이후 원림예술의 의의를 설명하였다. 『백거이집』 28권에 있는 「관사 서쪽의 못 북쪽에 새로 즙수재를 짓고」는 원림을 읊은 작품으로, 시 전반부는 그 원경의 포치를 서술하였고, 후반부는 그의 원림생활을 묘사하였다.

| 讀罷書乃展 | 책 읽기를 그만 두어도 여전히 펼쳐두고 |
| 棋終局未收 | 바둑을 마쳐도 거두지 못하네. |
| 午茶能散睡 | 낮에 차 마시니 잠이 달아나고 |
| 卯酒善銷愁 | 아침의 술은 근심을 잊기에 좋구려. |

❶ 『백거이집(白居易集)』28권, 「관사 서쪽 못 북쪽에 새로 즙수재를 짓고 우연히 16운을 제하다(府西池北新葺水齋偶題十六韻)」.

이 시에서 차 마시는 것을 가장 보잘 것 없는 문화요소로 간주한다면, 중당 이후 원림 내지는 모든 사대부문화체계의 발전에 어떤 필연적 연관관계를 발견하기 어려울 것 같다. 때문에 여기에서 일일이 분석해보는 것이 좋을 것이다.

## 차를 품평하다

사대부가 보편적으로 차를 즐겨 마신 것은 중당 이후에 시작되었다. 전기[12]나 교연[13] 같은 중당 사인들은 차 마시는 것을 사대부문화예술체계로 끌어들인 예는 제5편 제4장에서 언급하였다. 당시에 유사한 예들도 매우 많다. 백거이가 『금다』에서 말한 것을 예로 들겠다.

兀兀寄形群動內　높이 솟은 기이한 형상 움직이는 안에서 무리지우고
陶陶任性一生間　일생 동안 도도한 성품대로 사셨구나.
自抛官後春多醉　스스로 벼슬 버린 후 봄에는 흠뻑 취하여
不讀書來老更閑　책 읽지 않고 늙으니 더욱 한가하도다.
琴裏知聞唯淥水　금 속에서만 맑은 물소리 알겠고
茶中故舊是蒙山　차 마시는 중에는 친구들이 산을 덮었도다.❶

　　　　　　　　　　❶ 백거이(白居易), 『금다(琴茶)』.

육우陸羽의 『다경茶經』3권이 중당 때 나온 것이 우연이 아니었다는 사실은 피일휴의 『다중잡영서茶中雜詠序』와 육우의 『고저산기顧渚山記』2편에 있는 "그 가운데에 차에 관한 일이 많았다."[14]는 것을 근거하였다.

『고저산기』는 은일문화와 원림생활을 기술한 저작이지만 차에 관한 일을 많이 서술하였다. 여기에서 중당의 사인이 차와 사대부문화의 관계에 대하여 이미 자각하여 인식하고 있었음을 알 수 있다. 육우 이후에 "차를 숭상하는 풍조를 이루었다."[15]

만당晚唐의 사인들은 차에 더욱 몰두하였다. 예컨대, 피일휴를 따라서 하나같이 「다오」·「다인」·「다순」·「다영」·「다사」·「다조」·「다배」·「다정」·「다구」·「자

차 도구

다」 같은 제목으로 차에 관한 일을 상세하게 읊었다.16) 육구몽은 옥상 다락방에서 「습미襲美17)의 다구 10영을 받들어 답하다」를 다시 지었다.18)

하지만 송대와 비교하면, 당나라 사람들은 차에 관한 일은 대충 그 겉모습만 알고 있을 뿐이다. 북송의 황유黃儒가 송대 사대부들이 차에 대한 품평의 정밀함과 당시 사회문화 추세를 말했다.

........................

차에 대해서 말하는 자들이 육우가 『다경』에서 건안❶때의 제품을 제일로 인정하지 않은 것을 항상 이상하게 여기는데, 대개 전에는 이 차에 관한 일이 매우 흥성하지 않아서, 영아진순❷을 종종 그늘에 두고 썩혀서 버렸으니 사람들이 아까움을 알지 못했다. 송나라 초부터 이후에는 사대부들이 은혜를 입어서 태평 시대를 노래한지 오래되었다. 체세가 대범하고, 신관이 맑고 깨끗하면, 오직 이 차를 마시면서 즐길 만하여 원림에서도 서로 함께 싹을 따서 특별함을 자랑하여 새로 반죽하여 말아서 적합한 시기에 만들었다. 때문에 특히 빼어난 제품이, 비로소 덩굴 사이에서 나왔으나, 그 이름이 드디어 천하에 제일이 되었다. 육우를 다시 일어나게 하여, 떡처럼 생긴 차를 맛보게 하면, 그 맛이 기름져서 시원함이 없을 것이다.❸

........................

❶ 건안(建安): 동한(東漢) 마지막 황제인 헌제(獻帝)의 연호이다.
❷ 영아진순(靈芽眞筍): 옛날 차의 이명(異名)으로, '석화 자순(石花紫笋)' 혹은 '영아 진순'이라는 표현을 써 왔다.
❸ 황유(黃儒), 『품다요론(品茶要論)·서(序)』, "說者常怪陸羽『茶經』不第建安之品, 蓋前此茶事未甚興, 靈芽眞筍, 往往委翳消腐, 而人不知惜. 自國初已來, 士大夫沐浴膏澤, 詠歌升平之日久矣. 體勢灑落, 神觀沖淡, 惟玆茗飮爲可喜, 園林亦相與, 摘英誇異, 製捲鬻新而趨時之好, 故殊絶之品, 始得自出於榛莽之間, 而其名遂冠天下, 使陸羽復起, 閱其金餠, 味其云腴, 當爽然自失矣."

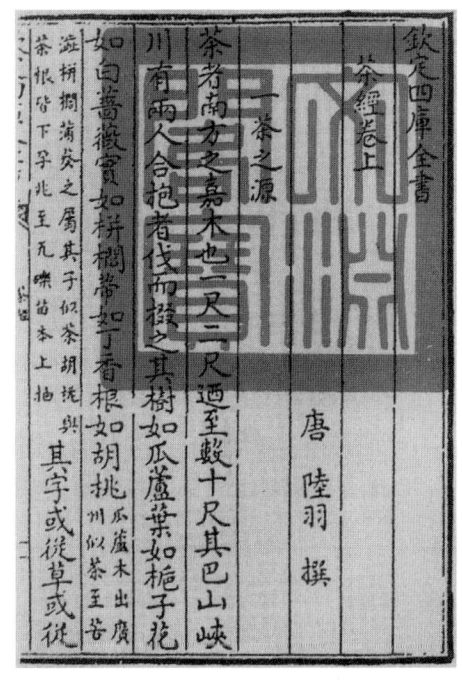

송대 사대부는 자기들이 마시는 차에 대하여 전대에 흥미진진하게 이야기[19]하던 것보다 훨씬 정동하나. 구양수의 말을 예로 들겠다.

청(淸)대 사고전서본 다경(茶經)

차는 지극히 정미한 물건인데, 작고 둥근 것이 더욱 좋은 것으로, 『녹서』에서 이른 상품은 용차라는 것이다. 대개 군모❶ 때부터 만들기 시작하여 해마다 공물로 바치게 되었다.❷

❶ 군모(君謨): 채양(蔡襄)의 자이다.
❷ 「용다록후서(龍茶錄後序)」, 『구양수전집(歐陽修全集)·거사외집(居士外集)』 15권, "茶爲物之至精, 而小團又其精者, 『錄敍』所謂上品龍茶者是也. 蓋自君謨(蔡襄之字)始造而歲貢焉."

원문袁文도 아래와 같이 말했다.

유몽득이 「다시」에서 말했다.
自傍芳叢摘鷹嘴 　 옆의 꽃 숲에서 매부리 같은 차를 따서,
斯須炒成滿室香 　 이를 볶으면 방안에 향기가 가득해질 것이네.

여기에서 당나라 사람들이 차 마시기를 좋아하지 않았다는 사실을 알 수 있다. 가령 송나라의 채군모나 정위지가 만든 것 같은 묘품을 보았다면, 이 시를 당연히 짓지 않았을 것이라 하였고, 또 말하여 '백낙천이 「다시」에서 '목이 마르면 한잔의 창명차❶를 마신다.'하였는데, …… 만약 백락천이 요즘의 차의 아름다움을 보았다면, 이 말을 수긍할 것이리라!❷

❶ 녹창명(綠昌明): 사천(四川) 지방에서 나는 녹차 이름이다.
❷ 원문(袁文), "劉夢得『茶詩』云: '詩略' 以此知唐人未善啜茶也. 使其見本朝蔡君謨·丁謂之制作之妙如此, 則是詩當不作矣.", "白樂天『茶詩』: '渴嘗一盞綠昌明' ……使樂天見今日之茶之美, 而肯爲是語耶!"

더욱 중요한 것은 송나라 사람들이 차를 마시는 것과 사대부문화 간의 연계 관계를 멀리 비교하여 전인이 더욱 명석한 것으로 인식하였다. 소식이 황유를 칭찬한 것을 예로 들겠다.

박학하여 문장에 능하고, 담박하고 정밀하고 심오하여, 도가 있는 선비이다. 『품다요록』10편을 지었는데, 자세하고 정미하며 현묘하여, 모두 육홍점 이후에 차를 논한 것은 이에 미치지 못한다. 지극히 조용하지 않으

제2장 송대 원림의 전형적인 의의 중 둘째인 호중壺中은 고도로 완선된 사대부 문화예술체계

면 구하지 않고, 빈 가운데[공복]에는 남기지 않는다고 하였으니, 사물을 관찰하는 정이 어찌 이처럼 상세하겠는가? …… 지금 황도보는 그런 말을 하지 않고, 차를 마실 때는 세상을 벗어난 담박함을 좋아하는데, 이는 고상한 운치가 정리를 돕는 것이다.❶

❶ 「황도보의 품다요록 뒤에 쓰다[書黃道輔品茶要錄後]」, 『소식문집(蘇軾文集)』 66권, "黃儒, 博學能文, 淡然精深, 有道之士也, 作『品茶要錄』十篇, 委曲微妙, 皆陸鴻漸以來論茶者所未及. 非至靜無求, 虛中不留, 烏能察物之情如此詳哉? …… 今道輔無所發其辯, 而寓之於茶, 爲世外淡泊之好, 此以高韻輔精理者."

황유가 『품다요록』에서 표명한 '자세는 말쑥하고, 정신은 조용하고 깨끗함을 본다[體勢灑落, 神觀沖瀜]'는 것을 논하지 않아도, 소식이 말한 '지극히 조용함은 바랄 것이 없다[至靜無求]'나 '담박함을 좋아한다[淡泊之好]'는 것은 모두 사내부 인격관과 우주관에서 유래하였다.

이런 것들은 송대에 완전히 실현되어 차를 마시는 것에도 이같은 문화요소가 침투한 것으로, 이는 분명히 전통문화체계가 고도로 완선하게 된 결과라고 할 수 있다.

전통문화는 자기의 발전방향을 더욱더 철저하게 '호천' 안으로 옮겨 넣었는데, 이는 곧 송대 사대부가 차를 좋아하여 날로 정심해진 것이 근본적인 원인이다. 송나라 휘종이 『대관다론·서』에서 다음과 같이 말했다.

요(遼)나라 묘의 벽화

신분이 높은 선비나 위포❶ 같은 이들이 은혜를 입어 덕과 의로서 사람을 교화하여, 모두 차 마시는 일을 고상하게 여겼다. 때문에 근세 이래로 정묘한 것을 골라서 공교하게 제작해서 품질이 가장 뛰어나고, 삶아서 묘품을 만들었으니, 모두 최상품이었다. …… 천하의 선비들이 청백한 뜻을 떨쳤으니, 결국 한가한 여가에 수양하고 모색하는 완상으로 여겨서, 옥을 부수는 소리가 들리고, 싹을 먹고 꽃을 씹으면서, 대나무상자의 정밀함을 비교하며, 다투어 묘함을 감정하고 재량하였다.❷

❶ 위포(韋布): 위고포피(韋袴布被)의 준말로, 빈사(貧士)를 이른다.
❷ 휘종(徽宗), 『대관다론(大觀茶論)·서(序)』, 『설부(說郛)』52권에 보인다. "薦紳之士, 韋布之流, 沐浴膏澤, 薰陶德化, 咸以高雅相從事茗飲, 故近歲以來, 採擇之精, 制作之工, 品第之勝, 烹點之妙, 莫不咸造其極. …… 天下之士, 厲志淸白, 竟爲閑暇修索之玩, 莫不碎玉鏘金, 啜英咀華, 校篋司之精, 爭鑒裁之妙."

송원 무렵의 방회方回20)도 말했다.

차의 흥취를 즐기는 것이 당나라 육우가 시작하여, 지금은 천하에 귀천의 구분 없이, 한 끼 밥을 먹는 순간에도 차를 마시게 되었다. …… 그러나 사대부는 품질이 좋은 것을 더욱 좋아하였다.❶

❶ 『영규율수(瀛奎律髓)』18권, 「다류(茶類)·서(序)」, "茶之興味, 自唐陸羽始, 今天下無貴賤, 不可一餉不啜茶. …… 而士大夫尤嗜其品之高者."

송(宋) 투다도(鬪茶圖) 부분

송나라 사람이 곤룡포𩜹龍布21)를 사용하는 기술에서 알 수 있듯이, 육우의 저술은 많은 종류가 있었다. 그러나 송대에 이미 없어져서 전하지 않고,『다경』만 세인들이 보배처럼 여긴다.22) 여기에서 중당 이후 역사의 발전내용은 전통문화에서 많이 선택했었다는 것을 알 수 있다.

남송의 유극장劉克莊23)은 이런 측면을 더욱 명백하게 설명했는데, 그의「만강홍滿江紅」의 본래 제목은「밤비가 너무나 썰렁하니 홀연히 군사를 따르고픈 흥이 생기네[夜雨凉甚, 忽動從戎之興]」이다.

글의 전반부는 전쟁을 하면서 살아온 일에 대한 그리움을 묘사하면서 끝냈으나 '원숭이 같이 재주있는 팔을 가진 옛날 장군의 공적도 등급이 없으니, 누가 어여삐 여기겠는가?[有誰憐, 猿臂故將軍, 無功級]'라고 낙심하는 구절로 결론을 지었다. 하반부에서 다시 다음과 같이 말했다.

적을 평정할 계책으로, 군 열 사람을 따랐지만, 모두 떨어져서 귀찮지만 수습하였네.『다경』과『향전』을 때때로 복습하였도다. 두렵게 나그네가 변방요새의 일을 말하니 아이에게『화간집』❶을 외우게 하였네. 신하의 씩씩함도 남만 못함을 탄식한들 지금 어이하랴!❷

❶ 『화간집(花間集)』: 중국 오대(五代) 때 사(詞)의 선집(選集). 후촉(後蜀) 사람 조숭조(趙崇祚)가 엮었음. 18인의 작품 5백수를 모은 것으로 전10권이다.
❷ 『전송사(全宋詞)』제4책, p.2612. "平戎策, 從軍什, 零落盡, 慵收拾. 把『茶經』・『香傳』, 時時溫習. 生怕客談楡塞事, 且教兒誦『花間集』. 嘆臣之壯也不如人, 今何及!"

송대 사대부가 차를 즐겨서 자제할 수 없는 정도까지 이르렀다. 채양蔡襄의

제2장 송대 원림의 전형적인 의의 중 둘째인 호중壺中은 고도로 완선된 사대부 문화예술체계 37

예를 보겠다.

蔡君謨嗜茶　　채군모는 차를 즐겼는데
老病不能復飮　　늙고 병들어 다시 마실 수
　　　　　　　　없었으니
則把玩而已　　들고서 완상할 뿐이라네.❶

❶ 소식(蘇軾), 「우서다여묵(又書茶與墨)」, 『소식전집(蘇軾全集)·소식일문휘편(蘇軾佚文彙編)』.

　재양 처림 '백성의 일에 정세힌'24) 명신도 세미한 예술생활에 빠졌으니, 이런 것은 중당 이전에는 결코 볼 수 없었던 일이었다.
　사대부 생활인 '호천'의 격식과 구조는 중당에서 양송에 이르기까지 차 문화가 날로 정밀하게 갖추어졌음을 규정했을 뿐만 아니라, 차 문화가 사대부문화 다른 부분과 융합하여 필연적으로 더욱 깊이 침투한 점을 규명하였다. 앞에서 인용한 백거이가 차와 책·바둑·술을 똑 같은 차원으로 논한 것이 바로 그러한 예이다. 또 송대 주자지周紫芝25)의 「호수에 사니 일이 없어

명(明) 정운붕(丁雲鵬) 〈자다도(煮茶圖)〉

시를 짓는 것이 일과이네」를 예로 들겠다.

城居可似湖居好　　성에 거처하니 아름다운 호수에 사는 것과 같아
詩味頗隨茶味長　　시 짓는 맛도 차 맛을 따라 오래 가누나.❶

❶ 『태창제미집(太倉稊米集)』23권,「호수에 사니 일이 없어 시를 짓는 것이 일과이네[湖居無事, 日課小詩]」.

  그가 애써 탐색한 것은 원림의 한적한 생활 중에서 차와 시가 함께하는 미학 취미이다. 상자인向子諲26)이 『완계사浣溪沙·서序』에서 이르길, "조총련이 부채를 가지고 와서 글을 부탁하여, 장난삼아 준 적이 있다. 조총련은 바둑을 두고, 글씨를 쓰며, 차를 마시고, 금을 탈 수 있는 사람이다."27)라고 하였다.
  '분다分茶'28)는 이미 바둑·금·서예 등과 사대부예술에 나란히 나열하였다. 또 예를 들면 육유가 「심원당기」에서 "항상 같이 거처하면서 서적과 종이나 솥 등의 그릇 사이에서 향을 피우고 차를 끓인다."29)하였다. 차 문화와 기타 사대부 문화예술은 잠시도 떨어질 수 없다는 것을 여기에서도 알 수 있다. 그러나 차와 원림의 관계도 이 통일체 가운데 유기적인 부분이 있는데 몇 가지 예를 보겠다. 중당의 고황30)이 「다부」에서 말했다.

......
可憐翠潤陰　　푸른 시내 그늘지니 사랑할 만하고
中有泉流　　　가운데 샘이 흐르니

제2장 송대 원림의 전형적인 의의 중 둘째인 호중壺中은 고도로 완선된 사대부 문화예술체계

舒鐵如金之鼎　　쇠를 펼친 금으로 만든 솥 같고
越泥似玉之甌　　진흙을 건너니 옥 사발 같구나.❶

　　　　　　　　❶ 고황(顧況), 「다부(茶賦)」, 『전당문(全唐文)』 528권.

유우석31)이 「서산의 절에서 차를 시음하는 노래」에서 말했다.

欲知花乳淸冷味　　화류❶의 청랭한 맛 알려고 하니
須是眠雲跂石人　　이는 구름에서 졸고 돌에 앉은 사람이리라.❷

　　　　　　　　❶ 화류(花乳): 차의 이명이다
　　　　　　　　❷ 유우석(劉禹錫), 「서산의 절에서 차를 시음하는 노래[西山蘭若試茶歌]」, 『전당시(全唐詩)』 356권.

북송의 문동이 「북재에 비온 뒤」에서 말했다.

小庭幽圃絶淸佳　　작은 뜰 깊은 밭은 빼어나게 맑고 아름다우니
愛此常敎放吏衙　　이를 사랑하여 항상 관사 넓히려 하네.
　……
喚人掃壁開吳畵　　사람 불러 벽을 쓸고 오도자 그림 펼치고
留客臨軒試越茶　　머물던 손님 집에서 월차를 시음하였다.
野興漸多公事少　　들에서 흥이 점점 많아지니 공적인 일이 적어지고
宛如當日在山家　　이날은 산 속의 집에 있는 것 같구나.❶

　　　　　　　　❶ 문동(文同), 「북재우후(北齋雨後)」, 『단연집(丹淵集)』 14권.

남송의 양만리楊萬里32)가 「조반을 마치고 정원정에 오르다」에서 그의 원림생활을 묘사한 데서도 다음과 같이 말했다.

傳呼惠山水　　　산수를 사랑한다고 소리치며
來瀹建溪茶　　　건계차❶ 끓이러 왔네.❷

❶ 건계차(建溪茶): 건계는 복건성(福建省)에 있는 시내 이름인데, 이곳에서는 명차(名茶)가 생산된다.
❷ 『성재집(誠齋集)11권, 「조반을 마치고 정원정에 오르다朝飯罷登淨遠亭」.

여기에서도 사대부가 차를 마시는 예술이 원림예술에서 불가분의 관계라는 것을 분명하게 말했다. 그러나 더욱 전형적인 서술은 오히려 송나라 말기 장염33)의 한 편의 글로 아래와 같다.

호중천·육우재에 호려암을 짓고서 그 위에 띠를 엮고, 밖에는 복숭아를 심어서, 현판을 '소봉래'라고 걸었다]: 바다의 산이 아스라하여 본래 있는 인간을 세어서 봉도에 옮겨놓았다.: 하나의 곡식알 가운데 도경이 생기고, 해와 달빛이 단을 만드는 부엌에 밝게 비쳤다. …… 방문이 그치자 표공❶을 나무에 걸어 놓고, 창 앞에는 깨끗한 뜻으로, 풀을 제거하지 않고 남겨두었다. 단지 고기잡이 어부가 잘못 들어올까 걱정되지만, 도리어 복숭아꽃이 한바탕 웃는구나. 『다경』을 윤색하고 산수를 헤아리니, 이렇게 한가함이 바야흐로 좋구나. 신선이 축지한 것을 비장방❷이 알지 못할 것이네.❸

제2장 송대 원림의 전형적인 의의 중 둘째인 호중(壺中)은 고도로 완선된 사대부 문화예술체계

❶ 표공(瓢空): 빈 바가지 인 '단표누공(簞瓢屢空)'으로, 안빈낙도하는 생활을 비유하는 말로 쓰인다. 『논어·옹야』에 "어질구나, 안회. 한 대그릇 밥과 한 바가지 물[一簞食一瓢飮]로 누추한 마을에서 지내는구나. 사람들은 그 근심을 감당치 못하는데 안회는 그 즐거움을 고치지 아니하니, 어질구나, 안회." 하였고, 『논어·선진』에 "안회는 거의 도에 가깝다. 자주 쌀독이 비었다.[回也 其庶乎 屢空]" 하였다.
❷ 비장방(費長房): 후한(後漢) 사람으로 일찍이 시장의 아전이 되었었는데, 시장에서 약 파는 한 늙은이가 병 하나를 가게 앞에 걸어놓았다가 시장이 파하자 그 병 속으로 뛰어 들어가는 것을 보고 기이하게 여겨, 그를 따라 산에 들어가 도술(道術)을 배웠으나 이루지 못하고 돌아왔다. 이때 늙은이는 그에게 대나무 지팡이와 부적을 주니, 이것으로 온갖 도술을 부려 백귀(百鬼)를 부렸으나 끝내 부적을 잃고 뭇 귀신에게 죽임을 당했다 한다. 『後漢書 費長房傳』
❸ 장염(張炎): 『산중자운사(山中自雲詞)』 4권, "壺中天·陸羽齋築胡蘆庵, 結茅於上, 植桃於外, 扁曰 "小蓬萊": 海山縹緲, 算人間自有, 移來蓬島: 一粒粟中生倒景, 日月光融丹竈. …… 休問挂樹瓢空, 窓前淸意, 贏得不除草. 只恐漁郎曾誤入, 翻被桃花一笑, 潤色『茶經』, 評量山水, 如此閑方好, 神仙縮地, 長房應未知道."

중당 이후의 사대부가 아득하여 찾기 어려운 해산 봉도를 자기 원림의 '호천'과 '개자'에 어떻게 한 발짝 옮겨(挪) 넣었는지는 앞에서 소개한 내용이다. 그것들을 가운데 세운 것은 산수 정자나 누각 같은 원림경관 뿐만 아니라, 원림예술이나 차 마시는 예술 등을 사대부문화체계에 포함시킬 여지가 없는 것이다.

진한과 초당 성당문화를 서로 비교하면, 규모나 기개는 당연히 '한 알의 곡식'에 불과하다. 그러나 완벽한 정미함은 오히려 중당 이전의 사람들이 상상하지 못할 정도이다. 따라서 장염은 글의 끝에 후한의 비장방을 경시할 만하고 하였다. 북송의 진사도[34]가 「다경서」에서 다음과 같이 말했다.

---

차 마시는 것을 예도에서는 아래로 여기지만 그 정미함은 글로 다하지 못한다. …… 옛날의 선왕은 사람에게 적합하게 가르쳐서, 더불어 다스리려고 하였으나, 남에게 유익한 것은 모두 폐기하지 않으셨다. 세인들이 말하길, '선왕은 『시경』·『서경』·도덕뿐이었다.'고 하였으니, 이는 세상 밖에서 집권하는 방법을 논한 것으로, 초췌함을 스스로 지키면, 천하에서 무리지어 살 수 없다.❶

❶ 진사도(陳師道), 『후산거사문집(後山居士文集)』16권, 「다경서(茶經序)」, "夫茶之爲藝下矣, 至其精微, 書有不盡. …… 昔者先王因人而敎, 同欲而治, 凡有益於人者, 皆不廢也. 世人之說曰: '先王『詩』·『書』·道德而已.' 此乃世外執方之論, 槁枯自守之行, 不可群天下而居也."

이 말이 중요하기 때문에 분명하게 말한 것이다. 이런 유는 『시경』이나 『서경』 도덕에만 의지하여 천하를 유지할 수 있다고 생각하는 것이다. 이는 중국 문화에서 결핍된 것을 최소한 이해하여 '세상 밖에서 집권하는 방법을 논한 것'에 불과하다. 전통문화체계를 이전과 비교하면 송대에는 너무 위축되었음을 사대부들은 깨달은 것이다.

이런 체계에서 차를 마시는 것 같은 사소한 일체의 문화요소도 모두 '지극히 정미한' 수준에 이르도록 끊임없이 발전시키고, 모든 체계의 생명가치가 내부와 조화되어야만 비로소 전통문화체계가 유지될 수 있다.

차 말리기

## 회화 · 서예

중당의 주경여朱慶餘35)가 당시의 원림경관과 원림생활을 이처럼 묘사했다.

   竹徑通鄰圃  대나무 길을 통하는 이웃 밭
   清深稱獨遊  깊숙하여 홀로 유람하기 적합하네.
   ……
   閑來尋古畫  한가하게 와서 옛 그림을 찾고
   未廢執茶甌  찻잔 잡는 것은 그만두지 못했네.❶

> ❶ 「유보궐 추원에서 흥을 부친 10수에 답하다和劉補闕秋園寓興之什十首」 중9, 『전당시(全唐詩)』 514권.

 앞에서 문동이 원림을 읊은 시에도 '오도자 그림'과 '월차越茶'를 서로 어울리게 하였다. 중당 이후의 사대부원림생활에서 회화와 차 마시는 것이 어느 정도 통했다는 것을 알 수 있다. 서로 통하는 것이 구체적으로 어디에 있는가? 중국 회화는 바로 오대와 양송시기에 발전하여 최고봉에 이르렀는데, 이러한 원인은 무엇인가?
 오대와 양송에 회화예술이 최고봉에 이른 원인을 설명하려면, 북송의 저명한 서화가이며 예술사가인 미불이 저술한 『화사 · 서』 첫머리의 한 단락은 주의할 만한 가치가 있다.

---

두보가 시에서 소보 설직을 일러 '아쉽게도 공훈과 명성이 어긋나서 글씨와 그림만 전한다.'고 하였다. 늙은 두보는 명리에 급급하여 시운이 있다는 것을 어찌 몰랐는가? 거의 평생 동안 쓸쓸하게 그리워하였으니, 아!

오왕의 공업은 계속 여자의 웃음거리가 되었다. 하지만 소보의 필묵이 정묘하여 모사하여 인쇄한 것도 널리 전하면서 돌에 새겨서 중간하였으며, 비단이 파손되면 거듭 보수하여서 가짜가 유행한 것을 어떻게 셀 수 있는가? 그리하여 재주 있는 자와 감정하는 선비는 보전❶이나 서금❷으로 끈을 수십 개 이어서, 보배처럼 완상하는데, 5왕의 빛나는 공업을 돌아보고, 모두 찌꺼기와 티끌이라고 어떻게 말할 수 있겠는가!❸

❶ 보전(寶鈿): 칠보와 자개로 만든 것.
❷ 서금(瑞錦): 당나라 때 두사륜(竇師綸)의 그림 도안에 근거해 색채가 화려한 비단 위에 용이나 봉황 등의 서물(瑞物)을 화려하게 수놓은 고급 비단을 이른다.
❸ 미불(米芾),『화사(畵史)·서(序)』, 杜甫詩謂薛少保: "惜哉功名迕, 但見書畵傳." '甫老儒, 汲汲於功名, 豈不知固有時命? 殆是平生寂寥所慕, 嗟乎! 五王之功業, 尋爲女子笑; 而少保之筆精墨妙, 摹印亦廣, 石泐則重刻, 絹破則重補, 又假以行者, 何可數也? 然則才子鑒士, 寶鈿瑞錦, 纏襲數十, 以爲珍玩, 回視五王之煒煒, 皆糠秕埃壒, 奚足道哉!

미불이 언급한 '소보 설직'은 당나라 개국공신인 설수薛收의 종손이고, 당 예종唐睿宗때의 권신으로, 일찍이 '제고制誥36)를 담당'하고 '참지정사參知政事37)가 되어 '예종이 항상 설직을 궁중으로 불러서 온갖 정사에 참가하여 결정하였으니, 은혜를 받은 것이 이와 견줄 자가 없었다.' 후에 죽임을 당하였다. 설직은 글씨와 그림을 잘 해서 "당시에 그를 미칠 자가 없었다."38)

이런 벼슬자리에서 대대로 공훈이 있는 가문의 출신이며, 정치적 재능도 풍부한 사람이 결국 나라를 다스리는 뜻을 펼치지 못하고, 겨우 글씨와 그림을 잘 한 것으로 세상에 전하는 것에 대하여 두보는 실재로 불행한 운명으로 보았다. 때문에 그의「소보 설직의 벽에 있는 글씨와 그림을 보고」에서 맨 처음에 이렇게 말했다.

少保有古風　　　소보는 고풍이 있어서
得之陝郊篇.　　　「섬교편」을 얻었다.

손위(孫位) 〈고일도(高逸圖)〉 부분

| 惜哉功名迕 | 아쉽게도 공명이 어긋나서 |
| 但見書畵傳 | 그림 글씨 전하는 것만 보이네!❶ |

❶ 『두시상주(杜詩詳注)』11권, 「소보 설직의 벽에 있는 글씨와 그림을 보고(觀薛稷少保書畵壁)」.

    그런데 송대에 이르러서는 이런 평의 기준이 완전히 뒤집혀서, 심지어 미불은 '오왕의 공업'을 세상 부녀자의 웃음거리로 보았고, 회화는 '필묵의 정묘함'이 있어야 비로소 사대부들이 소중하게 여길 만하다고 하였는데, 이는 두보의 시대와 비교하면, 얼마나 크게 변한 생각인가!
    중당 이후 사대부문화 발전방향의 전환은 회화예술에 가장 직접적인 영향이 있다. 이 이후로 회화예술이 조원예술 등의 영역에서 정황과 똑같이 기본문제에 직면하였다. 어떻게 해야 자신이 '호천'에서 생존하고 발전하며, '호천'에 모든 문화체계를 밀접하게 한 곳에 응집시키는가 하는 것이다.
    전형적인 예가 이때에 생겼는데, 회화예술 발전은 사대부 생활과 정취에서 표

위현(衛賢)의 〈고사도(高士圖)〉 부분

면상으로 느낀 것을 집중시키는 것이 중요하다. 그러나 이전에는 이런 면을 이처럼 강화시킨 적이 결코 없었다.

이미 언급했듯이 성당의 화성인 오도자의 작품에는 '상림·궁실·인물·금수·수천 만종'이 없는 것이 없었다. 오대 이후에는 그림의 형세가 크게 변하였다. 동원董源·형호荊浩·관동關同 같은 오대의 대가들은 모두 산수를 그려서 유명하였는데, 형호가 다시 말하여, '산수가 화가13과39) 중에 제일 먼저이다.'40)고 하였다.

대대로 전하는 유명한 회화작품은 허다한데, 예건대 손위41)의 〈고일도〉, 위현의 〈고사도〉, 왕제한의 〈감서도〉, 주문구의 〈중병회기도〉, 고굉중의 〈한희재야연도〉같은 것들도 완전히 사대부생활예술에 대하여 주의한 것으로, 원림예술을 포괄하여 표현한 것이다.

송대 사대부가 이런 것을 이미 분명하게 볼 수 있었고, 곽약허가 고금 회화의 우열을 평론하여 다음과 같이 말했다.

왕제한(王齊翰)의 〈감서도(勘書圖)〉

어떤 사람이 근대의 뛰어난 예술을 옛사람들과 비교하면 어떠한가? 라고 질문하여, '근대예술은 고대에 비하면 미치지 못한 것이 많지만 더 나은 것도 있다. 불교나 도교의 주제, 인물, 사녀와 소와 말 그림을 논하면 근대가 고대보다 못하다. 산수와 나무와 바위, 꽃과 대나무, 새와 물고기 그림을 논하면 고대가 근대보다 못하다.'고 하였다. 그들 뒤에 또 오대나 북송의 산수화가나 화조화가를 관동·이성·범관·서희·황전·황거채와 당대 화가 이사훈·이소도·왕유·변란 같은 사람들과 비교하면, '이성과 관동·범관의 그림과 서희 및 황전·황거보의 그림은 앞으로는 스승의 배움을 본받지 않았고, 뒤로는 다시 이들의 그림을 계승할 자가 없다. 가령 두 이씨·세 왕씨들이 다시 일어나고, 변란과 진서 등이 다시 태어나더라도 장차 어떻게 그들 사이에 손을 놀릴 수 있겠는가!'❶

❶ 곽약허(郭若虛), 「논고금우열(論古今優劣)」, 『도화견문지(圖畫見聞志)·서론(敍論)』, "或問近代至藝與古人何如？答曰： "近代方古多不及, 而過亦有之．若論佛道·人物·士女·牛馬, 則近不及古．若論山水·林石·花竹·禽魚, 則古不及近." 隨後他又將五代·北宋山水·花鳥畫家關同·李成·范寬·徐熙·黃筌·黃居寀與唐代畫家李思訓·李昭道·王維·邊鸞等人加以比較： "至如李與關范之蹟, 徐曁二黃之踪, 前不藉師資, 後無復繼踵, 借使二李三王之輩復起, 邊鸞·陳庶之倫再生, 亦將何以措手於其間哉!"

고굉중(顧閎中)의 〈한희재야연도(韓熙載夜宴圖)〉

주문구(周文矩)의 〈중병회기도(重屏會棋圖)〉

　　남송에 이르러서 오대와 송나라 산수화가의 우열[軒輊]을 구분할 수 있었다. 소박이 다음과 같이 말했다.

제2장 송대 원림의 전형적인 의의 중 둘째인 호중壺中은 고도로 완선된 사대부 문화예술체계

형호가 그림을 논하여 이르길, '산수의 화학은 오도자는 붓은 있으나 먹이 없고, 항용은 먹은 있으나 붓이 없고, 왕유·이사훈 같은 이는 헤아릴 수 없다.'고 하였으니, 그 스스로 확립한 것을 알 수 있다. 그러나 우리 본조[남송]에 들어 와서는, 장안의 관동·영구의 이성·화원의 범관 같은 빼어난 예술은, 형호 같은 이도 헤아릴 수 없다. 그러니 본조의 산수화학이 고금에 제일이다.❶

> ❶ 소박(邵博), 『소씨문견후록(邵氏聞見後錄)』 27권, "荊浩論曰: '山水之學, 吳道子有筆而無墨, 項容有墨而無筆, 王維·李思訓之流不數也.' 其所自立可知也. 然入吾本朝, 如長安關同·營丘李成·華原范寬之絶藝, 荊浩者又不數也. 故本朝畵山水之學, 爲古今第一."

북송 희령熙寧 전후에 사대부문화체계가 강화됨에 따라 구양수나 소식 같은 사림의 영수들의 미학관도 날로 드러났고, 회화의 제재 면에서 뿐 만 아니라, 창작방법이나 예술풍격 및 이론이나 비평 등의 방면에도 어떻게 하면 사인의 정취를 진일보 신속하게 발전시키는가 하는 것이 특별히 중요시해야 할 현상이다. 예를 들면, 소식·이공린·문동·조영양·미불·미우인 같은 이들은 '묵희墨戱'로써 '흉금의 운치를 시원하게' 표현하였다.

소식은 중국미학사에 제일 먼저 '사인화士人畵'라는 명제를 언급하여 다음과 같이 말했다.

> 선비가 그린 그림을 보면 마치 천하의 말을 열람하는 것처럼 말의 기상이 표현되었다. 그러나 화공과 같은 사람들은 종종 말채찍과 가죽과 털, 구유와 마판, 사료들만 그렸으니, 한 점의 준걸한 기상도 느낄 수 없어서 몇 자만 보아도 싫증난다.❶

❶ 「한걸의 산수화에 발문한 2수[又跋漢杰畵山二首]」 중2, 『소식문집』71권, "觀士人畵, 如閱天下馬, 取其意氣所到. 乃若畵工, 往往只取鞭策皮毛槽櫪芻秣而已, 無一點俊發氣, 看數尺許便倦."

이와 같은 표준으로 전대 화가들의 고하를 새롭게 평가하여 "오도자는 비록 묘절하나, 오히려 화공이라 하고, 마힐[왕유]은 형상 밖에서 터득하여 신선 새가 새장에서 떠난 것과 같다."42)고 하였다.

미불은 당·오대 화가에 대한 비교에서 더욱 선명하게 송대 사인의 미학관을 구체적으로 표현하였다.

"동원은 평담하고 천진함이 많다. 당나라에는 이런 작품이 없고, 필굉 위에 근세 신품으로 격조가 높아 이와 비교할 작품이 없다."❶

❶ 미불(米芾), 『화사(畵史)』, "董源平淡天眞多, 唐無此品, 在畢宏上, 近世神品格高, 無與比也."

이성은 본래 오대 때 전반적으로 사대부문화수양을 갖추어 높은 수준에 오른 산수화가이다. "이 때에 산수화가 중에서 반드시 이성을 고금의 제일이라고 칭송하였다. 추앙함이 지극하여 이름을 부를 수 없어서 '이영구'라고 부른다."43) 하였다.

그러나 미불의 안목에는 그는 여전히 '신운과 풍채가 높지 않다'고 여겼다. 미불의 창작기준은 '한 필치도 오도자의 경지에 들지 않았다'고 했을 뿐 만 아니라, '더욱 대작을 그리지 않았고, 한 필치도 관동이나 이성의 속기는 없다.'⁴⁴⁾고 하였다. 이 같은 현상에서 사대부문화체계의 보루가 송대에 대대적으로 강화되었다는 것을 쉽게 알 수 있다.

오대와 양송은 황실문화가 진일보하여 사대부문화와 융합한 시기이다. 구체적인 예가 매우 많다. 다음과 같은 것들이다.

오대 전류❶는 '어려서부터 거동이 용감하고 의협심이 강하여, 정직하게 원한을 갚고, 해구보원❷을 일삼았다.' 오월왕후를 일컬어 '글씨를 배우고, 시 짓기를 좋아하였다.'❸

❶ 전류(錢鏐; 852~932): 당말오대(唐末五代) 때 항주(杭州) 임안(臨安) 사람. 오월(吳越)의 창건자. 자는 구미(具美) 또는 거미(巨美)다. 젊어서 사염(私鹽)을 팔면서 살았는데, 권법과 용맹을 갖추었다.
❷ 해구보원(解仇報怨): 이직보원(以直報怨), 이의해구(以義解仇)로 정직하게 원한을 갚고, 정의롭게 원수를 풀어주는 것이다.
❸ 『구오대사(舊五代史)·전류전(錢鏐傳)』, "五代錢鏐 '少摰勇, 喜任俠, 以解仇報怨爲事', 稱吳越王后則 '學書, 好吟詠'".

오왕의 아들 전원관은 사대부문화에 완전히 동화되어 사관이 다음과 같이 말했다.

전원관은 천 편의 시가 있고, 그 중에서 우수한 것 3백 편을 편집하여 제목을 『금루집』이라 하였다. 절강의 선비 모두에게 전해졌다.❶

❶ 『구오대사(舊五代史)·전원관전(錢元瓘傳)』, "元瓘有詩千篇, 編其尤者三百篇命曰 『錦樓集』, 浙中人士皆傳之".

그리고 3대에 이르러 전씨의 아들은 이미 당시 사대부문화의 영수가 되었다.

전문봉은 '말 타고 활쏘기를 잘하여 말 위에서 창을 던질 수 있다. 경사를 섭렵하여, 음률·도위❶·의약·바둑 등의 기예에 정통하여, 모두 당시에 가장 훌륭하였다. …… 선비로 재예가 있는 자는 그에 의지하였으며, 남쪽에 원림과 동쪽에 별장을 지었는데 오 지역의 승경이었다. 법서·명화·보물과 골동·악기 등을 많이 모았다.'❷

❶ 도위(圖緯): 도참(圖讖)과 위서(緯書)를 이른다.
❷ 범성대(范成大), 『오군지(吳郡志)』11권, "錢文奉"善騎射, 能上馬運槊. 涉獵經史, 精音律·圖緯·醫藥·鞠弈之藝, 皆冠絶一時. …… 士負才藝者多依之, 作南園·東莊, 爲吳中之勝, 多聚法書·名畵·寶玩·雅器."

송대의 정황도 이와 같아서, 송 태조 조광윤은 본래 "개주介冑45)에서 일어났다." 그러나 "말년에는 독서를 좋아했다."46)하였다. 이후의 송대 황제는 높은 수준의 사대부문화 수양을 많이 갖췄다. 예를 들면 "태종 때에는 천하가 무사하여 예술과 문학에 뜻을 두어서 금이나 바둑이 모두 최상품을 만들었다."47)하였다.

이런 문화배경을 이해할 수 있어야만, 비로소 송대 간악艮岳 같은 황가원림이 어떤지를 분명하게 알 수 있고, 또 도연명을 본받아서 무릉武陵이나 도계桃溪의 경치를 경모하였고, 아울러 원림에 설치한 '소은정小隱亭' 등은 사대부의 독립된 인격의 경치를 표현한 것이라는 점을 분명하게 알 수 있다.48)

그리고 송대 황가의 화원회화는 풍격에서 점점 다양하게 사대부계층 특유의 정취를 융합하여 담았는데, 이와 같은 배경 아래에서 생긴 것이다. 북송 전기의 화원작품은 채색이 정밀하고 화려하였고, 용필이 치밀하고 공교한 화조화가

제2장 송대 원림의 전형적인 의의 중 둘째인 호중壺中은 고도로 완선된 사대부 문화예술체계

주를 이루었다. 동원·거연·이성·범관 등의 산수화 거장들은 모두 화원 밖으로 배척당했다.[49)]

희녕 이후에 사대부 문화체계가 더욱 강화하여 전통문화에 대한 후기 발전 방향의 대표성도 더욱 두드러져서 마침 이와 동시에, 황가의 화원이 송나라 초기의 옛 제도를 한차례 바꾸어서 사대부 미학정취를 마음에서 잊지 않으려고 자각하기 시작했다.

북송화원이 희녕·원풍 연간에 이르러, 중대한 발전과 개혁이 있었다. 가장 먼저 산수화가 곽희로부터 한 차례 변하였는데, 북송 초기 화원에서는 산수화를 중하게 여기지 않았다. …… 송나라 신종은 이성의 산수화를 그다지 좋아하지 않고 곽희의 산수화를 좋아하였다. …… 등춘이 『화계』에서 서술하기를, '옛날 신종이 곽희 그림을 좋아하여 온 전에 오로지 곽희 그림으로 두배를 하였다.'고 하였다. 한 곳의 대전에 걸린 것이 모두 곽희의 그림이었다고 했는데, 화사에는 오히려 많이 보이지 않는다.❶

왕희맹(王希孟) 〈천리강산도(千里江山圖)〉 부분

남송(南宋) 조백숙(趙伯驌) 양무구(楊無咎) 〈설매도(雪梅圖)〉

남송(南宋) 조백숙(趙伯驌) 〈만송금궐도(萬松金闕圖)〉

❶ 장광복(張光福) 편저(編著), 『중국미술사(中國美術史)』, p.328. "北宋畵院到了熙寧·元豊年間, 有了重大的發展和改革. 首先是山水畵, 自郭熙一出, 改變了北宋初期畵院不重視山水畵的現象. ……宋神宗不僅喜歡李成的山水畵, 也喜歡郭熙的山水畵. …… 鄧椿在『畵繼』裏也敍述了 "昔神宗好熙筆, 一殿專背熙作." 在一所大殿裏挂的都是郭熙的畵, 在畵史上還是不多見的."

그러나 이때의 회화는 왕선王詵50) 같은 사대부의 작품을 논하지 않더라도, 왕희맹王希孟 등의 화원화가의 작품도 이 당시의 원림예술의 풍격과 같아서, 우아하고 세밀하며, 온유하고 편안하며 고요한 아름다움이 풍부하다.51)

남송회화가 계속 오대·북송을 따른 이래로 발전방향이 깊고 은미한데, 정진

탁鄭振鐸 선생이 이미 그 특징을 개괄하여 "경치를 취하는 범위가 더욱 좁아졌고, 필법은 더욱 자세하고 치밀해졌다."52)고 하였다. 사대부화가나 화원화가를 논할 것 없이 기본적인 발전방향에서는 완전히 일치하는 것이다. 사대부화가인 조백구·조백숙 형제는 다음과 같았다.

..................

서사를 널리 섭렵하여 모두 단청에 묘하고, 쓸쓸하고 고매한 기운이 붓과 비단에 나타난다."고 하였고 또 "화가는 그 모습을 비슷하게 갖출 수 있으나, 우리들 마음속에 독창적인 풍격을 갖추어야만, 정신과 기운이

자유자재하고 정취가 맑고 원대하여 사물의 형태에 구애되지 않아서 곧 좋은 점을 갖추게 된다.❶

❶ 조훈(曹勛), 「경산속화나한기(徑山續畫羅漢記)」, 『송은문집(松隱文集)』 30권, 如趙伯驌·趙伯驌兄弟 "博涉書史, 皆妙於丹靑, 以蕭散高邁之氣, 見於毫素"; 幷提出: "畵家類能具其相貌, 但吾輩胸次, 自應有一種風規, 俾神氣傮然, 韻味淸遠, 不爲物態所拘, 便有佳處."

그러나 실제 창작에서 이런 '신기'나 '정취'는 '섬세하고 맑고 고운 산수누각'을 통하여 체현되는 것이다.53) 유송년劉松年·이당李唐·마원馬遠·하규夏珪는 남송원체회화의 대표들로, 중국산수화 예술을 가장 높은 경지에 올라가게 추진하였다. 전인들이 마원이나 하규의 성취를 논한 것 중에 맨 먼저 주의해야할 것은 필묵기법상의 변화이다. 그러나 필치에서 마원이나 하규를 남종화의 대표로 여기는 두드러진 특징은 공간파악 능력이 놀랄 정도였다.

그들이 중국사대부 산수심미 '경계'를 표현한 것은 전후의 어떤 시대 회화도 미칠 수 없다. 예술 공간이 제한된 소품도 화면에는 주먹 만 한 돌과 작은 물·하나의 집과 반 만 보이는 정자가 있다.54)

그러나 감상자들은 매우 제한된 실내공간에서도, 근경과 깊고 넓은 원경과 심지어 무한한 공간이 완전히 융합하여 틈이 없다는 것을 체득하였으니, 이는 모두 영원한

〈금당심취도(琴堂深趣圖)〉 남송(南宋)작자미상

남송(南宋) 하규(夏圭) 〈설당객화도(雪堂客話圖)〉

우주운율이 융합하여 조화를 이룬 것이다.

또 이런 최고의 심미경계 가운데에서 남송 회화의 "필법이 창로하고, 먹물이 젖었다."[55]는 경지와 "정세함이 최고이다."[56]는 기법상의 진선진미를 갖추어야, 이들이 추구하는 의의를 진정으로 나타내 보일 수 있다. 이는 곧 당시 원림예술에서 산을 쌓고 물길을 내는 것과 마찬가지로 구체적인 기교가 '호중천지'에서 갖추어져야만, 비로소 모든 경계에 의의가 있는 것과 똑같다.

남송 회화 공간구도의 영향으로 인하여, 원대 이후의 수공예가들은 옻칠한 둥근 그릇이나 내모난 소반 유의 천지를 제한하는 공간 안에, 모필에 비하여 훨씬 거친 칼을 사용하여 완정한 원림경관을 자유롭게 새겼다. 아울러 집의 안

원나라 양무조(楊茂造)가 산수인물을 팔면의 소반에 조각한 정면

밖이나 원림의 안 밖을 통하는 정확한 투시관계를 통일하여 조화롭고 풍부한 공간운율을 표현했다.

작은 공예품의 구성이나, 명청 시기의 '작원勺園'이나 '호원壺園'·'개자원芥子園'같은 데에서도, 원림공간예술 방법이 변화했음을 쉽게 살펴볼 수 있다.

오대와 양송 회화가 나날이 정미하게 된 근본원인을 설명할 때 회화와 원림의 필연적인 연관관계를 쉽게 볼 수 있었다. 이들은 모두 '호중'에서 고도하게 완선된 사대부문화의 유기적인 부분에 불과하지만, 사대부가 전통문화체계를 힘써 도모하는데 특별히 자기생활을 철저하게 '호중'에 넣는 예술을 구체적으로 표현한 것이다.

당시는 회화와 원림이 서로 영향을 주고받아 스며들었기 때문에, 예술에서 정취·공간방법·내용제재를 막론하고, 작가는 생활의 많은 방면에도 이전에 비해 깊이 침투하여 자각한 것이 많았다.

예를 들면, 만당의 장언원이 『역대명화기』 6권에서 사대부가 "숲과 계곡에서 마음껏 노닐고, 거문고와 술과 더불어 즐기면서 구름과 안개를 따라 홀로 거닌다."57)고 한 것은 원림생활의 일부분이 분명하다.

성당 오도자58)의 도석화59) 부류와 광대한 격조와 성당 돈황敦煌벽화에 있는 웅장하고 화려한 사원원림의 정경은 다른데, 도석의 제재가 오대에 이르러 화가의 붓끝에서 힘써 표현한 것은 대부분 사대부가 임야에서 한일한 정을 표현한 것이다.

제2장 송대 원림의 전형적인 의의 중 둘째인 호중壺中은 고도로 완선된 사대부 문화예술체계

성당 돈황敦煌벽화의 사원원림의 정경 일부

왕제한 …… 도석인물은 많이 생각해서 그렸고, 산림과 구학 그리기를 좋아 하여, 암산 조용한 곳에 은거하니, 조정이나 저자의 속기가 조금도 없다.❶

❶ 『선화화보(宣和畵譜)』4권, "王齊翰……畵道釋人物多思致, 好作山林、丘壑、隱巖、幽卜, 無一點朝市風埃氣".

동시에 '호중'의 원림 경색과 생활도 점점 더 당시 회화예술에서 마음을 기울이는 대상이 되었다. 『선화화보』의 기록을 예로 들겠다.

서희는 금릉 사람인데, 대대로 강남의 명문세족으로, 고아함을 숭상하고 흥이 생기면 한가하게 마음껏 노닐면서 초목 충어를 그리면 묘하여 조화를 뺏었으니 세상의 화공이 형용하여 미칠 수 있는 바가 아니었다. 일찍이 원포 사이에서 배회하며 노닐었는데 경치를 만날 때마다 으레 그림을 남겼으니 사물의 형태를 그려 전할 수 있었고, 생기가 넘쳤다.❶

문동은 묵죽을 잘 그려서 당시에 이름이 알려졌다. …… 양주 군수로 있을 때 운당곡 위에 정자를 짓고, 아침저녁으로 곳곳을 유람하였다. 이 때문에 대 그림이 더욱 공교하게 되었다.❷

---

❶ 『선화화보(宣和畵譜)』17권, "徐熙, 金陵人, 世爲江南顯族, 所尙高雅, 寓興閒放, 畵草木蟲魚, 妙奪造化, 非世之畵工形容所能及也. 嘗徜徉遊於園圃間, 每遇景輒留, 故能傳寫物態, 蔚有生意".
❷ 『선화화보(宣和畵譜)』20권, 文同"善畵墨竹, 知名於時. ……頃守洋州, 於篔簹谷構亭其上, 爲朝夕遊處之地, 故於畵竹愈工."

---

문동의 『단연집』15권 「원지에서 살며 잡시 30수」에 근거하면 알 수 있듯이, 이 동산의 경관이 풍부하여 당시의 소식蘇軾·소철蘇轍 같은 이들은 모두 문동의 시 원제에 근거하여 각자 시 30수를 지어서 이 원림의 경치를 칭송하였으니,60) 그 이름이 알려진 것을 충분히 알 수 있다. 또 예를 들겠다.

---

이공린은 벼슬에 30년 종사하면서, 하루도 산림을 잊은 적이 없기 때문에 그의 그림은 모두 흉중에 온축한 것이다.❶
늙어 돌아와서 용면산의 바위골짜기 사이에서 마음껏 뜻을 펼쳤다. 평소에 그림을 잘 그려서 스스로 〈산장도〉를 그렸는데 세상에서 보배로 여긴다.❷

제2장 송대 원림의 전형적인 의의 중 둘째인 호중壺中은 고도로 완선된 사대부 문화예술체계

❶ 『선화화보(宣和畫譜)』7권, "李公麟從仕三十年, 未嘗一日忘山林, 故所畫皆胸中所蘊."
❷ 『송사(宋史)·이공린전(李公麟傳)』, "旣歸老, 肆意於龍眠山巖壑間. 雅善畫, 自作「山莊圖」, 爲世寶."

소철의 「제이공린〈산장도〉20수 병서」의 기록을 보자.

백시가 〈용면산장도〉를 그렸는데, 건덕관에서 물가까지 구름이 드리워졌으며, 저록한 것이 16곳이다. 서쪽에서 동쪽까지 수십 리 인데, 바위가 숨었다가 보이고 샘물이 흘러내린다. …… 길 남쪽의 계곡과 산은 맑고 깊으며 빼어나게 솟았다. ……❶

❶ 소철(蘇轍), 「제이공린〈산장도〉20수 병서(題李公麟〈山莊圖〉二十首幷敍)」, 『난성집(欒城集)』16권, "伯時作〈龍眠山莊圖〉, 由建德館至垂雲沜, 著錄者十六處. 自西而東凡數裏, 岩崿隱見, 泉源相屬, …… 道南溪山, 清深秀峙. ……"

이공린(李公麟) 〈산장도(山莊圖)〉 부분

위의 서문에 근거하여 20수를 지은 것에서도 이공린이 그린 이 원경의 아름다움과 포치방법을 알 수 있다. 그러나 더욱 유의해야할 가치가 있는 것은 오히려 소식의 「서이백시〈산장도〉후」 한 구절에서 말한 것이다.

〈송수도(松壽圖)〉 [宋]마원(馬遠)

용면거사가 산에 있으면서 하나의 사물을 남겨두지 않았다. 이 때문에 정신과 만물이 교류하여, 그 지혜로움이 백공과 통하였다.❶

> ❶ 「서이백시〈산장도〉후(書李伯時〈山莊圖〉後)」, 『소식문집(蘇軾文集)』70권, "居士之在山也, 不留於一物, 故其神與萬物交, 其智與百工通."

여기에서 '사의'에 관한 이론을 일차적으로 볼 수 있을 뿐 만 아니라, 이런 사유방식과 송대 회화나 원림이 서로 통하는 토대를 볼 수 있다. 사대부가 더욱 다양하게 자기 원림의 '호천'에 '만물'이나 '백공'을 완성시키는 것도 곧 '천인지제'의 파악이다.

송대 회화로 송대의 서예를 생각하기가 자연히 용이하다. 서예는 회화와 같아서, 서풍의 변화는 시대정신이 반영되어 변천하는 것이다. 이를 비유하여 제1편 제5장 제3

절에서 이미 언급했듯이, 성당 서예에서 단정하고 묵직함[端嚴凝重]과 필획이 날아 움직임[翰墨飛動]은 본래 한데 모여서 빈틈 없이 서로 어울려 빛나는 것이다. 그런데 송나라 사람들의 안목으로 이들의 고하를 구별하지 않을 수 없었다.

미불이 안진경의 행서를 지극히 흠모하여 『쟁좌위첩』을 칭찬한 것을 예로 들겠다.

쟁좌위첩은 안진경 작품 중에서 가장 걸출한데, 그 충의가 분발하는 점을 생각해보면, 돈좌하고 다양하게 굽은 획에서 분발하는 뜻이 있지 않고 천진함이 다 드러나는 곳에 있다.❶

❶ 『서사(書史)』?권, "在顏最爲杰出, 想其忠義發憤, 頓挫郁屈, 意不在字, 天真罄露, 在於此書".

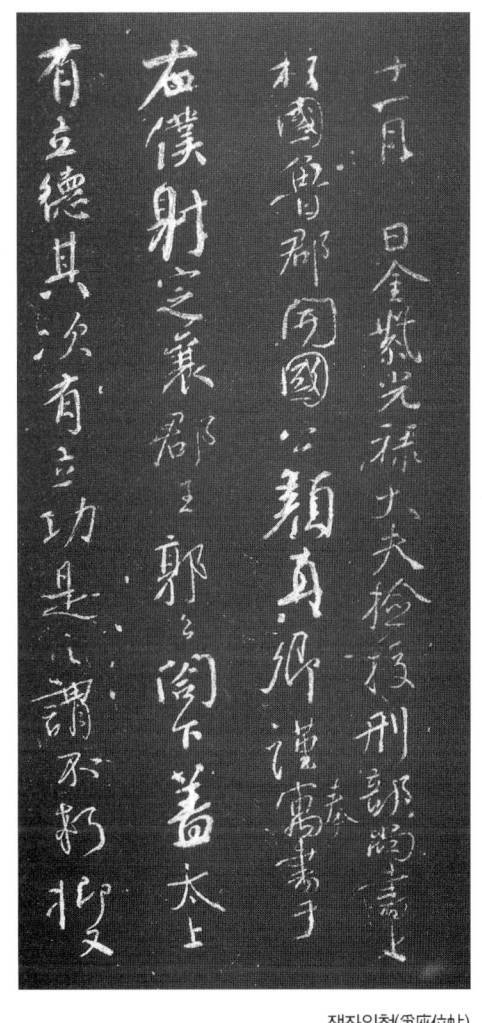

쟁좌위첩(爭座位帖)

그러나 안진경의 해서를 평하면서 도리어 "안노공의 행서는 가르칠 만한데, 해서는 품격이 저속하다."61)고 말했다. 소식도 이와 유사하게 말했다.

내가 일찍이 글씨를 논하여, 종요나 왕희지의 작품은 소산하고 간결하며 심원하여 묘함이 필획 밖에 있고, 당나라에 이르러 안진경과 유공권이 비로소 고금의 필법을 모아서 다 발휘하여, 글씨의 변화가 극치에 이르러 천하에서 모두 스승으로 삼았으나, 종요와 왕희지 필법이 더욱 미묘하다.❶

❶ 「황자사시집 뒤에 쓰다[書黃子思詩集後]」『소식문집』67권, "予嘗論書, 以謂鍾·王之跡, 蕭散簡遠, 妙在筆畵之外, 至唐顔·柳, 始集古今筆法而盡發之, 極書之變, 天下翕然以爲宗師, 而鍾·王之法益微."

송나라 사람들이 안진경 해서를 비평하며 '소산하고 간결하며 심원'한 서풍을 지나치게 좋아하는 것은 실제 그들의 단점을 감춘 논평이다. 이 때문에 송인들은 당나라 사람들처럼 행서와 해서가 조화하여 하나로 녹아난 기백과 부드러움을 다하는 아름다운 필력이 없어졌다. 따라서 이들도 곧 '뜻을 숭상'하는 소식蘇軾·황정견黃庭堅·채양蔡襄의 행서만 좋아하여 한 시대의 서풍을 속박하였다. 서예를 논한 것들을 예로 들겠다.

황정견이 글씨를 논하여 '운치'를 가장 중요하게 여겨서, 그가 '글씨를 소장하는 자는 운치를 볼 수 있어야 어렴풋이나마 터득할 수 있을 것이다.'❶하였다.

강기가 해서를 논한 데에도 평평하고 반듯하며 장중함을 취하지 않고 '해서는 평정해야 좋은데 세속에서 당나라 사람은 평정함을 잃었다고 논한다. …… 당나라 사람은 붓을 대면 법규에 빠져서 위진 글씨 같은 표일한 기운이 다시없다.'❷고 하였다.

제2장 송대 원림의 전형적인 의의 중 둘째인 호중壺中은 고도로 완선된 사대부 문화예술체계

❶ 「강본 법첩에 쓰다[題絳本法帖]」, 『예장황선생문집(預章黃先生文集)』 28권, "蓄書者能以韻觀之, 當得仿佛."
❷ 강기(姜夔),『속서보(續書譜)·진서(眞書)』, "眞書以平正爲善, 此世俗之論, 唐人之失也. …… 唐人下筆, 應規入矩, 無復魏晉飄逸之氣."

하지만 뜻을 숭상하는 서풍이 유행한 배후에는 당대의 서풍이 자취를 감추었다. 그런 예를 보자.

송 고종 조구가 미불의 단점을 말하여 '진서·해서·전서·예서가 그다지 공교하지 못하나, 오직 행서나 초서는 실로 품등에 넣을 수 있다.'❶하였다.

청대 유희재도, 구양공이 '당대에는 누구나 글씨를 잘 썼는데, 지금 사대부는 글씨를 소홀히 여기고 제대로 배우지 못하여, 이따금 겨우 붓을 잡을 수 있다.'고 하였으니, 이것이 송나라 정서가 쇠퇴함을 탄식하는 까닭이다.❷하였다.

❶ 송 고종(宋高宗) 조구(趙構),『한묵지(翰墨志)』, "眞楷篆隸不甚工, 惟於行草誠能入品."
❷ 유희재(劉熙載),『예개(藝槪)·서개(書槪)』, "歐陽公謂唐世人人工書, 今士大夫忽書爲不足學, 往往僅能執筆.' 此蓋歎宋正書之衰也."

송나라 서예 특징은 이와 같이 전반적인 사대부의 심리와 사대부문화체계의 발전에 따라서 이미 결정되었다. 이는 그 당시 사인생활의 특징과 복잡하게 얽

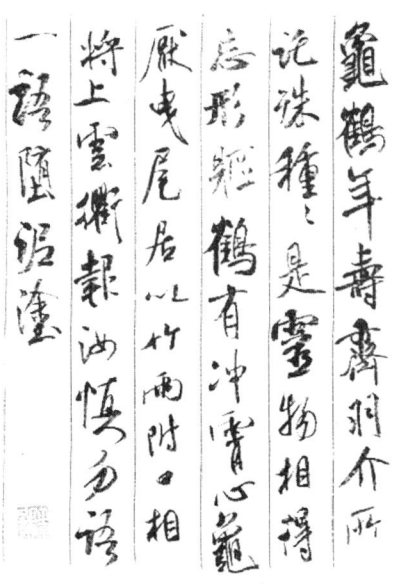

미불(米佛)의 행서

힌 연관관계가 있다.

앞에서 언급했듯이 조총련趙總憐62)이 글씨를 잘 쓰는 것은, 바둑·다도·탄금과 같이 많은 생활예술 중의 한 가지라고 예를 들었다.

미불이 『서사』에서 서예를 가장 잘 설명하여 당시에 많은 영향을 끼쳤다.

설서래❶가 진나라 법첩에 잘못 사용된 글자를 논하였는데, 나 미불이 그것 때문에 시를 지었다.

| | |
|---|---|
| 何必識難字 | 하필 어려운 글자를 알려고 |
| 辛苦笑揚雄 | 괴롭게도 양웅을 비웃는가? |
| 自古寫字人 | 예부터 글씨를 쓰는 사람은 |
| 用字或不通 | 사용하는 글자가 더러는 통하지 않네. |
| 要之皆一戲 | 원하는 것은 한 번 유희함이니 |
| 不當問拙工 | 졸하고 공고함 묻는 것은 마땅치 않네. |
| 意足我自足 | 뜻이 족하면 스스로 만족하리니 |
| 放筆一戲空 | 붓을 내치고 허공에서 유희한다네. |

모두가 서예에 집착하는 것에 대하여, 이 일을 성당 사람들은 '영원히 성대한 일'이라고 여겼다.❷

❶ 설서래(薛書來): 송나라 설소팽(薛紹彭)을 가리킨다.
❷ 장회관(張懷瓘),「서의(書議)」,『전당문』432권, "薛書來論晉帖誤用字, 余因作詩曰: '……' 同是對書法的執着, 盛唐人是因視之爲'不朽之盛事'"

그러나 송나라 사람은 글씨와 그림이 같다고 여겨서 감정과 뜻을 유희하는 '묵희'로 여겼다. 이런 배경 아래에서 송대 서예와 송대 원림예술은 주지하는 미학이 서로 통하는 것도 필연적이었다.

제2장 송대 원림의 전형적인 의의 중 둘째인 호중壺中은 고도로 완선된 사대부 문화예술체계

미원휘[미우인]의 보진재는 옛날에 남궁 미불이 놀면서 쉬던 곳이다. 오동나무가 높이 솟았고 대나무가 떨기지고, 숲속 그늘에서 새들이 지저귀니, 사람들이 그윽한 생각을 드러내어 책과 옛 그림이 특이하게, 좌우에 나열되었구나. 내가 원휘를 만날 때마다, 반드시 청담을 하여 시간가는 줄 몰랐다. 원휘는 독서하고 글을 지으며, 한묵으로 유희하여 그 묘함에 이르면 왕우군[왕유]보다 못하지 않다고 하였다.❶

❶ 오칙례(吳則禮), 「보진재에 들러서 원휘에게 주다(過寶晉齋贈元暉)」・서(序)」, 『북호집(北湖集)』 4권, "米元暉寶晉齋, 昔南宮之所游息也. 高梧叢竹, 林樾禽哢, 發人幽意, 而異書古圖, 左右棲列. 余每造元暉, 必淸言移晷. 元暉讀書幷文, 戱弄翰墨, 至其妙處, 不減王右軍云."

또 육유의 명구를 보겠다.

| 小樓一夜聽春雨 | 작은 누각에 밤새 봄비 내리는 소리 들리고 |
| 深巷明朝賣杏花 | 깊은 골목 아침이 밝자 살구꽃을 파는구나. |
| 矮紙斜行閑作草 | 작은 종이 비스듬한 행간에 한가로이 초서를 써보며 |
| 晴窓細乳戱分茶 | 맑은 창가에서 거품 띄우며 차 맛도 본다.❶ |

❶ 육유(陸游), 「임안에 봄비가 막 개다(臨安春雨初霽)」, 『육우집(陸羽集)・검남시고(劍南詩稿)』 17권.

이것도 '작은 누각'・'살구꽃'과 '초서'・'차를 마시는 것'을 함께 논하였으나, 하나의 '한가하다'는 글자와 '즐긴다'는 글자를 다시 설명한 것은 육유가 이런 예술을 기대하는 태도이다.

## 문완 감상[63]

중국의 고고학은 송대에 기초를 닦았다고 연구자들이 항상 말하지만, 실제로 송나라 사람이 문물文物[64]에 마음쓴 것은 현대적 의의의 고고학과는 구별이 있다. 문물에 몰두했다는 것은 당시 전반적인 사대부의 '호중' 생활예술과 문화체계의 일부만 말하는 것이다. 따라서 여기에 더욱 정확한 명칭은 '문완 감상'이라고 해야 할 것이다.

중국역사가 유구하기 때문에 골동이나 그림과 책 등의 수집이나 식별 정리에 관한 것들도 역대문화에서 조성된 부분이다. 서진 사람의 영수였던 장화[65]를 예로 들겠다.

일찍이 이사할 때 책을 실은 수레가 30대였다. 비서감 지우는 관서를 편찬하고 정할 때 모두 장화의 원본을 기초로 하여 올바른 것을 취했다. 천하의 기이한 비밀과 세상의 희귀한 것은 모두 장화에게 있었다. 이로부터 널리 사물을 알고 박식한 것은 세상에 더불어 비교할 사람이 없었다.❶

❶ 『진서(晉書)·장화전(張華傳)』, "嘗徙居, 載書三十乘. 祕書監摯虞撰定官書, 皆資華之本以取正焉. 天下奇祕, 世所希有者, 悉在華所. 由是博物洽聞, 世無與比."

또 앞에서 언급한 초당의 설직薛稷도 "옛 것을 좋아하고 학식이 풍부하고 단아하였다"[66]고 하였다. 그러나 골동 수집이나 문완 감상은 보편적으로 사대부계층에서 숭상하여 유행하였고, 날로 긴밀하게 그들의 전반적인 문화예술체계와 함께 융합하였는데, 이것도 중당에 시작된 것이다. 중당의 이약李約[67]을 예로 들겠다.

고아한 풍모와 현묘한 마음이 쓸쓸하며 온화하고 심원하여 덕행이 원래 뛰어났고, 또 산림의 정취도 갖추었다. 금을 타는 법·술을 마시는 품성·시의 격조 등이 모두 고상하며 빼어났으며, …… 고기를 많이 모았는데, 호주에서 고철 한 조각을 얻어서 두드리니 맑은 소리가 울렸다. 또 원숭이 한 마리를 길렀는데 '산공'이라 불렀고 일찍이 따라서 쫓아갔다. 밤에 달이 강에 뜨자 금산에 올라 쇠를 두드리고 거문고를 타니 원숭이가 반드시 화답하였다. …… 이약은 천성이 오직 차 마시기를 좋아하여, 스스로 잘 끓였다. 사람들에게 이르길, '차는 반드시 천천히 불을 지피고 불이 타오르면 끓어야 한다.'하였다. 활화는 재가 불에 타오르는 것을 이른다. 손님이 와도 찻잔 수를 제한하지 않았다. 하루 종일 다기를 잡고 있어도 싫어하지 않았다. 일찍이 사신으로 섬주 협석현 동쪽에 갔는데 도랑물이 맑게 흐르는 것이 좋아서 열흘 동안 떠날 것을 잊었다.❶

> ❶ 조린(趙璘), 『인화록(因話錄)』 2권, "雅度玄機, 蕭蕭沖遠, 德行旣優, 又有山林之致. 琴道·酒德·詩調皆高絶, …… 多蓄古器, 在湖州嘗得古鐵一片, 擊之淸越. 又養一猿名'山公', 嘗以之隨逐. 月夜泛江登金山, 擊鐵鼓琴, 猿必嘯和. …… 約天性唯嗜茶, 能自煎. 謂人曰: "茶須緩火炙, 活火煎." 活火謂炭火之焰者也. 客至不限甌數, 竟日執持茶器不倦. 嘗奉使行至陝州硤石縣東, 愛渠水淸流, 旬日忘發."

여기에서 알 수 있듯이 '골동을 많이 모은 것'과 '산림의 정취'나 '천성이 오직 차 마시기를 좋아한 것' 등은 같은 것이기 때문에 독립된 문화현상이 아니다. 중당에서 두 차례나 재상을 지낸 왕애를 예로 들겠다.

왕애는 학식이 넓고 깊으며 성품이 단아하고 옛 것을 좋아하며 문장을 잘 지었다, …… 집안에 책이 수만 권 있어서 궁중창고와 짝할 만하다. 전대의 법서와 명화는 사람들이 보존하며 아끼는 것이다. 후한 값을 보내도 돈을 받지 않으니, 관작을 내렸다. 담장을 두텁게 하여 구멍을 내서 책을 감추고 복벽을 만들었다.❶

❶ 『구당서(舊唐書) · 왕애전(王涯傳)』, "博學好古, 能爲文, ······ 家書數萬卷, 侔於秘府. 前代法書名畫, 人所保惜者, 以厚貨致之, 不受貨者, 卽以官爵致之. 厚爲垣竅, 而藏之複壁."

이처럼 전대의 법서나 명화를 찾는데 힘을 다한 것은 사대부 계층의 '풍속'이 되었다. 이조李肇68)가 당시의 이런 상황을 폐단으로 여겼다.

장안의 풍속이 정원 때부터 잔치를 베풀며 놀았는데 사치해졌다. 그 후에는 더러 서예와 그림도 사치스러워졌고 바둑장기도 사치하였으며 점쟁이와 축관들도 사치하였고 의복도 사치하였으니 모두 폐단이 되었다.❶

❶ 『당국사보(唐國史補)』 하권, "長安風俗, 自貞元侈於遊宴, 其後或侈於書法圖畫, 或侈於博奕, 或侈於卜祝, 或侈於服食, 各有所蔽也."

문완과 원림의 관계도 날로 긴밀해졌다. 중당 장적69)이 「좌사원랑이 중추를 보내며에 답하다 10수」중의 2수에서 말했다.

有地唯栽竹　　땅이 있으면 오직 대나무를 심고
無池亦養鵝　　못이 없어도 거위를 기르는 구나.
······
古鏡銘文淺　　옛 거울은 명문이 얕고
神方謎語多　　신방❶에도 미혹한 말이 많구나.❷

❶ 신방(神方): 옛날, 가지기도 따위의 신불의 계시에 의한 미신적인 처방을 이른다.
❷ 장적(張籍), 「좌사원랑이 중추를 보내며에 답하다 10수(和左司元郎中秋居十首)」중2, 『전당시(全唐詩)』 384권.

위현(衛賢)의 〈고사도(高士圖)〉 부분　　　　　왕제한(王齊翰)의 〈감서도(勘書圖)〉 부분

　이런 배경 아래에서 문완 감상이 이후 사대부생활에서 조금도 없어서는 안 되는 예술과 학문이 되었다. 따라서 중당 무렵의 장언원의 저명한 『역대명화기』 2권에 전문적인 「논감식수장구구열완論鑒識收藏購求閱玩」70)장을 저술하였다. 그의 다른 저작 『한거수용閑居受用』은 이미 없어졌지만, 제목에서도 주지하는 바를 알 수 있다.
　그리고 위현의 〈고사도〉나 왕제한의 〈감서도〉 등은 오대 회화의 명작으로, 당시 사대부가 서화를 감상하는 상황과 주위의 뛰어나고 아름다운 원림과 실내 환경에 있는 것을 모두 그린 것이다. 이런 것도 바로 문완 감상과 전반적인 사대부문화에 대한 관계가 여실히 반영된 것이다.
　양송 시기에 문완학이 매우 성대하여, 송나라 채조가 일찍이 한위 육조 수당 시대에 골동을 애호했던 일을 일일이 열거한 후에 다음과 같이 말했다.

그러나 위에 있는 자들이 처음에는 대단하지 않은 일로 여겼는데, 유독 양송 이후에 보배처럼 중하게 여겨서, 비로소 유원부 시독공이 제창하여 구양문충공이 완성하였다. 또 이어서 화답하면, 백부 군모나 동파 같은 몇몇 공들이 그렇게 하였다. …… 이로부터 학사 사대부들이 평소에 문완학을 대부분 좋아했다.❶

❶ 채조(蔡條), 『철위산총담(鐵圍山叢談)』4권, "然在上者初不大以爲事, 獨國朝以來寖乃珍重, 始則有劉原父侍讀公爲之倡, 而成於歐陽文忠公. 又從而和之, 則若伯父群謀・東坡數公云爾. …… 由是學士大夫雅多好之."

    통치자에 따라서 예악제도를 회복・강화하는 것에 필요한 것을 제외하고는 문완학이 송대에 전에 없이 흥성하였다.71) 원림과 서화 차 마시는 것 등의 문화가 전례 없이 번영한 것과 똑같이, '호천'에 세운 고도하며 완정하고 정미한 사대부문화 예술체계의 수요에 충족한 것이 더욱 중요한 원인이다. 이 때문에 골동 문완이 양송 사대부생활예술에서 작용은 종묘 제기보다 훨씬 중요하게 여겼다.

    이와 유관한 기록은 어느 곳에나 있다. 매요신이 「오충경이 고음정을 꺼내다[吳冲卿出古飮鼎]」라는 시에서 옛 솥의 형상과 문양 장식을 묘사하여 기술한 뒤에 다음과 같이 말했다.

| | |
|---|---|
| 我雖衰茶爲之醉 | 내가 비록 쇠약하여 나른하게 취했으나 |
| 玩古樂今人未識. | 골동을 감상하는 낙을 지금 사람이 모른다.❶ |

❶ 매요신(梅堯臣), 『매요신집편년교주(梅堯臣集編年校注)』23권.

    소식도 「황주의 고편종에 관한 글[書黃州古編鐘]」이나 「고동정에 관한 글[書古銅鼎]」72)에서 그가 골동을 감상하는 것에 대하여 모두 기술하였다. 황정견도 「고동호를 왕관부에게 보내다[以古銅壺王觀復]」73)를 읊은 것이 있다.

여대임呂大臨74)도 「고고도考古圖」에서 글을 완성할 수 있었기 때문에 "사대부 집안에서 많이 열람하였고, 항상 전모하여 그릴 수 있었기 때문에 점점 권축이 가득하게 되었다."75)고 하였다. 그리고 북송 사대부 중에서 가장 유명한 예는 오히려 구양수가 문완 감상에 빠져든 것이다.

---

…… 탕반❶·공정❷·기양의 석고❸, 대산·추역·회계의 석각은 한나라 위나라 이래의 성군 현사의 환비·이기·명시·서기와 함께 아래로 고문·주전·분예나 제가의 자서에 이르기까지 모두 삼대 이후의 지극한 보물로, 괴기하고 뛰어나게 아름다우며 교묘하여 즐길 만한 물건이다. …… 대개 힘쓰는 것은 좋아하는 것보다 못하고 좋아하는 것은 한결 같은 것보다 못하다. 내 성격이 오로지 옛 것을 좋아하지만 세상 사람이 탐내는 것은 모두 그사이에서 욕심낼 수 없기 때문에 하나를 얻어서 그것을 좋아하는 까닭이다. 그것을 너무 좋아하면 힘이 비록 부족하지만 오히려 그것을 오게 할 수 있다. 때문에 위로 주나라 목왕 이후부터 아래로는 더욱 진·한·수·당·오대에 이르러 밖으로는 4해 9주에 이르기까지 명산 대택과 끝없는 절벽과 계곡 거친 숲과 파손된 무덤과 신선과 귀물, 궤괴하게 전해오는 것이 모두 갖추어져 있으니 『집고록』이라 한다.❹

---

❶ 탕반(湯盤): 탕(湯) 임금이 목욕하던 반(盤)이다. 『대학(大學)』에, "탕 임금의 목욕반(浴盤)의 명(銘) 에, '날로 새롭게 하고 나날이 새롭게 하며, 또 날로 새롭게 한다.' 하였다." 하였다. 후에 와서 욕반(浴盤)을 탕반이라 하였다.
❷ 공정(孔鼎): 공자(孔子)의 선조인 정고보(正考父)의 사당에 있는 솥인데, 그 명에 "대부가 되면 고개를 숙이고, 하경(下卿)이 되면 등을 구부리고, 상경(上卿)이 되면 몸을 구부린다.[一命而僂 再命而傴 三命而俯]" 하였다.
❸ 기양석고(岐陽石鼓): 주 선왕(周宣王)이 기양(岐陽)에 사냥 갔다가 태사(太史) 주(籒)를 시켜 세운 고형(鼓形)의 돌. 여기에는 태사 주가 송(頌)을 지어서 왕(王)의 공적을 기록하였다 한다. 당(唐) 나라 한유(韓愈)와 송(宋) 나라 소식(蘇軾)에게 모두 석고가(石鼓歌)가 있다.
❹ 『집고록자서(集古錄自序)」, "…… 湯盤·孔鼎·岐陽之鼓, 岱山·鄒嶧·會稽之刻石, 與夫漢·魏已來聖君賢士桓碑·彛器·銘詩·序記, 下至古文·籀篆·分隸諸家之字書, 皆三代以來至寶, 怪奇偉麗·工妙可喜之物. …… 夫力莫如好, 好莫如一. 予性巔而嗜古, 凡世人之所貪者, 皆無欲於其間, 故得一其所好於斯. 好之已篤, 則力雖未足, 猶能致之, 故上自周穆王以來, 下更秦·漢·隋·唐·五代, 外至四海九州, 名山大澤, 窮崖絶谷, 荒林破塚, 神仙鬼物, 詭怪所傳, 莫不皆有, 以爲."

서희(徐熙) 전 옥당부귀도(玉堂富貴圖)

양송 사인은 구양수가 옛 것을 지나치게 좋아한 것에 대하여 입을 모아 칭찬하였다. 왕벽王闢이 "구양문충공은 문장의 도의가 천하에서 스승으로 존숭하니, 세속에서 좋아하는 것을 하나도 마음에 담아두지 않고 유독 옛 석각을 좋아한다."76)고 하였고, 왕명청王明淸도 "본조의 구양수로부터 유원부劉原父가 비로소 삼대의 솥과 재기를 모아 펼쳐놓고 구별하였다."77)고 하였다.

구양수의 이런 점을 본받아서 사림의 대가들이 거대한 정력과 정감을 골동감상에 마음 쏟은 것이, 중당 이전에는 근본적으로 상상할 수 없었던 일이었다. 구양수와 유사하게 집착하는 감정을 이청조가 『금석록후서』편의 「명문」에 서술하였는데, 얼마나 진지하게 사람을 감동시킬 수 있었는지 보겠다.

제2장 송대 원림의 전형적인 의의 중 둘째인 호중壺中은 고도로 완선된 사대부 문화예술체계

······ 조명성과 이족한은 평소에 청빈하고 검소하여 삭망❶에 휴가를 얻어 나갈 때마다 평소의 옷차림으로 반값 만 가지고 상국사에 들어가서 비문과 과일을 팔고, 돌아서서 펴서 보고는 음미하며 스스로 갈천씨의 백성❷이라 한다. ······ 일찍이 기록되길 숭녕 연간❸에 어떤 사람이 서희❹의 〈모란도〉를 가지고 와서 20만 전에 구매하라고 하였다. 당시에 비록 귀한 집 자제라 하더라도, 10만전을 어떻게 쉽게 구할 수 있겠는가? 이틀 밤을 머물렀으나 마련할 방법이 없어서 돌려보내고, 부부가 서로 보며 며칠을 탄식하였다. 후에 고향에서 10년을 은거하며 앙취부급❺하여 의식이 여유가 있었다. 양 군 내주와 치주에 군수를 연임하면서❻, 그의 봉급 모두를 연참❼을 사들이는 일에 썼다. 하나의 책을 얻을 때마다 함께 교정하고 바로잡아 첨제❽하여 모았다. 서화나 이정을 획득하면 펼치거나 말아 올리고 어루만지며 완상하며 결점이나 병폐를 지적하면서 밤에 하나의 촛불이 다해야 끝났다. 그리하여 종이나 서찰이 정치하고 글씨나 그림이 완정하여 글씨를 수장하는 집안에서 으뜸이었다. 나는 성격이 원래 기억력이 좋아서 식사가 끝날 때마다 '귀래당'에 앉아서 차를 끓이면서 쌓아 놓은 『서사』를 가리키며, 어떤 일은 어떤 책 몇 권의 몇 행에 있다고 말하고, 그 말이 맞는지 틀리는지를 가지고 승부를 결정하여 차 마시는 선후를 정한다. 적중하면 잔을 들고 크게 웃으면서 차를 따라서 찻잔을 기울이고 틀리면 마시지 못하고 일어났다. 만족하며 늘 이렇게 접대한 것이다!❾

❶ 삭망(朔望): 초하루와 보름을 이른다.
❷ 갈천씨(葛天氏): 중국 상고의 제왕으로 이들이 나라를 다스릴 때에는 말하지 않아도 믿고 가르치지 않아도 교화가 이루어졌다고 한다. 도잠(陶潛)의 글에, "갈천씨(葛天氏)의 백성인가." 한 구절이 있다.
❸ 숭녕(崇寧): 송 휘종(宋徽宗)의 연호(年號)로, 서기1102~1106년이다.
❹ 서희(徐熙): 남당(南唐) 때의 유명한 화가이다.
❺ 앙취부급(仰取俯拾): 소동파(蘇東坡)의 「양선에 대신 써서 답하다代書答梁先」에 "학문이란 큰 상인처럼 두루 모아야 하는 것, 고개 들어도 얻고 숙여도 주워서 빠진게 없대學如富賈在博收, 仰取俯拾無遺籌]."고 나온다.
❻ 조명성(趙明誠)이 선화(宣和)3년에 내주(萊州)군수로 나갔고 건강(建康)원년(元年)에는 치주(淄州)군수로 옮겼다.
❼ 연참(鉛槧): 연(鉛)은 연필이고, 참(槧)은 목판(木牘)으로, 연참(鉛槧)은 모두 고인들이 문자를 기록했던 필기도구이다.
❽ 첨제(簽題): 글씨나 그림, 책 표지에 제목을 붙이는 것이다.
❾ 이청조(李淸照), 『금석록후서(金石錄後序)』, 「명문(名文)」, 『이청조집교주(李淸照集校注)』3권, "······ 趙·李族寒, 素貧儉, 每朔望謁告出, 質衣取半千錢, 步入相國寺, 市碑文果實歸, 相對展玩咀嚼, 自謂葛天氏之民也. ······ 嘗記崇寧間(宋徽宗年號, 西元1102~1106年), 有人持徐熙(南唐時著名畫家) 〈牡丹圖〉, 求錢二十萬. 當時雖貴家子弟, 求十萬錢豈易得耶? 留信宿(兩夜), 計無所出而還之. 夫婦相向惋悵者數日. 後屏居(隱居)鄕里十年, 仰取俯拾, 衣食有餘. 連守兩郡(趙明誠於宣和三年出守萊州, 建康元年移守淄州), 竭其俸入, 以事鉛槧(鉛, 鉛筆. 槧, 木牘. 鉛槧皆為古人紀錄文字的工具). 每獲一書, 即同共勘校, 整集簽題. 得書畵·彝鼎, 亦摩玩舒卷(張開或捲起), 指摘疵病(缺點, 毛病), 夜盡一燭為率. 故能紙札精致, 字畫完整, 冠諸收書家. 余性偶強記, 每飯罷, 坐"歸來堂", 烹茶, 指堆積書史, 言某事在某卷第幾頁第幾行, 以中否角(決)勝負, 為飮茶先後. 中即擧杯大笑, 至茶傾覆懷中, 反不得飮而起. 甘心老是鄕矣!"

이 '귀래당'에 예술숨결이 가득하게 살아있는 것은, 점점 더 '정원 깊숙한' 곳에서 희생하던 것이 바깥세계로 바뀌었기 때문이 아닌가?78) 문완을 감상하고 수장하는 풍조는 북송 말에 이르러 휘종을 거치면서 몰두하여 더욱 번성하였고, 이는 또 당시 황가문화와 사대부문화의 융화가 날로 깊어진 하나의 예이다.

태상황제가 즉위하자, 헌장을 옛 것에서 시작하여, 아득한 요와 순의 생각을 추모하니, 이에 태종이 숭상하였다. 대관 초에 이르러, 곧 이공린의 『고고』를 본받아 〈선화전박고도〉를 그렸는데, 모두 소장하는 것으로 크고 작은 예기가 거의 5백 개가 넘었다. 세간에서 귀하게 여겨 아끼는 바를 알기 때문에, 그릇 하나를 얻을 수 있으면, 그 값어치가 수십 만전이 되었으니, 후에는 백만 전에 이르지 않는 것이 없었다. 이로 인해 천하의 무덤이 거의 모두 파손되었다. 유독 선화 연간에 가장 극성이어서, 상방❶에 모은 것이 6천 여 개로 온갖 기물이 다 모였다.❷

❶ 상방(尙方): 임금이 쓰는 기물(器物)을 관장하는 관청이다.
❷ 채조(蔡條), 『철위산총담(鐵圍山叢談)』4권, "太上皇帝卽位, 憲章古始, 渺然追唐虞之思, 因太宗尙. 及大觀初, 乃效李公麟之『考古』, 作〈宣和殿博古圖〉, 凡所藏者, 爲大小禮器, 則已五百有幾. 世旣知其所以貴愛, 故有得一器, 其直爲錢數十萬, 後動至百萬不翅者. 於是天下冢墓, 破伐殆盡矣. 獨宣和間爲最盛, 尙方所貯至六千餘數, 百器遂盡."

선화 때 궁원에 수고각·상고각·감고각·작고각·전고각·박고각·비고각을 널리 설치하여, 갖가지 문완을 소장하였다.79) 송나라가 남도한 후에도 이런 풍조가 시들지 않았는데, 그런 예는 다음과 같다.

제2장 송대 원림의 전형적인 의의 중 둘째인 호중壺中은 고도로 완선된 사대부 문화예술체계

사릉❶은 팔법을 묘하게 깨달아, 고상한 정신을 남겼고, 전란을 당했을 때에도 재주를 발휘하여 법서와 명화를 찾아다니느라 여력이 없었다. 조용하여 한가하게 쉴 때도 임화나 임서에 조금도 게을리 하지 않았다. 대개 너무 좋아하기 때문에 노력과 경비를 아끼지 않았다. 따라서 사방에서 다투어 임금에게 바치지 않는 날이 없었다. 후에는 각장❷에서도 북방의 잃어버린 물건을 구매했기 때문에 소흥때 내부에 소장한 것이 선화나 정화 때보다 못지않았다.❸

❶ 사릉(思陵): 송고종 조구(趙構)를 이른다.
❷ 각장(榷場): 국가에서 관리하는 시장.
❸ 주밀(周密), 『동야어에 쓰대齊東野語』6권, "思陵(宋高宗趙構)妙悟八法, 留神古雅, 當干戈倥傯之際, 訪求法書名畫, 不遺餘力. 淸閒之燕, 展玩摹拓不少怠. 蓋嗜好之篤, 不憚勞費, 故四方爭以奉上無虛日. 後又於榷場購北方遺失之物, 故紹興內府所藏不減宣政(宣和·政和皆徽宗年號)."

이렇게 조정이나 재야에서 풍미한 배경 아래에서, 문완학文玩學과 금석학金石學 경전을 크게 비평하는 저작들이 중당에서 양송시기에 무성하게 흥기한 것은 매우 자연스러운 현상이다. 그 가운데 유명한 저서는 다음과 같은 것들이다.

『역대명화기歷代名畫記』・『법서요록法書要錄』・『집고록集古錄』・『고고도考古圖』・『선화서보宣和書譜』・『선화화보宣和畫譜』・『선화박고도록宣和博古圖錄』・『광천서발廣川書跋』・『광천화발廣川畫跋』・『역대종정이기관지법첩歷代鐘鼎彝器款識法帖』・『동천청록洞天淸綠』・『운연과안록雲煙過眼錄』 등이다.

송나라 사람이 문완이나 골동의 형제・문식・관지・색질 등을 구별하는 것도

정(鼎)　　　　존(尊)　　　　종(鐘)　　　　뇌(罍)

지나칠 정도로 정미하였다. 예컨대 송나라 장세남80)이 상세하게 차례대로 서술하여 말한 것은 운문雲紋·뇌문雷紋 같은 청동기의 문양과 장식이 많아서 50종 가까이 달하였고, 종鐘·정鼎·존尊·뇌罍 같은 동기의 명칭도 많아서 60여 종에 달하였다.81)

　송나라 사람의 이러한 노력 때문에 문완학의 기초가 마련될 수 있었다. 근대의 왕국유王國維82)가 "세상에 전하는 고기의 명칭은 모두 송나라 사람이 정한 것이다."83) 하였다.

　상술한 것에서 문완 감상과, 중당에서 양송까지의 전반적인 사대부문화 예술 체계의 밀접한 상관관계를 쉽게 보았다. 예를 들면 구양수나 소식 같은 사람의 영수 및 채양 같은 대서예가, 차를 품평하는 전문가, 이청조李淸照같은 문학가들도 문완 감상의 도를 좋아했다. 『고고도』의 작자 여대임呂大臨은 유명한 이학가이고, 『운연과안록雲烟過眼錄』의 저자 주밀周密은 유명한 문인이며 음악가이다. 이들은 『광천서발』과 『광천화발』, 『선화박고도록』과 『선화서보』·『선화화보』 가운데 훌륭한 물건이 모두 모여 있다고 한 것들이다.

　당시의 많은 제일류의 서화가도 모두 문완 금석을 몹시 좋아했다는 예를 열거하겠다. 『송사』에서 다음과 같이 말했다.

이공린은 옛것을 좋아하고 널리 배워서 시를 잘 짓고, 기이한 글자를 많이 알아서, 하상 이래의 종·정·술잔·제기 등을 모두 연대순으로 고찰하여 정하였으며, 그것에 새겨진 문자를 구별할 수 있었다. 하나의 묘품이 있다는 것을 들으면 비록 천금을 쓰더라도 아까워하지 않았다.❶

> ❶ 『송사(宋史)·이공린전(李公麟傳)』, "好古博學, 長於詩, 多識奇字, 自夏商以來鐘·鼎·尊·彝, 皆能考定世次, 辨測款識. 聞一妙品, 雖捐千金不惜."

채조가 『철위산총담』 4권에서도 말했다.

이공린의 자가 백시이고, 실제로 그림을 잘 그렸다. 성격이 옛 것을 좋아하여, 또 평생 동안 모은 것과 그가 듣고 본 것을 그림으로 그려서 그 이유를 설명하였는데, 그것을 〈고고도〉라 한다.❶

> ❶ 채조(蔡條), 『철위산총담(鐵圍山叢談)』4권, "公麟字伯時, 實善畫, 性希古, 則又取平生所得曁其聞賭者, 作爲圖狀, 說其所以, 而名之曰〈考古圖〉."

이 그림은 유명하여 남송 때에도 여러 차례 사람들에게 언급되었다.84) 앞에서 인용한 채조의 기록에서 알 수 있듯이, 황가의 내부 소장품을 저록한 『선화박고도록』은 이백시의 〈고고도〉를 모방하여 편집한 것이다. 미불이 옛 것을 지나치게 좋아한 것도 유명한 예이다. 『송사』와 『선화화보』의 기록을 보겠다.

감정하여 우열을 구별하는데 정통하여 옛 기물이나 서화를 만나면 힘을 다하여 반드시 얻었다.❶

왕선은 학문이 넓고 고상하며 해박하여 장기바둑에 이르기까지 묘한 경지에 이르렀다. …… 또 글씨에 정통하여, 해서·행서·초서·예서 등은 종정이나 전주의 필의를 터득하였다. 곧 그의 집을 '보회당'이라 하고 고금의 법서와 명화를 소장하였다.❷

❶ 『송사(宋史)·미불전(米芾傳)』, "精於鑒裁, 遇古器物書畵則極力求取, 必得乃已."
❷ 『선화화보(宣和畵譜)』20권, "王詵, 博雅該洽, 以至奕棋, 無不造妙. …… 又精於書, 眞行草隷, 得鐘鼎篆籒筆意. 卽其第乃爲堂, 曰'寶繪', 藏古今法書名畵."

송대 사대부의 문완 감상과 원림예술의 관계도 이 '호천'의 완정한 문화예술체계에 조금도 없어서는 안 되는 부분이다. 앞에서 오칙례가 미씨부자 '보진재 寶晉齋' 주위 분위기를 다음과 같이 묘사하였다.

| | |
|---|---|
| 高梧叢竹 | 오동나무가 높이 솟았고 대나무가 떨기지고, |
| 林樾禽呼 | 숲속 그늘에서 새들이 지저귄다. |
| 異書古圖 | 책과 옛 그림이 특이하게 |
| 左右棲列 | 좌우에 나열되어 있네.❶ |

❶ 오칙례(吳則禮), 「보진재에 들러서 원휘에게 주다(過寶晉齋贈元暉)·서(序)」.

보진재 안 분위기와 원림환경이 고요하고 고상하여 서로 잘 어울린다는 것

제2장 송대 원림의 전형적인 의의 중 둘째인 호중壺中은 고도로 완선된 사대부 문화예술체계 81

에 대하여 구체적으로 설명한 것이다. 유사한 예를 곳곳에서 볼 수 있다. 북송의 저명한 조원가 주장문이 말했다.

낙포방에 집을 짓고, 책을 쓰고 옛 것을 열람하며, …… 사대부로 나온 자가 낙포에 이르지 못하면 부끄럽게 여긴다.❶

❶ 『송사(宋史)·주장문전(朱長文傳)』, "築室樂圃坊, 著書閱古, …… 士大夫過者以不到樂圃爲恥."

주장문이 일찍이 그 원림 사이의 경치를 다음과 같이 묘사하였다.

…… 언덕 위에 '금대'가 있고, 대의 서쪽 모퉁이에 '영재'가 있는데, 나는 항상 여기에서 금을 타며 시를 짓기 때문에 '운'이라 이름 지었다. 산 능선 아래에 못이 보이고, …… 못 가운데 정자가 있는데, '묵지정'이라 하고, 나는 항상 여기에서 백가의 묘적을 펼쳐놓고 완상한다. 못 언덕에 정자가 있는데, '필계정'이라 하고, 그 물이 맑아서 붓을 씻을 만하다. ……❶

❶ 주장문(朱長文), 「낙포기(樂圃記)」, 『낙포여고(樂圃餘稿)』 6권, "…… 岡上有琴臺, 臺之西隅有咏齋, 予嘗拊琴賦詩於此, 所以名雲. 見山岡下有池, …… 池中有亭, 曰墨池, 余嘗集百氏妙迹於此而展玩也. 池岸有亭, 曰筆溪, 其淸可以濯筆. ……"

낙포원樂圃園에 어째서 '금대'·'묵지'·'필계' 같은 경승을 설치해야하는가? 원래 주장문은 조원가일 뿐 만 아니라 서예가와 음악사가 이기도 하다. 그의 『묵지편』은 후인들이 가장 중요한 서예사 중의 하나로 여긴다. 『사고전서총목』에서 이 책을 칭찬한 것을 보겠다.

---

매우 널리 찾아서 편집하였고, …… 사이에 첨부하여 설명한 것도 전적의 핵심을 다하였다. 그 후에 『서원청화』 같은 책에서 조금 보태서 늘렸으나, 끝내 그 범위를 벗어나지 못했다.❶

주장문이 지은 『금사』 6권을 칭찬하여 마음대로 다루거나 답습하는 제도를 덜고 더하여 모두 갖추었다. 상세하게 널리 주워 모아서 문사가 전아하고 풍부하게 『묵지편』 지은 것을 보면 더욱 뛰어난다.❷

---

❶ 『사고전서총목(四庫全書總目)』112권, "搜輯甚博, ……間附己說, 亦極典核. 後來『書苑菁華』諸編雖遞有增益, 終不能出其范圍."
❷ 『사고전서총목(四庫全書總目)』113권, 贊朱長文所著『琴史』六卷,"操弄沿起, 制度損益, 無不咸具. 採摭詳博, 文詞雅贍, 視所作『墨池編』更爲勝之."

주장문의 조원예술은 그의 '백가의 묘적을 조원에 모아 놓고 펼쳐보고 완상한다.'든가 '금을 타고 시를 짓는다.'는 생활내용이 밀접하다는 것을 알 수 있다. 양송시기에 이르러서 사대부가 자기 원림에서 골동이나 서화를 완상하고 시문을 짓는 것이 더욱 많아졌다.

소하도(消夏圖)

김은 송대 사대부들의 생활 예술을 생생하게 반영한 것이다. 원림의 못에 두루 연꽃을 심었고, 못가에는 정미하게 장식한 난간과 의자 뒤에는 게 상감한 산수화 병풍이 있고, 책상 위에는 나열된 문완과 분경이 보인다. 주인과 손님이 고상한 분위기의 원림에서 서화 감상에 몰두하는 다.

| 快日明窓閑試墨 | 상쾌한 날 밝은 창가에서 먹을 갈고 |
| 寒泉古鼎自煎茶 | 찬 샘물을 길러 고정에 차를 끓인다.❶ |

| 展畵發古香 | 그림을 펼치고 예스런 향을 피우며 |
| 弄筆娛晝寂 | 붓을 유희하며 대낮의 고요함을 즐긴다.❷ |

❶ 「유사(幽事)」, 『육유집(陸游集)·검남시고(劍南詩稿)』16권.
❷ 「하일(夏日)」, 『육유집(陸游集)·검남시고(劍南詩稿)』11권.

이런 글에서 육유가 탐닉한 원림의 생활을 볼 수 있다. 재차 예를 들면 원문 자신이 다음과 같이 말했다.

평소에 좋아하는 것이 없었으나, 유독 서화에 대해서는 잠시도 잊지 않았다. 이에 동쪽 후미진 곳 작은 집에 살면서 '와설'이라고 써 붙여놓고 매일같이 그 안에서 노닐면서 독서하거나 글씨를 쓰는 것 외에는 옛 서화를 펼쳐놓고 완상하며 손을 뗀 적이 없었다.❶

❶ 원문(袁文), 『옹유한평(翁牖閑評)』8권, "平生無所嗜好, 獨於書畵頗亦拳拳焉, 故於所居之東偏僻一小軒, 榜曰'臥雪', 每日倚伴其中, 自讀書作字外, 則取古書畵展玩披覽, 未嘗去手."

그의 아들 원섭도 말했다.

원 몇 이랑이 있는데, 꽃과 대나무를 차츰 심어놓고 취미삼아 다녔다. 성격이 사치스러움을 좋아하지 않아 거처와 복장이 간단하고 소박하였으나, 고도서나 기물완상을 좋아하여 선배 여러분들의 유묵을 좌우에 둘러 놓고 더욱 보배처럼 아끼면서 때때로 펼쳐서 완상했다.❶

❶ 원섭(袁燮), 「행장(行狀)」『옹유한평(翁牖閑評)·부록』에 보인다. "有園數畝, 稍植花竹, 日涉成趣. 性不喜奢靡, 居處服用率簡朴, 然頗喜古圖畵器玩, 環列左右, 前輩諸公遺墨, 尤所珍愛, 時時展玩."

또 김응계(85)를 예로 들겠다.

김응계는 평소의 기질이 구양수의 서체를 잘 쓴다고 가사도❶가 인정하였다. 말년에 서호의 남산에 살면서, '손벽산장'을 짓고, 좌측에는 거문고 우측에는 단지를 놓고서 가운데는 도서와 사서나 옛 정교한 물건을 두었다. 손님이 오면 어루만지면서 살펴보며 완상하고 막힘없이 청담하였다.❷

❶ 가사도(賈似道; 1213~1275): 송 이종(宋理宗) 때의 간신(奸臣)이다. 누이가 귀비(貴妃)가 된 덕에 자주 승진하여 우승상(右丞相)까지 된 자이다.
❷ 「패초헌객담(佩楚軒客談)」, 여악(厲鶚), 『남송잡사시(南宋雜事詩)』5권에서 인용하였다. "金應桂, 雅標度, 能歐書, 受知賈似道. 晚居西湖南山中, 築蒻碧山房, 左弦右壺, 中設圖史古奇器. 客至, 撫摩諦院, 淸談灑灑."

당시 사람들이 원림의 경치를 다음과 같이 상세하게 묘사하였다.

죽순 같은 바위[石笋]❶가 구름에 가리고, 대숲에서 저녁 바람소리 들리고 푸른 산 높은 곳에서 은거하누나. 옥색죽간 도가의 전적은 인간세상의 한 점 티끌도 없구나. 녹색이 깊고 창문 밖에는 두견새가 우는데, 책상에 쌓인 보진도서를 본다. 그지없이 시원하고 한가하여 못에 가서 벼루 씻어 이슬방울로 붉은 먹을 가는구나.❷

❶ 석순(石笋): 곧게 치솟은 큰 바위들의 모양이 마치 줄지어 늘어선 죽순(竹筍)과 같으므로 이른 말이다
❷ 이팽로(李彭老), 「고양대(高陽臺)·소벽산방에 써서 주대(寄題蒜壁山房)」, 『전송사(全宋詞)』제4책 p.2969. "石笋埋雲, 風篁嘯晚, 翠微高處幽居. 縹簡雲籤, 人間一點塵無. 綠深門戶啼鵑外, 看堆床, 寶晉圖書. 盡蕭閑, 浴硯臨池, 滴露研朱."

남송의 조희곡은 다시 자신이 문완을 식별하는데 관하여 저록『동천청록집』서문에서 당시 사대부계층의 생활환경예술을 총결하였다.

우리들은 스스로 낙지가 있는데, 눈에 보기 좋은 것이 당초부터 여색에 있지 않고 귀에 듣기 좋은 것이 당초부터 음악에 있지 않는 법이다. 선배 여러 선생들이 많이 모아둔 법서·명화·고금·구연을 항상 보면 정말로 그렇다. 밝은 창 앞 정결한 탁자 위에 향을 피우는 속에서 옥을 깎은 듯한 얌전한 손님과 서로 마주하여, 수시로 옛사람들의 기묘한 필적을 가져다가 조전❶과 와서❷와 기이한 산봉우리, 멀리 흐르는 강물을 관상하고, 옛 종과 솥을 만지며 상·주 시대를 몸소 관찰하고, 단계연 먹물이 암석의 원천 솟아나듯 하고, 거문고소리가 패옥이 울리는 듯하다. 잘 모르겠으나, 인간세상에서 이른바 청한한 복을 누린다는 것이 이보다 나은 것이 있겠는가! 이 경치는 낭원이나 요지도 반드시 이보다 못하다는 것을 아는 사람이 적으니, 진실로 슬프도다.❸

❶ 조전(鳥篆): 새 발자국 모양으로 생긴 전서체(篆書體).
❷ 와서(蝸書): 고문자를 이른다. 구불구불한 획이 달팽이의 점액 흔적과 같다고 하여 이른다.
❸ 조희곡(趙希鵠), 『동천청록집(洞天淸錄集)·서(序)』, "吾輩自有樂地, 悅目初不在色, 盈耳初不在聲. 嘗見前輩諸老先生多畜法書·名畵·古琴·舊硯, 良以是也. 明窗淨几羅列, 布置篆香居中, 佳客玉立相映, 時取古人妙迹, 以觀鳥篆蝸書, 奇峯遠水. 摩娑鐘鼎, 親見商周. 端硯湧巖泉, 焦桐鳴玉佩. 不知人世所謂受用淸福, 孰有踰此者乎! 是境也, 閬苑瑤池, 未必是過, 人鮮知之, 良可悲也."

굴원이 「원유」에서 기려한 낭원(閬苑86))이나 요지瑤池87)를 탐구하여 다음과 같은 표현을 했고, 이백은 천모산88)을 꿈속에서 노닐었다며 다음과 같이 말했다.

| 下崢嶸而無地兮 | 아래는 깊어서 땅이 없고 |
| 上寥廓而無天 | 위에는 넓어서 하늘이 없어라.❶ |
| 拔五嶽掩赤城 | 산세는 오악을 압도해 적성산을 가렸다. |
| ......... | |
| 慄深林兮驚層巓 | 깊은 숲에서 소름끼치고 겹겹 봉우리에 놀라네. |
| ......... ❷ | |

❶ 굴원(屈原), 「원유(遠遊)」.
❷ 이태백(李太白), 「꿈속에 천모산에 노닐다가 이별하며 읊음[夢遊天姥吟留別]」, 『이태백전집(李太白全集)』15권.

송대 사대부들은 낭원이나 요지를 탐구하거나 천모산을 꿈속에서 노닐던, 한나라 사람을 더 이상 흉내 낼 필요가 없었다. 우주 사이에 가장 좋고 정미하며 고상한 경지가 자기의 몇 이랑의 작은 원림에 있고, 서화나 솥·제기를 자신의 집에 쌓아 놓았다. 이러한 것이 바로 '호천'에서 사람들의 정신세계를 규정하는 출로를 공급한 것이다.

지금 제5편의 내용을 보면, 송대 이후 원림이 '사의'적으로 발전한 것은 전통 사유 방식의 강화가 전제조건일 뿐만 아니라 전통문화체계의 고도한 완선이 기반이 된 것이라는 것을 알 수 있다.

작은 원림의 집에 이렇게 풍부하고 완미한 전통문화의 결정체를 모을 수 있었기 때문에, 작은 집에서 나올 수 없어도 정신은 천지 고금을 노닌다는 것을 알 수 있다. 송금 때 우문허중[89]이 '계고헌'을 예찬한 글을 예로 들겠다.

| 堆架縑緗粲蔀居 | 시렁에 비단을 쌓듯이 학문을 분명히 하여, |
| 眼前長物埽無餘 | 눈앞의 시문을 쓸어낼 여지가 없고. |
| ...... | |
| 勿欺文室纔容膝 | 글방 비좁다고 업신여기지 말아야하리 |
| 六合神游有日車 | 육합에서 노니는 일거❶신이 있다네.❷ |

❶ 일거(日車): 태양이 쉬지 않고 운행하기 때문에 일거라고 비유한 것이다. 『장자(莊子)·서무귀(徐无鬼)』에 "어떤 어른이 나에게 말하기를, '일거를 타고 양성(襄城)의 들판에 노닌 것 같다.' 하였다."고 한다.
❷ 우문허중(宇文虛中), 「계고헌에 화답하여 쓰다和題稽古軒」, 『중주집(中州集)·갑집(甲集)』제1.

## 시사

중당에서 양송까지의 시사詩詞90)를 연구한 논저가 소가 땀을 흘릴 만큼 집에 가득하다. 그러나 고려해야 할 점은 대부분 문학적 의의이지만 시사가 이 당시에 사대부문화 예술체계에 차지하는 지위와 이 체계에 반영된 것에 관하여 잠시 주의해도 괜찮을 것이다. 중당 이후 문학내용과 풍격의 변화는 두보 이후의 창작에서 실마리를 보였는데, 두보가 이때에 산수경물을 읊은 「추흥8수秋興八首」 같은 웅려한 작품이 한 편 있지만 다른 한 편으로는 명구의 섬세함과 정밀하고 고상함은 그의 이전 작품에서는 또한 볼 수 없는 것이다.

穿花蛺蝶深深見　　꽃에서 꿀을 빠는 나비는 깊숙한 곳에 보이고
點水蜻蜓款款飛　　물에 꼬리를 담그는 잠자리는 천천히 날고 있다.❶

雷聲忽送千峰雨　　천둥 치니 갑자기 천봉에 비 지나가고
花氣渾如百合香　　꽃기운 혼연하니 백합도 향기롭네.
黃鶯過水翻迴去　　노란 앵무새 날개 치며 물을 건너 돌아가니
燕子啣泥溼不妨　　제비가 축축한 진흙 머금어도 무방하리.❷

娟娟戲蝶過閑幔　　어여삐 희롱하는 나비 한가로이 장막을 지나가고
片片輕鷗下急湍　　경쾌히 나는 갈매기들 급한 여울에 내려오네.❸

❶ 두보(杜甫), 「곡강2수(曲江二首)」중의 둘째 수, 『두시상주(杜詩詳注)』 6권.
❷ 두보(杜甫), 「즉사(卽事)」, 『두시상주(杜詩詳注)』 18권.
❸ 두보(杜甫), 「소한식날 배 안에서 짓대小寒食舟中作」, 『두시상주(杜詩詳注)』 23권.

천보天寶91) 연간의 태평시대와 그가 '뜻은 단편의 몇 글자이지만, 소문이 상감宸極92)에게 전달되어 한 차례 임금을 감동시켰다.'는 때와 비교하면, 이당시

문학의 용도는 참으로 하늘과 땅의 구별이 있다. 때문에 그의 "늘그막에 시편을 함부로 엮어가고 있다"는 창작태도와 "봄이 되어 꽃과 새를 봐도 깊이 생각지 않는구나."93)라고 한 내용은 모두 실의에 빠진 자신을 비웃고 풍자하는 내용을 포함하고 있다.

세인들은 두보의 후기 작품은 예술상에서 더 깊이 연마하였다는 말을 그치지 않았으나, 작자 자신의 눈에는 이 일은 웃을 수도 없고 울 수도 없는 사정을 누군들 알지 못하겠는가?「심심풀이로 장난삼아 노십구조장에게 드린다」를 보겠다.

| | |
|---|---|
| …… | |
| 黃鸝並坐交愁濕 | 꾀꼬리 나란히 앉아 깊은 시름 나누고 |
| 白鷺羣飛大劇乾 | 해오라기 떼지어 나니 털이 너무 마르네. |
| 晚節漸於詩律細 | 말년에 시율이 점차 섬세해지니 |
| 誰家數去酒杯寬 | 누구 집에 자주 가서 술잔을 기우릴꼬? |
| 唯君最愛清狂客 | 그대만이 청광객❶을 가장 사랑하니 |
| 百徧向看意未闌 | 백 번을 보아도 만족하지 않는구나.❷ |

❶ 청광객(清狂客): 뜻이 맑아 미친 것 같은 사람을 이른다.
❷ 『두시상주(杜詩詳注)』18권,「심심풀이로 장난삼아 노십구조장에게 드린다[遣悶戲呈路十九曹長]」.

두보가 '말년에 시율이 점차 섬세해졌다.'는 것과 반평생 동안 그런대로 평안하여서 반가운 마음으로 볼 때를 만나기 어려워서 술을 빌어 근심을 없앴다는 것도 함께 논했다는 것을 잊어서는 안 된다. 유사한 예가 매우 많은데,「비바람이 지나가니 배 앞에 꽃이 떨어져 재미삼아 새 구를 짓다」를 보겠다.

제2장 송대 원림의 전형적인 의의 중 둘째인 호중壺中은 고도로 완선된 사대부 문화예술체계

影遭碧水潛句引    그림자가 푸른 물을 만나 은밀히 결탁하니
風妒紅花卻倒吹    바람이 시기하여 홍화가 도리어 거꾸로 부네.❶

❶ 『두시상주(杜詩詳注)』23권. 「비바람이 지나가니 배 앞에 꽃이 떨어져 장난삼아 새 구를 짓다[風雨看舟前落花戲爲新句]」.

이처럼 예리하고 새롭게 경치를 묘사한 구절을 왕사석이 다음과 같이 평했다.

이 시는 모두 기교를 부린 것으로, 본래 대가는 좋아하지 않는 것이지만 우연히 한 번 해본 것이다. 따라서 스스로 '새로운 구절'이라고 한 것이다. 그러나 섬세하고 농염함은 결국 후대에 사곡의 원조가 되었다.❶

❶ 왕사석(王嗣奭), 『두억(杜臆)』10권, "都是弄巧, 本大家所不屑, 而偶一爲之, 故自謂新句", 而纖巧濃艷, 遂爲後來詞曲之祖".

왕사석은 두보가 이 작품을 할 때의 내용이나 풍격에서 중당 이후 문학이 발전하기 시작한 것으로 보았으나, 이것도 주목할 만한 것이다. 성당이나 중당 무렵에 문학취지가 신속하게 바뀌어 사람들을 깜짝 놀라게 하였다. 전기錢起가 두보만 비교할 수 있게 제한한 것이 몇 년 되었지만, 그의 작품에는 예스럽고 소박한 기운이 적어서, 원림의 한적한 생활에 대한 작품을 감상하는 것으로 전향하였다. 전기의 「산의 원림에서 은거하다」를 보자.

| 卷荷藏露滴 | 막 피려는 연꽃은 떨어진 이슬 머금고 |
| 黃口觸蟲絲 | 어린아이❶는 거미줄에 부딪치네.❷ |

❶ 황구(黃口): 어린 아이.
❷ 『전당시(全唐詩)』238권, 「산의 원림에서 은거하다[山園棲隱]」.

  이 같은 시구에서도 작품 감상이 전에 없이 정세하고 빼어남을 알 수 있다. 이와 똑같은 현상이 중당에서 시작되어 사대부 원림생활을 묘사한 작품의 수가 많아졌고, 내용도 풍부하게 계통을 갖추어서 묘사한 것도 자세하고 치밀해졌다.
  예를 들면 백거이가 유명한 「원진에게 보내는 편지[與元九書]」에서 문학의 작용을 논하여, 이처럼 풍아風雅나 풍유諷諭를 중시하였고, 풍월風月이나 화초花草 완상을 경시하였지만, 그는 자기의 문집에서 한적한 작품에서 자구를 정정 한 점은 대단한 비중을 차지한다.
  중당 이후에는 오히려 원림에서의 한적한 생활을 묘사하여 대형의 연작시가 출현하였다. 다음과 같은 것들이다.

요합姚合의 「무공현에 한거하며 31수[武功縣閑居三十一首]」❶.
이덕무李德懋의 「산에 가려는 생각 10수[思山去一十首]」·「늦은 봄에 평천을 생각하며 잡시 20수[春暮思平泉雜詠二十首]」·「평천의 수석을 생각하며 잡영10수[思平泉樹石雜詠一十首]」)」·「산에 살 때를 거듭 생각하며[重憶山居六首]」❷.
한유韓愈의 「봉화괵주유급사 군삼당에게 신시를 바치다 21영[奉和虢州劉給事使君三唐新題二十一詠]」❸.
유우석劉禹錫의 「낙천과 함께 미지의 심춘에 답하다 20수[同樂天和微之深春二十首]」❹.
원진元稹의 「봄이 오다 20수[生春二十首]」❺.
노동盧仝의 「쓸쓸한 집 자식들에게 답시를 보내다 20수[蕭宅二三子贈答詩二十首]」❻.

❶ 『전당시(全唐詩)』498권에 보인다.
❷ 모두 『전당시(全唐詩)』475권에 보인다.
❸ 『전당시(全唐詩)』343권에 보인다.
❹ 『전당시(全唐詩)』357권에 보인다.
❺ 『원진집(元稹集)』15권에 보인다.
❻ 『전당시(全唐詩)』387권에 보인다. 이 조시(組詩)는 정원 가운데의 석(石)·죽(竹)·객(客) 등이 서로 문답하는 것을 묘사하였다.

이런 작품의 편폭은 거대하고, 사대부가 원림에 한거하는 도를 깊이 풍미하였는데, 이 모든 것들을 『망천집輞川集』94)에 비교하면 왕유와는 시대가 너무 멀어서 비교할 수 없다. 걸핏하면 몇 십 수의 시를 읊어 원림 하나 못 하나를 묘사한 예는 더욱 많이 있다.

이러한 정황은, 중당에서 시작되었는데, 사대부가 어떻게 해야 더욱 다양하게 자신 재지와 생활을 원림의 '호천'으로 옮겨 넣는가 하는 것이다. 그러나 만당과 비교하면, 중당 사대부들도 겨우 이런 근원은 물방울 정도밖에 되지 않는다고 여겼기 때문에 만당의 피일휴皮日休나 육구몽陸龜蒙같은 사람들처럼 흉내 냈지만 드러내 보인 것이 '화훼를 형상하고, 풍물을 체득하여, 비유하고 풍자하는 것이 없으면, 발표하지 못하게 한다.'95)고 하였다.

생활에서 각종 자질구레한 낚시 도구·술 먹는 기구·나무하는 도구·차 마시는 기구 같은 것까지도 무궁한 의취를 체득할 수 있었던 것이다. 따라서 문상이 싣고 장황하게 되었고, 중당 사인도 생긱했지민, 인급하지 못했던 것이었다.96)

피일휴가 「오중의 한쪽 땅에서 주둔하여, 육노망이 살고 있는데, 성곽을 나오지 않아도, 너비가 교외 들판 같아서 내가 매일 방문하여 흉금을 터놓고 대하였는데 아쉽게도 가셨기 때문에, 오언시 10수를 지어서 집 벽에 쓰다」에서 육씨가 이 원림의 풍치와 원림에서 생활하는 내용과 분위기를 상세하게 묘사하였다. 그 중에서 네 번째 수이다.

| | |
|---|---|
| 靜僻無人到 | 고요하고 후미져서 오는 사람이 없어 |
| 幽深每自知 | 언제나 깊고 그윽함 스스로 알겠구려. |
| 鶴來添口數 | 학이 날아와서 식구 수를 보내니 |
| 琴到益家資 | 거문고 오니 집안 자산을 더하였네. |
| 壞塹生魚沫 | 구덩이 무너지니 고기가 거품을 내고 |
| 頹簷落燕兒 | 낡은 처마에서 재비 새끼가 떨어지네. |

| | |
|---|---|
| 空將綠蕉葉 | 속절없이 푸른 파초 잎을 따서 |
| 來往寄閑詩 | 오가며 한가롭게 시를 짓도다.❶ |

❶ 피일휴(皮日休), 「오중의 한쪽 땅에서 내려다보니, 육노망이 살고 있는데, 성곽을 나오지 않아도, 너비가 교외 들판 같아서 내가 매일 방문하여 흉금을 터놓고 대하였는데 아쉽게도 가셨기 때문에, 오언시 10수를 지어서 방벽에 받히노라[臨頓爲吳中偏勝之地, 陸魯望居之, 不出郛郭, 曠若郊野, 余每相訪, 款然惜去, 因成五言十首奉題屋壁]」, 『전당시(全唐詩)』 612권.

여기에서 '왕래하며 한가한 시를 짓는다.'는 구절은 원림생활의 중요한 내용을 읊은 것 중의 하나라는 것을 알 수 있다. 때문에 피일휴가 보낸 시에 육구몽이 화답하였다. 그 중에 하나이다.

| | |
|---|---|
| 近來唯樂靜 | 근래엔 오로지 고요함을 즐기니 |
| 移傍故城居 | 고성 옆으로 옮겨 사누나. |
| 閑打修琴料 | 한가하여 금을 타며 헤아려보니 |
| 時封謝藥書 | 사약의 서신 받았을 때이구나. |
| 夜停江上鳥 | 밤이 되니 강가 정자엔 새가 날아오르고 |
| 晴曬篋中魚 | 날이 개자 상자 속에 고기를 말리네. |
| 出亦圖何事 | 그림도 꺼내놓았으니 무슨 일인고 |
| 無勞置棧車 | 수고롭지 않게 잔거를 설치했도다.❶ |

❶ 육구몽(陸龜蒙), 『전당시(全唐詩)』 622권.

종백화宗白華 선생이 만당 시인들이 세상일에 무관심한 것을 비평하였지만, 실제로 만당 사람은 자신이 일한 것에 대하여 유사하게 비평한 적이 없었던가?

그들의 본심이 이런 '호천'에 자신이 탐닉하는 것까지도 일찍이 달갑게 여긴 적이 있었던가? 다만 이는 '그림도 꺼내놓았으니 무슨 일인가?'와 같은 것은 그들이 개인역량으로 좌우할 수 있는 것이 아니었다.

구양수가 '당나라 말년에는 시인들이 이백李白이나 두보杜甫처럼 호방한 격조가 다시없다.'고 하였다. 이 말은 송나라 사람들이 중당 이후 문단 상황에 대한 반성이 포함되어야 할 것이다. 전반적인 전통문화가 중당에 시작하였지만, 발전방향이 점점 못해져서 '이백이나 두보의 호방한 격조' 같은 것도 송대 문학의 주요 논조를 이루기는 결코 어려웠다. 구양수가 위에서 이렇게 말했기 때문에, 곧바로 뒤에 말을 바꾸어서 만당의 시인을 칭찬하여 다음과 같이 말했다.

> 정밀한 뜻을 서로 높이려고 힘써서 주박❶같이 하는 자는 구상하기 더욱 어렵고, 얻는 것이 있으면 매 번 반드시 최선을 다하여 다듬는다. …… 그 구절은 다음과 같다.
> 風暖鳥聲碎　　바람을 가리니 새소리 부숴 지고
> 日高花影重　　해가 높으니 꽃 그림자 짙구나.
> 또 한 구절은 다음과 같다.
> 晚來山鳥鬧　　저물어 오니 산새가 시끄럽고
> 雨過杏花稀　　비 지나가니 살구꽃이 드물구나.
> 진실로 아름다운 구이다. ❷

---

❶ 주박(周朴; ?~878): 당(唐)나라 희종(僖宗) 건부(乾符)연간의 사람. 황소(黃巢)의 난을 만났는데 황소에게 항복을 하지 않아 살해되었다. 주박이 죽은 후 승려인 누호(樓浩)가 주박의 시 100편을 모아 『주박시집(周朴詩集)』 두 권을 펴냈다. 주박(周朴)은 시 짓는 것을 일삼고 숭산(嵩山)에 은거하여 공명(功名)에는 조금도 마음을 두지 않았다.
❷ 구양수(歐陽修), 『육일시화(六一詩話)』, "務以精意相高. 如周朴者, 構思尤艱, 每有所得, 必極其雕琢. ……"

---

송대 시인은 '호천'의 자질구레하고 섬세한 물건에 대하여 전인에 비하여 더욱 신경 썼다. 예를 들면, 매요신梅堯臣이 파리・모기・개・돼지・거북・새우 같

은 것까지도 시에서 빠트리지 않고 완상하였다.97) 그의 「손단수 시승의 농기구에 답하다 15수」나 「손단수의 누에도구에 답하다 15수」98)같은 장편에서도 당시 사람들이 흥미를 느낀 곳을 쉽게 간파할 수 있다. 심지어 궁원에서 그들이 읊은 것들도 다음과 같은 제목 들이다.

---

「전막의 한가한 흥치[殿幕閑興]」·「연희각 뒤의 고운 난간에서 놀다[游延義閣後藥欄]」·「가는 대[細竹]」·「돌을 읊다[石詠]」·「등불을 주다[賜燭]」·「과일을 주다[賜果]」·「버들개지[柳絮]」·「칠보차[七寶茶]」·「부엌의 연기[庖煙]」.❶

---

❶ 「범경인 왕경이가 전중에서 지은 잡시 38수에 답하고 서문을 쓰다[和范景仁王景彝殿中雜題三十八首并次韻]」, 『매요신집편년교주(梅堯臣集編年校注)』 27권.

이는 당시 사대부 사가원림에서 "금서가 더욱 오래되어 즐길 만하다."99)고 한 정취와 일맥상통하는 것이 분명하다. 성당의 "구중궁궐 대문 열리고, 만국의 벼슬아치 임금께 절을 올린다.100)"고 하던 때의 경상이나 심경과는 시대가 너무 멀리 떨어졌다. 또 예를 들면 송대에 시작된 사대부 '집구시集句詩'101)처럼 문자를 유희하는 것에 점점 마음을 기울였다.

---

심괄이 말했다. "형공❶께서 처음으로 집구시를 지어서, 많이 지은 자는 1백운이나 되었는데 모두 전인의 구를 모은 것이다."❷

제2장 송대 원림의 전형적인 의의 중 둘째인 호중壺中은 고도로 완선된 사대부 문화예술체계

유장손劉將孫❸이 말했다. "일찍이 형공이 집구한 것을 보았는데, 모두 당시에 있는 쓸데없는 말[閑言剩語]❹을 사용하여 꿰놓은 것 같다."❺

❶ 형공(荊公): 중국 북송(北宋)의 왕안석(王安石)의 봉작이다.
❷ 심괄(沈括), 『몽계필담(夢溪筆談)』14권, 조익(趙翼), 『해여총고(陔餘叢考)』23권, 집구(集句) 조(條)에서 이 풍기가 송초에 시작되었다고 언급하였다. "荊公始爲集句詩, 多者至百韻, 皆集合前人之句."
❸ 원나라에 들어서서야 유장손(劉將孫)이 신사(神似)란 말을 처음으로 사용하였다.
❹ 한언잉어(閑言剩語): 허튼소리, 쓸데없는 말이다.
❺ 유장손(劉將孫), 『양오집(養吾集)』과 『영락대전(永樂大典)』907권에 보인다. "嘗見荊公集句, 凡唐詩中閑言剩語, 用之如串."

전인의 '쓸데없는 말' 중에서 멋진 구절만 깊은 이해 없이 베끼는 창작 방법이 송대에 흥기하였는데, 이것도 우연히 나온 것은 아니다. 중국고대사회 구조의 기본특징을 결정지은 것은 사대부계층이 어떤 정황 아래에서도 자기의 사회책임과 우주나 인격이상을 상실할 수 없어서, 중당 이후 전통문화의 쇠퇴가 더욱 임박하자, 사회제도가 사대부의 이런 책임과 이상을 최대한 강화시켰다.

전반적인 송대 사대부계층에서 말하면, 그들이 나라 일에 근심하고 충성하고 격분하는 것에 대하여 매우 절실하고 격렬한 것은 어느 시대였다고 언급하지 않았지만, 문학영역에서 전형적으로 반영된 것은 육유陸游같은 사람들이 슬픔을 고조시킨 시 편일 것이다. 그러나 바로 육유의 작품에서 사대부가 '호천'으로 깊이 빠져드는 필연적인 추세를 분명하게 본 것에 지나지 않는다.

육유를 이해하려면, 지금 사람들이 선택한 시 태반만 읽어서는 안되기 때문에, "어린나이에 세상 일이 어려운 것을 어찌 알겠으며, 중원 북쪽의 기운을 바라보니 산과 같구나!"102)라고 한 것과 같은 작품은 그의 시집에는 한두 개만 있고, 대부분 정원의 꽃이나 나무, 차와 술, 그림과 글씨, 심지어 연적硯滴103) · 오

랜 종이 · 부서진 먹이나 빈 술병 같은 기물을 읊었다104). 중국의 현대 학자인 전종서錢鐘書105) 선생이 말했다.

육유의 작품에는 중요한 두 가지 면이 있다. 한 방면은 비분격앙하여, 반드시 국가를 위하여 원수를 갚아 치욕을 씻어서 잃어버린 강토를 회복하고 함락된 인민을 해방시키는 것이다. 한 방면은 한적세니❶로 일상생활의 깊은 맛을 음미하여 표현하고, 앞의 경물을 만나면 그 정상을 빠짐없이 적절하게 표현해내는 것이다. …… 두 개는 시대가 다르지만 가까이 좇아가서 사람들이 그의 작품에서 첫 째 방면을 중시하였다. 그러나 그가 명대 중엽에 매우 소홀한 대접을 받은 것을 제외하면, 육유는 이 두 번째 방면에 완전히 의지하여, 후세에 거의 몇 백 년 동안 독자들을 감동시켰다. 마치 청초에 양대학❷의 책 『검남시초』를 왕완·왕빈·서구·풍정과·왕림 등이 모방한 것과 같고, 마치 「홍루몽」 제48회에서 향릉이 말한 구절을 딴 것과 같으며, 옛 사회에서 무수한 객당이나 책방과 화원에 걸려있는 것이 그런 예를 입증한다. …… 이렇게 치우친 경향이 청조 말이 되어서야 비로소 바로잡히게 되었다. 나라의 위세가 쇠약해지는 아픈 마음을 말하는 자들은 제국주의의 압박을 분개하였으니, 육유의 첫째 방면의 작품에서 친근하게 체득한 것이 있을 것이다.❸

❶ 한적세니(閑適細膩): 일상생활의 깊은 맛과 눈앞에 펼쳐진 다양한 경물을 완벽하게 재현한다는 것이다.
❷ 양대학(楊大鶴): 청(淸) 강희(康熙)에 진사(進士)하였다. 자가 구고(九皐)이고, 호가 지전(芝田)이다. 송(宋) 육유(陸遊)의 시집 『검남시초(劍南詩鈔)』를 편선(編選)한 사람이다.
❸ 『송시선주(宋詩選注)』 P.190. "(陸游)作品主要有兩方面: 一方面是悲憤激昂, 要爲國家報仇雪恥, 恢複喪失的疆土, 解放淪陷的人民; 一方面是閑適細膩, 咀嚼出日常生活的深永的滋味, 熨貼出當前景物的曲折的情狀. ……兩个跟他時代接近的人注重他作品的第一方面. 然而, 除了在明代中葉他很受冷淡以外, 陸游全靠那第二方面去打動後世好幾百年的讀者. 像淸初楊大鶴的選本, 方文·汪琬·王蘋·徐釚·馮廷櫆·王霖等的摹倣, 像「紅樓夢」第四十八回裏香菱的摘句, 像舊社會裏無數客堂·書房和花園中挂的陸游詩聯都是例證. …… 這個偏向要到淸朝末年才矯正過來; 談者痛心國勢的衰弱, 憤恨帝國主義的壓迫, 對陸游第一方面的作品有了極親切的體會."

'호천'이 특별한 사람들에 의해서 겉모습이 깨트려서 없어지기 이전에는, 육유의 시구가 사대부들의 글방이나 화원의 장식품으로만 선택될 수 있었다. 이런 역사의 선택은 본래 송시의 내용과 중당 이후 전통문화 발전방향과 관계가 있다고 이미 설명하였다.

육유와 양만리·범성대·우무를 아울러 '중흥사대시인'[106)이라고 칭송하는데, 뒤의 세 사람의 정황도 육유와 비슷한 곳이 있다. 비유하면 범성대와 우무 두 사람은 관직이 요직에 있었던 것이 분명하나, 범성대 작품 대부분은 원림에서의 한적한 생활을 읊은 것이다. 그의 유명한 「사계절 정원의 온갖 흥취[四時田園雜興]」라는 연작시는 심지어 60수에 달한다.

우무尤袤의 시문은 세상에 존재하는 것이 몇 안 되지만, 『송사·본전』에서만 그는 벼슬살이에서 물러나려는 의지가 더욱 깊다고 말했고, 또 자기의 문집 명을 '수초遂初'라고 한 것에서 이런 점을 볼 수 있으며 주요 내용도 쉽게 생각할 수 있다.

또 예를 들면, 양만리의 『심학론心學論』·『천려책千慮策』·『용언庸言』같은 저작을 읽어보면, 그 중에서 「육경론六經論」·「성도론聖徒論」·「군도君道」·「국세國勢」·「치원治原」·「인재人才」·「논상論相」·「논장論將」·「논병論兵」·「어리馭吏」·「선법選法」·「형법刑法」·「용관冗官」·「민정民政」 등은 거의 철학이나 정치 군사의 문제점 일체를 제목에 모두 다 나열하여서, 근본적으로 그가 전반적인 전통문화체계의 쇠퇴를 정면에서 막기 위하여 심혈을 기울였다는 것을 쉽게 상상해볼 수 있다.

그의 시를 한 번 펼쳐보면 알 수 있듯이, 양만리는 정감을 원림에 더욱 힘써 표현했는데, 그 구체적인 예는 많이 거론하였다. 아래와 같이 읊은 자체도 '호중' 생활의 일부분이기 때문이다.

…… 해가 지날 때마다, 관리들이 정원의 공간에 흩어져서, 곧 하나의 부채를 가지고, 후원을 걸어 고성에 올라가 구기자와 국화를 따서 꽃과 대나무를 붙잡으니 만상이 다 모여서 나에게 시재를 바친다. 그런데 지휘해도 가지 못하기 때문에, 앞에 있는 자가 호응하지 않으니 뒤에 있는 자는 너무 급하다. …… 바로 이때에

시를 짓는 어려움을 깨닫지 못했을 뿐만 아니라, 고을을 만드는 어려움도 깨닫지 못했다.❶

> ❶ 양만리(楊萬里), 「성재형계집서(誠齋荊溪集序)」, 『성재집(誠齋集)』 87권, "…… 每過年, 吏散庭空, 卽携一便面, 步後園, 登古城, 采擷杞菊, 攀翻花竹, 萬象畢來, 獻予詩材, 蓋麾之不去, 前者未應, 而後者已迫, …… 方是時, 不惟未覺作詩之難, 亦未覺作州之難也."

가장 묘한 것은 마지막 한 구절이다. '고을을 만드는 어려움'을 논할 것 없이 어찌해서 이런 위치의 정치가나 이학가들은 마음과 힘이 피로해졌으며, 원림에 의지하여 유람하고 감상해야 '시를 짓는 어려움'을 소통시킬 수 있다고 한 것은 세상에서 혼란한 것도 볼 수 있지만 느끼지 못한 것이다.

양만리楊萬里107)와 이학의 대가인 장식張栻108)이 서로 마음이 맞았기 때문에, 장식이 원림생활을 묘사한 양 구절의 말에 양만리 선생이 다음과 같이 주석할 수 있었다.

莫道閑中一事無　　한가한 중에는 전혀 일이 없다고 말하지 말게
閑中事業有功夫　　한가한 가운데 사업은 공부가 있다네.❶

> ❶ 「제성남서원34영(題城南書院三十四詠)」 중24, 『남헌문집(南軒文集)』 6권.

송대 사대부들은 보편적으로 원림에서 한적함에 대하여 마음을 기울이고 힘을 다해야할 '사업'으로 여겼는데, 이러한 원인 때문에 '호중'의 모든 문화예술 체계가 고도한 수준으로 완선해진 것이다. 송대 시가와 원림이 문화계층 사이에서 밀접한 연관관계도 거론할 수 있다. 예를 들면 전종서 선생이 송시 후기

제2장 송대 원림의 전형적인 의의 중 둘째인 호중壺中은 고도로 완선된 사대부 문화예술체계  101

풍격의 발전을 다음과 같이 논하였다.

'사령'❶같은 사람들의 시는 읽는 자가 화원에 돌을 쌓아 만든 산과 물을 끌어서 만든 못을 생각하게 하지만, 진산진수처럼 크고 넓은 기상은 없고, 주도면밀한 시가 더욱 사람들에게 정세한 분경을 상상하게 한다.❷

❶ 사령(四靈): 남송 시대 4인의 시인인 서조(徐照)의 자가 영휘(靈暉), 서기(徐璣)의 호가 영연(靈淵), 옹권(翁卷)의 자가 영서(靈舒), 조사수(趙師秀)의 호가 영수(靈秀)이므로 이들을 '영가사령(永嘉四靈)'이라 일컬었던 데서 온 말이다. 이들은 모두 종래 황정견(黃庭堅)을 종사(宗師)로 하는 강서시파(江西詩派)에 반대하고 만당시체(晚唐詩體)를 종(宗)으로 삼았는데, 그중에 특히 가도(賈島), 요합(姚合) 등의 시풍을 전적으로 본받았다고 한다.
❷ 『송시신주(宋詩選注)』p.308. "四靈等人的詩使讀者想起花園裏疊石爲山, 引水爲池, 沒有眞山眞水那種闊大的氣象, 周密的詩更使人想到精細的盆景."

제1편과 제6편에서 소개한 '호중천지'에서 '개자납수미'에 이르기까지의 과정은 이미 송대에서 시작되었으나, 원림공간예술에서 표면적인 면만 제한한 것이 아니라는 것을 알 수 있다. 또 시詩와 문文을 서로 비교하면, 송사宋詞의 발전은 '호천'으로 더욱 제한시켰고, 따라서 이들도 정세하고 고상하게 완미해졌기 때문에 송대 문화의 예술특징을 더욱 체득할 수 있다.

유명한 정치가인 구양수의 사詞작품 중에서 이청조李淸照109)를 가장 마음에 쏠리게 한 것이 "정원이 깊고 깊어 얼마쯤인지!"110)라는 한 구절이라고 언급했다. 그도 "사람에게 말할 때마다 '안공[晏公]111)의 소사小詞가 가장 좋다.'고 하였다."112) 특별한 지위의 대정치가 왕안석王安石113)이 "처음에 참지정사가 되어서,

한가한 날에 안원헌[晏元獻; 晏殊]공의 소사를 열독하고 웃으면서, '재상이 되어서 소사를 지어도 되는가?'라고 하였다."114) 사실 왕안석 자신은 "봄이 또 늦었으니, 앞마당에 술 향기 나니 매화가 작구나!"115)같은 구절을 적지 않게 써왔다.

사詞는 본래 민간으로부터 나왔으나 남송에 이르러서는 유영柳永116) 같은 사람의 소인배 기운이 있는 작품도 "음란하고 야한 노래가사의 곡조"117)나 "격이 실로 높지 않다"118)고 비웃음을 받았다.

그러나 사의 지위가 날로 두드러져서 주방언周邦彥119)의 정연함이 고상하게 조화한 것과 강백석姜白石120)의 그윽한 운치와 빼어난 향기 같은 심미관이 발전한 것은 당시 전반적인 사대부문화체계가 끊임없이 강화된 결과가 분명하다.

문방사보(文房四寶)

### 시화詩話·필기筆記

문사文士121)를 다스리는 자는 송나라 이후의 많은 시화122)나 필기123)를 대하면 일일이 글귀를 감상하고 뜻을 찾았지만, 이런 유의 저작이 송대에 갑자기 많아지기 시작한 원인에 대해서는 그다지 신경 쓰지 않은 것 같다. 이것은 대체로 고인의 말에서 분별한 것으로, 가는 털끝은 분별할 수 있으나 수레에 실린 땔감은 보이지 않기 때문이다.

사실 함께 생활하는 중에서 나라 일이나 유교의 도덕 전통에 대하여 우려하는 생각을 더욱 중요하게 여겼다. 그리고 원림에서 한적하게 지내는 것에 대하여 정을 붙이는 것인데, 이것이 날로 깊어져서 완전히 비슷하게 되어서, 송대 사학史學 영역에서 눈앞의 위기를 해결하기 위하여, 전에 없이 자각하여 고금을 통하여 거울삼아야 한다는 의미를 인식하였다. 따라서 역사를 기록하는 것이 발달하여 저작의 규모와 수준은 모두 사람들을 놀라게 할만하다.

이에 진인각陳寅恪 선생이 "중국사학은 송나라보다 성대한 적이 없었다."124)고 하였다. 그러나 다른 한편으로는 사대부가 흥을 기탁하여 한가한 시간을 보내는 작품이 대량으로 생겨났다.

『육일시화六一詩話』125)는 중국문학사에서 가장 중요한 시화저작이다. 이것은 사슴꼬리를 흔들며[揮麈]126) 문장을 담론하고 여러 문자를 형상하는 형식에서 시작하였는데, 문학이론이 이런 형식에서 한가롭고 아담한 기운을 갖추었으나, 결국 명청 시대에는 이런 유파가 없어졌다.

송대 이전에는 한가롭고 아담한 풍조가 흥기하기에 매우 곤란하였다. 예를 들면 조비曹丕가 문장을 논할 때 항상 생각하며 잊지 않아야 하는 것은 "문장은 나라를 다스리는 대업이며 영원히 기릴 만한 훌륭하고 장한 일이다."127)고 하였다. 유협이 『문심조룡文心雕龍』128)에서 계책한 것은 어떻게 해야 처음부터 끝까지 '원도原道'129)나 '종경宗經'130)이나 '정성征聖'131)을 활용하여 모든 서적을 꿰뚫는가 하는 것이다. 가령 『안씨가훈顏氏家訓』132) 같은 것은 자기 집안에 몽훈蒙訓133)을 공급하는 것이라고 하여 학술이라고 언급하였다. 이것도 옷깃을 여밀 만큼 중요하여, "문장은 원래 오경에서 나왔다."134)는 말을 제일 앞에 두었다.

그러나 구양수의 『육일시화』맨 앞 구절에서는 오히려 "거사가 물러나서 여음에서 은거하며, 한가롭게 담론할 자료를 모았다."135)고 하는 것으로 바뀌었다. 그가 쓴 유명한 「귀전록歸田錄」에서도 이와 같은 목적이 보인다.

「귀전록」은 조정에서 남긴 일인데, 사관이 기록하지 못한 것을 사대부들과 담소하는 여가에 기록할 만한 것을 기록하여 한가로울 때 보고자 한 것이다.❶

❶ 『귀전록(歸田錄)·자서(自序)』, "「歸田錄」者, 朝廷之遺事, 史官之所不記, 與夫士大夫笑談之餘而可錄者, 錄之以備閒居之覽也."

구양수가 필기한 것 중에서 이와 같이 한가롭게 근심하는 모양은 실제 그의 『신오대사新五代史』·『신당서新唐書』·『정통론正統論』·『원폐原弊』 등의 논저에 있는 것처럼 근심이 타오르는 것 같은 심정으로 보아야, 비로소 그 자초지종을 알 수 있다. 송나라 사람의 필기 중에 「귀전록」과 유사한 말을 보이는 대로 모두 예로 들겠다.

승수담은 제나라의 왕벽지가 장차 승수 가에 돌아가서 선조의 옛집을 고치고, 농사꾼과 나무꾼 노인과 함께 한가하게 담론하는 것이다.❶

내가 숲 아래에 물러나서 깊숙이 은거하니 방문하는 자가 단절되었다. 사평일과 나그네가 말한 것은 때때로 한 사건을 붓으로 기록하였는데, 정담이 있으면, 며칠 동안 조용하였다. 서로 말한 것은 필연으로만 했을 뿐이었다. 그래서 『필담』이라 하였다. 성상께서 국정을 도모하여 궁성 가까이서 모신 일은 모두 사사로이 기록할 수 없었다. 당시에 사대부 명예가 훼손되는 것에 관계되는 일은 비록 잘했더라도 쓰려하지 않았고, 남들을 나쁘게 말하지 않았을 뿐이다. 오직 기록한 것은 산간의 나무 그늘에서 모두 뜻대로 담소하며 웃는 것으로 사람들의 이해와 관계없는 것이다. 아래로는 민간이 하는 말에 이르기까지 없는 것이 없다.❷

이부의 오공은 일찍이 용맹한 신하가 되어, 흉중에 만 권의 책이 있어서 붓끝으로 유희한 것을 모아서 『능개재만록집』을 만들었다.❸

내가 한가하게 거처하며 경영하는 것이 없으면 날마다 손님과 함께 학림 아래에서 청담하였는데, 흔연히 마음으로 깨닫거나 분개하는 생각이 나면 으레 동자에게 그 일을 필기하게 하였다.❹

❶ 왕벽지(王闢之), 『승수연담록(澠水燕談錄)·서(序)』, "「澠水談」者, 齊國王闢之將歸澠水之上, 治先人舊廬, 與田夫樵叟閒燕而談說也."
❷ 심괄(沈括), 『몽계필담(夢溪筆談)·자서(自序)』, "予退處林下, 深居絕過從. 思平日與客言者, 時紀一事於筆, 則若有所晤言, 蕭然移日, 所與談者, 唯筆硯而已, 謂之『筆談』. 聖謨國政, 及事近宮省, 皆不敢私紀. 至於繫當日士大夫毀譽者, 雖善亦不欲書, 非止不言人惡而已. 所錄唯山間木蔭, 率意談噱, 不系人之利害者; 下至閭巷之言, 靡所不有."
❸ 경당(京鏜), 『능개재만록서(能改齋漫錄序)』, "吏部吳公曾虎臣, 以胸中萬卷之書, 遊戲筆端, 裒為此集."
❹ 나대경(羅大經), 『학림옥로(鶴林玉露)』, "余閑居無營, 日與客清談鶴林之下, 或欣然會心, 或慨然興懷, 輒令童子筆之."

실제로, 아래의 「귀전록歸田錄」·「주사塵史」·「계륵편鷄肋編」·「피서록화避暑錄話」·「암하방언巖下放言」·「옹유한평甕牖閑評」·「개은필기芥隱筆記」·「휘주록揮麈錄」·「제동야어齊東野語」 등을 보면, 이렇게 많은 필기 저작 제목에서 목적이나 의도가 서로 얼마나 비슷한지는, 이들이 만든 제목과 송대 사대부문화예술체계의 관계에서 근본적으로 쉽게 발견할 수 있다.

따라서 송인의 필기저술과 원림예술은 정신과 미학적인 면에서 일맥상통하는 것도 필연적인 것이다. 나대경이 찬술한 『학림옥로』를 서술하는 과정에서 이에 관하여 실감나게 설명하였다.

내 집은 깊은 산 속에 있어, 매년 봄이 가고 여름이 올 때면 푸른 이끼 섬돌에 차오르고 떨어진 꽃이 길바닥에 가득하네. 문에는 두드리는 사람이 없고 소나무 그림자 들쭉날쭉한데 새소리 위 아래로 오르내릴 제 낮잠이 막 깊이 들었네. 돌아가 산골 샘물 긷고 솔가지 주어서 쓴 차를 끓여 마시네. 마음 가는대로 『주역』·『국풍』·『좌씨전』·『이소』·『태사공서』 그리고 도연명과 두보의 시, 한유와 소동파의 문장 몇 편 읽네. 한가로이 산길을 거닐며 소나무 대나무를 쓰다듬, 새끼사슴과 송아지와 더불어 긴 숲, 우거진 풀 사이에 함께 누워 쉬기도 하네. 흐르는 시냇가에 앉아 양치질도 하고 발도 씻네. 대나무 그늘진 창 아래로 돌아오면 촌티나는 아내와 자식들이 고사리 반찬에 보리밥 지어내니 기쁜 마음으로 배불리 먹는다네. 창가에 앉아 글씨를 쓰는데 크기에 따라 수 십자 써보기도 하고 간직한 법첩 필적 화권을 펴놓고 마음껏 써보다가. 흥이 나면 짤막한 시도 읊조리고, 「옥로시」한 두 단락 초 잡기도 하네. 다시 쓴 차 달여 한 잔 마시고 집밖으로 나가 시냇가를 걷다보면, 밭둑의 노인이나 냇가의 벗들과 만나 뽕나무와 삼배 농사를 묻고 벼농사를 예기 하네 날이 개거나 비가 올지 모른다는 얘기 주고받다가 돌아와 지팡이에 기대어 사립문 아래 서니, 석양은 서산에 걸렸고 자줏빛 푸른빛이 만 가지 형상으로 문득 변하여 사람의 눈을 황홀하게 하네. 소 등에서 피리 불며 짝지어 돌아올 때면 달빛이 앞 시내에 뚜렷이 떠오르네.❶

❶ 나대경(羅大經), 『학림옥로(鶴林玉露)』4권, 「산정일장(山靜日長)」조(條), "余家深山之中, 每春夏之交, 蒼蘚盈階, 落花滿徑, 門無剝啄, 松影參差, 禽聲上下. 午睡初足, 旋汲山泉, 拾松枝, 煮苦茗啜之. 隨意讀『周易』·『國風』·『左氏傳』·『離騷』·『太史公書』及陶杜詩·韓·蘇文數篇. 從容步山徑, 撫松竹, 與麛犢共偃息於長林豊草間. 坐弄流泉, 漱齒濯足. 旣歸竹窓下, 則山妻稚子, 作筍蕨, 供麥飯, 欣然一飽. 弄筆窓前, 隨大小作數十字, 展所藏法帖·墨跡·畵卷縱觀之. 興到則吟小詩, 或草『玉露』一兩段. 再烹苦茗一杯, 出步溪邊, 邂逅園翁溪叟(友), 問桑麻, 說秔稻, 量晴校雨, 探節數時, 相與劇談一晌. 歸而倚杖柴門之下, 則夕陽在山, 紫綠萬狀, 變幻頃刻, 怳可入目. 牛背笛聲, 兩兩來歸, 而月印前溪矣."

제2장 송대 원림의 전형적인 의의 중 둘째인 호중壺中은 고도로 완선된 사대부 문화예술체계 107

이것은 정미하고 우아하며 완미하고 풍부하게 조화된 운율의 '호중천지壺中天地'가 아닌가!

귀전록(歸田綠)

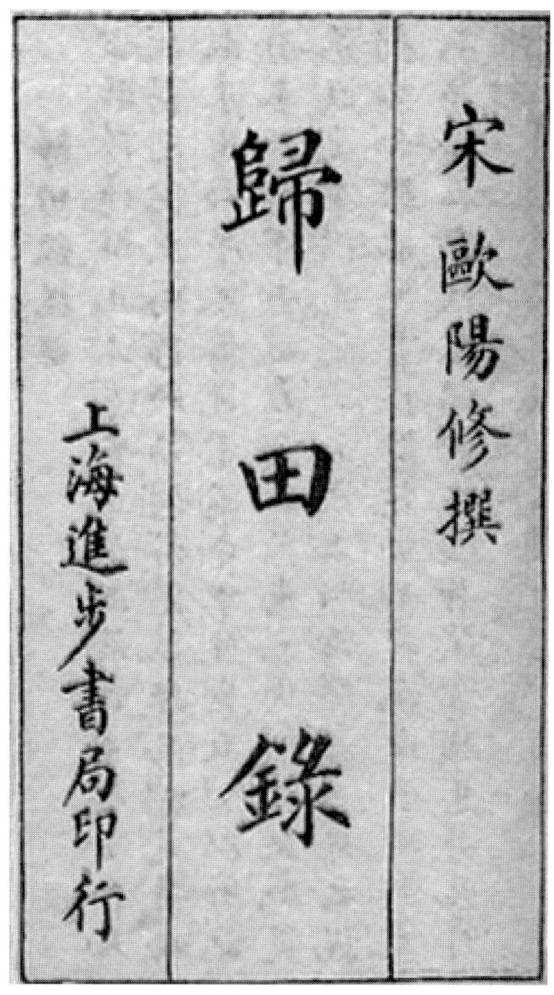

## 원예園藝

중국사대부가 꽃이나 나무감상을 통하여 자기계층의 특유한 정취를 표현한 것은 굴원屈原이나 도연명陶淵明 같은 이들까지 거슬러 올라갈 수 있다. 이와 같은 심미방식이 모두 완비되거나 체계적이지 못하기 때문에, 동한東漢의 중장통仲長統에서부터 후래의 석숭石崇이나 사령운謝靈運 같은 사람에 이르기까지, 자기 장원莊園136)에 있는 꽃이나 나무에 대하여는 도리어 그들이 갖추고 있는 것의 경제적인 가치에 비교적 많은 눈을 돌렸고, 꽃이나 나무의 묘사나 이를 종류별로 분류하여 시를 지은 것들은 모두 꼼꼼하지 못하다고 할 수 있다. 하지만 중당 이후의 정황은 크게 달라졌다.

앞에서 인용한 『구당서舊唐書 · 우승유전牛僧孺傳』이나 이덕유李德裕의 「평천산거초목기平泉山居草木記」나 「사평천수석잡영思平泉樹石雜詠」 등의 문헌에서 알 수 있듯이, 이당시 원예학의 신속한 발전은 특별하고 귀한 꽃나무 품종을 선택하여 기르는 능력이 제고된 것은 중국원예술의 번영과 직접적으로 관계가 있다.

중당 이후 꽃을 숭상하는 풍조가 오래도록 성행하여 시들지 않았다. 『당국사보』에 다음과 같은 기록이 있다.

경성의 귀유들이 모란을 숭상한지가 3백년이 되었다. 매년 늦은 봄에 수레와 말이 미친 듯이 모여서 모란감상을 즐기지 않는 것을 부끄럽게 여겼다. 집금오의 관사 밖 사관에 빙 둘러 펼쳐놓고 좋은 품종을 구하는 자가 어떤 본에는 수만 명이 있었다.❶

❶ 『당국사보(唐國史補)』 중권, "京城貴游尚牡丹三十餘年矣. 每春暮, 車馬若狂, 以不眈玩為恥. 執金吾鋪官圍外寺觀, 種以求利, 一本有直數萬者."

백거이도 일찍이 모란(牧丹)의 갖가지 생태와 아리땁고 고운 모습을 묘사하였고, 꽃을 감상하는 날에는 "온 성의 사람들이 모두 미친 것 같았다."[137]는 장면을 언급하였다.

백거이가 비록 "한 떨기 탐스러운 빛깔의 모란꽃은 열 집의 사람들이 부역했던 피땀일세."[138]라고 한 것처럼 세상을 깨우치는 절구를 묘사하였으나, 그가 꽃과 나무의 품종을 노래한 작품은 남들에 비해서 오히려 적다. 사대부 원림 꽃들의 형색은 속됨을 피하고 고상함만 취해야한다고 여긴 것이었다. 그가 말했다.

| | |
|---|---|
| 衆嫌我獨賞 | 모든 사람이 내가 홀로 감상하는 것을 싫어하여 |
| 移植在中庭 | 마당에 옮겨 심었네. |
| 留景夜不暝 | 머무른 경치 밤에도 어둡지 않고 |
| 迎光曙先明 | 햇빛 받아 새벽에 가장 먼저 밝구나. |
| 對之心亦靜 | 마주 대하니 마음도 맑아지고 |
| 虛白相嚮生 | 욕심 없는 마음이 서로 생기누나. |
| 唐昌玉蕊花 | 당창관(唐昌)❶의 옥예화는 |
| 攀玩衆所爭 | 뭇사람들 다투어 구경하누나. |
| 折來比顔色 | 꺾어 와서 안색과 비교하니 |
| 一種如瑤瓊 | 일종의 경옥 같구나. ❷ |

❶ 당창(唐昌): 당 나라 도관(道觀)의 이름이다. 당 현종(唐玄宗)의 딸 당창공주(唐昌公主)가 옥예화(玉蕊花)를 그곳에 손수 심었기 때문에 그 이름을 당창 이라한다.
❷ 「백모란(白牧丹)」, 『백거이집』 1권.

모든 성안에서 미친듯이 숭상할 때가 아니더라도, 백거이가 모란 품종에 대하여 '반드시 가려야한다.'고 한 것은 말할 것도 없다. 그러나 백거이의 심미표준이 송대에 이르러서 실현되었다는 것은 원예학이 송대에 높은 수준을 이룰 수 있었기 때문이다. 이것도 당시의 '호중'에서 사대부문화예술체계를 조성한 부분이다.

따라서 「낙양모란기洛陽牡丹記」・「여지보荔枝譜」・「작약보芍藥譜」・「범촌매보范村梅譜」・「범촌국보范村菊譜」 같은 원예학 기초의 저작은 모두 구양수歐陽修・채양蔡襄・유반劉攽・범성대范成大 같은 사대부를 대표하는 인물들의 손에서 나온 것이다.

신기질辛棄疾이 세상일에 대해서 어찌할 방법이 없을 때 말한 "만 글자로 된 오랑캐 평정할 책략을 이웃의 나무 심는 것에 관한 책과 바꾸었네."139)라고 한 것도 그가 원예에 잠심하게 된 이유라고 할 수 있다. 북송의 원예는 상당히 발전하였는데, 휘종徽宗 재위기간이 가장 유명한데, 그 상황을 보겠다.

기이한 꽃과 특이한 돌을 옮기느라 배가 꼬리를 물었다.❶
꽃과 돌이 이를 때마다, 수십 척의 배가 동원되었다. …… 대개 태호太湖・영벽靈璧・자계慈溪・무강武康의 돌이었고, 이절二浙❷의 화죽花竹・잡목雜木・여러 가지 바다에서 나오는 물건들과, 복건福建의 이화異花・여자荔子・용민龍眠・감람橄欖 등과, 해남海南의 야자나무 열매[椰實], 호상湖湘의 목죽木竹이나 문죽文竹, 강남의 여러 가지 과일, 등登・채菜・치淄・기沂바다에서 나는 해산물이나 문석文石, 광동廣東이나 광서廣西와 사천四川의 특이한 꽃이나 기이한 과일들이었다.❸

❶ 花石綱(화석강): 강남(江南)지방으로부터 기화(奇花), 이목(異木), 괴석(怪石), 기수(奇獸) 등을 수집해 개봉(開封)으로 옮기는 일이었다. 백성들은 진귀한 것이라면 일목일초(一木一草)까지 헌상해야만 했다. 꽃 한 포기 운반하는 데 수천 량, 돌 하나 운반하는 데 수만 량의 비용이 들었다. 거대한 괴석을 옮기는 데 방해물이 된다고 사정없이 민가를 허물어버리기도 했다. 이렇게 휘종(徽宗)은 진기한 화초와 수석(壽石)을 좋아하여, 서울로 운반해 오느라 선척(船隻)이 꼬리를 물게 되었는데, 한 차례 운반을 1강(綱)이라 하고, 이를 화석강이라 하였다. 『송사(宋史)・주면전(朱勔傳)』.
❷ 이절(二浙): 송나라 때의 행정구역인 절강 동로(東路)와 절강 서로(西路)를 합칭한 말이다.
❸ 『속자치통감(續資治通鑑)』92권, 「휘종정화7년(徽宗政和七年)」; 『백거이집』 1권, 「심양3제(潯陽三題)・서(序)」를 근거하면 알 수 있듯이, 중당 때 북방 궁원(宮苑)에서는 자질(資質)이 수이(秀異)한 수죽(脩竹)이나 백련(白蓮) 같은 화목(花木)을 중하게 여기지 않았다.

황가원림에서 기이한 꽃이나 진기한 나무를 모은 것은 원예가 천하 사방에서 풍미하여 유행한 것이 기초가 된 것이다. 당시 사람인 유몽劉蒙이 서술한 『국보菊譜』에서 그 찬술 과정을 말했다.

유원의 손자 유백소가 이수라는 강에 은거하며 여러 국화를 모아서 심어놓고 아침저녁으로 그 옆에서 시를 읊었는데 대개 보에 기록할 뜻이 있었으나 겨를이 없었다. 숭녕 갑신 9월에 내가 용문을 여행할 기회를 얻어서 그가 사는 곳에 갈 수 있었다. 시를 읊는 집 위에 앉아서 완상품을 돌아보며 즐겼다. …… 모두 모란·여지·향·죽순·차·대나무·벼루·먹 같은 것이, 유명한 것으로 옛 사람이 모두 보에 기록한 것이다. 지금은 국화의 품종이 많아서, 30여종에 이르니 종류별로 모아서 기록할 만하다.❶

> ❶ 『유씨국보(劉氏菊譜)·보서(譜敍)』, "劉元孫伯紹者, 隱居伊水之灢, 萃諸菊而植之, 朝夕嘯詠乎其側, 蓋有意譜之而未假也. 崇寧甲申九月, 余得爲龍門之游, 得至君居. 坐於舒嘯堂上, 顧玩而樂之, …… 夫牡丹·荔枝·香·筍·茶·竹·硯·墨之類, 有名數者, 前人皆譜錄. 今菊品之盛, 至於三十餘種, 可以類聚而記之."

여기에서 당시 '국화의 품종이 많아서' 적어도 30여종이 넘었다는 것을 알 수 있을 뿐만 아니라, 당시에 대량의 원예학 저작이 많이 출판되었다는 것을 알 수 있다. 이로 인하여 북송 때 화목花木에 관한 것이 전대에 비하면 더욱 풍부하고 정미하다는 것을 알 수 있다. 유몽劉蒙이 그의 책 말미에 대단한 자부심을 가지고 다음과 같이 말했다.

내가 항상 이상하게 여긴 것은, 고인이 국화에 대하여 슬퍼하고 한탄하며 지은 것이 일찍이 글에 보이지만, 그 꽃에 관하여 내가 보에 기록한 것처럼 말하지 않았다. 이는 아마 옛날의 품종이 오늘날보다 풍부하지 못

했기 때문일 것이다.❶

> ❶ 『유씨국보(劉氏菊譜)·보의(補意)』, "余嘗怪古人之於菊, 雖賦詠嗟嘆, 嘗見於文詞, 而未嘗說其花瑰如吾譜中所記者, 疑古之品未若今日之富也."

송대 기타 사대부문화예술이 하나같아서 원예가 날로 정미하고 빼어난 수준에 이르렀다. 범성대范成大가 말했다.

근래에 보니, 동양의 민가에 〈국화 그림〉이 70종을 넘었다. 순희 병오에 범촌이 심은 것은 36종뿐이었는데, 모두 보를 만들었다. 명년에 다른 품종을 구하여 나중에 보를 만들 것이다.❶

> ❶ 『범촌국보(范村菊譜)·서(序)』, "頃見, 東陽人家, 菊圖多至七十種, 淳熙丙午范村所植, 止得三十六種, 悉為譜之. 明年將益訪求他品, 為後譜云."

유몽劉蒙이 낙양에서 국화를 감상한지 80년 뒤에, 저록한 국화 품종을 동양에서 본 것이 「유씨국보劉氏菊譜」에 기록한 것에 비하면 배가 넘었다. 과학기술이 발달하지 못한 고대에 이처럼 품종이 번다하게 길러진 속도는 사람들을 놀라게 하였다. 홍괄洪适이 일찍이 「원림의 사람이 꽃을 접붙이는 것을 보다」에서 당시 원예의 공교함이 하늘의 조화를 뺏었다고 기술하였다.

제2장 송대 원림의 전형적인 의의 중 둘째인 호중壺中은 고도로 완선된 사대부 문화예술체계 113

| | |
|---|---|
| 植杖看園吏 | 지팡이 짚고 원림을 관리하는 것을 보니 |
| 揮斤接果栽 | 도끼를 휘두르는 솜씨로 접과하고 심어 |
| 奪胎移造化 | 새로운 모습으로 조화를 옮기니 |
| 類我借核荄 | 내가 씨앗과 뿌리를 빌려서 |
| 一似雀爲蛤 | 참새가 대합처럼 되듯이 |
| 能令桃作梅 | 복숭아나무에 매화를 피게 할 수 있다.❶ |

❶ 『반주집(盤州集)』6권, 「원림의 사람이 꽃을 접붙이는 것을 보다[觀園人接花]」.

주밀周密이 남송 항주杭州의 원예가들이 여러 가지 방법[揠苗助長]140)을 이용하여 조화와 짝하려는 수단에 대하여 더욱 상세하게 소개하였다.

송나라 무림의 마승은 꽃을 심는 것이 곡식을 심는 것과 같고, 탁타❶의 나무 심는 기술이 천하에 유명하여 때에 맞는 품종이 아닌데도 실로 조화와 짝할 만하다. 신선 같은 영험함이 통하여 모든 꽃을 일찍 피우는 것을 '당화'라고 부른다. 그 방법은 종이를 발라서 밀실을 꾸미고 땅을 파서 구덩이를 만든 다음 대나무로 덮고 그 위에 꽃을 놓는다. 그리고 소 오줌과 유황으로 땅에 거름을 준 다음, 물로 북돋우면 끝난다. 그다음 끓는 물을 구덩이 속에 넣어, 그 증기가 훈훈해지기를 잠시 기다린 뒤에 부채로 약한 바람을 일으켜서 봄의 따뜻하고 맑은 기운을 가득 채워서 하룻밤만 지나면 꽃이 핀다. 모란이나 매화·복숭아 같은 종류는 그렇게 하지 않고, 유독 계화는 이와 반대이다. 계화는 날씨가 서늘해야 피기 때문에 그 방법은 동굴이나 바위 굴 사이에 두고 더운 기운이 이르지 않고 서늘한 바람이 일어야, 맑은 기를 양생해서 온종일이 지나면 꽃이 곧 피는데, 이것은 비록 뽑아서 빨리 자라게 하는 것이지만, 꽃의 차거나 따뜻한 본성에 반드시 적합하게 한 뒤에야 그 묘하게 될 수 있을 뿐이다. 내[周密]가 …… 이에 느끼는 바가 있어서 말한다. 초목이 자라는 것은 그 본성을 따르려고 하는 것일 뿐이다. 일부러 꾸며 심어서 때가 아닌데 무성하게 꽃을 피웠으나 사람들이 감상할 겨를이 없구나, 아! 이것이 어찌 초목의 본성이겠는가!❷

❶ 탁타(橐駝): 유자후(柳子厚)가 지은 「종수탁타전(種樹橐駝傳)」에, "곽탁타라는 사람이 나무를 잘 가꿔 그 이치를 물으니 답하기를, '나는 나무를 옮겨 심을 때에 뿌리를 펴고 본 땅의 흙을 가져오고 깊지도 얕지도 않게 적당하게 심어놓은 뒤에는 손대지 않아서 식물의 천성(天性)을 그대로 보존시킨다. 다른 사람들은 이와 반대이므로 옮겨 심은 나무가 잘 살고 번성하지 못한다 하였다.

❷ 『제동야어(齊東野語)』16권, "馬塍藝花如藝粟, 橐馳之技名天下. 非時之品. 眞足以侔造化. 通仙靈. 凡花之早放者. 名曰堂花. 其法以紙飾密室. 鑿地作坎. 編竹置花其上. 糞土以牛溲硫黃. 盡培漑之法. 然後筧沸湯於坎中. 少俟湯氣薰蒸, 則扇之以微風, 盎然盛春融淑之氣. 經宿則花放矣. 若牡丹. 梅. 桃之類無不然. 獨桂花則反是. 蓋桂必涼而後放. 法當置之石洞巖竇間. 暑氣不到處. 鼓以涼風. 養以淸氣. 竟日乃開. 此雖揠而助長, 然必適其寒溫之性. 而後能臻其妙耳. 余 …… 因而有感曰: 草木之生, 欲遂其性耳, 封植矯揉, 非時敷榮, 人方託賞之不暇, 嘻! 是豈草木之性哉!"

이처럼 '때에 맞지 않게 무성한 것'과 같은 것들이 유행한 것도 꽃과 나무의 기이하고 특이한 자태를 애써서 추구한 것이 있다.

전당문 밖의 유수교 동서쪽에 마등의 밭에 모두 괴이한 소나무 특이한 노송나무를 심어서 사철 기이한 꽃들이 정교하게 모여 있었다. 용이 도사리고 봉황이 춤추거나 새가 날고 짐승이 달리는 형상이 많았다. 매일 같이 도성에서 팔면 좋아하는 자들이 많이들 사서 관상거리로 준비하였다.❶

❶ 『몽양록(夢梁錄)』19권, "錢塘門外溜水橋東西馬塍諸圃, 皆植怪松異檜, 四時奇花, 精巧窠兒. 多爲龍蟠鳳舞・飛禽走獸之狀, 每日市於都城, 好事者多買之, 以備觀賞也."

이 같은 취미도 멀리 중당 사인에 비하여 꽃나무의 품종과 색의 맑고 고상한 바탕을 강구한 것이 많았기 때문이다. 이후의 사대부도 이런 맑고 고상한 예술에 심취하였고, 청나라 말기의 공자진龔自珍에 이르러서 매우 분명해졌다. 분경盆景을 감상하거나 꽃나무를 심는 것은 결코 사소한 정을 일삼는 것이 아니고, 이는 전반적인 사대부계층의 정신상태가 민족의 운명에까지 이어졌기 때문이다.

그는 이 책에 유명한 「병매관기病梅館記」를 써서, "매화는 굽은 것이 아름답고, 곧으면 자태가 없다. 기울어져야 아름다우나 바르면 운치가 없다."고 한 말을 가지고, 당시에 숭상한 '문인화가들의 잘못'을 지적하여 배척하였다. 마지막에는 자신에게 "아아, 어찌 내게 300분에 달하는 병든 매화를 고칠 한가한 나날이 주어질 것이며, 또 그 많은 양을 재배하고 관리할 빈 밭떼기가 생긴다면" 천하의 이런 병폐를 모두 모두 바꿀 수 있다고 하였다.141)

공자진이 결심한 굽어진 것을 바르게 잡아주는 초목의 성질에 대하여 감개함이 더욱 절실해질 것이다. 그러나 꽃이 6백년의 세월이 흘렀는데도, 외국 사람이 '호중천지'를 타파하는 포성이 올릴 때를 기다려야, 몇몇 개인의 집에서 벗어날 수 있다. 이때의 '호중'의 모든 것은 이미 한 몸이 되었다.

이 때문에 공자진이 "나무에 묶은 끈을 풀어야 한다."고 크게 소리칠 차례가 온 것이다. 그의 생각을 바꿔서 말하면, 작고 작은 분경도 태산보다 중요하게 여겨야 한다는 것이다. 노신魯迅 선생이 다음과 같이 말했다.

---

애석하게도 중국은 매우 어렵게 개변하였다. 하나의 탁자에 옮겨 놓으려면 한 화로의 장식을 바꾸어야 하니 거의 피를 흘려야 한다. 피를 흘리게 되면 이 또한 반드시 변혁하여 장식을 바꿀 수 있는 것도 아니다.❶

---

❶ 「나랍주후저양(娜拉走後這樣)」, 『노신전집(魯迅全集)』 제1권, p.274, "可惜中國太難改變了, 即使是搬動一張桌子, 改裝一個火爐, 幾乎也要血; 而且即使有了血, 也未必一定能搬動, 能改裝."

이는 근현대 중국의 운명에 대해서 말한 것으로 이는 비통한 아픔을 넘어서지 못하는 현실이다. 그러나 이와 같은 결과를 초래한 근본원인은 전통문화 체계가 고도한 수준으로 자기 자신을 완벽하게 추구할 수 있는 과정에서만 발견할 수 있다.

양송시기에 원예와 전반적인 사대부문화예술체계가 한 덩어리로 응집된 예는 매우 많다. 사대부가 꽃나무에 대한 감상의 정밀함이 문학·회화·건축 장식 등의 중다한 영역에도 반영되었다. 작품이나 작가와 심지어 세상에서 유명한 것들까지도 모두 비평하였다. 예를 들면 주돈이周敦頤의「애련설愛蓮說」, 임포林逋가 매화를 읊은 작품, 최백崔白이나 송 휘종宋徽宗 같은 사람의 화조화花鳥畵, 문동文同의 묵죽墨竹, 중인仲仁의 묵죽 같은 것들이다.

남송 이후 이런 융합이 정밀한 방향으로 발전하여 드디어 양보지楊補之의 묵매墨梅나 난죽蘭竹, 조맹견趙孟堅의 난혜蘭蕙·매梅·죽竹·수선水仙이 있었고[142], 강기姜夔나 왕기손王沂孫의「영매사詠梅詞」같은 회화나 문학의 명작이 시운에 따라서 생겨났다.

이런 작품과 원예가 남송사대부의 정신세계와 원림풍격에 세밀하게 반영되었다. 범성대范成大가 일찍이 '들에서 자라는 매화'와 사인원림의 '관이나 성에서 자라는 매화'의 같고 다른 점을 자세하게 분석하였다[143]. 원예의 이러한 정취가 원림과 문학에서 나타나고, 자연에도 정밀하고 고상한 격조를 형성하였다. 강기姜夔의 기록을 예로 들겠다.

--------

내가 장사에 별가로 가서 관정당에서 나그네로 있었다. 당 아래에 굽은 못이 있다. 못 서쪽 뒤에 오래된 담이 있고 비파나무와 깊고 고요한 대숲이 있으며 하나의 길이 매우 구불구불하였다. 길을 지나 남쪽으로 나오니, 관에서 키운 매화 몇 십 그루가 있는데 산초 같기도 하고 콩 같기도 하며 더러는 붉은 꽃이 떨어지고 흰 것만 드러나서 가지에 그림자가 무성하다. 푸른 이끼를 밟으니 돌 사이가 자세하게 드러나서 야외의 흥

매화

치가 끊임없이 생겨난다.❶

❶ 「일악홍(一萼紅)·서(序)」, 『전송사(全宋詞)』 제3책, p.2176, 강기(姜夔)의 유명한 「암영(暗影)」과 「소영(疎影)」도 범성대(范成大)가 묘사한 원림 중의 매화이다. "予客長沙別駕之觀政堂. 堂下曲沼, 沼西負古垣, 有盧橘幽篁, 一徑深曲; 穿徑而南, 官梅數十株, 如椒如菽, 或紅破白露, 枝影扶疏. 著屐蒼苔細石間, 野興橫生."

　　상술한 바와 같이 남송 회화예술의 대표인 마원馬遠같은 사람의 그림 가운데 묘사한 것도 관매였고 야매가 아니었다.144) 또 예를 들면 남송의 문완 감상가인 조희곡趙希鵠이 그의 『동천청록집洞天清錄集·고금변古琴辨』에서 다음과 같이 말했다.

금琴을 타고 꽃을 마주 대하니, 오직 금계 꽃[巖桂]·야생 매화[江梅]·말리茉莉❶·도미茶蘼❷·치자 꽃[檐葡] 등은 향기가 맑고 색이 곱지 않아야 비로소 묘하다. 만약 요염한 붉은색이나 짙은 자색은 어울리는 것이 아니다."라고 하였고 "밤이 깊어 사람이 고요하고 밝은 달이 집에 비치니 향기로운 풀이 물에 잠기고, 옛 시조를 노래하고 읊으니, 이런 흥취는 희황상인❸과 어떻게 다르겠는가!❹

❶ 말리(茉莉): 물푸레나뭇과의 상록 관목. 높이는 1미터 정도이며, 여름에 4~5개로 갈라진 희고 누런 통꽃이 취산(聚繖) 꽃차례로 가지 끝에 핀다.
❷ 도미(茶蘼): 만생(蔓生)하는 관목(灌木)으로 아름답고 향기가 좋아 관상용으로 쓴다.
❸ 희황상인(羲皇上人): 복희씨 이전의 사람이라는 뜻으로, 세상일을 잊고 한가하고 편안히 숨어사는 사람을 이르는 말이다.
❹ 조희곡(趙希鵠), 『동천청록집(洞天淸錄集)·고금변(古琴辨)』, "彈琴對花, 惟巖桂·江梅·茉莉·茶蘼·檐葡等香淸而色不艶者方妙, 若妖紅艷紫, 非所宜也" "夜深人靜, 明月當軒, 香爇水沈, 曲彈古調, 此與羲皇上人何異."

이런 경지에 대하여 가장 상세하고 정미하게 묘사하여 말한 장자張鎡의 『옥조당매품玉照堂梅品』 문장을 헤아려 보아야할 것이다.

매화는 천하에서 신기하게 여겨서 시인이 더욱 좋아하는 것이다. 순희 을사년에, 내가 조씨의 남쪽 호수 가에 있는 거친 밭을 얻었는데, 고매 몇 십 그루가 있었다. 산만하게 관리하지 않은 것이었다. 이에 방치한 땅 열 이랑에 열을 지어 옮겨 심었다. 서호의 북산의 다른 밭의 강매를 가져다가 보태여 합하니 모두 3백 여 그루였다. 집을 지은 사이에서 자주 보았다. 또 두 방을 끼고서 동쪽에는 천엽 상매를 심고 서쪽에는 홍매 각 12장을 심었다. 앞의 처마 기둥에서 집까지 몇 그루가 있었다. 꽃이 필 때는 그 가운데서 잠을 잣는데 깨끗한 빛으로 둘러싸여서 밤에 달을 보는 것 같아서 옥이 비친다는 '옥조'라고 이름 지었다. 다시 개울을 빙 둘러 핀 곳을 작은 배로 왕래하니 아직 반달이 사라지지 않았다. 이로부터 나그네가 계수나무에 숨어서 노

제2장 송대 원림의 전형적인 의의 중 둘째인 호중화(壺中華)은 고도로 완선된 사대부 문화예술체계    119

니는 자가 있게 되었으니 반드시 바라 보아야할 것이다. …… 꽃이 곱고 빼어나지만, 시절에 맞지 않으면 맑은 아름다움이 어울리지 않을 것이다. 또 외로운 운치가 특별히 높아 삼려대부나 수양산의 백이·숙제와 같아서 어찌 자연에서 말라 죽더라도 끝까지 숨을 죽이고 머리 숙여 세속에서 물들기를 좋아하겠는가. …… 지금 성근 꽃은 좋은 칭호이다·미움을 사다·은총을 받다·굴욕을 당하는 것 같은 네 가지 일인데, 모든 50조항을 집 위에 걸어두고 오는 자에게 경계하고 반성할 수 있게 한다. 또 매화의 귀함만을 알고 사랑하고 공경할 줄 모르는 사람에게 보여주는 것이다. ……

꽃과 어울리는 것은 담음, 효일, 박한, 세우, 경연, 가월, 석양, 미설, 만하, 진금, 고학, 청계, 소교, 죽변, 송하, 명창. 소리, 창애, 녹태. 동병, 지장, 숲 사이에서 피리를 분다. 무릎을 펴고 가야금을 가로 놓는다. 평평한 바위 바닥에서 바둑을 둔다. 눈을 쓸어내고 차를 끓인다. 미인이 옅은 화장을 하고 비녀를 꽂은 것 등이다. ……

꽃이 총애 받는 것은, 주인이 좋아한다. 손님이 시에 능하다. 불을 들고 밤에 감상한다. 명필은 정신을 전한다. 오로지 정자를 짓는다. 꽃 주변에서 아름다운 가사를 노래한다.……❶

❶ 『제동야어(齊東野語)』15권에 보인다. "梅花爲天下神奇, 而詩人尤所酷好. 淳熙世乙巳, 予得曹氏荒圃於南湖之濱, 有古梅數十, 散漫弗治. 爰輟地十畝, 移種成列. 增取西湖北山別圃江梅, 合三百餘本, 築堂數間以臨之. 又挾以兩室, 東植千葉緗梅, 西植紅梅各一二十章, 前為軒楹如堂之數. 花時居宿其中, 環潔輝映, 夜如對月, 因名曰玉照. 復開澗環繞, 小舟往來, 未始半月捨去. 自是客有游桂隱者, 必求觀焉. …… 但花艷時秀, 非天時清美不宜; 又標韻孤特, 若三閭大夫·首陽二子, 寧橋山澤, 終不肯俯首屏氣, 受世俗湔拂. …… 今疏花宜稱·憎嫉·榮寵·屈辱四事, 總五十八條, 揭之堂上, 使來者有所警省. 目示人徒知梅花之貴, 而不能愛敬也. ……花宜稱: 澹陰, 曉日, 薄寒, 細雨, 輕煙, 佳月, 夕陽, 微雪, 晚霞, 珍禽, 孤鶴, 清溪, 小橋, 竹邊, 松下, 明窗. 疏籬, 蒼崖, 綠苔, 銅瓶, 紙帳, 林間吹笛, 膝上橫琴, 石枰下棋. 掃雪煎茶, 美人淡妝簪戴. …… 花榮寵: 主人好事, 賓客能詩, 列燭夜賞. 名筆傳神. 專作亭館. 花邊歌佳詞. ……"

매화를 감상하는 것은 원림에서 사소한 일이다. 뜻밖에도 사대부문화 예술체계에 정심하고 미묘한 내용을 거의 포함하고 있어야만, 전반적인 '천인'체계에 운율을 조화시킨 후에야 우리들의 요구에 부합할 수 있다.

이런 현상이 남송 이전에는 없었던가?145) 이와 유사한 문자를 장자張鎡도 묘사한 것이 허다하다. 예를 들면 『무림구사武林舊事』 10권에 기록된 「상심낙사賞心樂事」가 유명한 한 편이다. 그 중에 가장 상세하게 서술한 것은 원림에서 1년 12달 동안의 갖가지 생활로, 내용이 정미하고 완비하여 모두 남송문화의 역사적인 처지를 잘 설명하였는데, 다만 이 편폭이 너무 길기 때문에 증거로 인용하지 않았다.

사고전서의 무림구사(武林舊事)

居於弁山寶流寓杭州之癸辛街故目睹耳
終於家是書記宋南渡後都城雜事益密雖
渡因家湖州淳祐中嘗官義烏令宋亡不仕
公謹號草窓先世濟南人其曾祖隨高宗南
臣等謹案武林舊事十卷宋周密撰密字
提要
武林舊事
欽定四庫全書　　史部十一　　地理類八雜記之屬

## 게으름과 병

중당에서 시작된 게으름과 병은 점점 더 사대부인격과 생활예술에서 필수적인 부분을 이루었다. 이런 현상은 정형적으로 반영되어 전통문화 후기의 특징으로 귀착하였다.

위진魏晉 무렵 혜강嵇康은 자기의 인격을 "성격이 또 산만하고 나태해졌으며", "병과 고난이 많다"146)고 밝혔다. 그의 게으름과 병은 완전히 권력자와 서로 다투는 수단에 불과했으나, 슬픔이 쌓여서 혈기만 담겼기 때문에 당시에는 게으름과 병이 아름답게 사용되기는 어려웠다.

이후로 상황이 점점 변하여, 동진東晉 사대부들이 배불리 먹은 여가에 항상 병들어 게으른 유마힐維摩詰147)의 수척한 모습을 생각하곤 하였다.

특히 성당 때에는 문화의 빛이 점점 암담해지는 시기였는데, 두보杜甫가 "게으른 성격이라 여태까지 물가의 대나무 아래에 살았다."148)고 읊었더라도, 그의 안중에는 게으름과 원림은 그림자처럼 연관관계가 있었다. 중당 이전에는 이런 일이 매우 제한되어서 평소에 볼 수 없었지만, 백거이 때부터 정황이 달라지기 시작하였다.

백거이가 세상일을 싫어하는 근본적인 원인에 대하여 그의 「처음 자사가 되어 붉은 옷을 입고서 친구에게 보여주면서 답하다」는 시의 말미와 「또 하객에게 답하다」에서 말해주고 있다.

| 銀印可憐將底用 | 은도장이 어여쁘나 장차 어디에 쓰려는가? |
| 只堪舊舍嚇妻兒 | 옛집의 처자식을 꾸짖을 만하구나. ❶ |

| 銀章暫假爲專城 | 은도장을 잠시 빌려서 전성❷이 되었는데 |
| 賀客來多懶起迎 | 손님이 찾아와도 대부분 늦게 일어나 맞이하네. ❸ |

❶ 『백거이집(白居易集)』17권, 「처음 자사가 되어 붉은 옷을 입고서 친구에게 보여주면서 답하다(初著刺史緋, 答友人見贈)」.

❷ 전성(專城): 전성백(專城伯)의 약칭으로 한 고을 원이란 칭호이다. 당(唐)나라 소정(蘇頲)의 시에 "떠나는 길 멀다고 하지 말라. 전성백이 모두들 귀히 여긴다." 하였다.
❸ 『백거이집(白居易集)』17권, 「또 하객에게 답하다[又答賀客]」.

이런 심리상태가 그의 생활내용에 모두 스며들었다는 점에 더욱 주의해야 할 가치가 있다. 백거이는 일찍이 자신이 원림에서 한적하게 거처하는 동안의 나태함을 여러차례 감상하면서, 자기의 게으름과 병을 사대부문화예술에 융합시켰다. 「봄잠」과 「잠에서 일어나 늦게 짓다」와 「식후」에서 예를 들겠다.

| | |
|---|---|
| 氣熏肌骨暢 | 기후가 훈훈하여 뼈와 살이 시원하며 유쾌하고 |
| 東窓一昏睡 | 동쪽 창가에서 밤이 되니 잠을 자네. |
| 是時正月晦 | 이때가 정월 그믐이라 |
| 假日無公事 | 한가한 날은 공무가 없구나. |
| 爛熳不能休 | 누부시어 쉴 수가 없어 |
| 自午將及未 | 정오부터 아직까지 잠들지 못하는구나.❶ |
| 後亭晝睡足 | 뒤의 정자는 낮잠 자기에 좋아서 |
| 起坐春景暮 | 일어나 앉으니 봄 경치 저무네. |
| 新覺眼猶昏 | 새롭게 느껴도 눈은 여전히 흐리니 |
| 無思心正住 | 생각 없이 바르게 머물러 있네.❷ |
| | |
| 食罷一覺睡 | 식사를 마치고 한바탕 낮잠을 자고 |
| 起來兩甌茶 | 깨어나 두 사발의 차를 마시고 |
| 舉頭看日影 | 머리 들어 해 그림자 보니 |
| 已復西南斜 | 이미 서남쪽으로 기울었네.❸ |

❶ 『백거이집(白居易集)』7권, 「봄잠[春睡]」.
❷ 『백거이집(白居易集)』7권, 「자다가 일어나 늦게 짓다[睡起晏作]」.
❸ 『백거이집(白居易集)』7권, 「식후(食後)」.

제2장 송대 원림의 전형적인 의의 중 둘째인 호중壺中은 고도로 완선된 사대부 문화예술체계

자신의 게으름을 더욱 상세하게 진술한 것은 「나태함을 노래하다」이다.

| | |
|---|---|
| 有官懶不選 | 관직에 있어도 게을러 뽑히지 않고 |
| 有田懶不農 | 밭이 있어도 게을러서 농사를 짓지 못했다. |
| 屋穿懶不葺 | 집이 새는데 게을러서 지붕을 이지 않고 |
| 衣裂懶不縫 | 옷이 찢어졌는데 게을러서 꿰매지 않는다. |
| 有酒懶不酌 | 술이 있어도 게을러서 따르지 않았으나 |
| 無異樽常空 | 술잔은 늘 비어 있는 편이다. |
| 有琴懶不彈 | 금이 있어도 게을러서 연주하지 않으니 |
| 亦與無弦同 | 또한 악기가 함께 없는 것과 같구나. |
| 家人告飯盡 | 식구가 먹을 것이 떨어졌다 하여 |
| 欲炊懶不舂 | 밥을 짓고 싶어도 벼 찧기가 싫다. |
| 親朋寄書至 | 친구가 보낸 편지가 이르러서 |
| 欲讀懶開封 | 끼니에 읽고 싶어도 뜯기가 귀찮구나. |
| 常聞嵇叔夜 | 항상 듣기에 혜숙야❶는 |
| 一生在懶中 | 평생 게으름 속에 살았다고 한다. |
| 彈琴復鍛鐵 | 거문고도 타고 담금질도 했으니 |
| 比我未爲懶 | 나보다는 게으르지는 않았나 보다! |

❶ 혜숙야(嵇叔夜): 숙야는 진(晉)나라 때의 죽림칠현(竹林七賢) 가운데 한 사람인 혜강(嵇康)의 자(字)이다. 혜강은 노장(老莊)의 학문을 즐겼으며, 양생(養生)하기를 좋아하였는데, 늘 술을 마시면서 지냈다.
❷ 『백거이집(白居易集)』 6권, 「나태함을 노래하다(詠懶)」, 이와 유사한 묘사도 매우 많다. 예를 들면 22권의 「용불능(慵不能)」 같은 것이다.

이런 몇 가지를 결론적으로 말하면, "도리어 게으름을 탐내는 것 외에 그 나머지는 모두 알 수 없다."149)고 하겠다. 이후 만당晩唐의 육구몽 같은 이도 이에 근거하여 자신이 원림에 살고 있을 때의 한가로움과 병든 것을 감상하며, 심중에 있는 세상일에 대한 근심과 두려움을 평온하게 어루만질 수 있었다. 육구몽

도 「한서」에서 다음과 같이 말했다.

| 病學高僧置一床 | 학문하는 고승이 책상을 놓고 |
| 披衣才暇即焚香 | 옷을 걸치고 비로소 한가하면 향을 피운다. |
| 閑階雨過苔花潤 | 한가한 섬돌에 비 지나가니 이끼와 꽃이 윤택하고 |
| 小簟風來薤葉涼 | 작은 대자리에 바람 부니 부추 잎이 서늘하구나. |
| 南國羽書催部曲 | 남국의 급보가 부대를 재촉하고❶ |
| 東山毛褐傲羲皇 | 동산의 모피는 희황을 업신여기고 |
| 升平聞道無時節 | 태평시대에는 도에 관심이 없었던 시절이었으니 |
| 試問林中亦不妨 | 원림 속을 물어봐도 무방하리라.❷ |

❶ 남국(南國)의 급보: 당(唐)나라 말기의 난적(亂賊)인 황소(黃巢)가 광주(廣州)를 포위했다는 급보를 알렸을 때이다.
❷ 육구몽(陸龜蒙), 「한서(閑書)」『전당시(全唐詩)』624권.

백거이의 창조는 송대에 이르러서 진정한 의의를 분명하게 보여주었다. 최고의 통치자로부터 전반적인 사대부계층에 이르기까지, 그의 생활정서를 마음속에 새겨두고 잊지 않았다.

| 放杯書案上 | 술잔을 책상 위에 놓고 |
| 枕臂火爐前 | 화로 앞에서 팔베개를 하였다. |
| 老愛尋思事 | 늙어서 자세히 살피고 생각하는 일을 좋아하니 |
| 慵多取次眠 | 게으름이 많아 잠잘 차례이다.❶ |

❶ 송 휘종(宋徽宗), 『연복잡지(硏北雜誌)』상권, "白居易「偶眠」之'放杯書案上, 枕臂火爐前, 老愛尋思事, 慵多取次眠'等句之事."

백거이의 「우면偶眠」에서 위의 구절을 송 휘종宋徽宗이 『연북잡지硏北雜誌』 상권에 기재한 일이 있다. 남송 효종孝宗이 직접 백거이의 「배불리 먹고 한가하게 앉다飽食閑坐」는 시를 초록한 뒤에 감탄한 것을 주필대周必大150)가 다음과 같이 서술했다.

백거이가 태어나 때를 만나지 못했으나, 3백여 년 후를 누가 알겠는가? 임금을 한 번 만나 그의 말을 발휘하면, 영광이 많을 것이다.❶

❶ 「황제가 쓴 백거이 시집 발문御書白居易詩跋」, 『익공제발(益公題跋)』 7권, 「포식한좌(飽食閑坐)」는 『백거이집』 30권에 보인다. 시 가운데 음식 먹는 아름다움을 갖추어 쓰고 그 뒤에 말하였다. "재주와 지혜를 품은 자는[懷才抱智者], 바쁘게 달리지 않을 수가 없다 [無不走遑遑]. 오직 이 재주 없는 늙은이[唯此不才叟], 둔하고 게을러 낙양을 그리워 하누나[頑慵戀洛陽]. 배불리 먹고 문밖을 나가지 않으니[飽食不出門], 한가롭게 앉아 당 아래로 내려가지 않는구나[閑坐不下堂]." 주필대(周必大), "(白)生雖不逢其時, 熟知三百餘年之後, 一遇聖明發揮其語, 光榮多矣."

백거이의 더욱 커다란 영광은 양송의 사대부들이 자신의 원림에서의 한가함과 나태함을 나타낸 것이다. 비유하면 소옹邵雍의 『이천격양집伊川擊壤集』의 「대나무 정원에서 잠에서 일어나다竹庭睡起」나 「작은 밭에서 일어나다小圃睡起」 같은 작품이다. 사마광司馬光이 「한거閑居」에서 "내가 은거하여 의욕을 잃자 하인들은 더욱 게으르다."151)고 하였다.

이 당시 허다한 원림경관의 취지도 한가함과 나태함에 대하여 아름답고 고상하게 표현할 수 있었다. 소식蘇軾의 「이행중 수재 '취면정醉眠亭' 3수」 중의 1수를 예로 들겠다.

| | |
|---|---|
| 已向閒中作地仙 | 이미 몸이 한가로워 지선❶이 다 되었는데 |
| 更於酒裏得天全 | 더군다나 술잔 속에서도 천성을 보전하네. |
| 從敎世路風波惡 | 인생길 풍파가 고약하다더라도 |
| 賀監偏工水底眠 | 하비서감❷은 물 밑에서 잠도 잘 잤다네.❸ |

❶ 지선(地仙): 명산(名山)에서 한가롭게 노니는 사람을 일컫는 말이다. 진(晉)나라 갈홍(葛洪)의 『포박자(抱朴子)』 「내편(內篇)·논선(論仙)」에 "상사(上士)는 육신을 지닌 채 하늘 속으로 올라가니 이를 천선(天仙)이라 하고, 중사(中士)는 명산에서 유유자적하게 노니나니 이를 지선(地仙)이라 하고, 하사(下士)는 죽은 뒤에 육신을 벗나니 이를 해선(解仙)이라 한다." 하였다.
❷ 하감(賀監): 당나라 현종 때의 시인 하지장(賀知章; 659~744)이다. 『신당서(新唐書)』권196 「은일열전(隱逸列傳)·하지장」에 의하면, 하감은 비서감(秘書監)을 지냈고 만년에 경호로 돌아가서 산수를 즐기며 살았다고 한다.
❸ 「이행중 수재 '취면정'(李行中秀才'醉眠亭)'3수」중1, 『소식시집(蘇軾詩集)』12권.

그러나 장선張先152)이 원림 정자에서 잠자는 것에 마음을 기울인 것은 더구나 굴원을 비웃으며 다음과 같이 말미를 지었다.

| | |
|---|---|
| 醉翁家有醉眠亭 | 취옹의 집에 취면정 있는 것은 |
| 爲愛江堤亂草青 | 강 언덕 어지러운 풀 돋는 것 사랑하기 때문이네. |
| 不聽耳邊啼鳥喚 | 귓전에는 새 울음소리 들리지 않는데 |
| 任教風外雜花零 | 바람 부니 바깥의 온갖 꽃 떨어지네. |
| …… | |

제2장 송대 원림의 전형적인 의의 중 둘째인 호중壺中은 고도로 완선된 사대부 문화예술체계

五柳北窓知此趣　　오류선생은 북창에서 이런 정취 알았고
三閭南擬漫孤醒　　삼려❶는 남쪽 초나라에서 홀로 깨었네.❷

❶ 삼려(三閭): 초(楚) 나라의 삼려대부를 지낸 굴원(屈原)을 말한다. 그는 상관대부(上官大夫)와 근상(靳尙)의 참소를 입어 강담(江潭)으로 쫓겨나 「어부사(漁父辭)」 등을 지었다.
❷ 『소식시집(蘇軾詩集)』12권, 사(査)「주(注)」를 인용하였다.

전대와 비교하면, 송나라 사람들이 세상일을 기대하는 태도가 이처럼 크게 변화하였다. 따라서 소식이 아래의 시구들처럼 원림 중의 나태함과 병을 소제로 하여 고상하고 여유롭게 묘사할 수 있었다.

午醉醒來無一事　　낮잠에 취하여 깨고 나서 아무 일도 하지 않고
只將春睡賞春晴　　봄날에 잠만 자고 맑은 봄날을 감상하네.❶

酒醒門外三竿日　　간밤의 술이 깨니 해님은 벌써 두둥실
臥看溪南十畝陰　　개울 남쪽 십 묘의 그늘을 누워서 바라보노라.❷

朝來初日半銜山　　아침이 되니 초승달이 산에 반쯤 걸렸고
樓閣淡疏煙　　　　누각에 안개 옅었다가 성글어지네.
遊人便作尋芳計　　노니는 사람 곧 꽃을 찾아보려니
小桃杏應已爭先　　작은 복숭아 살구꽃이 이미 다투어 피었구나.
衰病少悰　　　　　늙고 병드니 즐기는 것이 적으니
疏慵自放　　　　　무능하고 나태해져 스스로 제멋대로라
惟愛日高眠　　　　해가 높이 오를 때까지 잠자는 것만 사랑하네.❸

❶ 「춘일(春日)」, 『소식시집(蘇軾詩集)』25권.
❷ 「계음당(溪陰堂)」, 『소식시집(蘇軾詩集)』26권.
❸ 「일총화(一叢花)·초춘병기(初春病起)」, 『동파낙부(東坡樂府)』 상권.

남송 이후에 이런 예가 더욱 많아졌다. 양만리 같은 이는 남들에게 권하길, 너무 많이 독서하거나 시를 짓지 말라고 하며, 다음과 같이 말했다.

| | |
|---|---|
| 何如閉目坐齋房 | 어찌하여 눈을 감고 재방❶에 앉아있으며 |
| 下簾掃地自焚香 | 발을 내리고 바닥을 쓸고 향을 피워 놓았나? |
| 聽風聽雨都有味 | 비바람 소리 듣는 것도 의미가 있으니 |
| 健來即行倦來睡 | 건강하게 오가느라 피곤하여 잠을 잘 자는 거라네.❷ |

❶ 재방(齋房): 제사를 준비하는 건물이다.
❷ 양만리(楊萬里), 「서막독(書莫讀)」, 『성재집(誠齋集)』20권.

오문영吳文英이 「화심이 일어난다·새로 지은 집에서 꽃을 쓸어버리다」에서 원림에 앉아서 산수의 아름다운 경치를 묘사한 뒤에 "창을 반쯤 가리고, 해가 길어 피곤하니 눈을 감는다."153)고 결말을 지었다. 주밀周密은 자신의 '습관이 게을러서 버릇이 된 것[習懶成癖]'은 선현이 때로는 현인들의 청신함을 계승하기 때문이라고 하였다.154) 이는 누구나 할 수 없고 예외가 없기 때문에, 신기질 같은 뜻이 있는 선비가 문장으로 다음과 같이 말했다.

| | |
|---|---|
| 生自古高人最可嗟 | 예로부터 고인이 가장 탄식하는 것은 |
| 只因疏懶取名多 | 산만하고 나태함으로 유명한 사람 많은 것이라네.❶ |
| 天生予懶奈予何 | 나는 천생이 게으르니 나에게 어찌하겠는가?❷ |
| 窮自樂 | 스스로 즐거움을 다하니 |
| 懶方閑 | 나태함도 익숙해지누나.❸ |

제2장 송대 원림의 전형적인 의의 중 둘째인 호중壺中은 고도로 완선된 사대부 문화예술체계

| | |
|---|---|
| 病是近來身 | 병이 자신에게 오니 |
| 懶是從前我 | 나태함은 이전부터 나에게 있었다. |
| 靜掃瓢泉竹樹陰 | 대나무 그늘에서 바가지와 샘물을 깨끗하게 치우고 |
| 且憑隨緣過 | 또 인연 따라 지나가누나.❹ |

❶ 신기질(辛棄疾), 자고천(鷓鴣天), 자리에서 오자사 등 여러 벗들의 화답시를 받고 다시 운자를 사용하여 답시를 지었다「席上吳子似諸友見和再用韻答之」중2, 『가헌장단구(稼軒長短句)』9권.
❷ 신기질(辛棄疾), 「자고천(鷓鴣天)·삼산도중(三山道中)」, 『가헌장단구(稼軒長短句)』9권.
❸ 신기질(辛棄疾), 「자고천(鷓鴣天)·오자사과추수(吳子似過秋水)」, 『가헌장단구(稼軒長短句)』9권.
❹ 신기질(辛棄疾), 「복산자(卜算子)·문이정지다마부음(聞李正之茶馬計音)」, 『가헌장단구(稼軒長短句)』10권.

이 같은 말들이 지나칠 정도로 많았다. 게으름과 병에 대한 가치 및 원림과의 관계를 육유가 묘사한 것도 분명하다고 할 수 있다.

| | |
|---|---|
| 小疾深居不喚醫 | 병이 나도 깊이 은거하니 의원을 부를 수 없고 |
| 消搖更覺勝平時 | 소요하니 더욱 승평시대를 느끼누나. |
| …… | |
| 綠徑風斜花片片 | 푸른 오솔길에 바람이 비껴 불어 꽃잎이 날리고 |
| 畫廊人靜雨絲絲 | 화랑에 사람이 고요하고 가랑비 내리네.❶ |
| …… | |
| 避人便小疾 | 사람을 피하니 곧 병이 나서 |
| 移竹喜微陰 | 대나무를 옮겨서 은은한 그늘을 즐거워하네.❷ |
| | |
| 繞屋巉巉碧玉峰 | 푸른 옥봉이 우뚝하게 집을 둘러싸고 |
| 個中天遣養疏慵 | 가운데서 타고난 산만하고 나태함을 기르네.❸ |
| | |
| 愛閑惟與病相宜 | 한가함을 사랑함은 병든 것과 어울리니 |
| 壯歲懷歸老可知 | 장성할 때로 돌아가려는 마음 늙으면 알 것이리. |

| | |
|---|---|
| 睡熟素書橫竹架 | 깊이 잠드니 평소에 책은 대나무 시렁에 놓였고 |
| 吟餘犀管閣銅蜧 | 시 읊으니 서관❹과 구리용이 남아 있구나. |
| 水芭蕉潤心抽葉 | 물가의 파초 윤택하게 잎이 빼어나고 |
| 盆石榴殘子壓枝 | 분경의 돌과 석류가 죽은 가지를 누르누나.❺ |
| | |
| 養成花下無窮懶 | 꽃 아래서 게으름이 끝없이 길러지니 |
| 點盡人間徹底痴 | 모든 인간 철저하게 어리석어지누나.❻ |

❶ 육유(陸游), 「소질사객(小疾謝客)」, 『육유집(陸游集)・검남시고(劍南詩稿)』 7권.
❷ 육유(陸游), 「병중희서(病中戲書)」, 『육유집(陸游集)・검남시고(劍南詩稿)』 7권.
❸ 육유(陸游), 「유거(幽居)」, 『육유집(陸游集)・검남시고(劍南詩稿)』 14권.
❹ 서관(犀管): 좋은 무소뿔로 대롱을 장식한 붓으로 아주 좋은 붓을 말한다.
❺ 육유(陸游), 「애한(愛閑)」, 『육유집(陸游集)・검남시고(劍南詩稿)』 24권.
❻ 육유(陸游), 「한영(閑詠)」, 『육유집(陸游集)・검남시고(劍南詩稿)』 82권.

    이 같은 것들을 백거이가 서술한 것과 비교하면, 남송 사인이 '나태함이 끝이 없다'와 '철저하게 어리석다' 한 것은 아름답고 고상한 예술이라고 칭찬할 수 있기 때문에, 이미 '푸른 오솔길에 바람이 비껴 불어 꽃잎이 날리고, 화랑에 사람이 고요하고 가랑비 내린다.'는 원림의 경계와 그 속에 포함된 사대부문화 전부가 한 덩어리로 조화되었다고 할 수 있다.
    남송의 문학과 회화에서 명작이 많은 것은 원림 중의 나태함과 병든 심경을 표현했기 때문에 세상에서 유명하다. 장선張先이 의경을 노래한 것을 예로 들겠다.

| | |
|---|---|
| 雲破月來花弄影 | 구름 걷히고 달 나오니 꽃이 그림자를 희롱한다. |

    이 구절은 본래 병들어 잠든 뒤에 의경을 말한 것으로 다음과 같다.

제2장 송대 원림의 전형적인 의의 중 둘째인 호중壺中은 고도로 완선된 사대부 문화예술체계

午醉醒來愁未醒　　낮술은 깨어도 시름은 아직 깨지 않았다.❶

　　　　❶ 「천선자(天仙子)·때가 가화인데 소졸이 병으로 잠들어 부회에 나가지 못하다時爲嘉禾, 小倅以病眠, 不赴府會」,『전송사』제1책, p.70.

〈괴음소하도(槐陰消夏圖)〉부분

양만리楊萬里의 '매실은 신맛을 남긴다.'는 시구를 송나라 사람들이 높이 평가하였다.155) 이 제목이 곧 「한거하여 초여름에 낮잠에서 일어나 두 절구를 짓다」라는 양 구의 시에도 "해가 길어 잠에서 일어나도 감정이 없다"하였고, "우연히 책을 보려하나 나태해진다."156)고 명백하게 묘사하였다.

나태함과 병은 이당시 사대부 인격의 상징이 되었다. 대화가인 미우인米友仁 같은 이는 자호를 '나졸노인懶拙老人'이라 하였고, 주희朱熹의 선생인 유자휘劉子翬의 자호도 '병옹病翁'이며, 주희의 호를 '창주병수滄州病叟'라고 한 것들이 유명한 예이다.

중당에서 시작된 사대부의 인격이상과 미학이상은 게으름과 병이 기초가 되어야한다고 더욱 자각하였다. 이는 특별히 중요시해야할 가치가 있는 문화현상이다. 이런 문화현상이 형성된 과정을 설명하지 않더라도 조설근曹雪芹157)의 시대가 어떻게 이르렀는지는 해석할 수가 없으나, 대관원大觀園158)의 반역자들은 병과 나태함이 몸에 달라붙어서 해가 높이 떠올라도 일어나지 않고 임매매林妹妹159)와 죽을 때까지 "이로부터 하녀의 나태함을 사랑하여 버릇이 되었다", "바위에 이끼 낀 문양이 잠자는 학 모습이다."160)라는 보가가(寶哥哥; 賈寶玉)의 품성만 감상할 수 있을 뿐이다.

유마힐(維摩詰) 상(像)

제2장 송대 원림의 전형적인 의의 중 둘째인 호중壺中은 고도로 완선된 사대부 문화예술체계   133

## 기타

송대 사대부문화예술에 있는 몇몇 방면에서 우리들도 '호천'의 체계가 고도로 완전하게 된 예를 무수히 볼 수 있고, 이들과 원림이 복잡하게 얽혀있는 연관관계를 볼 수 있다.

붓과 벼루에 대한 감상이나 저록 같은 일들에서도 하나같이 송대문화의 특징이 선명하게 반영되어 나온 것이다. 예를 들면 소이간蘇易簡161)이 진사에 천거되었고 송 태종宋太宗이 직접 갑과에 일등으로 발탁되어 나중에는 벼슬이 참지정사參知政事에 이르렀다. 그런데도 그는 도리어 붓·먹·벼루·붓걸이·연적 등의 자초지종에 심혈을 기울어 연구하여 저서『문방사보』를 만들었다.162)

원림경관(園林景觀)을 매우 정미하게 조각한 송나라 때의 벼루의 정면

소순흠이나 구양수 같은 이도 문방구 사이에서 즐거움을 느꼈으나 물욕이 없어서 비록 물건이 앞에 있어도 자기 것으로 옮기는 것은 좋아하지 않았다.

소자미❶가 일찍이 말하길, 지필묵연이 모두 좋으면 이 또한 사람이 살아가는데 하나의 즐거움이다. 그런데 이런 즐거움을 누릴 수 있는 자가 드물다. 물욕을 떠나서 자기 것으로 옮기지 않는 것을 좋아하는 자도 극히 드물다. 내가 말년에 이런 정취를 알게 되었다.❷

❶ 소순흠(蘇舜欽): 북송 면주(綿州) 염천(鹽泉) 사람. 자는 자미(子美)고, 호는 창랑옹(滄浪翁)이다.
❷ 『구양수전집(歐陽修全集)』・시필(試筆)・학서위락(學書爲樂)』, "蘇子美嘗言: 筆硯紙墨, 皆極精良, 亦自是人生一樂. 然能得此樂者甚稀, 其不爲外物移其好者, 又特稀也. 余晚知此趣."

이에 구양수는 전문서적인 『연보硯譜』를 썼다. 송대의 가장 중요한 『연사硯史』는 미불米芾이 찬술한 것이고, 『묵보墨譜』는 채양蔡襄이 찬술한 것이며, 남송의 작자미상인 『연보』라는 하나의 책도 완전히 구양수・소식・정초鄭樵163) 등의 취미에 근거하여 규범을 삼은 것이다.

바로 이 때문에 사대부가 좋아하였고, 따라서 송대에는 이와 같은 저작들이 양적으로 증가하였다. 『구당서・경적지經籍誌』의 '잡예술雜藝術' 같은 저록은 겨우 18부문으로 모두 44권이다. 그런데 『송사・예문지』의 '잡예술'은 종류가 너무 많아 186부문으로 227권에 달했다.

송대 사대부들이 돌로 만든 벼루를 갖는 것에 깊이 탐닉하였지만, 사물에 흔들리지 않을 수 있었던 것은 그들이 전통적인 우주이상을 결코 버리지 않고, 고도로 완선한 전통문화예술이 우주만물과 '천인지제'를 축소된 좁은 공간으로 옮겼기 때문이다. 황정견黃庭堅의 연작시를 예로 들겠다.

| | |
|---|---|
| 翠屛臨硯滴 | 숲 병풍에서 연적을 어루만지고 |
| 明窓玩寸陰 | 밝은 창가에서 잠시 구경하였다. |
| 意境可千里 | 의경이 천 리나 되니 |
| 搖落江上林 | 강가의 숲에 떨어지네.❶ |

❶ 황정견(黃庭堅), 「소식이 설림석병에 나가서 제하며 함께 짓자하여[子瞻題狄引進雪林石屛要同作]」, 『산곡시주(山谷詩注)·외집(外集)』15권.

그러나 이런 정취가 아니면 송나라 사람들이 우주를 모방하는 방식과 '호중천지'의 원림공간예술의 지향점이 같지 않은가?

또 예를 들면 송대부터 시작된 '별호'·'집이름'·'문집명' 등은 사대부계층의 인생이상과 세상일에 대한 태도의 변화를 선명하게 반영하였을 뿐만 아니라, 원림과 은일문화에 더욱더 밀접한 연관관계가 있다. 섭몽득葉夢得이 거론한 것을 예로 들겠다.

---

사마온공은 스스로 '우수'라 하였고, 저서가 『우서』41편이 있다. 한위공 말년의 호가 '안양당수'이고, 문로공의 호는 '이수'이고, 구양문충공의 호가 '육일거사'인데, 가야금·바둑·책·술·집고비가 하나 씩 있어서 다섯이고, 늙은 자신이 하나라서 '육일'이라 하였다. …… 소식이 황주로 귀양 갔을 적에 호가 '동파거사'였는데, 동파는 그가 거처하던 곳이다. 말년의 호는 '노천산인'인데 미산의 조상 묘가 있는 곳에 노옹천이 있기 때문에 노천산인이라 한 것이다. 자유는 영외에 있을 때 돌아갈 것을 허락하여 호를 '영빈유로'라 하였고 또 자신이 쓴 전기에는 집 안에 '유로재'가 있었다고 하였다.❶

❶ 섭몽득(葉夢得), 『석림연어(石林燕語)』, "司馬溫公自稱迂叟, 著『迂書』四十一篇, 韓魏公晚號安陽戇叟, 文潞公號伊叟, 歐陽文忠公號六一居士, 以琴·棋·書·酒·集古碑爲五, 而自當其一, ······ 蘇子瞻謫黃州號東坡居士, 東坡其所居地也 ; 晚又號老泉山人, 以眉山先塋有老翁泉, 故云. 子由有岭外歸許下, 號潁濱遺老, 亦自爲傳, 家有遺老齋."

이와 유사한 예를 차례대로 거론하겠다.

사마광도 호가 '제물자'이고, 낙중에서 노닐며, 세상일에 힘쓰기를 좋아하지 않았고, 사물과 자아를 버리고, 궁함과 통함을 같이 여겼다.❶

황정견은 첨환의 산곡사나 석우동에서 노닐며, 자연의 빼어남을 즐겼기 때문에 스스로 호를 '산곡도인'이라 하였다.❷

조보지는 '귀래원'을 수리하고 자호를 '귀래자'라 하고, 벼슬에 나갈 뜻을 잊고, 도연명의 사람됨을 사모하였다.❸

범성대의 원림 가운데 있는 '청식재'❹나 '수력당'❺ 같은 것들이다.

❶ 『승수연담록(澠水燕談錄)·고일(高逸)』 10권, "司馬光又號齊物子", '優游洛中, 不屑世務, 棄物我, 一窮通'"
❷ 『송사(宋史)·황정견전(黃庭堅傳)』, "黃庭堅游灊皖山谷寺·石牛洞, 樂其林泉之勝, 因自號山谷道人云."
❸ 『송사(宋史)·조보지전(晁補之傳)』, "晁補之葺歸來園, 自號歸來子, 忘情仕進, 慕陶潛爲人".
❹ 청식재(淸息齋): 「청식재서사3수(淸息齋書事三首)」, 『범석호집(范石湖集)』·시집(詩集)』 25권에 보인다.
❺ 수력당(壽櫟堂): 「수력당침상(壽櫟堂枕上)」, 『범석호집(范石湖集)』·시집(詩集)』 29권, 수력은 『장자(莊子)·인간세(人間世)』의 "櫟樹不材而壽之意"을 취한 것이다.

결론적으로 말하면, 번잡한 것을 싫어하지 않고, 대체와 무관한 것까지 잡다하고 자세하게 상술한 까닭은 송대 원림의 가치를 중요하게 여기기 때문이다. 송대의 경관을 조성하는 예술의 정미함은 비교할 수 없을 뿐만 아니라, 다시 여기에 사대부생활 환경에 따라서 일체를 기재하여 전반적인 전통문화예술체계가 고도하게 완선했음을 구체적으로 표현한 것이다.

사대부문화 가운데 모든 것 마다 점점 더 철저하게 '호천'의 구조에 융합할 때 비로소 자신의 가장 합당한 위치를 찾을 수 있고, 자신의 능력을 최대한으로 발휘할 수 있어서 자아완선을 충분하게 실현할 수 있다.

바꾸어 말하면 '호천'의 전체적인 결구도 구조내부의 모든 것들을 확실하게 파악해야, 이들 사이의 안배도 점점 더 치밀하고 엄격하여, 그 가운데에서 점점 제한되는 능력을 다양하게 짜내서 끊임없이 쇠약해지는 자신의 생명을 연속시킬 수 있다.

제1편에서 사대부문화 예술체계가 처음 규모가 갖추어졌던 동진 때의 면모와 내부 구조들을 이미 소개했는데, 이것들과 송대의 정황을 비교한다면, 중국 고대문화의 발전방향과 최근 9백 년 동안 발전해온 과정을 인식하는데, 간단하면서 효과적인 방법이 될 것이다.

미불이 일찍이 이공린의 유명한 〈서원아집도〉에 제하고 기문을 썼는데, 이를 읽으면 당시 원림에서 사대부들의 생활예술을 알 수 있을 것이다.

..................

…… 검은 모자 쓰고 누런 도의 입고 붓을 잡고 글씨 쓰는 이는 동파선생이다. 복숭아 빛 두건과 자주색 옷을 입고 앉아서 보는 이는 왕진경[왕선]이다. 복건 쓰고 푸른 옷 입고, 안석에 의지하여 우두커니 바라보고 있는 자는 단양 채천계이다. …… 외로운 소나무 울창하고 위에는 능소화가 얽혀져 붉은빛과 초록이 섞여있고, 그 아래 큰 상석이 놓여 있어 고기와 요금을 올려놓았으며 그 주위에는 파초가 드리워졌다. 돌 탁자 곁에 앉아 도인의 모자를 쓰고 자줏빛 옷을 입고 오른 손은 돌에 기대고 왼 손에는 책을 집어 들고 그림을 보는 자

는 소자유(소철)이다. 둥근 두건 쓰고 비단옷 입고 손에는 부채를 잡은 채 자세히 보는 자는 황노직(황정견)이다. 복건 쓰고 거친 갈옷 입고 두루마리에 귀거래를 그리는 자는 이백시(이공린)이다. …… 당건 쓰고 짙은 색 옷 입고 머리 들고 석벽에 시를 적고 있는 자는 미원장[미불]이다. …… 앞에 흐트러진 머리를 한 동자가 오래된 벼루를 들고 서있다. 그 뒤에는 금석교가 있고, 대숲 길은 깨끗한 시내 깊은 곳으로 휘감겨 흐르니 푸른 그늘이 우거져 빽빽하다. 그 가운데 가사 입고 부들방석에 앉아 무생론을 이야기하는 자는 원통대사이다. …… 아래에는 빠르게 흐르는 여울이 큰 시내 가운데로 모여들고 있는데, 물이 돌에 부딪치면 잔잔히 흐르고 바람과 대나무는 서로 어울리며 향로의 연기는 가늘게 나부끼고 초목은 절러 향기롭기만 하다. 인간 세상에 맑고 시원한 즐거움이 이보다 못할 것이니. 아! 명리에 들끓어 물러날 바를 알지 못하는 자가 어찌 이런 즐거움을 쉽게 얻겠는가! 소동파에서부터 열여섯 사람이 모두 문장으로 의논하였는데, 박학하고 변식하여 훌륭한 말과 절묘한 글이며, 옛 것을 좋아하고 들은 것이 많으며 영웅호걸의 세속을 초월한 풍채와 고승이나 도사의 걸출함이 빼어나고 고상하여 명성이 사방의 나라로 퍼져나갔네.❶

❶ 「서원아집도기(西園雅集圖記)」, 『보진영광집(寶晋英光集)·보유(補遺)』
"…… 其烏帽黃道服捉筆而書者爲東坡先生, 仙桃巾紫裘而坐觀者爲王晋卿, 幅巾青衣, 據므几而凝仁者, 爲丹陽蔡天啓. …… 孤松盤鬱, 上有凌霄纏絡, 紅綠相間, 下有大石案, 陳設古器瑤琴, 芭蕉圍繞. 坐於石磐旁, 道帽紫衣, 右手倚石, 左手執卷而觀書者, 爲蘇子由, 團巾繭衣, 秉蕉篦而熟視者, 爲黃魯直. 幅巾野褐, 據橫卷畵歸去來者, 爲李伯時. …… 唐巾深衣, 昻首而題石者, 爲米元章. …… 前有髥頭頑童捧古硯而立, 後有錦石橋, 竹徑, 繚繞於清溪深處, 翠陰茂密. 中有袈裟坐蒲團而說無生論者, 爲圓通大師. …… 下有激湍濺流於大溪之中, 水石潺湲, 風竹相呑, 爐煙方裊, 草木自馨, 人間清曠之樂, 不過於此. 嗟呼! 洶湧於名利之域而不知退者, 豈易得此耶! 自東坡而下, 凡十有六人, 以文章議論, 博學辨識, 英辭妙墨, 好古多聞, 雄豪絶俗之資, 高僧羽流之傑, 卓然高致, 名動四夷."

이미 인용한 왕희지王羲之와 손작孫綽의 『난정서蘭亭序』와 동진東晋 원림문화에 대한 기술을 비교하면, 송대 원림에 함유된 사대부문화예술체계는 풍부하고 완선함이 쉽게 보이지 않는가? 그리고 '호중'의 풍부하고 완선한 전통문화가 스스로 발전한 후기에는 유일하게 '명성이 사방의 나라로 퍼진다.'는 귀중한 보물이 될 수 있다. 구양수가 『육일거사전』에 자신의 초상을 그렸다 하고, 다음과 같

제2장 송대 원림의 전형적인 의의 중 둘째인 호중(壺中)은 고도로 완선된 사대부 문화예술체계  139

이 썼다.

육일거사가 처음에 저주산으로 귀양 가서 자호를 '취옹'이라 하였다. 늙자 쇠약하고 병이 들어 사직하고 물러나서 연수 가에서 휴양하였다. 다시 호를 고쳐서 육일거사라고 하였다. 어떤 객이 묻기를, '육일이 무엇입니까?'하니, 거사가 '우리 집에 장서가 1만 권과 삼대 이래로 집록한 금석유문 1천권과 금 1개와 바둑판 1개가 있고, 항상 술 1병이 있다는 것이다.'고 대답하였다. 객이 말하길, '이는 다섯인데 하나는 무엇인가?'하였다. 거사가 '나 하나의 늙은이다. 노인이 다섯 가지 물건 사이에 있으니, 어찌 여섯이 아닌가?'하였다. ……
'나의 즐거움을 말로 다하겠는가! 바로 이 다섯 가지 소장한 물건에 뜻이 맞으니, 태산이 앞에 있어도 보이지 않으며 급한 천둥이 기둥을 쳐도 놀라지 않는다. 비록 순임금의 음악[九奏]❶이 동정호 들판에 울리거나 탁록 언덕에서 일어나는 큰 전쟁을❷ 보더라도, 그런 즐거움과 편안함을 형용할 수 없다.❸

❶ 구주(九奏): 악율(樂律)의 구성(九聲), 곧 궁(宮)·상(商)·각(角)·치(徵)·우(羽) 등 오성(五聲) 과 상청(商淸)·각청(角淸)·치청(徵淸) 등 사청(四淸)을 겸하여 곡조가 아홉 번 변하는 곡(曲). 순(舜)임금의 음악 구성(九成), 『書經 益稷』
❷ 탁록(涿鹿)의 전쟁: 탁록은 산(山) 이름으로 하북성(河北省) 탁록현(涿鹿縣)의 동남쪽에 있다. 옛날 황제(黃帝)가 이곳에서 치우(蚩尤)와 전쟁을 하여 대파하였는데, 최초로 일어난 전쟁을 가리킨다.
❸ 『구양수전집(歐陽修全集)·거사집(居士集)』, "六一居士初謫滁山, 自號醉翁. 既老而衰且病, 將退休於潁水之上, 則又更號六一居士. 客有問曰, "六一, 何謂也?" 居士曰, "吾家藏書一萬卷, 集錄三代以來金石遺文一千卷, 有琴一張, 有棋一局, 而常置酒一壺." 客曰, "是爲五一爾, 奈何?" 居士曰, "以吾一翁, 老於此五物之間, 是豈不爲六一乎?" …… "吾之樂可勝道哉! 方其得意於五物也, 泰山在前而不見, 疾雷破柱而不驚, 雖響九奏於洞庭之野, 閱大戰於涿鹿之原, 未足喻其樂且適也."

송대 사대부들이 자신과 전반적인 사대부문화예술체계와의 관계를 얼마나 노력하였으면, 바둑판이나 금琴 같이 작은 문화요소라 하더라도 서로 한 덩어리로 융합했겠는가! 사대부들이 '호천'에서 일체의 진선진미를 요구하였다면, 함께 융합해야 우주 사이의 유일한 쾌락이 될 것이다. 이 같은 융합은 전통문화가 날로 쇠퇴하는 중에 '급한 천둥이 기둥을 쳐도 놀라지 않게' 하였다. 그러나 이런 융합은 전반적인 사회운명을 짊어진 계층에게 더욱 자각하게 하여 상실된 눈빛을 '호천' 밖으로 향할 수 있었다.

지금 본장 첫머리의 의문으로 화제를 돌려야 하는데, 전반적인 중국고대문화 발전 과정에서 송대의 지위가 어떠한지 평가해야 한다. 이 때에 우리가 상상하지 못한 것을 천문학자들이 말했다. 항성恒星164)같은 거대한 능력이 점점 없어질 때가 되었을 때, 그 내부구조에 커다란 변화가 생겼는데, 한 방면은 대량의 물질을 체외로 던져버리는 것이고, 또 한 방면은 핵심부분이 심하게 무너지고 축소되어 '초신성超新星'165)을 형성하여, 모든 그 내부에는 핵융합반응[聚變反應]이 크게 진행되었다. 초신성의 부피와 정상적인 항성과 미묘함을 비교하면, 질량과 온도나 양도 등은 오히려 항성이 백만 심지어 백억 배나 된다.

그러나 초신성의 이 눈부신 광휘는 오래도록 멀리까지 유지해갈 수 없을 뿐만 아니라, 에너지가 한 발짝씩 나가면 고갈됨에 따라 이는 최종에는 진화하여 '흑동黑銅'166)이 될 수 있다. 즉 이 내부는 치밀함을 비교할 수 없고, 질량과 끌어들이는 힘이 빛을 계속 발하는 것도 우주의 함정에 빠져서 나타나지 못한다. 이는 자신이 어떠 방향으로 향하는 에너지가 없어질 뿐만 아니라, 도리어 모든 인력이 미치는 물질을 통째로 삼킨다.

어떤 의미에서 말하면, 송대의 문화는 황성이 쇠약하게 변하는 과정 중의 초신성과 같다. 이는 한당 문화 중에 있는 허다한 것들을 털끝만한 감정도 남기지 않고 체외로 드러냈기 때문에 핵심부분을 축소할 때, 눈부시게 빛나는 광휘와 내부 구조를 치밀하게 바꿀 수 있었다.

어떤 의미에서는 중국문화사에서도 '흑동'의 결과가 확실하게 나타났다고 할 수 있다. 서양에서 추구해온 민주나 과학 등의 근현대문명의 빛에 의하면, 조금의 예외도 없이 반드시 지탱하려했고 또 한 차례 지탱하였다. 명청 시대에는 곧 '문화대혁명'의 위험한 상황 바로 앞에서도 이런 예가 있었다. 따라서 송대의 정미한 원림예술과 완선한 사대부문화체계는 더욱 깊은 의의가 있어서 수백 년 이후에도 점점 분명하게 드러날 것이다.

송(宋) 마원(馬遠) 〈서원아집도(西園雅集圖)〉 부분

01 「등광명 송사 직관지 고증서(鄧廣銘宋史職官志考證序)」『김명관총고이편(金明館叢稿二編)』, p.245, "華夏民族之文化, 歷數千載之演進, 造極於趙宋之世."
02 소박(邵博): 송(宋) 낙양(洛陽) 사람, 자는 공제(公濟), 백온(伯溫)의 둘째 아들이다. 저서에 『소씨문견후록(邵氏聞見後錄)』이 있다.
03 검약위덕(儉約爲德): 절약을 덕으로 여긴다.
04 문물(文物): 문은 의상(衣裳)에 불[火]·용(龍)·보불(黼黻) 따위를 그린 문채를 가리키고, 물은 오색(五色)으로 수레·기계 등을 꾸며서 천지 사방을 상징한 것으로, 의상·수레·기계 등의 제도를 뜻한다.
05 성명(聲明): 성은 석(錫)·난(鸞)·화(和)·영(鈴) 등의 방울소리를 가리키고, 명은 해[日]·달[月]·별[星辰] 등을 깃발에 그려 하늘의 밝은 것을 상징한 것으로, 거식(車飾)·의장(儀仗) 등의 제도를 뜻한다.『左傳 桓公 2年』
06 『송사(宋史)·태조본기(太祖本紀)』,"三代而降, 考論聲明文物之治, 道德仁義之風, 宋於漢·唐, 蓋無讓焉".
07 낭묘(廊廟): 대신들이 정사(政事)를 의논하고 집행하는 곳 묘당(廟堂)이다.
08 도략(韜略): 강태공(姜太公)의 병서(兵書)인 『육도(六韜)』와 황석공(黃石公)의 병서인 『삼략(三略)』을 합칭한 말로, 전하여 병법(兵法)을 의미한다.
09 손광헌(孫光憲), 『북몽쇄언(北夢瑣言)』 일문(佚文), 『소식시집(蘇軾詩集)』14권「문여가 양주원지30수에 답하다[和文與可洋州園池三十首]」에 보인다. "唐自大中以來, 以兵爲戲, 廊廟之上, 恥言韜略."
10 한세충(韓世忠; 1089~1151): 송나라 연안(延安) 사람. 자는 양신(良臣)이고, 만호(晚號)는 청량거사(清涼居士)다. 집안이 가난하고 마땅한 생업이 없어 18살 때 종군(從軍)했다.
11 와각쟁투(蝸角爭鬪): 달팽이 뿔을 서로 차지하려고 싸우다.
12 전기(錢起; 722~780): 당(唐)나라 중기의 시인. 자 중문(仲文). 대력(大曆) 10재(十才)의 한 사람이며 청신하고 수려한 시를 썼음.
13 교연(皎然; ?~?): 진나라의 유명시인 사영운(謝靈運)의 10대손인 중국 당나라 중기의 선승(禪僧)겸 시인. 근체(近體)보다 고체시(古體詩)나 악부(樂府)에 뛰어났으며, 중후(重厚)한 형식 속에 솔직한 감회가 흐르고 있다.
14 육우(陸羽), 『고저산기(顧渚山記)』2편, 居皮日休『茶中雜詠序』, 陸羽有『顧渚山記』二篇, "其中多茶事."
15 장호(張淏), 『운곡잡기(雲谷雜記)·보편(補編)』1권,「음다성우당(飮茶盛於唐) 조(條)」, "尙茶成風."
16 『전당시(全唐詩)』611권. "晚唐士人更潛心於此, 例如皮日休逐一以「茶塢」·「茶人」·「茶笋」·「茶籝」·「茶舍」·「茶竈」·「茶焙」·「茶鼎」·「茶甌」·「煮茶」爲題詳咏茶事."
17 습미(襲美): 피일휴(皮日休)의 자이다.
18 『전당시(全唐詩)』620권. "陸龜蒙更屋上架屋, 做「습미 다구 10영을 받들어 답하다[奉和襲美茶具十詠]」."
19 진진낙도(津津樂道): 흥미진진하게 이야기하다
20 방회(方回): 원(元)나라 사람. 율시를 모은 영규율수(瀛奎律髓)를 편찬했다.

21 곤룡포(袞龍布): 용무늬를 수놓은 황제의 조복.
22 『양계만지(梁溪漫志)』10권,「육홍점위다소오(陸鴻漸爲茶所誤) 조(條)」에 보인다.
23 유극장(劉克莊; 1187~1269): 송시의 최후를 장식한 중국 송나라의 문학가. 『후촌선생대전집(後村先生大全集)』에 48권의 시를 남겼다.
24 『송사(宋史)·채양전론(蔡襄傳論)』, "精於民事".
25 주자지(周紫芝; 1082~?): 송원대 정치인. 남송 선주(宣州) 선성(宣城) 사람. 자는 소은(少隱)이고, 호는 죽파거사(竹坡居士)다.
26 상자인(向子諲; 1086~1152): 송원대 정치인. 남송 임강군(臨江軍) 청강(淸江) 사람. 사(詞)작가. 자는 백공(伯恭)이고, 호는 향림거사(薌林居士)다. 철종(哲宗) 원부(元符) 3년(1100) 조상의 음덕으로 가승봉랑(假承奉郎)에 임명되었다.
27 『전송사(全宋詞)』제2책, p.975. 『완계사(浣溪沙)·서(序)』"趙總憐以扇頭來乞詞, 戲有此贈. 趙能著棋·寫字·分茶·彈琴."
28 분다(分茶): 송대(宋代)에 유행했던 일종의 "다도(茶道)"이다. 전종서(錢鐘書)의 『송씨선주(宋詩選注)』, P.206. 주(注) 3을 참고 바란다.
29 『육유집(陸游集)·위남문집(渭南文集)』21권,「심원당기(心源堂記)」"每與焚香煮茶於圖書鐘鼎之間".
30 고황(顧況; ?~?): 당나라 소주(蘇州) 사람. 자는 포옹(逋翁)이고, 자호는 비옹(悲翁) 또는 화양산인(華陽山人)이다. 숙종(肅宗) 지덕(至德) 2년(757) 진사가 되었다. 시가(詩歌)를 잘 지었고, 산수화에도 능했다.
31 유우석(劉禹錫; 772~842): 중국 중당(中唐)의 시인.
32 양만리(楊萬里; 1124~1206): 중국 남송의 시인. 성실한 인격의 학자로서 남송 4대가 중의 한 사람으로 꼽힌다. 시는 속어를 섞어 썼으며, 경쾌한 필치와 기발한 발상에 의한 자유활달한 점을 특색으로 한다.
33 장염(張炎; 1248~1320): 중국문학인, 남송 임안(臨安) 사람. 조적(祖籍)은 진주(秦州) 성기(成紀)다. 사인(詞人). 자는 숙하(叔夏)고, 호는 옥전(玉田) 또는 낙소옹(樂笑翁)이다. 장자(張鎡)의 증손으로 가학을 계승했다.
34 진사도(陳師道; 1052~1101): 중국 문학사상 문운이 왕성했던 시기로 불리는 삼원(三元)1)시기의 하나인 원우(元祐)시기, 즉 북송 후기에 활약했던 시인이다. 서주(徐州) 팽성(彭城) 사람. 자는 무기(無己) 또는 이상(履常)이고, 호는 후산거사(後山居士)다. 젊었을 때 증공(曾鞏)에게 배웠고, 과거에 뜻을 두지 않았다.
35 주경여(朱慶餘; ?~?): 중국문학인. 당나라 월주(越州, 지금의 浙江 紹興縣에 속함) 사람. 민중(閩中) 사람이라고도 한다. 이름은 가구(可久)고, 자는 경여(慶餘)다. 경종(敬宗) 보력(寶歷) 2년(826) 진사가 되었다.
36 제고(制誥): 임금이 내리는 사령(辭令).
37 참지정사(參知政事): 모든 서정을 총괄하는 중서문하성의 종 2품 벼슬.
38 『구당서(舊唐書)·설직전(薛稷傳)』, 稷又善畵 "當時無及之者."
39 화가13과(畵家十三科): 동양화(東洋畵)를 구분하는 술어이다. 청나라 초 도종의(陶宗儀)의 『철경록(輟耕錄)』에서 (1)불보살상(佛菩薩像), (2)옥제군왕도상(玉帝君王道像), (3)금강귀신나한성승(金剛鬼神羅漢聖僧),

(4)풍운용호(風雲龍虎), (5)숙세인물(宿世人物), (6)전경산림(全景山林), (7)화죽영모(花竹翎毛), (8)야려주수(野驢走獸), (9)인간공용(人間功用), (10)계화루대(界畵樓臺), (11)일체방생(一切旁生), (12)경종기직(耕種機織), (13)조청감록(雕靑嵌綠) 등 13과로 그림을 나눈 것이다.

40 형호(荊浩), 『산수결(山水訣)』, "夫山水, 畵家十三科之首也."
41 손위(孫位; ?~?): 당나라 말의 화가. 천왕상(天王像)은 생동감이 넘쳐 소리가 들리는 듯하고, 송석묵죽(松石墨竹)은 필치가 정묘하면서도 웅장한 기상이 뛰어났다.
42 「왕유 오도자 그림[王維吳道子畵]」, 『소식시집』3권, "吳生雖妙絶, 猶以畵工論. 摩詰得之於象外, 有如仙翮謝籠樊."
43 『선화화보(宣和畵譜)』11권, 「산수2(山水二)」, "於時凡稱山水者必以成爲古今第一, 至不名而曰李營丘焉."
44 등춘(鄧椿), 『화계(畵繼)』3권 「헌면재현(軒冕才賢)」, "更不作大圖, 無一筆關同・李成俗氣"
45 개주(介胄): 갑주(甲胄)로, 즉 갑옷과 투구이다.
46 『송사(宋史)・태조본기(太祖本紀)』, "趙匡胤本'起介胄之中', 但'晩好讀書'."
47 섭몽득(葉夢得), 『석림연어(石林燕語)』8권, "太宗當天下無事, 留意藝文, 而琴棋皆造極品."
48 조조(曹組), 『간악부(艮岳賦)』 및 『간악백영(艮嶽百詠)・소은정(小隱亭)』・『휘주록(揮塵錄)・후록(後錄)』 2권에 보인다.
49 장광복(張光福) 편저, 『중국미술사(中國美術史)』, pp.324~326.
50 왕선(王詵; 1036~1104): 북송 산서(山西) 태원(太原) 사람. 자는 진경(晉卿)이고, 변경(汴京)에서 살았다. 아내는 영종(英宗)의 둘째 딸인 촉국장공주(蜀國長公主)고, 부마도위(駙馬都尉)까지 지냈다.
51 정진탁(鄭振鐸), 「중국고대회화의 우수전통(中國古代繪畵的優秀傳統)」, 『문물참고자료(文物參考資料)』 1954년 제1기, p.19. 참고하여 보기 바란다.
52 정진탁(鄭振鐸), 「중국고대회화의 우수전통(中國古代繪畵的優秀傳統)」, 『문물참고자료(文物參考資料)』 1954년 제1기, p.19. "取景的範圍更爲狹窄了, 筆法更爲細致了."
53 정진탁(鄭振鐸), 「중국고대회화의 우수전통(中國古代繪畵的優秀傳統)」, 『문물참고자료(文物參考資料)』 1954년 제1기, p.18.
54 동서업(童書業), 『당송회화담총(唐宋繪畵談叢)』 p.94의 유돈원(劉敦愿)의 「안어(案語)・2(二)」를 근거하면 알 수 있듯이, 마원과 하규 등은 천암만학이나 가파른 절벽 대작 그림은 결코 정밀하지 않다. 그러나 가장 대표적인 풍격이라 할 수 있는 것은 오히려 세인이 말하는 "변각지경(邊角之景)"이나 "잔산잉수(殘山剩水)"이다.
55 『도회보감(圖繪寶鑑)』4권, 「송(宋)・남도후(南渡後)」, 하규(夏珪)를 평한 말이다. "筆法蒼老, 墨汁淋漓".
56 장축(張丑), 『청하서화방(淸河書畵舫)』10권, 하규의 〈천암만학도(千巖萬壑圖)〉를 평한 말이다. "精細之極".
57 장언원(張彦遠), 『역대명화기(歷代名畵記)』6권, "放情林壑, 與琴酒俱適, 縱煙霞而獨往."
58 오도자(吳道子; 700추정~760추정): 당나라 때의 화가 오도현(吳道玄). 도자(道子)는 자(字)임. 오도현은 현종(玄宗) 때 사람으로, 당대(唐代) 제일의 화가였으며 특히 불화(佛畵)에 뛰어났음

59 도석화(道釋畵): 도교 및 불교에 관한 회화의 총칭. 신불의 조상이 중심이기 때문에 일반 인물화와 구별되는데, 조형적으로는 공통되는 요소가 많다. 한편 중국의 고대 회화에서 주도적이었던 것은 도석화 분야였다.

60 『소식시집(蘇軾詩集)』 40권·『난성집(欒城集)』 6권에 보인다. 『단연집(丹淵集)』 15권 「원지에서 살며 잡시 30수[守居園池雜題三十首]」.

61 『해악명언(海嶽名言)』, ?권, "顔魯公行字可敎, 眞便入俗品."

62 조총련(趙總憐)은 『완계사(浣溪沙)·서(序)』에 "趙總憐以扇頭來乞詞, 戲有此贈. 趙能著棋·寫字·分茶·彈琴."라고 나오는 인물인데 전고를 알 수 없다.

63 문완감상(文玩鑒賞): '문완'은 감상하거나 진열하는 용도로 쓰이는 품위 있는 기물(器物)을 이른다. '문완감상'은 골동품 등을 감정하고 완상하는 것이다.

64 문물(文物): 문화의 산물인, 종교, 예술, 학문, 정치, 경제, 법률 등에 관한 모든 것을 통틀어 이르는 말이다.

65 장화(張華; 232~300)는 서진(西晉)의 대신이며, 범양(范陽) 출신이다. 자는 무선(茂先)이다. 학식에 뛰어나 명성이 높았다.

66 『구당서(舊唐書)·설직전(薛稷傳)』, "호고발아(好古博雅)"* 호고박아(好古博雅)는 옛 것을 좋아하고 학식이 넓고 깊으며 성품이 단아한 것이나 그런 사람을 이른다.

67 이약(李約; 751추정~810추정): 당나라 종실, 매화 그림을 잘 그렸고, 해서와 예서도 잘 썼다

68 이조(李肇; ?~?): 당나라 때 사람. 원화(元和) 연간 태상시협률랑(太常寺協律郞)에 배임되었고, 나중에 좌사낭중(左司郞中)과 한림학사(翰林學士), 중서사인(中書舍人) 등을 역임했다.

69 장적(張籍; 766추정~830추정): 당대(唐代)의 문인(文人). 오강(烏江) 사람. 자(字)는 문창(文昌). 고시(古詩)와 서한행초(書翰行草)에 능함. 저서(著書)에 『장사업시집(張司業詩集)』이 있음.

70 『역대명화기(歷代名畵記)』 2권, 「논감식수장구구열완(論鑒識收藏購求閱玩)」은 그림 등을 감식하고 수집하며 보존하고 구매하여 완상하는 것에 관하여 논한 것이다.

71 하초웅(夏超雄), 「송대 금석학의 중요 공헌 및 흥기한 원인[宋代金石學之主要貢獻及其興起的原因]」, 『북경대학학보(北京大學學報)』 1982년1기, pp.72~74.에 보인다.

72 『소식문집(蘇軾文集)』 71권에 보인다. 「서황주고편종(書黃州古編鐘)」이나 「서고동정(書古銅鼎)」

73 황정견(黃庭堅) 『예장황선생문집(預章黃先生文集)』 71권. 「고동호를 왕관부에게 보내다[以古銅壺送王觀復]」

74 여대림(呂大臨; 1046~1092): 중국 북송의 학자. 사양좌(謝良佐), 유초(游酢), 양시(楊時)와 더불어 정문(程門)의 4선생이라 했으며, 박학하고 문장에도 뛰어났다.

75 「고고도후기(考古圖後記)」 『황조문감(皇朝文鑒)』 83권, "於士大夫家所閱多矣, 每得傳摹圖寫, 溢盈卷軸."

76 「민수연담록(澠水燕談錄)」 7권, "歐陽文忠公, 文章道義, 天下宗師, 凡世俗所嗜, 一無留意, 獨好古石刻."

77 『휘주록(揮麈錄)·여화(餘話)』 2권, "本朝自歐陽子, 劉原父始輯三代鼎彝, 張而明之."

78 「이청조집교주(李淸照集校注)」 1권, 「임강선(臨江仙)·서(序)」, "구양공(歐陽公)이 지은 「접연화(蝶戀花)」에 '深深深幾許'라한 말이 있는데, 내가 몹시 그 말을 좋아한다."고 하였다.

79 채양(蔡襄)의 『보화전곡연기(保和殿曲燕記)』나 『휘주록(揮麈錄)·후록여화(後錄餘話)』에 보인다. "宣和時, 宮苑中甚至廣設邃古閣·尙古閣·鑒古閣·作古閣·傳古閣·博古閣·秘古閣, 以藏各式文玩."

80 장세남(張世南): 남송 때 『유환기문유환기문(游宦記聞)』의 작자이다.

81 『유환기문(遊宦記聞)』5권에 보인다.

82 왕국유(王國維; 1877~1927): 절강 해녕(海寧) 사람으로, 호가 정안(靜安)이며, 일찍이 일본에 유학하였다. 그는 주로 사학 연구에 몰두하였으며, 일찍기 서양 철학, 미학 이론 및 방법을 받아들여 문학을 연구하였다. 그리하여 문학의 경계설, 특질 창작론 연구에 큰 공헌을 하였다. 젊어서 사곡 연구에 열중하여 『송원희곡사(宋元戲曲史)』를 저술하기도 하였다.

83 「설광(說觥)」, 「관당집림(觀堂集林)」 제1책 3권, 6권의 「송대금문저록표서(宋代金文著錄表序)」를 참고하였다. "凡傳世古禮器之名, 皆宋人所定也."

84 「능개재만록(能改齋漫錄)」11권, 「이백시가 종정 고문의 기이한 글자를 좋아한다[李伯時好鐘鼎古文奇字]」조, 「휘주록(揮麈錄)·여화(餘話)』2권, 「이백시가 소장하는 고기를 자신이 모두 그렸다.[李伯時自畫其所蓄古器爲一圖]」조 등에 보인다.

85 김응계(金應桂; 1233~1306): 송원(宋元) 교체기 때 항주(杭州) 전당(錢塘) 사람. 자는 일지(一枝)고, 호는 손벽(蓀璧) 또는 적경산인(積慶山人)이다. 송나라 말에 현령(縣令)을 지내다가 원나라가 들어서자 벼슬을 포기하고 봉황령(鳳篁嶺)에 은거했다. 사장서화(詞章書畫)에 능했다. 성품이 고고하고 굳세 남을 위해 붓을 놀리기를 원하지 않아 전하는 작품이 많지 않다.

86 낭원(閬苑): 신선이 살고 있다는 섬.

87 요지(瑤池): 곤륜산에 있는 경치가 아름답다는 못이다.

88 천모산(天姥山): 절강성 신창현에 있으며 동으로 천태산 서편으로 옥주산에 접해 있고 가장 높은 주봉은 항상 구름 속에 가려져 있다고 한다.

89 우문허중(宇文虛中; 1079~1146): 송나라 금나라 시기, 성도(成都) 화양(華陽; 지금의 四川에 속함) 사람. 자는 숙통(叔通)이다. 송나라 휘종(徽宗) 대관(大觀) 3년(1109) 진사가 되고, 예부상서(禮部尙書)와 중서사인(中書舍人)을 지냈다.

90 시사(詩詞): 시(詩)와 사(詞)를 아울러 이르는 말

91 천보(天寶): 당(唐) 나라 현종(玄宗)의 후기(後期) 시대. 곧 741~756년을 말함. 현종은 재위(在位) 기간이 44년이었는데, 초기에 정사를 바로잡아 성당(盛唐)시대를 이룬 때가 개원(開元)연간이었고, 후기에 양귀비(楊貴妃)에 빠져 정사를 돌보지 않다가 안녹산(安綠山)의 난(亂)을 만나 나라가 어지럽게 된 시대가 천보(天寶)연간이었음.

92 신극(宸極): 천자(天子)의 존위(尊位)를 말함. 두보(杜甫)의 문(文)에 "소문이 신극에 상달되어 한번 임금을 감동시켰다.[意以短篇小字, 遂曾聞徹宸極 一動人主]" 하였다.

93 「강가에서 마주하는 것이 바다 형세 같아 단편을 짓다[江上値水如海勢聊短述]」, 『두시상주(杜詩詳注)』10권. "老去詩篇渾漫與, …… 春來花鳥莫深愁"

94 『망천집(輞川集)』: 천보연간(天寶年間; 742~755)에 장안 남쪽 교외 망천(輞川)에 별장을 짓고 궁정시인으로 이름을 떨치는 한편, 친구들과 함께 예술과 신앙을 논하며 지냈다. 그때의 작품을 모은 것으로, 오

언절구 20수, 친구 배적(裵迪)의 작품을 합쳐 40수의 연작으로 서경시의 걸작이다.

95 피일휴(皮日休), 「도화부서(桃花賦序)」, 『피자문수(皮子文藪)』, "狀花卉, 體風物, 非有所諷, 輒抑而不發".

96 「전당시(全唐詩)」 611권, 피일휴(皮日休)의 「봉화노망어구15영(奉和魯望漁具15詠)」·「첨어구시(添漁具詩)」·「봉화노망초인10영(奉和魯望樵人10詠)」·「주중10영(酒中10詠)」·「봉화첨주중6영(奉和添酒中6詠)」·「다중잡영(茶中雜詠)」, 620권, 육구몽(陸龜蒙)의 「어구시[漁具詩]」·「초인십영[樵人10詠]」·「첨주중6영[添酒中6詠]」·「봉화습미다구10영[奉和襲美茶具10詠]」 등에 보인다. 피일휴나 육구몽 같은 사람들은 심지어 약명(藥名)을 연구로 하여 장시(長詩)를 지었는데, 『전당시』 793권에 「약명연구(藥名聯句)」가 보인다.

97 『매요신집편년교주(梅堯臣集編年校注)』 26권, 파리「蠅」·매미「蟬」·앵무새「鸚」·닭「鷄」·학「鶴」·등잔불「挑燈杖」·개구리「蛙」·비둘기「鳩」·모기「蚊」·사슴「鹿」·개「犬」·돼지「豕」 등에 보인다.

98 『매요신집편년교주(梅堯臣集編年校注)』 27권에 모두 보인다. 「손단수 시승의 농기구에 답하다 15수[和孫端叟寺丞農具十五首]」, 「손단수의 누에도구에 답하다 15수[和孫端叟蠶具十五首]」.

99 「조태부의 새로 지은 별장에 답하다[和刁太傅新墅十題]」 중의 하나인 「정사(靜舍)」, 『매요신집편년교주(梅堯臣集編年校注)』 20권, "琴書尤古得爲樂"

100 왕유(王維), 「가지사인이 아침에 대명궁에서 조회하고 지은 것에 답하다[和賈至舍人早朝大明宮之作]」, "九天閶闔開宮殿, 萬國衣冠拜冕旒".

101 집구시(集句詩): 이미 지어진 시 중에서 일부를 취하여 한 편의 새로운 시로 재창조한 시를 말한다.

102 「시분(書憤)」, 『육유집(陸游集)』·검남시고(劍南詩稿)』17권, "早歲哪知世事艱, 中原北望氣如山".

103 연적(硯滴): 먹을 갈 때 벼루에 따를 물을 담아 두는 그릇.

104 「서소오영(書巢五詠)」, 『육유집(陸游集)』·검남시고(劍南詩稿)』 64권.

105 전종서(錢鐘書; 1910~?): 중국의 현대작가·학자. 강소성(江蘇省) 무석(無錫) 사람이다. 1933년 청화대학교(淸華大學校) 외국문학과를 졸업하고, 1937년 영국 옥스퍼드대학교 영문과를 졸업했다. 저서로는 산문집 『생의 가운데에서 쓰다[寫在人生邊上]』, 단편소설집 『인간·짐승·귀신[人·獸·鬼]』, 장편소설 『위성(圍城)』, 문학비평 『담예록(談藝錄)』, 학술저작 『관추편(管錐篇)』 등이 있다.

106 중흥사대시인(中興四大詩人): 주희가 활약하던 시기는 송대 시가사상(詩歌史上) 제2의 전성기로 일컬어지는데, 이때 활약한 시인들로는 육유(陸游)와 양만리(楊萬里)·범성대(范成大)·우무(尤袤)를 이른바 '중흥사대시인'이라 한다.

107 양만리(楊萬里; 1124~1206): 중국 남송의 시인. 성실한 인격의 학자로서 남송 4대가 중의 한 사람으로 꼽힌다.

108 장식(張栻; 1133~1180): 송나라 때의 철학자. 호오봉(胡五峯)의 학문을 이어받아 성리학에 관한 지식이 깊었다.

109 이청조(李淸照; 1081~1141?): '완약파(婉約派)' 계열에 속하는 사(詞)의 작풍을 갖춘 중국 송 대(宋代)의 시인. 우미 섬세를 기조로 하나 당시의 구어(口語)를 대담하게 삽입한 재기 넘치는 작품을 쓰기도 했다.

110 구양수(歐陽修), "庭院深深深幾許".

111 안공(晏公)은 안수(晏殊; 991~1055): 북송 무주(撫州) 임천(臨川) 사람. 자는 동숙(同叔)이고, 시호는 원

헌(元獻)이다. 진종(眞宗) 경덕(景德) 2년(1005) 송나라 최초의 동자(童子)를 위한 특별시험에 합격하여 동진사출신(同進士出身)의 자격을 받았다. 좌정언(左正言)과 직사관(直史館)을 거쳐 한림학사(翰林學士)에 올랐다. 진종의 신임을 얻어 기밀(機密)에 참여했다.

112 위태(魏泰), 『동헌필록(東軒筆錄)·일문(佚文)』, "每謂人曰: '晏公小詞最佳'".

113 왕안석(王安石; 1021~1086년): 북송(北宋)의 저명한 정치가이자 문학가. '당송팔대가(唐宋八大家)' 중의 한 사람이다.

114 『동헌필록(東軒筆錄)』 5권, "初爲參知政事, 閑日因閱讀晏元獻公小詞而笑曰: '爲宰相而作小詞, 可乎?'"

115 「알금문(謁金門)」, 『전송사(全宋詞)』 제1책, p.208. "春又老, 南陌酒香梅小".

116 유영(柳永; 987?~1053?): 중국 북송(北宋)의 사인(詞人). '만사(慢詞)'라고 불리는 복잡한 장편(長篇)이 많은 종래의 소령(少令: 短篇詞) 중심의 오대 적(五代的)인 북송사(北宋詞)를 변화시켜 송사풍(宋詞風)의 굴절 많은 표현을 개발했다. 주요 저서에는 『악장집(樂章集)』 등이 있다.

117 『능개재만록(能改齋漫錄)』 16권, "淫冶謳歌之曲".

118 『직재서록해제(直齋書錄解題)』 21권, "格固不高".

119 주방언(周邦彦; 1056~1121): 북송 항주(杭州) 전당(錢塘) 사람. 사(詞)의 대가. 자는 미성(美成)이고, 호는 청진거사(淸眞居士)다. 어려서부터 문재(文才)가 뛰어났지만, 방종한 성격 때문에 고향 사람들에게 소외당했다.

120 강기(姜夔; 1155추정~1221추정): 남송 요주(饒州) 파양(鄱陽) 사람. 시인이자 사인(詞人). 자는 요장(堯章)이고, 자호(自號)는 백석도인(白石道人)이다. 사(詞)에는 「양주만(揚慢)」 등 시대를 영탄한 작품들과 자신의 괴로운 심사를 절실하게 담았다. 시에는 「제야자석호귀초계(題夜自石湖歸苕溪)」 등의 칠언절구를 지어 자신의 방랑생활을 노래하고 자연의 아름다움을 묘사했다. 그밖에 시 이론에도 밝았다.

121 문사(文士): 문서와 일의 기록, 문학과 사학의 저술, 또는 그 지식, 시화(詩話)나 문학평론에 관한 서적 등을 이른다.

122 시화(詩話): 시의 내용·시의 체재·시인 등에 대한 평론과 일화를 모아 엮은 책.

123 필기(筆記): 산문(散文)을 운문(韻文)에 상대하여 이르는 말.

124 「진원명계전금불교고서(陳垣明季滇黔佛教考序)」, 『금명관총고2편(金明館叢稿二編)』, p.240, "中國史學莫盛於宋".

125 『육일시화(六一詩話)』: 송대 시문 복고운동의 집대성자이자 저명한 문학가인 구양수(歐陽修)가 지은 중국문학사상 최초의 시화(詩話)이다.

126 휘주(揮麈): 고라니 꼬리털[麈尾]을 매단 불자(拂子)를 손에 쥔다는 뜻인데, 먼지떨이처럼 생긴 그 불자는 위진(魏晉)시대 때 청담을 즐기던 사람들이 많이 가지고 다녔으며, 나중에는 선종(禪宗)의 승려들도 애용하였다.

127 「전론(典論)·논문(論文)」, 『문선(文選)』 52권, "蓋文章者, 經國之大業, 不朽之盛事".

128 『문심조룡(文心雕龍)』: 중국에서 가장먼저 나온 문학비평전서(文學批評專書). 양(梁)나라의 유협(劉勰; 465?~?)이 엮은 시문비평서(詩文批評書)이다.

129 원도(原道): 중국 당(唐)나라 때의 문장가 한유(韓愈)가 지은 논문. 도의(道義)의 본원을 논하는 글로서, 유가(儒家)의 도(道)를 일으킬 것을 주장하고 불가(佛家)와 도가(道家)의 설을 배척하였다.

130 종경(宗經): 중국의 경서를 모범으로 삼아서 글을 써야 한다는 것을 강조하고 있다. 진정한 의미의 글쓰기는 전범을 통해서 자신의 모습을 만들어 가는 것이다.

131 정성(征聖): 성인으로 가는 길이다.

132 『안씨가훈(顔氏家訓)』: 중국 남북조(南北朝) 시대 말기의 귀족 안지추(顔之推; 531~591)가 자손을 위하여 저술한 교훈서.

133 몽훈(蒙訓): 아동들에게 교훈이 될 만한 선행가언을 이른다.

134 『안씨가훈(顔氏家訓)·문장편(文章篇)』, "夫文章者, 原出於五經".

135 구양수(歐陽修), 『육일시화(六一詩話)』, "居士退居汝陰而集以資閑談也."

136 장원(莊園): 중국에서, 한(漢)나라 이후 근대까지 존속한 궁정이나 귀족 또는 관료의 사유지. 한나라 때부터 진나라, 남북조 때까지의 장원은 주로 별장지(別莊地)의 성격이 강하다.

137 「모란방(牧丹芳)」, 『백거이집』 4권, "一城之人皆若狂".

138 「매화(買花)」, 『백거이집』 2권, "一叢深色花, 十戶中人賦".

139 「자고천(鷓鴣天)·어떤 손님이 슬프게 공명을 말하기에 소년시절의 일을 추억하여 장난삼아 지었다[有客慨然談功名, 因追念少年時事, 戲作]」, 『가헌장단구(稼軒長短句)』 9권, "却將萬字平戎策, 換得東家種樹書".

140 알묘조장(揠苗助長): 『맹자·공손추 상편』에 나오는 고사이다. 모를 심고 빨리 자라게 하겠다며 벼 싹을 모두 위로 뽑아 올려 말라 죽게 한 어리석음을 뜻하는 말인데, 여기서는 꽃이나 나무에 과일 접붙이는 것을 이른다.

141 『공자진전집(龔自珍全集)』 p186, "梅以曲爲美, 直則無姿; 以欹爲美, 正則無景"의 시尙是"文人畵士之禍". 末了說, 只要自己"多暇日, 又多閑田"卽可盡革天下此弊.

142 『도회보감(圖繪寶鑒)』 4권, 조맹견(趙孟堅)의 저서 『매보(梅譜)』가 있어 세상에 전한다고 한 것을 근거하였다.

143 『범촌매보(范村梅譜)』, 「강매(江梅)」·「관성매(官城梅)」조에 보인다.

144 서서성(徐書城), 「마원(馬遠)·하규(夏珪)와 남송원체(南宋院體) 산수화(山水畵)」, 『문물(文物)』 1960년 제 7기, pp.30~31. 참고하였다.

145 심지어 '호천(壺天)'의 구조가 이미 완전히 정형화되었을 때, 원림에 실린 사대부문화 예술체계도 완벽하게 정미한 극치에는 훨씬 도달하지 못했다. 예를 들면 북송 초의 왕우칭(王禹偁)의 『소축집(小畜集)』 16권, 「황주신건소죽루기(黃州新建小竹樓記)」에서 일컫길, "여름에는 급우(急雨)가 내리니 폭포소리가 들린다. 겨울에는 눈이 내리니 옥이 부숴 지는 소리가 난다. 금을 타기 좋아서 금의 곡조가 공중에 펼친다: 시 짓기에 좋으니, 시운(詩韻)이 맑고 빼어났다. 바둑 두기 좋으니, 바둑알 놓는 소리가 울리는 듯하다. 투호(投壺)하기 좋으니, 화살 소리가 쟁쟁 거리네: 모두 죽루(竹樓)에서 도우는 바이다. 공이 물러난 여가에, 학창의(鶴氅衣)를 입고, 화양건(華陽巾)을 쓰고, 손에는 『주역(周易)』 한 권을 쥐고, 향을 비우고 묵묵히 앉았네……술기운이 깨기를 기다리며, 차 끓이는 연기가 그치자, 석양을 보내고, 흰달을 맞이하네, 이것도 적거(謫居)하는 뛰어남이구나."라고 하였다. 그 문화내용이 완정하고 예술경계의 정미함이 비록

이미 중당원림보다 훨씬 뛰어난다. 그러나 장자(張鎡)의 시대와 서로 비교하면, 그 거리가 차이가 너무 크다.

146 「여산거원색교서(與山巨源色交書)」, 『문선(文選)』 43권, "性復疏懶"・"多病困".

147 병든 유마힐(維摩詰): 유마힐은 석가(釋迦)의 속제자(俗弟子)로 인도의 비야리성(毗耶離城)에 살았던 거사(居士)인데, 석가가 그곳에서 설법할 적에 유마힐은 병을 핑계로 법회에 나가지 않고 텅 빈 방의 와상에 조용히 누워 있었다는 데서 온 말로, 여기서는 동진 사대부들이 유마힐거사가 병든 것처럼 하는 것을 비유한 것이다.

148 「엄공이 들 정자에 지어 부쳐준 시에 삼가 답하다[奉酬嚴公寄題野亭之作]」, 『두시상주(杜詩詳注)』 10권, "懶性從來水竹居."

149 「만찬에서 남은 술[殘酌晚餐]」, 『백거이집(白居易集)』 33권, "除却慵饞外, 其餘盡不知".

150 주필대(周必大; 1126~1206): 남송 길주(吉州) 여릉(廬陵) 사람. 자는 자충(子充) 또는 홍도(弘道)고, 호는 성재거사(省齋居士)며, 자칭 평원노수(平園老叟)라 불렀다. 고종(高宗) 소흥(紹興) 21년(1151) 진사(進士)가 되었다.

151 『온국문정사마공문집(溫國文正司馬公文集)』 7권, "我已幽慵僅更懶."

152 장선(張先; 990~1078): 만사(慢詞)의 형식을 많이 사용해 만사 발전에 공헌한 중국 북송(北宋)의 사인(詞人). 사람들은 그의 사에 '마음 속의 일(心中事)', '눈 속의 눈물(眼中淚)', '마음 속의 사람(意中人)'이 드러나 있다한다.

153 오문영(吳文英), 「화심이 일어난다[花心動]・새로 지은 집에서 꽃을 쓸어버리다[廓淸華新軒]」, 『전송사(全宋詞)』 제4책, p.2925. "半窓掩, 日長困生翠睡."

154 『재동야어(齋東野語)』 18권, 「주침(晝寢)」조(條)에 보인다.

155 『학림옥로(鶴林玉露)』 4권, 갑편(甲編) 「투탈(透脫)」조(條)와 『호연재아담(浩然齋雅談)』 중권 등에 보인다. "梅子留酸."

156 『성재집(誠齋集)』 3권, 「한거하여 초여름에 낮잠에서 일어나 두 절구를 짓다[閑居初夏午睡起]」 2절구 "日長睡起無情思", "偶欲看書又懶開."

157 조설근(曹雪芹; 1715~1763): 중국 청나라 중기의 소설가. 자 몽완(夢阮)・근포(芹圃). 호 설근. 이름 점(霑). 강소성(江蘇省) 남경(南京) 출생. 성격이 뇌락(磊落)하고 얼굴빛이 검었으며, 술을 좋아하고 시문(詩文)에 뛰어났다. 그의 집안은 정백기(正白旗: 漢軍八旗의 하나)라는 이름난 귀족이며, 강희제(康熙帝)의 두터운 신임을 받아 부조(父祖) 4대에 걸쳐 난징의 어용 직물 제조소의 장관인 강녕직조(江寧織造)의 벼슬을 지낸 부자였다. 그러나 설근이 3세 무렵에 할아버지 인(寅)을 신임하던 강희제가 죽자, 옹정제(雍正帝)의 황위계승문제에 얽혀 가산을 몰수당하고, 북경(北京) 교외로 이사하였다. 그는 시와 그림을 팔아 술에 빠져 살면서, 어렸을 때의 추억을 바탕으로 약 10년간 심혈을 쏟아 중국문학사상 명작으로 유명한 『홍루몽(紅樓夢)』을 썼으나, 끝마치지 못한 채 죽었다.

158 대관원(大觀園): 『홍루몽』의 남주인공 가보옥(賈寶玉)의 집에 있는 화원.

159 임매매(林妹妹): 『홍루몽』에 등장하는 12미녀 중의 한 사람이다.

160 『홍루몽(紅樓夢)』 제23회, 가보옥(賈寶玉), 「사시즉사시(四時卽事詩)」, "自是小鬟嬌懶慣", "苔鎖石紋容睡鶴".

161 소이간(蘇易簡; 958~997): 북송 재주(梓州) 동산(銅山) 사람. 자는 태간(太簡)이다. 태종 태평흥국(太平興國) 5년(980) 진사제일(進士第一)이 되고, 장작감승(將作監丞)과 승주통판(昇州通判)을 지냈다. 재주와 생각이 민첩하고 다양했으며, 문장으로도 이름을 떨쳤다. 한원(翰院)의 고실(故實)에 대해서도 해박했고, 석전(釋典)에도 정통했다. 시호는 문헌(文憲)이다. 저서에 『문방사보(文房四譜)』와 『속한림지(續翰林志)』가 있다.

162 『송사(宋史)・소이간전(蘇易簡傳)』・서현(徐鉉),『문방사보서(文房四譜序)』에 보인다.

163 정초(鄭樵; 1104~1162): 송나라 흥화군(興化軍) 보전(莆田) 사람. 자는 어중(漁仲)이고, 자호는 계거일민(溪西逸民) 또는 협제선생(夾漈先生)이다. 박학강기(博學强記)했고, 과거 시험에 응시하지 않으면서 30여 년 동안 협제산(夾漈山)에 은거해 독서와 저술에 몰두했다. 일찍이 명산대천을 유람하면서 기이하거나 오래된 사실들을 수집했고, 장서가를 만날 때마다 머무르면서 모든 책을 완독한 뒤에야 떠났다. 예악과 문자, 천문, 지리, 충어(蟲魚), 초목, 방서(方書) 등 많은 학문에 정통했다.

164 항성(恒星): 태양처럼 스스로 빛과 열을 내며 한자리에 머물러 있어서 전혀 움직이지 않는 것처럼 보이는 별.

165 초신성(超新星): 격렬하게 폭발한 뒤 광도(光度)가 평상시에 비해 수십만에서 수억 배까지 순식간에 증가하는 별.

166 흑동(黑銅): 구리의 원광을 녹여서 반사로나 전로에 옮겨 산화시키고 정련한 것으로 거친구리이다.

# 08 중국고대문화체계와 중국고전원림체계의 종결

삼황오제(三皇五帝) 때부터 시작된 원시숭배사상이 한편으로 송대(宋代)에는 단계석으로 만든 벼루❶에 이르렀고, 한편으로 원대(元代)에는 조칠❷하여 구성하고 그리는 것 같은 자질구레한 일에 이르렀다. 이들 사이의 발전과정 및 고전원림과의 관계에 대한 설명은 이미 다양하게 했다. 그러나 이런 것을 조금씩 제거하여 정리하는 것도 이편에서 언급해야할 문제이다. 고전원림과 연관관계가 있는 전반적인 고대문화 체계가 송대 이후에는 어떠한 결과를 가져왔고, 이 결과가 근현대 내지 오늘날의 중국에 어떤 영향을 끼쳤는가?

❶ 단연(端硯): 벼루 이름. 중국 광동성(廣東省) 고요현(高要縣)의 단계(端溪)에서 나는 돌로 만든 벼루다. 단계연(端溪硯)이라고 한다.
❷ 조칠(彫漆): 금속이나 나무그릇의 겉에 옻칠을 한 다음 그 위에다 산수, 화조, 인물 등을 부조하는 공예 미술의 한 방식.

# 제1장

## '호천'에서의 탐닉과 '천인'체계의 분산

◁ 소주의 '낙포(樂圃)'

노신 선생이 1925년에 다음과 같이 말했다.

당·송·명의 잡사❶ 같은 것은 현재 많이 있다. 오대·남송·명 말의 사정과 현재의 상황을 비교해보면, 비슷한 점이 많아서 놀라게 하는데, 시간이 빨리 흘러가는 것과 같다. 그러나 중국과는 무관하다. 현재의 중화민국도 오히려 오대와 같고, 남송과 같으며, 명나라 말기와 같은 상황이다.❷

❶ 잡사(雜史): '정사(正史)'의 자료가 될 수 없는 정사 이외의 각종 사서.
❷ 「화개집(華蓋集)·홀연상도(忽然想到)」, 『노신전집(魯迅全集)』 제3권, pp. 13~14.

근현대의 중국이 어째서 이같이 '깜짝 놀란 만한' 운명에 처했는지는 매우 큰 문제이다. 그러나 고전원림이 '개자'와 유관한 문제를 하나하나 정리할 수 있으면, 어렵지 않게 미세함을 보고 그 발전방향을 알 수 있을 것이다.

한대에서 시작된 고전원림은, 끝없이 광대한 만물을 내포한 우주양식이 처음부터 끝까지 토대가 되었다고 언급했듯이, 반고가 서한 원유의 짜임새에 관하여 앞에서 "면적이 중원의 여러 제후국을 넘고, 물산은 제후국들이 가진 것을 다 겸비하고 있다."1)고 설명하였다.

장형은 동한 궁실의 면모를 상세하게 진술하고, 최후에도 "만물이 모두 황제의 은택에 의지하니, 이것 말고는 또한 무엇을 구할 것이 있겠습니까!"2)라고 하여 전통문화체계와 고전원림예술이 하늘에 존재하는 것으로 귀결하였다. 이런 기초는 근본적인 개변을 허락하지 않았다. 남송의 육유가 그의 원림에 대한 묘

제1장 '호천'에서의 탐닉과 '천인'체계의 분산    157

사를 읽어보겠다.

방옹이 휴가로 고향에 돌아 간지 3년 만에, 동쪽의 풀이 우거진 땅을 개간하니, 남북으로 75척, 동서로는 18척을 넓혔고, 혹은 13척을 줄였다. 대나무를 심어 울타리를 만들었는데 두세 척 정도이다. 다섯 개의 돌 항아리를 묻어서, 웅덩이의 샘을 못으로 만들었다. 겹꽃잎의 흰 연을 심고, 또 몇 종류의 나무와 풀을 섞어서 심어놓고 '동리'라고 이름 지었다. 방옹이 날마다 그 사이를 맴돌면서, 꽃을 따서 향기를 맡고 잎을 따서 완상하였다. 아침이면 물을 주고 저물면 호미로 김매기를 했다. …… 옛날 노자가 『도덕경』 마지막 장에서 '자신의 나라가 작고 백성이 적으니 자신이 그 음식을 달게 먹고 옷을 아름답게 여기며, 그 거처를 편안히 여기고 그 풍속을 즐기게 하라. 이웃 나라가 서로 바라보이고 닭과 개 소리가 서로 들려도 백성들은 늙어 죽을 때까지 서로 왕래함이 없을 것이다.'고 하였으니 그 뜻이 매우 깊구나! 노자가 온 고을을 모두 모을 수 있더라도, 이곳에 이르는 것을 참으로 만족할 것이나. 아! 나의 동리도 작은 니리 적은 백성의 작은 것인가?❶

❶ 육유(陸游), 「동리기(東籬記)」, 『육유집(陸游集)·위남문집(渭南文集)』 20권, "放翁告歸之三年, 闢舍東甫地, 南北七十五尺, 東西或十有八尺而贏, 或十有三尺而縮, 插竹爲籬, 如其地之數. 埋五石瓮, 瀦泉爲池, 植千葉白芙蕖, 又雜植木之品若干, 草之品若干, 名之曰'東籬'. 放翁日委娑其間, 挹其香以臭, 擷其穎以玩, 朝而灌, 暮而鉏. …… 昔老子著書, 末章 '自小國寡民, 自甘其食, 美其腹, 安其居, 樂其俗, 鄰國相望, 雞犬之聲相聞, 民至老死不相往來.' 其意深矣! 使老子而得一邑一聚, 蓋真足以至此, 嗚呼! 吾之東籬, 又小國寡民之細者歟?"

이것을 한대의 원유에 있는 산과 바다의 기개와 비교하면, 송나라 사람 원림의 규모는 얼마나 초라한가! 그러나 '천인' 체계와 원림 체계를 어떻게 축소시켰는지를 논할 것 없이, 이는 모두 영원히 자기 내부에서 '만물이 모두 나에게 의지하니, 이것 말고는 또한 무엇을 구하겠는가!'를 실현해야 한다. 이런 기본적인 양식은 옛날부터 변함이 없다.

  그렇다면 사회역사가 진행되는 과정에서 유일한 임무는 체제의 내부구조를 완선하게 할 수 있어야 심리구조를 조정할 수 있고, '천인' 체계가 위축되는 조건 아래에서 적응한다면, 전통우주관이나 인격관 심미관 같은 것들을 버려도 무방할 것이다.

  앞 몇 편에서 중당에서 송나라 때까지 완선과 조정이 실현되는 과정을 여러 각도에서 서술하였다. 지금의 문제는 송대 이후에 전통문화와 고전원림 체계 내부의 에너지가 한 발짝씩 고갈됨에 따라 체계의 생명과 존재가치를 유지하기 위하여 사회제도가 무엇을 해야하는가? 이런 조치는 송대의 원림과 문화처럼 정미하고 완선한 성과를 계속 탄생시킬 수 있는가? 하는 것이다. 문제는 여전히 이학에서 말해야 할 것이다.

  송대 이후에는 이학의 발전이 전형화 되어 중국 전통문화에 반영된 것이 말기의 기본특징이다. 체계의 생존을 유지하기 위하여 사회제도가 전보다 더욱 커다란 역량을 집중시킬 필요를 느껴서, '호중'에서 모든 역량을 짜냈다. 그러나 이런 현상이 최종에는 지나쳐서 대상을 계승하기가 한정되어, 모든 사회구조가 무너지기 시작하여, 유기적인 역량이 거의 없어져서 원래의 기능과 효능이 상실되었다.

  이런 위기는 기본구조의 개별조성부분이 동떨어져서 전통체계에 대한 파괴력으로 변하여 이단적인 요소가 될 수 있다. 그러나 전통체계가 장기적인 자아완선 과정에서 형성된 습성과 문화구조에 말미암아 이 체계가 충분한 역량과 경험을 갖추어, 중당 이후에는 계속 자신의 위기를 억제하는 추세로 흘렀다.

  이로 인하여 상술한 전통체계 구조를 신속하게 와해시키는 이단적인 역량을 없앤다면, 이들의 작용은 사회제도에 가속하게 수축되는 습성을 자극할 수 있고, 내부구조를 더욱 치밀하게 하며 체내의 이단요소를 질식시켜서, '호천'에서 벗어나서 하나하나 되돌릴 수 있을 것이다.

  최후에는 전통문화체계를 변화시키는 에너지가 상실되었지만, 오히려 매우

제1장 '호천'에서의 탐닉과 '천인'체계의 분산  **159**

치밀하고 견고하여 철통같았다. 이런 과정과 고전원림은 무슨 관계가 있는가?
아래에서 명나라 전기의 오여필吳與弼3)과 후기의 고반룡高攀龍4)이 원림을 노닐며 감상하는 과정이 달랐던 점을 비교해보겠다. 오여필은 명대 진헌장陳獻章이나 왕양명王陽明 이전에 가장 중요한 역할을 한 이학가로, 그가 말했다.

| | |
|---|---|
| 晴窓親筆硯 | 맑은 창가에서 붓과 벼루를 가까이 하니 |
| 心下淸凉之甚 | 마음이 청량하기 그지없네. |
| 忘却一身如是窘也 | 이 한 몸이 이와 같이 궁색함을 잊는구나. |

강절이 이르길, '비록 가난하지만 해가 중천에 뜰 때까지 자도 해로울 것 없구나.'❶

| | |
|---|---|
| 月下詠詩 | 달빛 아래에서 시를 읊으며 |
| 獨步綠陰 | 홀로 녹음을 걸으니 |
| 時依脩竹 | 때때로 수죽을 의지하니 |
| 好風徐來 | 좋은 바람이 서서히 불어오고 |
| 人境寂然 | 속세의 경치가 고요하니 |
| 心甚平澹 | 마음이 매우 평담하구나. |

강절이 말한 마음을 칠[攻心]일이 없구나.❷

| | |
|---|---|
| 閑臥新齋 | 새집에 한가하게 누웠는데 |
| 西日明窓意思好 | 지는 해가 창을 밝히니 뜻이 좋구려. |
| 道理平鋪在 | 도리는 평평하게 펼치는데 있으나 |
| 著些意不得 | 이런 뜻을 나타낼 수 없구려.❸ |
| 中堂讀倦 | 중당에서 책 읽기 귀찮아 |
| 游後園歸 | 후원으로 돌아와 노닐며 |
| 絲桐三弄 | 거문고 세 번 연주하니❹ |
| 心地悠然 | 마음자리 고요하고 |
| 日明風靜 | 날이 맑으니 바람이 조용하구나. |
| 天壤之間 | 하늘과 땅 사이에 |
| 不知復有何樂 | 어찌 이런 즐거움이 또 있는지 알지 못하겠네!❺ |

❶ 『명유학안(明儒學案)』1권, 「숭인학안1(崇仁學案一) · 오강재선생어(吳康齋先生語)」. ······
"康節云, '雖貧無害日高眠'."
❷ 『명유학안(明儒學案)』1권, 「숭인학안1(崇仁學案一) · 오강재선생어(吳康齋先生語)」. ······
"無康節所爲攻心'之事."
❸ 『명유학안(明儒學案)』1권, 「숭인학안1(崇仁學案一) · 오강재선생어(吳康齋先生語)」.

❹ 세 번 연주한다는 삼롱(三弄)은 매화삼롱(梅花三弄)의 약칭으로, 진(晉) 나라 때 환이(桓伊)가 작곡한, 상설(霜雪)에도 굴하지 않는 매화(梅花)의 기상을 담은 적곡(笛曲)이다. 환이는 본디 젓대를 잘 불었는데, 일찍이 청계(淸溪)를 지날 적에 서로 전혀 알지 못하던 왕휘지(王徽之)가 사람을 시켜 그에게 젓대 한 곡(曲)을 불어 달라고 하자, 그는 문득 수레에서 내려 호상(胡牀)에 걸터앉아 세 곡을 연달아 불고 갔던 데서 온 말이다.
❺ 『명유학안(明儒學案)』 1권, 「숭인학안1(崇仁學案一)·오강재 선생어(吳康齋先生語)」.

    죽반재竹畔齋에서 본 갖가지 경물에서 여유롭게 체득한 '도리는 평평하게 펼치는데 있다'는 것도 곧 '천리天理⁵⁾가 유행하는 것'으로, 하늘과 사람이 틈이 없음을 실현하는 것이다. 이런 정주가程朱家⁶⁾들의 법을 지키는 것은 실로 자신이 최종적으로 '일신이 궁색함을 잊어버린다.'거나 '하늘과 땅 사이에 어찌 이런 즐거움이 또 있는지 알지 못하게'할 수 있다. 그러나 이런 목적을 실현하는 데는 꽤 많은 시일이 소비된다.

---

오여필이 19세에 〈이락연원도〉를 보고서 감개하고 흠모하여, 드디어 과거준비를 그만두고, 『사자』·『오경』·낙민❶의 여러 가지 저록을 다 읽느라, 다락에서 몇 년을 내려오지 않았다.❷

---

❶ 낙민(洛閩): 송(宋)나라 때의 학자 정호(程顥)·정이(程頤) 형제가 살던 낙양(洛陽)과 주희(朱熹)가 살던 민중(閩中)을 말한 것.
❷ 『명사(明史)·오여필전(吳與弼傳)』, "與弼年十九, 見〈伊洛淵源圖〉, 慨然向慕, 遂罷擧子業, 盡讀『四子』·『五經』·洛閩諸錄, 不下樓者數年."

    이처럼 격물치지格物致知⁷⁾하여 천리를 깊이 이해한다면, 전통문화가 매우 곤궁한 처지에 이른 것을 탐색해야 할 것이다. 따라서 명나라 중기 이후에 양명학[王學]이 "별도의 종지8)를 세워서 주자와 서로 어긋나는 점을 드러내어, 제자들이 천하에 두루 유전한지 1백년이 넘었으니, 교리가 크게 행해졌다."9)는 상황이었다. 이러한 풍조가 한 번 전개되자 정황이 크게 변하였다.

고반룡의 학설에 대하여 황종희黃宗羲10)가 일컫길, "양명학의 '치양지致良知11)' 설에서 깊은 도움을 받았다."12)고 하였다. 그가 자신이 산수심미를 통하여 정주학에서 비롯하여 심학에 이르렀는데, 그런 과정을 어떻게 서술하였는지 보겠다.

…… 배 가운데 두툼한 자리를 깔고, 엄격한 규정을 세웠는데, 반나절은 정좌하고 반나절은 독서하는 것이었다. 정좌 중에는 첩을 두지 못하고, 정·주가 알리는 방법만 책상에 놓고 참고하며 '정성과 공경으로 고요함을 주로 한다.', '희로에락을 보고 드러내지 않는다.', '묵묵히 앉아서 마음을 맑게 한다.', '천리를 깊이 이해한다.'는 것들을 하나하나 행한다. 서서 먹고 앉아서 쉬며, 쉬지 않는 것을 염두에 두고, 밤에도 옷을 벗지 않으며, 피로가 극에 달해야 잠을 자고, 잠에서 깨면 다시 앉는데, 앞의 여러 법을 반복하여 교대로 행한다. 심기가 맑고 깨끗할 때는 곧 천지에 가득한 기상이 있는데, 다만 항상 할 수 있는 것이 아니다. 2월의 길목에는 다행히 사람의 일이 없고, 산수가 맑고 아름다우면 주인과 종이 서로 의지하여 적적하고 고요하게 지낸다. 저녁에는 술을 가져오게 하고 몇이서 가서 배를 청산에 멈추고, 푸른 개울을 배회하며, 때로는 너럭바위에 앉아서 시냇물 소리와 새 울음을 들으면, 무성한 나무와 수죽이 종종 마음을 기쁘게 하나 마음을 경치에 집착해서는 안 된다. 물가 마을을 지나서 육지에 가서 여관에 이르니 집에 작은 누각이 있는데 앞에는 산을 마주하고 뒤에는 개울이 있다. 누각에 올라가니 매우 즐겁다. 우연히 명도선생을 보았는데, '백관이 모두 힘쓰고, 군사 백 만이 모여서, 물 마시고 팔베개를 하였으니, 그 가운데 즐거움이 있다. 수많은 변화는 모두 사람에게 달렸으니 실은 함께할 일이 없는 것이다.' 맹성이 이르길, '원래 이와 같으니 함께할 일이 없구나!' 벗어나지 못하는 일념이 활기가 넘쳤으나 드디어 단절하니 갑자기 백 근이나 되는 짐을 땅에 내려놓은 것 같다. 또 번개 빛이 번쩍이는 것처럼 몸을 통하여 환하게 비치니 드디어 대자연의 조화가 융합하여 끝이 없고 더욱 하늘과 사람, 안과 밖이 사이가 없으니, 융합이 모두 마음에서 보이는 경지에 이르러서 몸이 곧 우주이고, 마음도 자기의 자리라는 것이 신묘하게 밝혀졌으니, 결국 말로 표현할 방법이 없다.❶

❶ 『명유학안(明儒學案)』58권, 「동림학안1(東林學案一)」에서 인용하였다. "…… 於舟中厚設蓐席, 嚴立規程, 以半日靜坐, 半日讀書. 靜坐中不帖處, 只將程‧朱所示法門, 參求於机, "誠敬主靜", "觀喜怒哀樂未發", "默坐澄心", "體認天理" 等一一行之. 立невозможно食息, 唸唸不捨, 夜不解衣, 倦極而睡, 睡覺復坐, 於前諸法, 反覆更互. 心氣清澄時, 便有塞乎天地氣象, 第不能常. 在路二月, 幸無人事, 而山水清潤, 主僕相依, 寂寂靜靜. 晚間, 命酒數行, 停舟青山, 徘徊碧間, 時坐磐石, 溪聲鳥韻, 茂樹修篁, 種種悅心, 而心不着境. 過汀州, 陸行至一旅舍, 舍有小樓, 前對山, 後臨澗, 登樓甚樂. 偶見明道先生, '百官萬務, 兵革百萬之衆, 飮水曲肱, 樂在其中. 萬變俱在人, 其實無一事.' 猛省曰, '原來如此, 實無一事也!' 一念纏綿, 斬然遂絶, 忽如百斤擔子, 頓爾落地. 又如電光一閃, 透體通明, 遂與大化融合無際. 更無天人內外之隔. 至此見六合皆心, 腔子是其區宇, 方寸亦其本位, 神而明之, 總無方所可言也."

 '천지에 가득하다'는 것이 전통문화 후기 철학의 근본목적이 되었다고 정주가 게시하여 밝혔는데, 미진함이 없어서 명나라 사람에게 면목을 새롭게 할 만한 여지가 있어 이런 목적을 실현하는 구체적인 방법을 남겨주었다.

 요점은 제한된 범위 내에 전반적인 '천인' 체계를 계속 지탱할 수 있는 새로운 에너지를 제공하고, 사회의 기본구조에서 변혁을 허가하는 출로도 유일하게 마음에 있었으니, 전에 없이 독자적인 조정을 실현하였다.

 이 때문에 송대의 유학자는 원림에서 '경심성의敬心誠意'하여 천리를 깊이 깨달았을 때, 몸이 편안하고 마음이 즐거워서 유연한 마음으로 감정을 조절하였다.

 명대에 이르러서는 더 진보하여 '번개 빛이 번쩍이듯이 몸을 통하여 환하게 비친다.'는 비장의 무기를 부연하여 당시에 사용할 수 있었다.13) 많은 연구자들이 왕양명의 '심학'을 칭찬하여 장려하는데, 이학체계의 변혁 내지 충격에 대한 방법론에서 시작했기 때문에, 이것이 전통문화의 본질을 변화시키기 시작하였다.

 그러나 필자의 입장에서 보면, 이런 방법상에서 변혁은 꼭 모든 체계에서 자아봉쇄를 실현해야 하는 조건아래에서 완성된 것이다. 왕양명 자신의 말을 인용하겠다.

조상이 물려준 재산은 반드시 '사업과 창고의 재물'을 나누어서 '유산이 흩어져서 없어질'우려가 없어야 한다. 반드시 이 유산을 견고하게 집안에 두어야 하지만, 이들을 분명하게 장부에 기록할 수 없는 이런 '집안'은 곧 '내 마음'만 믿기 때문이다. …… 때문에 『6경』은 내 마음을 책에 기록한 것이다. 그러나 『6경』은 실제로 내 마음을 갖춘 것으로, 사업과 창고의 재물과 같아서 실제로 각양각색이 그 집에 갖추어져서 있는 것이다. 그것을 장부에 기록한 것은 다만 장부의 몇 가지 명목일 뿐이다. 이와 같은 것만 있다면, '사업과 창고의 재물이 실제로 쌓였어도 날마다 유산이 흩어져 없어져서, 부모에게 구걸하는 사람이 되어서, 여전히 시끄럽게 장부에 기록하라고 지시하면서, 이것은 내 사업으로 창고에 재물이 쌓인 것인데, 이것이 어떻게 다른가?'라고 하는 사람의 정도에도 이르지 못할 것이다.❶

❶ 「혜산존경각기(嵇山尊經閣記)」『양명선생집요(陽明先生集要)·문장편(文章編)』2권, 要使父祖遺留下的這份"産業庫藏"無"遺亡散失"之虞, 就必須把它們牢牢存在家里, 而不能只是把它們淸淸楚楚地記在帳上, 這介"家就是吾心": "…… 故『六經』者, 吾心之記籍也, 而『六經』之實則具於吾心, 猶之産業庫藏之實而種種色色具存於其家. 其記籍者, 特名狀數目而已." 只有這樣, 才不致於"其産業庫藏之實積日遺亡散失, 至爲救人匃夫, 而猶囂囂然指記籍曰: '斯吾産業庫藏之積也, 何以異於是?'

명대 이학의 근본목적은 전통문화의 '사업과 창고의 유산'을 지키는 것이기 때문에, 고반룡이 원림심미를 귀결한 것도, 정주에 비하여 '결국 대자연의 조화가 융합하여 끝없고 하늘과 사람, 안과 밖이 사이가 없다'는 경지를 철저하게 실현한 것이다. 황종희가 말했다.

양명학은 태주·용계에서 성행하여 천하에 널리 퍼졌다. …… 태주 이후에 그 사람들은 맨손으로 용사를 잡을 수 있었고, 전하여 안산농에 이르렀는데, 어떤 마음을 감추는 하나의 유파가 드디어 유교에서 다시 속박

할 수 있는 것이 아니었다.❶

..........................

❶ 『명유학안(明儒學案)』 32권, 「태주학안1(泰州學案一)」, "陽明先生之學, 有泰州·龍溪而風行天下, …… 泰州之後, 其人多能赤手以搏龍蛇, 傳至顔山農, 何心隱一派, 遂復非名教之所能羈絡矣."

태주학파泰州學派는 명대 사상계에서 강한 변혁파이고, 이지李贄14)도 태주학파의 영향을 받은 이단 사상가의 대표라 할 수 있는데, 그들과 전통문화체계의 관계를 보아도 좋을 것이다. 이지는 중국에 온 이태리 선교사 마태오 리치[Matteo Ricci利瑪竇; 1552년~1610년]와 일찍이 왕래하면서 시를 주고 받았는데, 그 글을 보겠다.

| | |
|---|---|
| 逍遙下北溟 | 북명 아래에서 소요하고 |
| 迤邐向南征 | 이어서 남쪽으로 정벌하였다. |
| 刹利標名姓 | 찰리刹利가 이름을 표시하고 |
| 仙山紀水程 | 선산에 뱃길을 기록하였네 |
| 回頭十萬里 | 머리를 돌리니 십만 리요 |
| 擧目九重城 | 눈을 드니 구중의 성이라. |
| 觀國之光未 | 나라의 빛나는 통치 업적을 아직 보지 못했는가? |
| 中天日正明 | 하늘 가운데 해가 정히 밝도다.❶ |

❶ 「이서태에게 주다贈利西泰」, 『분서(焚書)』 6권.

마태오 리치[利瑪竇]가 중국에 온 것은 근대서양문명이 수입하기 시작했다는

제1장 '호천'에서의 탐닉과 '천인'체계의 분산   165

중국의 상징이고, 중국전통문화가 이런 사건에 대한 반응은 지금까지도 돌아볼 만한 가치가 있다.

심덕부沈德符의 기록에 근거하면, 마태오 리치가 북경에 들어오는 도중에 천진天津의 관리에게 '이름을 알지 못하는 보물이 모두 남아있다'고 하였다. 예부禮部의 진본秦本에서 또 말하길, 마태오 리치가 "말한 대서양이 『회전』에는 기재되지 않았으니, 객부에서 이국夷國에 공물을 오래 바쳤는지 비교하기 어려워, 잠시 헤아려보고 돌려보냈다."고 하였다. 후에도 많은 사람이 상소한 것이 있다.

---

『회전』에 서양 쇄리국❶은 있지만, 대서양이라는 곳은 없어서, 그가 진짜인지 가짜인지 알 수 없다. 또 20년을 기거하고, 공물을 바쳤는데 먼 지방의 성의로움을 사모하여 특별히 와서 보물을 바치는 자와 같지 않았다. 게다가 그가 바친 것은 〈천주도〉 및 〈천주모도〉이다. 이는 경험하지 않았던 것이지만 휴대한 것도 신선의 골격을 갖춘 여러 가지 물건이다. 아버지를 신선이라 칭하며 스스로 날아올 수 있는데 어떻게 골격이 있겠습니까? 당나라 한유가 말했듯이 흉악하고 남으니 마땅히 입궁을 금해야 한다고 하였다. …… 양급을 빌어서 진상한 행장의 가치는 각 공물을 번역의 범례에 비추어, 마태오 리치에게 관복을 주고, 속히 돌아가게 하여, 양경에 잠주하며 내감과 서로 왕래하여, 별도의 가지와 마디가 생기지 못하게 하고, 또 백성을 현혹시키지 못하게 해야 합니다.❷

---

❶ 쇄리국(瑣里國): 명청(明淸)시기 포르투칼(Portugal)에 대한 중국의 칭호이다.
❷ 『만력야획편(萬曆野獲編)』 35권, 「외국(外國)·대서양(大西洋)」. "『會典』止有西洋瑣里國, 而無大西洋, 其真偽不可知. 又寄居二十年, 方行進貢, 則與遠方慕義特來獻琛者不同. 且其所진〈天主圖〉及〈天主母圖〉, 既屬不經, 而所攜又有神仙骨諸物. 夫既稱神仙, 自能飛升, 安得有骨? 則唐韓愈所謂兇穢之餘, 不宜入宮禁者也. …… 乞量給進行李價值, 照各貢譯例, 給與利瑪竇冠帶, 速令回還, 勿得潛住兩京, 與內監交往, 以致別生支節, 且使眩惑愚民."

여기에서 가장 화나게 하는 것은 명대 사대부들이 대서양에 대하여 듣지 못하여 알지 못하는 것이 결코 아니다. 그들이 서양에서 '이름을 알지 못하는 보배'라고 하면서 전혀 알지 못한다고 하면서도 처음 보았을 때 만족스러워 하였다.

이는 그들이 외래문화와 왕래할 때에 능숙하게 "먼 지방의 정의로움을 사모하여, 특별히 와서 보물을 바치는 것"[15])을 운용한 것은 전통형식의 고도한 본능이다. 이 때문에 이지가 당시 사회의 갖가지 폐단을 얼마나 비난했는지 논할 것 없고, 그가 정주학설程朱學說에 대하여 이처럼 미워한 것도 논할 필요 없다.

그가 서양에서 온 선비의 면전에서 '호중천지'가 발전하여 변화한 가치를 매길 때, 유일하게 선택한 것은 여전히 구중궁전의 원유는 자랑스러워 비교할만한 것이 없다는 점을 지적하였다. '나라의 빛나는 통치업적을 아직 보지 못했는가?, 하늘 가운데 해가 정히 밝도다.'고 하였다.

그가 여기에서 우의한 말도 모두 『주역·관괘』에서 "국가의 빛나는 통치 업적을 관찰하니, 왕의 빈객이 됨에 이롭다."[16])는 뜻을 원래 그대로 이어서 쓴 것이다. 왕필이 『주』에서 "가장 가까운 천자는 나라의 빛을 보는 것이고, 가까이서 지위를 얻는 것은 나라의 의식을 분명하게 익히는 것이다."[17])고 하였다.[18])

이지의 학설 중에 사람들에게 가장 칭찬받는 말이 그의 '동심설'이다. 이를 보겠다.

---

아이의 마음은 진심이다. …… 아이의 마음이란 거짓을 버려 순수하고 참되어서 처음 가진 생각의 본마음이다. 만약 아이의 마음을 잃어버리면 참된 마음을 잃어버리는 것이다. 참된 마음을 잃어버리면 참된 사람을 잃어버리게 된다. ……도리가 견문으로부터 들어와 사람의 내면을 주재하게 되면 동심도 사라지고 만다.❶

❶ 「동심설(童心說)」, 『분서(焚書)』 3권, "夫童心者, 眞心也. ……夫童心者, 絶假純眞, 最初一念之本心也. 若失却童心, 便失却眞心. 失却眞心, 便失却眞人. ……有道理從聞見而入, 而以爲主於其內而童心失."

여기에서 '동심'은 '도리문견道理聞見'과 서로 대립되는 '진심眞心'이고, '진'은 이지李贄 이론의 전반적인 핵심으로, 그는 일찍이 반복하여 이 점을 강조하였다는 것을 알 수 있다. 이지에 대한 '진'학의 평가를 최소한 포함시켜야할 것이다.

첫째, '진'을 직설적인 감정으로 말하여, 이학에서는 중당 이후 전통문화가 당한 체계의 위기를 억제하고 운용하는 일체의 수단이라고 명시하였으나, 모두 부정적인 현상이 도래하였다. 이것도 즉 "도학선생道學先生[19]·예법속사禮法俗士[20]는 모두 벌과 벌레의 인가! 스스로 두 호걸이라 하니, 슬프지 않은가!"[21]라고 한 것과 『유경』·『논어』·『맹자』는 도학지기 내세우는 구실이고 거짓된 사람들이 모여드는 소굴이다."[22]고 한 것 같은 것들이다.

둘째, 이지가 '진'에 대하여 표명한 것은 개인의 견해는 아니지만, 전통문화가 날로 부정적인 추세로 향하는 상황 아래에서 이학이 자기 내부에서 자아를 새롭게 실현하도록 사회제도가 강하게 요구하고, 새롭게 활력을 회복하도록 집중적으로 표현한 것이다. 이 때문에 '진'과 '자연'이 목적하는 것은 곧 우주본체이고, 이는 당시의 왕학王學과 태주학파泰州學派가 안 밖으로 함께 추구하는 방향이었다. 객관적으로 존재하는 기본적인 요구 때문에, 왕학이 비로소 이학종파理學宗派를 끌어들일 수 있었다.

이는 곧 수많은 송대 사상가가 어떠한지를 논할 필요 없이 정주程朱와 서로 어긋나는 것 같지만, 여전히 스스로 느끼지 못하면서 그 학설로 돌아가는 것과 같다.

명나라 유학자가 '진'이나 '자연'을 숭상하는 논리는 어디에나 있다. 왕간王艮[23]이 "배우지 않고 생각하지 않는 내용을 바꿔서 '자연'이라고 말한다."[24] 하였다. 이러한 태주학파 중의 유명한 예는 진헌장이 "자연의 즐거움이 참다운 즐거움이다. 우주 사이에 어찌 이런 즐거운 일이 다시 있겠는가!"25)하였다. 이는 곧 왕학 이전의 '강문지학江門之學'이 주장한 요지이다. 그러나 이 말은 공자 문하 후학의 거짓됨을 자각하여 경계삼아 들추어서 이지李贄보다 1백년 전에 다음과 같이 말했다.

유학자는 참됨과 거짓이 있어서 …… 성스러움이 단절되고 말이 막히자 저술가들이 일어나고, 춘추시대 오나초의 군주를 왕으로 참칭했던 일이 많았던 것처럼 제환공이나 진문공은 명의만 빌려서 그 개인적인 것을 구제했을 뿐이다. …… 진헌장이 이 때문에 거짓으로 참칭하는 폐단을 구제하여 참됨 기풍을 단련하여 길렀다.❶

❶ 장후(張詡), 「백사유언찬요서(白沙遺言纂要序)」, 『명유학안(明儒學案)』 6권, 「백사학안상(白沙學案上)」에 "儒有眞僞, …… 至於聖絶言湮, 着述家起, 類多春秋吳・楚之君, 僭稱王者耳, 齊桓・晉文, 假名義以濟其私者耳. …… (陳憲章)所以救僭僞之弊, 而長養夫眞風也."라고 보인다.

진헌장의 제자 담약수湛若水의 집안은 당시 왕학과 맞먹는 이학의 거장이었고, 그의 신도들도 함께 대부분 '진'으로 귀착해야 한다는 내용을 이지 등과 함께 자각하여 '물욕의 견문物欲見聞'을 원수로 여겼다. 당추唐樞26)를 예로 들겠다.

담약수는 도처에서 천리를 깊이 인식한 것과 양명의 '치량지' 두 가지를 정심으로 연구하여 모두 '토진심' 세 글자로 표시하였다. …… 진심은 양지이고, 토는 치이니 왕학에 더욱 가깝다. 다만 '양지'는 자연의 본체이니,

자연을 따르는 것이 이르는 것이다. 그러니 공부는 본체 뒤에 존재하는 것으로, 정자에 정성과 공경이 있는 것과 같다. 진심이 물욕과 견문에 가려진 가운데서 토론하면, 공부가 본체 앞에 존재하니, 정자가 인을 인식하는 것과 같다.❶

❶ 『명유학안(明儒學案)』40권, 「감천학안4(甘泉學案四)」. "於甘泉之隨處體認天理, 陽明之致良知, 兩存而精究之. 卒標討真心'三字為的. …… 眞心卽是良知也, 討卽致也, 於王學尤近. 第良知爲自然之體, 從其自然者而致之, 則工夫在本體之後, 猶程子之誠敬存也. 眞心蔽於物欲見聞之中, 從而討之, 則工夫在本體之先, 猶程子之認仁也."

또 예를 들면 고헌성顧憲成27)이 힘써 왕학王學과 태주학파泰州學派를 꾸짖고 '자연'을 표명하였다.

선생께서 근세의 배움을 깊이 생각한 것이, 편리하게 즐거움을 추종하여 자연을 자기의 것처럼 인식한다. …… 양명에는 선악이라는 말이 한마디도 없어서, 여력이 남았는지 분간하기 어려우나 하늘을 무너뜨린다는 교법이 이 말에서 시작되었다.❶

❶ 『명유학안(明儒學案)』58권, 「동림학안1(東林學案一)」. "先生深慮近世學者, 樂趨便宜, 冒認自然. …… 於陽明無善無惡一語, 辨難不遺餘力, 以為壞天下教法, 自斯言始"

그러나 고헌성 학설의 종지는 '진심'으로만 할 수 있는 것이고, '견문도리見聞道理'

와 같은 '습심'으로만 하는 것도 여전히 반대하였다.

…… 대개 이와 같은 곳 성인이 모두 한 덩어리의 천리 가운데서 흘러나오는 것이 진심이다. 보통 사람들이 이른 바 날마다 쓰면서도 알지 못하는 것이 곧 습심이다. 습심을 만날 때 진심을 만날 때와 혼돈하면, 털끝만한 잘못이 나중에는 대단한 잘못이 된다는 것을 면하지 못한다고 지적하였다.❶

❶ 「당하역(當下繹)」, 『명유학안(明儒學案)』 58권에 보인다. "…… 蓋此等處, 在聖人都從一團天理中流出, 是爲眞心; 在常人則所謂日用而不知者也, 是爲習心. 指當下之習心, 混當下之眞心, 不免毫釐而千里矣."

셋째, 이지가 표명한 '진'은 천 백년이 지나서 전통문화체계 중에서 처음부터 끝까지 예법과 유교가 평형을 유지하는 요소가 되어서 '자연지성自然之性'이 존재하게 되었다.

이지가 일찍이 동진東晉의 유량庾亮은 자신이 타던 흉마凶馬인 노盧를 다른 사람에게 팔지 않았던 것이나28), 동한東漢의 공융孔融이 죽음을 무릅쓰고 피하면서 쫓겨다니던 장검張儉을 거둔 일 같은 것은 '진'을 몸소 실천한 이론이라고 자세하게 설명하였다.

유공이 적노마的盧馬를 팔지 않으면서 이르길, '옛날에 손숙오가 후인을 위하여 머리가 둘인 뱀을 죽인 것은 …… 그것을 본받으면 이 또한 유명해지지 않겠는가!' …… 그가 어찌 남을 흉내 낼 마음이 있어서 그렇게 했겠는가? 이에 완혼이 학문을 통달하고자 하였는데, 그의 아버지인 사종[완적]이 허락하지 않았으니 그를 본받는 것을 싫어한 것이다. 산공이 완함을 천거하며 말하길, '깨끗하고 진심으로 욕심이 적어 만물을 옮길 수 없으니. 관직에 있게 하면, 반드시 당시에 묘절할 것이다.'하였다. 그 진심을 알 수 있으니, 아! 이 어찌 도학을 강구하는 자들과 쉽게 말하겠는가!❶

'자연지성'은 곧 자연스러움이 참된 학문이라는 것인데, 어찌 도학을 강구하는 자가 배울 수 있겠는가?❷

❶ 「유공은 적노를 보내지 않았다[庾公不遣的盧]」, 『속분서(續焚書)』 3권, "庾公不遣的盧也, 曰:"昔孫叔敖殺兩頭蛇以為後人,……效之, 不亦達乎!"…… 彼豈有心仿效甚人來耶? 是故阮渾欲學達, 而嗣宗不許, 惡其效也, 山公之薦咸曰:"清真寡欲, 萬物不能移也. 使在官人之職, 必妙絕於時." 識其真也, 嘻! 是豈易與講道學者談耶!"
❷ 「공용은 자연지성이 있다[孔融有自然之性]」, 『속분서(續焚書)』 3권, "自然之性, 乃是自然眞道學也, 豈講道學者所能學乎?"

일찍이 『장자 · 추수』에 다음의 내용이 있다.

소와 말에 네 개의 발이 있는 것을, 하늘의 자연이라 하고, 말의 목에 멍에를 메거나, 소에게 코뚜레를 꿰는 것을 곧 인위라 하오. 그러므로 말하기를, '인위로 자연을 손상시키지 말고, 고의로 천명을 손상시키지 말며, 명성을 위해 덕을 잃지 말라'고 하는 것이오. 삼가고 지켜서 결코 잃지 않는 것으로, 이를 일러 참된 도로 돌아간다고 하는 것이다.❶

❶ 『장자(莊子) · 추수(秋水)』, "牛馬四足, 是謂天; 落馬首, 穿牛鼻, 是謂人. 故曰: 无以人滅天, 无以故滅命, 无以得殉名, 謹守而勿失, 是謂反其眞".

이러한 원칙이나, 이지李贄가 '자연진도학自然眞道學'의 대표인 공융孔融·완적阮籍·완함阮咸·유량庾亮 같은 이들이 예법에 구애되지 않는 것을 추숭하고, 노장老莊의 위진魏晉 명사를 마음에 새겨두고 잊지 않았는데, 이러한 구체적인 예에서 이지의 '진'학이 내포되었다는 것을 분명히 알 수 있다.29)

전인들과 다른 점은, 더 이상 다른 전통구조를 회복시킬 활력과 에너지가 근거할 곳이 없었기 때문에, 명대에는 사회제도가 '진'에 대한 기대와 요구가 이전에 비하여 모두 뜻밖에 좋은 결과를 얻었다.

이런 것도 어째서 이지 같은 사람의 학설 중에서 '자연지성自然之性'·'자연진도학自然眞道學30)'·'동심童心' 등과 '강도학講道學'이나 '견문도리見聞道理'가 전대에 비하여 첨예하게 대립되는 원인이 되었는가?

바로 이와 같은 원인도, 자아를 새롭게 할 수 있는 유일한 가능성을 제외하면, 이지 학설 내지 전반적인 명대 이학체계의 척박함을 알 수 있는 것이다. 전통체계 내부의 활력을 탐색하여 숨은 것을 찾아내어 발굴하는 것을 논할 필요 없이, 오히려 전통구조에 대한 엄정하며 운치 있는 구성면에서는 명대의 어떤 사람도 주희 같은 송대의 이학 대가들의 뒷모습을 바라볼 방법이 없다.

넷째, '자연진도학'의 회복을 제외한다면, 이지는 그의 이상이 있을 수 없다고 그가 말했다.

---

제가 공씨의 문도에게 경솔하게 배움을 청할 수 없었던 것이 하루 만이 아니었다. 자기를 멀리할 것을 두려워한 것이 아니고, 그 뜻이 성명에 있지 않았기 때문이다.❶

❶ 「이여진에게 답하다答李如眞」, 『분서(焚書)·증보1(增補一)』. "弟是以於孔氏之徒不敢輕易請教者, 非一日矣. 非恐其闢己, 謂其志不在於性命."

제1장 '호천'에서의 탐닉과 '천인'체계의 분산    173

어째서 공자의 문도들은 '뜻이 성명에 있지 않다'고 하는가? 그 원인을 말하면 다음과 같다.

'안회가 죽은 뒤로부터, 미언❶이 단절되고, 성인의 학문이 없어져서 유교가 전하지 않았다. 그래서 '하늘이 나를 버렸구나!❷'하였는데 어째서인가? 제자백가❸를 배웠더라도, 도를 깨닫는 것에 마음을 쓰면, 또한 사대부 집안이 부귀해져서 옮기는 것을 면하지 못한다. 하물며 계승하여 한유가 되는 것이 부회❹하는 것이고, 송유가 되는 것은 천착❺하는 것인가? 또 하물며 이를 계승하여 송유를 목표로 천착하는 것이 최후의 귀착점인가?❻

❶ 미언(微言): 짧은 말로서, 세언(細言) 또는 은어(隱語)와 같이 장래의 징험(徵驗)을 약속하는 은미(隱微)한 말이라는 뜻이다.
❷ 천상여(天喪予): 공자는 안회를 매우 아꼈다고 하는데 안회(顏回)가 너무도 이른 나이인 32세에 죽자 탄식하며 남긴 말이라고 한다.
❸ 제자백가(諸子百家): 춘추전국시대(春秋戰國時代)의 여러 학파(學派). 공자(孔子)·관자(管子)·노자(老子)·맹자(孟子)·장자(長子)·묵자(墨子)·열자(列子)·한비자(韓非子)·윤문자(尹文子)·손자(孫子) 등(等)의 총칭.
❹ 부회(附會): 이치(理致)에 닿지 않는 것을 억지로 끌어대어 이치(理致)에 맞게 하는 것. 말이나 이론(理論)을 억지로 끌어다 붙임.
❺ 천착(穿鑿): 구멍을 뚫음. 어떤 원인이나 내용 따위를 따지고 파고들어 알려고 하거나 연구함. 억지로 이치에 닿지 아니한 말을 함.
❻ 「삼교귀유설(三敎歸儒說)」,『속분서(續焚書)』2권, "自顏氏沒, 微言絶, 聖學亡, 則儒不傳矣. 故曰'天喪予!' 何也? 以諸子雖學, 夫嘗以聞道爲心也, 則亦不免仕大夫之家爲富貴所移爾矣. 況繼此而爲漢儒之附會, 宋儒之穿鑿乎? 又況繼此而以宋儒爲標的, 穿鑿爲指歸乎?"

이지李贄가 보기에는 요즘 폐단의 근원은 '성학'에서 말하는 부귀해져서 옮기고, 한유나 송유를 부회천착附會穿鑿31)하는데 있다는 것이다. 그렇다면 출로가 어디에 있는가? 그의 이상을 보자.

........................

대인의 학문은 그 도가 어디에 있는가? 사람마다 각기 대원경지❶를 갖추었기 때문에 자신의 덕을 밝히는 것이다. 이것이 명덕이니, 위로는 하늘과 같고 아래로는 땅과 같아서 수많은 성현과 함께 중흥하여 그가 더 할 것이 없고 나는 손해 볼 것이 없다. …… 그러나 실로 배우지 않으면, 명덕이 나에게 있다는 것을 알 길이 없고, 역시 드디어 스스로 어리석음을 달게 여겨서 알지 못한다. 그 때문에 '밝은 덕을 밝히는데 있다.'고 한 것이다. …… 그러나 나의 명덕은 과연 어디에 있는가? 우리는 그 본체를 말할 수 있는데, 비록 볼 수는 없지만, 집이나 국가 하늘아래 모든 곳에 가득하게 유행하여 날마다 쓰고 항상 행하여 지극히 친근한데 누가 그것과 떨어질 수 있겠는가?❷

학자는 마음을 바로잡을 수 없는 것만 걱정한다. 참된 뜻은 실제 자신을 속이지 않는데 있다. 마음이 바르지 못한 것은 갖고자 하는데서 시작되는데,……그러나 생각이 없어진다. 오직 거처할 바가 없으면 허하고, 허하면 넓은 도량으로 공평하여 물욕이 없는 것이다. 이미 물욕이 없는데, 어찌 허물이 있겠는가? 오직 주거하는 바가 없으면 영활한데, 영활하면 사물이 내게 다가올 때, 억지나 무리가 없이 자연스럽게 받아들여서, 쉬는 법이 없는 것이다. 이미 쉬지 않는데, 무엇이 없어지겠는가? 이것이 지극한 정성은 쉬는 법이 없다는 이치로, 금강처럼 허물어지지 않는 본성이 각자 당사자 자신에게 이처럼 있다. 그런데 어리석은 자는 믿지 못하고, 지혜로운 자는 천착하여, 송나라 사람이 알묘하고, 고자가 조장하니, 진심을 지탱할 수 없어서, 해야 할 바를 잊어버리고 서서, 쉼 없이 묘기를 일으키는 것은 자신을 속이는 것이다.❸

........................

❶ 대원경지(大圓鏡智): 사지(四智)의 하나. 둥근 거울에 만물(萬物)의 그림자가 비치듯이 이 세계(世界) 만법(萬法)을 비치는 지혜(智慧).
❷ 「여마력산(與馬歷山)」, 『속분서(續焚書)』 1권, "夫大人之學, 其道安在乎? 蓋人人各具有是大圓鏡智, 所謂我之明德是也. 是明德也, 上與天同, 下與地同, 中與千聖萬賢同, 彼無加而我無損者也. …… 然苟不學, 則無以知明德之在我, 亦遂自甘於凡愚而不知耳. 故曰 "在明明德." …… 然吾之明德果安在乎? 吾以謂其體雖不可見, 而實流行充滿於家國天下之間, 日用常行, 至親至近, 誰能離之?"
❸ 「금강경설(金剛經說)」, 『속분서(續焚書)』 2권, "學者但患不能正心. 夫

> 誠意之實, 在毋自欺; 心之不正, 始於有所, ……而生意滅矣. 惟無所住則虛, 虛則廓然大公, 是無物也. 旣無物, 何壞之有? 惟無所住則靈, 靈則物來順應, 是無息也. 旣無息, 何滅之有? 此至誠無息之理, 金剛不壞之性, 各在當人之身者如此. 而愚者不信, 智者穿鑿, 宋人揠苗, 告子助長, 無住眞心, 忘立能所, 生生之妙幾無息滅, 是自欺也."

가령 이지李贄의 이 같은 문자와 3·4·5편에 서술한 송대 이학 내용을 대략 비교한다면 알 수 있다. 그가 송유宋儒에 대하여 심하게 평가한 것을 논할 것 없이, 다만 그가 돌아와서 자기의 이론을 세울 때에 '진심'을 '이'로 대체하여 우주본체로 여긴 것과, 더욱 많은 불학의 색채를 섞은 것을 제외하면, 그의 '가득하게 유행하다'는 것과 '사물이 올 때 자연스럽게 받아들인다'는 '천인'의 기본구조에서부터, '위로는 하늘과 같다. ……'와 '도량이 넓고 공평무사하다'는 말까지 송대 이학을 다시 말한 것이다.

그러나 송대 이학이 원래 이처럼 넓고 크며 정심한 규모를 완전히 잃어버렸다고 이지 스스로 다음과 같이 말했다.

---

내 성격이 남에게 욕하길 좋아하는데, 남들도 나를 원망한 적은 없다. 어째서 인가? 내 입은 악하지만 마음은 착하고 말을 악하지만 뜻은 선하기 때문이다.❶

---

❶ 「삼준기(三蠢記)」, 『분서(焚書)』 3권, "余性亦好罵人, 人亦未嘗恨我, 何也? 以我口惡而心善, 言惡而意善也."

---

이지가 죽음에 이르기 전에, 자신을 굳게 믿으면서 "저서가 많은데, 모두 성

인의 가르침에 유익하고 손해는 없다."³²⁾고 하였다. 후에 이지의 숭배자인 원중도袁中道³³⁾는 이지李贄가 세상살이를 보충하는데 고심한 것을 밝히지 못한 것에 대하여 매우 아쉬워하는 마음으로 아래와 같이 탄식하였다.

이에 위 아래로 수천 년 사이에, 솜씨와 안목을 특별히 드러내서, 옛날에 일컫는 대군자로, 수시로 그 단점을 공격하였으니, 소인이라 칭하는 자들이 나란히 할 수 없는 자로, 수시로 그 장점을 숨기지 않았다. 그의 뜻은 대개 헛된 문자를 물리치고, 실용을 구하며, 형식적인 것을 버리고, 정신과 골력을 나타내며, 뜬 도리를 제거하고 인정을 헤아리는데 있었다. 곧 잘못을 바로잡는 것이 지나쳐서 치우치게 중하게 여기거나 경시하는 면이 있었다. 그러나 반박하거나 익살맞은 말을 버리고 세심하게 읽고서 중요한 곳을 적중[파악]하여 세도의 인심에 크게 보탬이 있었다. 하지만 사람들이 드디어 유교에 죄를 짓고 성을 훼손하여 도리를 어기는 것에 비유하였으니, 너무 잘못된 것이다.❶

❶ 「이온릉전(李溫陵傳)」, 『분서(焚書)』 수(首)권에 보인다. "於是上下數千年之間, 別出手眼, 凡古所稱爲大君子者, 有時攻其所短, 而所稱爲小人不足齒者, 有時不沒其所長. 其意大抵在於黜虛文, 求實用, 舍皮毛, 見神骨, 去浮理, 揣人情. 卽矯枉之過, 不無偏有重輕, 而舍其批駁謔笑之語, 細心讀之, 其破的中綮之處, 大有補於世道人心. 而人遂以爲得罪於名教, 比之毀聖叛道, 則已過矣."

그리고 다른 지위에 있던 숭배자인 장내張鼐가 더욱 명백하게 다음과 같이 말할 수 있었다.

탁오가 말세 선비의 사람됨을 미워하였는데, 의리를 빌려서, 담벼락을 설치하고, 갖가지 경전 구절을 해설하여, 함께 이목을 좇아 유행하여 성명의 근원을 알지 못하여 드디어 세법의 종적을 벗어나서, 인간이 얼굴에 화장하는 습관을 깨트렸으니, 일이 괴이하여도 마음은 진실하면, 자취는 기이하더라도 마음은 따뜻하다. …… 결론적으로 말하면, 반드시 사람은 가지와 넝쿨을 모두 단절하고 바로 본심을 보여야, 신하가 되면 목숨을 바쳐 충성하고, 자식이 되어서 죽음으로 효를 다하고, 친구끼리는 죽음으로 사귀고, 무인은 전쟁에서 목숨을 다할 뿐이다!❶

---

❶ 「독탁오노자서술(讀卓吾老子書述)」, 『속분서(續焚書)』 수(首)권에 보인다. "卓吾疾末世爲人之儒, 假義理, 設墻壁, 種種章句解說, 俱逐耳目之流, 不認性命之源, 遂以脫落世法之蹤, 破人間塗面登場之習, 事可怪而心則眞, 跡若奇而腸則熱. ……總之, 要人絕盡支蔓, 直見本心, 爲臣死忠, 爲子死孝, 朋友死交, 武夫戰死而已!"

이지가 자신을 표명하고 당시 사람들도 그 학설에 관한 것을 총결하였다. 지금 이런 위치의 사상가를 평가할 때 잊어버리지 말아야 할 것이다. 그렇다면, 상술한 명대 이학의 요지가 고전원림예술이나 원림문화에 무슨 관계가 있는가? 이지의 영향을 깊이 받은 원굉도袁宏道34) 같은 사람부터 말해보겠다.

원굉도는 현재의 많은 연구자들이 존중하는 명대 중후기 거대한 유파인 '낭만주의'의 대표이다. 따라서 그들이 전통 예법에 대하여 혐오하거나 자신의 독립 인격에 대하여 강하게 표현하는 것이 분명하여서 모두 쉽게 볼 수 있다.

그러나 이 책에서 보듯이 이 같은 현상 아래에서 심층적인 원인도 유의할 가치가 있다. 원굉도가 「현령궁에 여러 공들이 모여 이 '성시산림成市山林'을 운으로 지었다」는 둘째 수를 보겠다.

野花遮眼酒沾涕　　들꽃에 눈 가리고 눈물 흘리며 술 마시지만
塞耳愁听新朝市　　조정에 관한 근심스런 소문이 귀에 가득하네.

邸報束作一筐灰　　관보를 묶어둔 상자에는 먼지가 덮이고
朝衣典與栽花市　　조복은 전당잡혀 꽃나무 사서 가꾸네.
新詩日日千餘言　　새 시는 날마다 천여 마디나 되지만
詩中無一憂民字　　시에는 백성을 근심한단 말 한 마디도 없구나.
旁人道我真瞶瞶　　옆 사람은 내가 정말 어리석단 말하지만
口不能答指山翠　　입으로 답할 수 없어 푸른 산만 가리네.
自從老杜得詩名　　두보가 시의 명성 얻은 뒤로는
憂君愛國成兒戲　　우국애민이 아이들 장난되었기에
言既無庸默不可　　말해도 소용없고 침묵할 수도 없으니
阮家那得不沉醉　　어찌 완적❶처럼 취하지 않을 수 있으랴?
眼底濃濃一杯春　　눈앞의 한 잔 봄 술이 짙으니
慟於洛陽年少淚　　낙양 소년은 가의❷의 눈물보다 애통하구나.❸

원굉도

❶ 완가(阮家): 완씨(阮氏) 집안으로, 진(晉) 나라의 명사인 완적(阮籍)과 그의 조카인 완함(阮咸)을 이른다. 이들은 청담(淸談)을 하며 죽림에서 술 마시기를 좋아하여 죽림칠현(竹林七賢)으로 일컬어졌다.
❷ 가의(賈誼): 한 문제 때의 문신. 20세에 문제의 부름을 받아 박사(博士)가 되고 1년 안에 태중대부(太中大夫)에 이르러 정삭(正朔)을 고치고 예악(禮樂)을 일으키기를 청하였고, 문제가 그를 공경(公卿)의 지위에 임용하려 하자, 주발(周勃)·관영(灌嬰) 등 대신들이 "그는 낙양(洛陽)의 연소한 초학자(初學者)로 권리를 제맘대로 부리려 하여 모든 일을 어지럽게 한다."고 헐뜯어서 장사왕(長沙王)의 태부(太傅)로 좌천되었다가 뒤에 양회왕(梁懷王)의 태부(太傅)로 나갔는데, 그는 울분에 못이겨 33세로 죽었음. 『신서(新書)』·『가장사집(賈長沙集)』이 있음. 「치안책(治安策)」·「과진론(過秦論)」은 가장 훌륭한 문장으로 칭송됨. 『史記 卷84 賈生列傳』
❸ 「현령궁에 여러 공들이 모여 이 '성시산림'을 운으로 지었다顯靈宮集諸公, 以成市山林爲韻」중2, 『원굉도집전교(袁宏道集箋校)』 26권.

　　이것은 원굉도가 북경의 한 사원원림을 유람하며 감상할 당시의 감개함을 묘사한 것이다. 시 제목의 '성시산림成市山林'도 사인원림의 취지를 옛날 얘기로 표명한 것이다. 문제는 원굉도가 당시의 세상일이나 심경이 전대와 다르다는 뜻을 말한 것으로, '우국애민이 아이들 장난이 되었다'는 폐단을 괴로워하였고, '관보를 묶어둔 상자에는 먼지가 덮였다'고 썰렁한 마음을 표명하였다. 이 정도는 중당에서 양송 때의 것과 비교할 수 없는 것이다.

이 때문에 명대 사인이 비로소 대범하게 감동하여 번민하는 것이 보편화 되었다. 따라서 원굉도처럼 "세상일에 관심을 갖고 '세간의 분위기'에 감복하였다."35)는 점을 논할 것 없이, 결국 "나도 벼슬을 사양하고 걸식하는 아동을 행하여, 다른 때 함께 가기원에 들어갔다."36)고 하였다. 전반적인 전통문화체계의 지주가 사인계층인데, 그 사이에 다소의 사람들이 걸식하는 아이 행세를 했다는 것이 진짜 있었는지는 알 수 없다. 그렇다면 그들의 이상은 또 어디에서 찾아보아야 하는가?

원굉도가 일찍이 저술한 「광장」 한 편에서 우주관宇宙觀·인격관人格觀·사유방식思維方式 등의 중다한 방식에 따라 『장자莊子』의 취지를 넓혔는데, 그 가운데 인생이상과 관계있는 한 단락을 인용하겠다.

…… 삼대 이하로는 역시 한 두 사람의 지인이 용의 덕과 가까운 자가 있었다. 한나라의 자방·동방삭·황숙도❶, 진나라의 완사종, 당나라의 적인걸이 그런 사람이다. 장자방은 사냥개가 삶기고 활이 저장되는 시대를 당하여❷, 때에 맞춰 숨고 때에 맞춰 나타나면서, 적송자❸에게 기탁하여 자신을 보전하였다. 동박삭은 사람 죽이기를 쥐 눈이콩 털듯이 하는 군주를 섬기면서 아동의 유희를 놀며 마치 손바닥과 허벅지에 앉아 있듯 하였다. 황숙도는 난세에 살면서, 군·공·고[고공]·주[주방의 요리사]가 모두 선생이면서 친구였으므로, 당금❹에 걸려들지 않았다. 완사종은 술을 마음대로 들이키고 조정을 더럽혔으나, 입으로는 남의 좋고 나쁨을 절대로 말하지 않았다. 양공은 몸소 여자 군주를 섬겼고 음탕한 노복과 대오를 이루었지만, 도박을 마음대로 하고 갖옷을 벗고도 무덤덤하게 부끄러운 줄 몰랐다. 만일 이런 군자들이 하나의 터럭만한 도리라도 모두 없애지 않고, 자신의 근이 잠복하여 있었더라면, 어찌 치욕을 참고 아니꼬움을 견디면서, 세상의 흐름에 순응하여 느긋하게 지내기를 그처럼 할 수 있었겠는가?❺

❶ 황숙도(黃叔度): 후한 때 사람 황헌(黃憲)으로 자가 숙도이다. 그는 자품이 청수하고 총명하여 당시 사람들로부터 안자(顔子)에 비유되기까지 했는데, 그와 같은 고을 사람인 진번(陳蕃)과 주거(周擧)는 항상 말하기

　　　　를 "두어 달만 황생을 보지 못하면 마음속에 비린한 생각이 다시 싹터
　　　　버린다.[時月之間不見黃生 則鄙吝之萌 復存乎心]" 하였다. 『後漢書 卷53
　　　　黃憲列傳』
　　❷　춘추 시대 때 월왕(越王) 구천(句踐)이 오(吳)나라 부차(夫差)와 싸워 패
　　　　하였는데, 구천은 치욕을 참고서 화친을 맺었다. 구천은 오나라에서 풀
　　　　려나 월나라로 돌아온 뒤 밤낮없이 복수할 마음을 가다듬으면서 혹시라
　　　　도 자신의 뜻이 해이해질까 걱정스러워 낮에는 쓸개를 매달아 놓고 이
　　　　를 핥고 밤에는 섶에 누워 자며, 여름에는 화로를 껴안고 있고, 겨울에
　　　　는 얼음을 껴안고 있는 등 각고면려하면서 원한을 잊지 않았으며, 길을
　　　　가다가 개구리가 노한 모습을 보고는 경례를 하는 등 무(武)를 숭상하고
　　　　군사들을 격려해 마침내 부차를 쳐서 이겨 그 원한을 씻었다는 때를 이
　　　　른다. 『史記 卷41 越王句踐世家』
　　❸　적송자(赤松子): 전설상의 신선 이름이다. 전설에 의하면, 그는 염제(炎
　　　　帝) 때 비를 다스리는 직책을 맡았던 인물로, 불속에 뛰어들어 자신을
　　　　태우는 놀라운 능력을 터득한 다음 맹렬하게 타오르는 불길 속에 몸을
　　　　던져 자신을 태우고 연기를 따라 자유롭게 오르내리다가, 마침내 몸이
　　　　라는 껍질을 벗고 신선이 되었다고 한다.
　　❹　당금(黨禁): 후한(後漢) 영제(靈帝) 때에 간악한 환관 들이, 많은 명사들
　　　　을 당인(黨人) 이라고 모함하여 벼슬하지 못하도록 금고(禁錮) 하고 죽
　　　　였다.
　　❺　「광장(廣莊) · 인간세(人間世)」, 『원굉도집전교(袁宏道集箋校)』23권, "……
　　　　三代而下, 亦有一二至人, 與龔德相近者: 漢之子房 · 東方朔 · 黃叔度, 晉
　　　　之阮嗣宗, 唐之狄仁杰是也. 子房當烹狗藏弓之世, 時隱時現, 托赤松以自
　　　　保. 方朔事殺人如蘖之主, 玩弄兒戱, 若在掌股. 叔度居亂世, 叔度居亂世,
　　　　君 · 公 · 顧 · 厨, 皆其師友, 而黨禁不及. 嗣宗縱酒汚朝, 口無臧否. 梁公身
　　　　事女主, 與淫奴爲伍, 縱博裼裘, 恬不知恥. 使諸君子有一毫道理不盡, 我根
　　　　潛伏, 惡能含垢包羞, 與世委蛇若此?"

　이와 같은 철학과 인생길을 최고의 목표로 삼았으니, 당연하게도 중당 이후
의 '하수와 낙수가 맑지 않은 것은 내 책임이 아니다'고 한 옛길을 따라서 '입으
로는 말할 수 없어서 푸른 산을 가리킨다'거나 혹은 '조복은 전당잡혀 꽃나무
사서 가꾼다'는 원림생활로 돌아오지 않을 수 없었다. 이것은 '자연진도학自然眞
道學'을 회복하는 뜻을 이지가 받아들인 것으로, 사회제도가 제약하는 것과 동
일한 것이 아닌가?
　원굉도 같은 사람이 백거이의 인생철학을 흠모한 것은 세상에서 모두 알고
있다. 그의 시 「백거이를 본받아 함부로 말하다」의 한 수를 예로 들겠다.

| | |
|---|---|
| 掉頭誰擬作公卿 | 머리를 저으니❶누가 공경이 되려고 하겠는가 |
| 只合林間樹下行 | 숲 사이 나무 아래로 가는 것이 마땅하리. |
| 臧是穀非憑耳過 | 장과 곡의 시비❷는 귀에 흘러 보내고 |
| 元輕白俗壬詩成 | 원백 시 가볍고 백거이 시 속되든❸시 이루면 그만. |
| 有身祗作他人看 | 몸뚱이라 그저 다른 사람이 보는 것이니 |
| 無事休將造物爭 | 아무 일 없으니 조물주와 다투지 말자꾸나.❹ |

❶ 도두(掉頭): 머리를 저면서 돌아보지 않는 도두불고(掉頭不顧)이다.
❷ 장시곡비(臧是穀非): 장(臧)은 노예이고 곡(穀)은 어린아이다. 『장자(莊子)·변무(駢拇)』의, 노예와 어린아이가 염소를 먹이는데 노예는 책장을 넘기며 글을 읽고 어린아이는 장기를 두며 놀다가 두 사람이 다 그 염소를 잃어버렸다는 데서 나온 것으로, 하는 일은 다르더라도 중요한 것을 잃은 점은 마찬가지라는 뜻이다. 곧 인생의 성패 영욕은 결국 허무하다는 것을 비유한 것이다.
❸ 원경백속(元輕白俗): "원진(元稹)의 시는 경조하고 백거이의 시는 속되다."는 평어(評語)에서 온 말이다.
❹ 「백거이를 본받아 함부로 말하다[放言效白]」, 『원굉도집전교(袁宏道集箋校)』 27권.

그의 형 원종도袁宗道는 자기가 사는 원림을 '백소재白蘇齋'라 하고 원림 생활의 명성과 실상을 한데 모아서 더욱 명쾌하게 다음과 같이 말했다.

백수[원종도의 자]는 백거이·소식 두 공을 매우 좋아하였는데, 장공 소식)을 좋아함이 더욱 심했다. 궁궐의 당직을 마치고 나올 때마다 번번이 향을 사르고 고요하게 앉아 작은 종에게 종이를 펴게 하고 두 공의 한적한 경지의 시를 베꼈으며 혹은 작은 문장을 쓰거나 혹은 시여❶ 한두 폭을 썼는데, 그러다가 지치면 손을 한쪽으로 하고 누웠다. 모두 산림에서 마음속으로 터득한 말들인데, 게으름에 가깝고 방달함에 가까웠다.❷

❶ 시여(詩餘): 송나라 사(詞)의 시가 장르을 이른다.

❷ 「백수의 유묵 뒤에 쓰다(識伯修遺墨後)」, 『원굉도집전교(袁宏道集箋校)』 35권, "伯修(袁宗道字)酷愛白·蘇二公, 而嗜長公尤甚. 每下直, 輒焚香靜坐, 命小奴伸紙, 書二公閒適詩, 或小文·或詩餘一二幅. 倦則手一編而臥, 皆山林會心語, 近懶近放者也."

원굉도는 다음과 같이 말했다.

이 아우는 이렇게 게으르고 편벽되니, 그저 '존경각'에 앉아서 책을 읽어야 할 것이 마땅하지만, 실은 책을 읽는 것도 참지 못하므로, 그저 메마르게 산림을 지키면서 학문도 끊고 아무 일도 하지 않는 도인일 뿐입니다.❶

❶ 「악의 율에 답하다(答樂之律)」, 『원굉도집전교(袁宏道集箋校)』 21권, "弟懶僻若是, 只合坐尊經閣讀書, 其實讀書亦不耐, 唯當枯守山林, 作一絶學無爲道人而已."

원굉도 같은 사람은 자신이 세상물정을 헌신짝처럼 여기며 원림산수에 탐닉했다는 글은 실재로 너무 많다. 그러나 그들의 문집을 한 번 보면 알 수 있듯이, 이런 탐닉은 거의 그들 생활의 전반적인 내용이다.

그러나 전반적인 '천인' 체계를 유지시킬 책임을 맡았던 사대부계층이 이러한 탐닉을 인정할 수 있었기 때문에 송대와 같을 수 있고, 이로 말미암아 이학이 '호중천지'와 '우주에 가득하게' 담기는 상반된 추세가 통일된 것이다.

중랑[원굉도의 자]과 소수[원종도의 자]는 모두 학문에서 지향할 바를 알았다. 원종도 선생의 말은 심성을 말하였고, 또한 각기 성찰하는 바가 있어서 서로 상의하여 증명하였다. …… 1년 후에 우연히 장자소와 대혜가 격물을 논하는 곳에 들어가는 길에 급히 원굉도를 불러서 함께 이야기 했다. 막 말을 하려고 하는데, 원굉도가 곧 힘차게 말하길, '말할 필요 없다.'고 하니 서로 함께 크게 웃으며 마쳤다. 더할 나위 없이 좋은 것은 다시 공맹의 책을 읽기 시작하면, 지극한 보배는 원래 집안에 있다는 것을 바로 알 수 있는데, 어찌 반드시 밖에서 구하려하는가? 내가 시험 삼아 선으로 유학을 설명하는 것은 선가와 유가가 하나로 합하는 뜻을 알게끔 하는 것이다.❶

❶ 주승필(周承弼) 등이 감수하고 왕위지(王慰志) 등이 찬집한『공안현지(公安縣志)』6권,「원굉도전(袁宏道傳)」, "中郎與小修皆知向學, 先生(袁宗道)語以心性之說, 亦各有省, 互相商證. …… 逾年偶於張子韶與大慧論格物處, 有所入, 急呼中郎與語. 甫擬開口, 中郎即躍然曰: "不必言." 相與大笑而罷. 至是始復讀孔孟諸書, 乃知至寶原在家內, 何必向外尋求. 吾試以禪詮儒, 使知兩家合一之旨."

심성心性・격물格物・부독공맹復讀孔孟・이선전유以禪詮儒・불언이오不言而悟・침익원림沈溺園林 등이라고 한 것은 모두 형적이나 전제筌蹄37)에 불과할 뿐이다. 그러나 그것들의 유일한 목적은 자기심리 구조와 '호중천지'에 드러나는 것을 부합시켜야만 존재하게 될 것이다.

여러 학자들이 인식하기에 송대 이후 원림의 발전과 중국자본주의 요소가 싹튼 것은 서로 표리관계이다.38) 그러나 실제 정황은 전혀 반대이다. 따라서 송대 이후 원림의 발전은 형체로 나타나지 않는 곳이 없을 만큼 전통사회의 형태가 수준 높게 강화되었다.

예를 들면 본 절의 처음에 인용한 육유陸游의 동리東籬 동산을 '작은 나라 적은 백성의 작은 것'이라고 한 것이다.『장자・천지』에서 말한 것을 예로 들겠다.

한음의 노인이 밭이랑을 만들어서 고랑 길을 파고 거기를 돌아 우물에 들어가서 물을 길어 동이를 안고 나와서 밭에 물을 주었다. 힘은 몹시 들였지만 일은 조금도 진척되지 않았다. 그것을 보고 자공이 노인에게 묻기를 '어째서 힘을 조금 써도 공이 많이 보이는 두레박을 사용하지 않습니까?' 하니, 노인이 화난 듯한 얼굴빛으로 말하였다. 내가 우리 선생에게 들으니, 기계를 쓰게 되면 반드시 기교를 부리는 일이 있게 되고, 기사가 있으면 반드시 기심이 있게 된다. …… 내가 기계를 쓸 줄 모르는 것이 아니라 부끄러워서 쓰지 않는다.❶

❶ 『장자(莊子)·천지(天地)』, "漢陰丈人, 將爲圃畦, 鑿隧而入井, 抱甕而出灌, 搰搰然用力甚多而見功寡." …… "吾聞之吾師, 有機械者必有機事, 有機事者必有機心. …… 吾非不知, 羞而不爲也."

이 고사는 전통사회형태가 예로부터 원림과 밀접하게 연계되었음을 설명한 것이다. 그러나 송대 이후의 사대부들이 전에 없이 자각하여 '항아리 안는 것'을 자기 원림의 종지로 삼았다는 것에 더욱 주의해야할 가치가 있다. 범성대范成大가 그의 원재園齋에 제한 것을 보겠다.

한음에 도구는 없어도 기는 용납할 만하니, 늘그막에 공명은 하나의 납의로구나. 마른 나무 같은 한가한 몸 게으른 생각이 따르니, 뜬 구름 같은 환사도 고개를 돌리니 순식간에 그르치는구나.❶

❶ 범성대(范成大), 「만재의 벽에 쓰다[題漫齋壁]」, 『범석호집(范石湖集)·시집(詩集)』6권, "漢陰無械可容機, 歲晚功名一衲衣. 槁木閑身隨念懶, 浮雲幻事轉頭非."

방회方回도 일찍이 '옹포甕圃'의 경치를 늘 찬양하여 읊었다.39) 또 예를 들면 명대明代 오백붕吳百朋이 "일찍이 '포옹원'을 지었다."40)고 하였다. 그리고 오정한吳廷翰이 「옹원기甕園記」에서 다시 말했다.

吾園寧拙毋巧　　나의 원림은 졸박하나 기교는 없으니
甘抱甕以終身　　종신토록 항아리 껴안는 것을 달게 여기고
而不能一日爲桔槹也　하루도 두레박을 사용할 수 없다네.❶

　　　　❶ 오정한(吳廷翰),『오정한집(吳廷翰集)·호산소고(湖山小稿)』하권.

그의 「옹원甕園」에 다음과 같이 말했다.

花間抱甕睡　　꽃 사이에서 항아리 안은 채 자자고
雨後荷鋤吟　　비온 뒤에 호미질하며 읊조린다네.
性懶平生癖　　성격이 게을러 평생 동안 버릇이 되어
機忘萬慮沉　　기심을 잊고 온갖 생각에 잠기네.
古人如可作　　고인이 지은 것 같이
惟有漢陰心　　한음 노인의 마음만 있도다.❶

　　　　❶ 오정한(吳廷翰),『오정한집(吳廷翰集)·호산소고(湖山小稿)』상권.

원굉도나 원종도 같은 사람도 예외일 수 없다. 원굉도의 「포옹정기抱甕亭記」

를 보자.

형 백수[伯修; 원종도]의 서울 임시 거처가 장안문 서쪽 가까이 있었는데, 작은 정자 포옹抱瓮이 있다. 백수伯修가 스스로 이름 지은 것이다. 정자 밖에는 꽃과 나무가 많고 바로 서쪽에는 큰 잣나무 여섯 그루가 있어서 …… 손님으로 이 정자에 오는 사람들은 나뭇잎이 울창하고 참새가 새끼에게 먹이며 들 나방이 허물을 벗고 호랑나비가 꽃가루를 나르는 광경을 보고서 참으로 농사일에 노련한 농부라고 여겼다.❶

❶ 「포옹정기(抱瓮亭記)」, 『원굉도집전교(袁宏道集箋校)』 17권, "伯修寓近西長安門, 有小亭曰'抱瓮', 伯修所自名也. 亭外多花木, 正西有大伯六株, …… 凡客至斯亭者, 睹夫枝葉之翁鬱, 乳雀之哺子, 野蛾之變化, 胥蝶之遺粉, 未嘗不以爲眞老圃也."

이후의 예로는 기표가祁彪佳 같은 이가 산에 우거하던 원림에 '포옹소계抱瓮小憩'라는 경구景區가 있었다.⁴¹⁾ 이같이 현판에 제한 것은 '호중천지'나 '개자수납' 같은 것으로, 이는 곧 송대 후기 고전원림과 전통문화의 귀착점을 분명하게 나타낸 말이다.

송대 이후 사대부 거주환경의 예술격조를 형상하여 설명하는 것도 유일한 귀결점일 것이다. 남송의 중기曾幾⁴²⁾가 그의 헌재軒齋를 다음과 같이 묘사하였다.

鼠迹印塵幾    쥐 발자국 어찌나 분명한지

제1장 '호천'에서의 탐닉과 '천인'체계의 분산

| | |
|---|---|
| 蝸涎篆書帷 | 달팽이 침으로 휘장에 구불구불한 글씨를 썼구나. |
| 兒童勿除去 | 아동이 지워버리면 안될 것이니 |
| 佳處正在玆 | 아름다운 곳 바로 여기에 있네.❶ |

❶ 「동헌의 소실에서 즉시 쓴 5수[東軒少室卽事五首]」1수, 『다산집(茶山集)』2권.

원대 육우인陸友仁이 기록하길, "필소동畢少董43)이 거처하는 방을 '사헌死軒'이라고 이름 짓고, 입고 쓰는 것이 모두 상고시대 묘 안의 물건이다."44)고 하였다. 원굉도가 원종도의 원재園齋에 대한 칭찬을 하였는데, 똑같이 이 속에는 진부하고 고후함에 가까운 청아한 기운이 충만하기 때문이라고 하였다.

| | |
|---|---|
| 幾點秋毛染鬢斑 | 몇 점의 가을 터럭이 구레나룻을 물들이고 |
| 深衣長褐古銅鐶 | 심의❶와 장갈❷차림에 문고리는 동환45)이네. |
| 榻邊石骨抽枯筍 | 좌탑 옆의 서골엔 마른 죽순 삐쳐 나왔고 |
| 盆裏松根露淺山 | 화분의 소나무 뿌리는 나지막하게 산으로 드러났네. |
| 霜月灑來如白酒 | 서리달이 쇄락하여 마치 백주와 같은데 |
| 菊花老去變紅顔 | 국화는 늙어 가매 붉은 얼굴로 변하누나. |
| ……❸ | |

❶ 심의(深衣): 중국 고대의 복제가 상의(上衣)와 하상(下裳)이 따로 인 것이 통례인 데 반하여 의(衣)와 상(裳)이 서로 잇닿아 몸을 휩싸게 되어 있어 심원(深遠)한 느낌을 주었다. 심의란 말도 이런 뜻에서 나온 듯하다.
❷ 장갈(長褐): 길이가 긴 갈옷이다.
❸ 「백수재중(伯修齋中)」『원굉도집전교(袁宏道集箋校)』14권.

명대 사대부들은 전에 없이 자각하여 진부한 문화 환경에 탐닉한 예는 일일이 거론할 수 없을 정도이다. 원말명초의 고덕휘46)같은 이는 다음과 같이 탐닉하였다.

고서·명화·이정·비완을 사고, 천경서에 별장을 짓고서 '옥산가처'라 하였다. 그 안에서 아침저녁으로 손님들과 함께 술을 차려 놓고 시를 지었다. 사방에서 온 문학사로는 하동의 장저·회계의 양유정·천태의 가구사 …… 모두 그 집의 주인 같았다. 원림 못가 정자에 가득하게 도사가 풍부하고 객사에 음식을 보내며 노래하는 기생이 모두 그 당시에 제일이었다.❶

❶ 『명사(明史)·고덕휘전(顧德輝傳)』, "購古書·名畵·彛鼎·秘玩, 築別業於茜涇西, 曰'玉山佳處', 晨夕與客置酒賦詩其中. 四方文學士河東張翥·會稽楊維楨·天台柯九思 …… 咸主其家, 園池亭榭之盛, 圖史之富曁餼館聲伎, 並冠絶一時."

　또 명나라 중엽의 저명한 학자 하량준何良俊을 예로 들겠다.

남경에서 벼슬하며, …… 그곳에 오래 동안 거처하며, 감개하여 탄식하며, '내가 바닷가의 청삼각에는 장서 4만 권, 명화 100첩, 고법첩 이정이 수십 종이 있으니, 이를 버리고 살 수 없어서 번거롭게 소나 말처럼 달렸구나!' 마침내 병을 안고 돌아간다.❶

❶ 『명사(明史)·하량준전(何良俊傳)』, "官南京, …… 居久之, 慨然嘆曰: '吾有淸森閣在海上, 藏書四萬卷, 名畫百簽, 古法帖彛鼎數十種, 棄此不居, 而僕僕牛馬走乎!' 遂移疾歸."

앞의 예들에서 분명히 알 수 있듯이, '원지정사園池亭榭'는 이런 문화 환경의 '아름다운 곳'을 담고 있다. 이어李漁가 조원예술의 정미함을 찬술한 '삼여루三與樓'는 우호虞灝의 모습으로 자신을 우의寓意한 것이다.47)

우호 이 사람은 시서 읽기를 좋아하고 명예를 구하지 않는 고결한 선비이다. …… 그는 한평생 특별히 좋아하는 것이 없었고, 원정 조성하기를 좋아했다. 일 년 동안 하루도 일을 꾸미지 않는 날이 없었다. 그가 조성한 집은 확실히 정밀함을 다하여 매우 고아하여 보통사람들의 집과 같지 않다. 그가 말하길 한평생 누가 좋은 밭 만 경이나 후록 천종, 견금 백일을 맡겨도 모두 남의 물건이니 자기와 관계없다. 다만 세 가지 기명이 있는데 이는 실제로 받아 쓸 수 있는 물건으로 정미함을 구하지 않을 수 없다. 세 가지가 어떤 것인가? 하루 동안 머무르는 집, 밤 동안 잠자는 침상, 죽은 뒤에 보관하는 관이다.❶

❶ 이어(李漁), 「12루(十二樓)·삼여루(三與樓)」, "(虞灝)是个喜讀詩書不求聞達的高士, …… 他一生一世沒有別的嗜好,只喜歡構造園亭, 一年到頭, 沒有一日不興工作. 所造之屋定要窮精極雅, 不類尋常. 他說人生一世, 任你良田萬頃, 厚祿千鍾, 堅金百鎰, 都是他人之物, 與自己無干; 只有三件器皿, 是實在受用的東西, 不可不求精美. 哪三件? 日間所住之屋, 夜間所睡之牀, 死後所貯之棺."

명청 사대부들이 이처럼 자각하여 '원정園亭 옥우屋宇'와 '죽은 뒤에 보관하는

관' 같은 것을 동등하게 보고, 이를 다시 고전원림 최후의 귀착점으로 설명한 것이다. 이어李漁의 묘사에 근거하면 우호虞灝가 나중에는 가난하다는 이유로 원정을 팔아버리고 오직 한 사람이 앉아서 몸을 의지할 서루書樓만 남겼다 한다.

제일 아래 한 층은 조각한 난간이 구불구불하고, 대자리 꽃방석이 있고 그가 사람을 대접하고 교제하는 곳으로, 편액 위에는 '사람들과 무리가 되다[與人爲徒]'라는 네 글자가 있다. 가운데 한 층에는 깨끗하게 정리된 책상과 밝은 창·상아 첨대와 옥으로 만든 굴대가 있는데 이곳은 그가 독서하고 법첩을 임서하는 곳으로 편액 위에는 '옛 것과 더불어 무리가 되다[與古爲徒]'라는 네 글자가 있다. 가장 위의 한 층은 공간이 매우 넓어 이름난 하나의 향로와 『황정경』 한 권을 제외하면 그럴듯한 물건이 없다. 이는 그가 세속을 피하여 시끄러운 곳을 떠나, 남들과 단절하고 은거하는 곳으로 편액 위에는 '자연과 더불어 무리가 되다[與天爲徒]'라는 네 글자가 있다.❶

❶ 이어(李漁), "最下一層有雕欄曲檻, 竹座花菔, 是他待人接物之處, 匾額上有四個字云, "與人爲徒". 中間一層有淨机明窓, 牙籤玉軸, 是他讀書臨帖之所, 匾額上有四個字云, "與古爲徒". 最上一層極是空曠, 除名香一爐·『黃庭』一卷之外, 並無長物, 是他避俗離囂·絶人屛跡的所在, 匾額上有四個字云, "與天爲徒"."

이어李漁가 제작한 몸을 빼지 못할 정도의 작은 누각에서 '천인'이 즐기는 이상 인물을 다 얻었는데, 이런 원형은 천 년 전에 이루어진 것이다. 『양서·도홍경전』에 다음과 같은 기록이 있다.

영원 초에 다시 3층 누각을 지었다. 도홍경이 그 위에 거처하고, 제자가 그 가운데 거처하니, 손님은 그 아래에 이르면 다른 인물과 단절되어 오직 한 집의 동자가 그 곁에서 모실 수 있다. 특히 소나무의 바람소리를 사랑하여 늘 그 소리 들으며 흔쾌히 즐긴다.❶

> ❶ 『양서(梁書)·도홍경전(陶弘景傳)』, "永元初, 更築三層樓, 弘景處其上, 弟子居其中, 賓客至其下, 與物遂絶, 唯一家僮, 得侍其旁. 特愛松風, 每聞其響, 欣然為樂."

이와 서로 비교하면, 이어李漁가 쓴 '삼여루三與樓'에서 주된 생활의 맑고 깨끗함은 몇 백배나 되지만 이 중세기 문화의 성질과 구조는 조금도 변함이 없다는 것이 분명하다. 따라서 '호천'이 이째서 날마다 협소해지고 진부해지는가를 논할 것 없이, 명청 사대부들이 그 가운데 자신을 맡기고 이를 바탕으로 영원하고 무한한 '천인'체계로 융화해 가는 것을 자기생명의 근본적인 의의로 여겼다.

이와 비슷한 예는 원굉도袁宏道가 "낡은 누각을 얻어서 지붕을 이고 '연북硯北'48)이라 이름 지었다" 하였고 원중도袁中道가 그 뜻을 다음과 같이 설명하였다.

인생의 한적한 정취는 벼루 북쪽에 몸을 두고 서적❶을 가까이할 때라고 해도 지나친 말이 아니다. …… 지금 이후로 이 누에 만권을 모으면, 늙어서 좀 벌래❷가 두루마리 굴대에서 장난칠 것이니❸, 흥이 이르러 다시 몇 마디 휘호하면 마음을 씻어 통하게 하여, 연북에 있는 자신을 기쁘게 한다. 내 뜻을 다한 것이다.❹

❶ 위편(韋編): 서적(書籍)을 가리킨다. 고대(古代)에는 죽간(竹簡)에 글씨를 써서 소가죽 끈으로 죽간을 연결했기 때문에 위편이라 한다.
❷ 두어(蠹魚): 좀 벌레, 옷이나 책을 좀먹는 해충이다.
❸ 제섭(題躞): 서권(書卷)의 굴대 축이다.
❹ 원중도(袁中道),「연북루기(硯北樓記)」,『가설재근집(珂雪齋近集)』1권, "人生閑適之趣, 未有過於身在硯北, 時親韋編者也. …… 今而後將聚萬卷於此樓, 作老蠹魚遊戲題躞, 輿之所到, 時復揮灑數語, 以疏淪性靈, 而悅此硯北之身. 吾志畢矣."

    전통문화체계를 유지하는 생명을 연장시키고, 사회제도가 점점 더 협소해지는 '호천'에서 끊임없이 개척할 수 있도록 반드시 요구해야 하며, 원굉도를 예를 들어 설명하였듯이 명대 사인들처럼 이 사명을 완성해야 했던 것이다.
    원굉도는 이 당시에 가장 대표적인 분경가盆景家로, 그의 『병사甁史』라는 글에서 분경예술의 기술세절·미학표준을 상세하게 서술했다. 분경을 완상하는 것은, 곧 저자거리 모퉁이의 이득이 모이는 곳의 사람들에게, 높은 바위에 기대서 삿갓을 쓰거나 흐르는 물에 갓끈을 씻는 생각이 들게끔 할 수 있다. 최후에 그는 아래의 문자로 전체 글의 뜻을 총괄하였다.

    송나라 장공보[장자]가 지은 『매품』은 언어가 매우 운치가 있어서 내가 읽어보고 탄상하여, 그것을 모방해서 서너 조항을 지어서 병화재의 벽에 걸었다. 꽃이 마음에 들어 하는 것은 모두 14조항이다. 밝은 창·깨끗한 책상·골동의 솥·송나라 벼루·파도 소리 같은 솔바람 소리·시냇물 소리, 주인이 시를 좋아하고 시를 잘 짓는 것, 집에 자주 드나드는 승려가 차를 끓일 줄 아는 것, 계주 사람이 술을 보냄, 좌객이 화훼 그림을 잘 그림, …… 꽃을 모욕하는 것이 모두 23조항이다. 주인이 자주 손님을 접대함, 속된 사람이 함부로 들어옴, ……책상 위에 '황금백설', '중원자기' 등의 시가 놓여 있는 것 같은 것들이다.❶

❶ 『원굉도집전교(袁宏道集箋校)』25권, "宋張功甫 『梅品』, 語極有致, 余讀而賞之, 擬作數條, 揭於瓶花齋中. 花快意凡十四條: 明窓·淨机·古鼎·宋硯·松濤·溪聲, 主人好事能詩, 門僧解烹茶, 薊州人送酒, 座客工畵花卉, …… 花折辱凡二十三條: 主人頻拜客, 俗子闌入, …… 案上有 '黃金白雪', '中原紫氣'等詩."

    제7편 제2장에 기록한 남송 장자49)의 「옥조당매품玉照堂梅品」 문장과 비교하면, 원굉도의 배움에는 새로운 뜻이 확실하게 있었다. 전통문화 체계에서 중다한 요소의 완선이나 조화로운 융화가 송나라 때에 항상 요구되었는데, 원림 가운데 있는 매화 감상을 통하여 비로소 실현할 수 있었다.

    명대에는 분경 하나의 작은 '호천'을 매개체로 삼아 완선할 수 있었다. 따라서 명대 원림가들이 분경을 송나라 사람보다 더욱 많이 중시한 것도 필연적이다. 『병사瓶史』를 제외하더라도 고렴高濂50)의 『준생팔전遵生八笺』 같은 저작에서도 이 예술을 상세하게 언급하였다. 이 당시 허다한 정원은 분경을 주요한 경관으로 삼았다. 예를 들면 명나라 말에 완성된 책 『도올한평』51)제16회에 다음과 같이 묘사되었다.

창밖의 흰 돌로 만든 분 안에 금붕어를 기르고, …… 천정을 안을 열고 대부분 분경을 설치하였으니 매우 그윽하고 운치가 있다.❶

❶ 『도올한평(檮杌閑評)』제16회, "窓外白石盆內養着紅魚, …… 天井內擺設多盆景, 甚是幽雅."

또 『도올한평』 23회에서는 분경의 배치와 집의 장식에 관한 것들을 묘사하였다.

밖으로 나오니 한 곳에 작고 작은 원정이 있는 것도 그윽한 운치가 충만하다. 남쪽의 세 칸 소권小棬은 난간 밖의 돌로 만든 작은 산과 어울리게 만은 분경을 배열하였다. 용마루를 조각하고 대들보에 그림을 그렸는데 붉고 푸른색이 휘황찬란하다.❶

> ❶ 『도올한평(檮杌閑評)』제23회, "進來是一所小小園亭, 卻也十分幽雅. 朝南三間小棬, 檻外宣石小山, 擺着許多盆景, 雕樑畫棟, 金碧輝煌."

이런 상황이 계속되어 청대에 이르러서 드디어 심복沈復52)이 제작한 하나의 분경이 있었다.

정신이 그 안에서 노니니 마치 봉도에 올라온 것 같다. 처마 아래에 향초와 함께 품제 하였다. 이곳은 수각을 설치해야 어울리고 이곳에는 초가 정자를 세워야 어울리며 이곳에 '낙화유수간'이라는 여섯 글자를 새겨야 어울릴 것이다. 여기에서 살만하고 여기에서 낚시할 만하며 바라 볼만하니 흉중의 구학을 옮겨서 사는 것 같구나.❶

> ❶ 『부생육기(浮生六記)』2권, "神游其中, 如登蓬島, 置之簷下與芸品題; 此處宜設水閣, 此處宜立茅亭, 此處宜鑿六字曰: '落花流水之間', 此可以居,

> 此可以釣, 此可以眺. 胸中丘壑, 若將移居者然." 명청 양 시기의 분경예술의 "갖가지 정묘함"은 사국정(謝國楨)선생의 『명대사회경재사료선편』 상책 pp.70~74의 여러 조항에서 참고하여 볼 수 있다. 청대 후기는 정원에 분경을 모으는 것이 당시의 풍조였기 때문에 원림 사이의 분경의 밀도가 매우 대단했고, 기법도 극도로 과장하였다. 『홍설인연도기(鴻雪因緣圖記)』제3책, 「배석배석(拜石拜石)」의 그림에 보인다.

건륭 이후에 계속된 비연호鼻煙壺53)에도 산수명승의 경지가 있다.54) 그러나 아래의 예들과 서로 비교하면, 분경예술은 여전히 명청 사인들이 독단했다고 할 수 는 없다.

원굉도袁宏道가 지은 「휵촉직畜促織」이라는 문장에서 가사도賈似道가 귀뚜라미를 기르는 갖가지 묘취와 명나라 사람들이 이 방법을 풍미한 것에 대하여 상세하게 서술하였는데, 최후에 그가 감탄하여 다음과 같이 말했다.

---

대개 귀뚜라미의 모습과 습성이 자세하게 모두 갖추었다. 아! 곤충의 미묘함을 빠짐없이 갖춘 것이 이와 같을 수가 있는가!❶

---

❶ 원굉도(袁宏道), 「휵촉직(畜促織)」, "凡促織之態貌情性, 纖悉必具. 嗟乎, 一蟲之微妙曲折如此!"

가사도는 남송의 유명한 권세 있는 재상이며 원림가로, 그가 신경 써서 궁구한 것이 하찮은 것이지만, 전통문화가 탈바꿈한 것을 충분히 설명하였다.

명나라 사람들은 여전히 만족하지 않고 그의 면전에서는 속수무책이었는데, 원굉도가 곧 「투의(鬪蟻)」나 「투주(鬪蛛)」 같은 저서에서 힘써 새로운 경지를 개척한 것이 있어서 큰 밑천을 가졌다고 자부하였다.

거미를 싸움시키는 방법이 예로부터 있다는 말을 들어보지 못했는데 내 친구 공산목이 이 놀이를 창안하였다. 공산목은 젊어서 나와 같은 곳에서 벼슬하였다. 봄 날씨가 온화할 때마다 작고 다리가 약간 긴 거미를 찾아 사람들이 각자 서너 마리씩 창문 사이에서 길러 승부를 비교하는 것을 오락으로 삼았다. 거미는 대개 벽의 그늘진 곳과 책상의 판 아래에 있는데, 거미줄은 가로로 서너 줄을 치는데 그치고 세로 줄은 치지 않는다. 거미를 잡을 때는 급해서는 안 된다. ……❶

괴태

❶ 「투주(鬪蛛)」, 『원굉도집전교(袁宏道集箋校)』20권, "鬪蛛之法, 古未聞有, 余友龔散木創此為戲. 散木與少余同館, 每春和時, 覓小蛛腳稍長者, 人各數枚, 養之窗間, 較勝負為戲. 蛛多在壁陰及案板下, 網止數經, 無緯. 捕之勿急 ……" 또 장대(張岱)의 『낭현문집(琅嬛文集)』 3권 「투계격(鬪雞檄)」에도 기록하길, "투암순(鬪鵪鶉) · 투화미(鬪畫眉)"와 "투산의(鬪山蟻) · 투촉직(鬪促織)" 같은 것이 당시의 풍조였다. 같은 책 1권의 「낭현기집서(琅嬛詩集序)」에서 원굉도가 그의 중요한 영향을 받은 것에 대하여 일찍이 스스로 서술하였다. 5권 「자위묘지명(自爲墓誌銘)」에서 장대(張岱)가 자술하여 "정사(精舍)를 좋아하고, 미비(美婢)를 좋아하며, 아름다운 아이를 좋아하고, 아름다운 옷을 좋아하고, 맛있는 음식을 좋아하고 준마를 좋아하며, 화려한 장식등을 좋아하며, 불꽃을 좋아하며, 이원(梨園)을 좋아하며, 음악을 좋아하고, 골동을 좋아하며, 화조(花鳥)를 좋아하며, 겸하여 차를 마시며 음탕한 농담을 하고[茶淫橘虐], 서두(書蠹; 책벌레로서 독서에만 몰두하고)로 시마(詩魔; 시 읊기를 좋아하는 버릇)가 있다."고 하였다. 여기에서 명대 사대부의 "정사(精舍)"에 포함된 구체적인 문화 내용을 알 수 있다.

이 같은 생활과 지향하는 문화의 발전추세가 서양의 근대 낭만주의 문화와 같은 대열이라고 하기는 어려운가? 괴태55)가 쓴 파우스트56)는 마치 중국 명청 사이의 작품을 대조하여 쓴 것 같다.

그는 자신이 작은 방에서 나오지 못하고, 철학·의학·법률·신학 등 일체의 전통학술을 통달하였으나, 결국에는 가련하게도 어리석은 사람으로 돌아왔으니! 앞에서 총명하게 진보한 사람을 비교해보지 못한 것이다. 파우스트는 전통 생활환경과 전통문화가 그를 질식하게 한다는 것을 분명하게 깨달아서, 구 서재에서 어떠한 출로를 찾지 못하고 최후에는 절망하여 자살을 준비하였다. 바로 이때에 창밖에서 들리는 종소리와 청년들의 합창이, 노쇠하여 감당할 수 없는 파우스트를 환하게 깨닫게 하였다.

이것은 유년시절에 익숙하게 들었던 소리인데, 현재 또 나의 생명을 불러 돌이키누나. …… 어떤 종류는 불가사의하게도 미묘하게 동경하여 나를 언덕의 들판이나 숲으로 달려가게 한다. 천 번을 나가도 뜨거운 눈물이 내 눈에서 흘러나와, 하나의 세계가 나를 새롭게 태어나게 하는 것을 느꼈다. 이 노래 소리는 청춘시대의 즐거운 놀이로 선포하여 춘제❶날에 자유와 행복을 선포하였다. ……❷

❶　춘제(春祭): 봄철 청명절에 산소에서 지내는 제사이다.
❷　『파우스트[浮士德]』, pp.40~41, "這可是幼年聽慣了的聲音, 現在又喚回來我的生命.……有種不可思議的美妙憧憬, 驅使我去到原野和森林. 千行熱淚從我眼中流進, 我感到一個世界為我新生. 這歌聲宣布了青春時代的游樂, 宣告了春祭日的自由幸福. ……"

　파우스트가 '고딕양식의 좁은 거실'을 빠져나와서, 하늘가에서 인간들과 자유롭게 유람하기 시작하였고 영원히 멈추지 않는 휴식을 추구하기 시작하였다.

바로 이와 같은 추구가 최종에는 침윤한 운명을 벗어나게 하여 비할 데 없을 정도로 숭고하고 현란한 성당에까지 높은 수준이 도달하였다.

원굉도 등과 명대 사인들이 세상일에 절망한 뒤로, '늙도록 산림을 지킴'·'공부를 끊고 하지 않음'·'산림 사이 나무 아래에서만 행하고, …… 일이 없어도 다투어 물건을 만들지 않음'·'백소재白蘇齋'·'포옹정抱甕亭'·불장佛莊·병화瓶花·미비美婢·혁동奕童·화조花鳥·골동古董에서 곧 개미 싸움이나 귀뚜라미 싸움 같은 것까지 탐닉하는 것과 서로 비교하면, 이는 거대함이 얼마나 다른가!

명대 사대부문화와 서양근대문화에서 차이가 조성된 근본원인이 중국전통사회 형태의 특징에서만 생겨날 수 있었다. 서양근대문화는 중세기의 성시城市에서 발원하였지만, 이런 성시는 전통농업문명 가운데서 독립된 것으로, 주위 영주제도 사회와 완전히 다른 점이 있는데, 경제·정치·사법·군사·행회57) 등은 일정한 관례에서 독립된 사회조직에서 생활을 하므로, 성시에 거주하는 백성은 자유로운 특권을 누릴 수 있었다.58)

이 때문에 '제3계급'은 근대문명의 물질역량은 '문예부흥'이 정신역량으로, 성시에서 전통사회 구조가 희박해지는 가운데서 생육하며 발전된 것이다.

그러나 중국의 정황은 이와 상반된다. 성시마다 전통종법제도의 거대한 법망 위에서 응집한 점은 전반적인 전통사회구조에서 견고한 하나의 고리이다.59) 이 속에서 전통문명과 떨어진 경제·정치·문화 요인이 싹터서 서로 대면하는 것도, 고도하게 완선한 전통문화의 철통같은 벽이다.

'중국은 세계에서 자본주의 맹아가 가장 일찍 싹튼 국가이다. 구라파에 비하여 대략 3세기나 빠르지만, 상품경제발전이 완만했기 때문에 자본주의가 싹터도 발전은 매우 늦었다.

명청 시대까지는 '자본주의를 향하는 실마리가 열렸고, 오래지 않아 자본주의가 농업 중에 확립되어 소농업과 수공업이 결합하여 사회경제의 주요형태를 이루었다. 이 때문에 "자본주의 맹아가 일정하지 않게 발전하여 자본주의 생산방식이 되었다. 지중해 연안의 성시의 역사가 이런 점을 증명하였고, …… 중국의 정황은 이런 점을 더욱 증명하였다."⁶⁰⁾ 노신 선생이 말했다.

중국은 본래 새로운 이데올로기를 발생시키지 않는 곳이다, 새로운 이데올로기를 용납할 곳이 없고, 가령 우연히 어떤 외래사상이 있게 되어도, 즉시 안색을 바꿀 것이다.❶

> ❶ 『열풍(熱風)·수감록(隨感錄)』59, 「성무(聖武)」, 『노신전집(魯迅全集)』 제1권, p,423. "我們中國本不是發生新主義的地方, 也沒有容納新主義的處所, 即使偶然有些外來思想, 也立刻變了顏色"

　이와 같은 현상은 우연한 원인에서 나온 것이 아니다. 사회형태가 전통구조를 변화시키는 물질역량을 제공할 수 없어서 사대부계층이 '천인지제'와 '호중천지'의 실마리를 찾아서 나갈 수 없는 것도 당연하다. 전통사회구조의 쇠퇴는 사대부 중의 어떤 사람에게는 이런 구조 조직에서 벗어나게 할 수 있었다. 예를 들면 노신이 말한 것과 같다.

노쇠한 국가는 대개 이런 현상을 피하기 어렵다. …… 원래 인체를 기르고 지키는 주된 세포가 점차 변화하여 자기만 돌아보고, 조직 사이에 작은 공간이 있기만 하면, 곧 뚫고 들어가서 각 조직에 잠식하여 조직을 소모시키니, 곧 쉽게 멸망한다.❶

❶ 『화개집(華蓋集)』·14년의 "독경[十四年的讀經]", 『노신전집(魯迅全集)』제3권, p.423. "衰老的國度大概就免不了這類現象. …… 原是養衛人體的游主細胞(Wanderzelle)漸次變性, 只顧自己, 只要組織間有小洞, 它便鑽, 蠶食各組織, 使組織耗損, 易就於滅亡."

이런 현상이 전에 없이 활약하여, 변화시키는 일체의 에너지를 바꾸어서, 타고난 중국 '시민계층'의식을 포괄하고, 또 사회제도를 제어하는 역량이 쇠약해져서 전통문화의 진부한 요소를 포괄하기 때문에,61) 결합하게 된다. 이런 활약이 가속하여 기본 구조가 무너진 후에는 해체할 수 없다. 이와 반대로, 썩어 없어지면 체제 내부에 잔존하는 최후의 하나를 스스로 지키는 능력이 최대한 격렬한 활동을 하게 된다. 이 때문에 명대의 전제군주체계가 전에 비해 엄격했을 뿐만 아니라, 더욱 치밀해졌다.

이는 그 내부의 요소가 적극적이거나 소극적이고, 전통적이거나 이단적인 것은 물론이고, 모든 체계 자체를 반드시 질식시킨다. 이런 측면에서 황인우62) 선생이 상세하게 설명하였는데 그의 결론은 다음과 같다.

명나라는 이미 발전이 막바지에 이르렀다. 이때에 황제는 정신을 기울여 정치에 힘썼으나 어떤 이는 한가하고 편안하게 낙을 즐겼으며, 재상이 독재하였으나 어떤 이는 조화롭게 하였고 고급 장교들은 창조를 풍부하게 하였으나 혹자는 편안함에 습관이 들었으며, 문관은 청렴결백한데 봉공 중에 어떤 이는 더러움을 탐하고 부정을 행하며, 사상가는 극단으로 나가는데 어떤 이는 절대적으로 고수하였으니 최후의 결과는 모두 선악을 구분할 수 없 지경에 이르러서 모두 사업상에서 의미 있는 발전을 할 수 없었다. 어떤 이는 자신을 헤치고, 어떤 이는 명성이 무너졌고, 오히려 어떤 사람은 자신도 패하고 명성도 함께 무너졌다.❶

❶ 황인우(黃仁宇), 『만력15년(萬曆十五年)』, p.238. "大明帝國却已經走到了它發展的盡頭. 在這個時候, 皇帝的勵精圖治或者宴安耽樂, 首輔的獨裁或者調和, 高級將領的富於創造或者習於苟安, 文官的廉潔奉公或者貪汚舞弊, 思想家的極端進步或者絶對保守, 最後的結果, 都是無分善惡, 統統不能在事業上取得有意義的發展. 有的身敗, 有的名裂, 還有的人則身敗而兼名裂."

중당 이후에 '호천' 체계가 한 걸음씩 나가서 '검은 동굴'처럼 변천하는 것은 필연적인 것이 아닌가? 많은 연구자들이 이개선李開先63) 같은 사람의 희곡이나 소설을 항상 손에 쥐고 감상하였기 때문에, 명대 후기사대부들이 '시민문예'를 무기로 삼아서, 전통문화의 구조를 돌파하였다고 증명하였다. 그러나 바로 이것은 그들이 자술한 것으로, 이러한 사대부의 운명을 가장 분명하게 설명한 것에 불과하다.

---

이개선은 그의 전집을 일컬어 '한거'라 하고, 벼슬살이할 때 고심한 것을 나눈 것이다. 저술한 것이 사가 문보다 많고, 문이 시보다 많다. 원나라 사람이 전한 기이한 악부 수백 권을 개정하고, 시정의 염사·시선·대류에 속하는 것을 수집하였다. 대부분 세속에서 유행하던 자질구레한 것으로 사대부들이 말하지 않았던 것이다. 항상 이르길 '예로부터 재사가 때를 탔으나 병권을 쓰지 못하고 즐거운 일에 그 마음을 쓰지 않으면 종종 발광하여 병으로 죽는다. 지금 이를 빌려서 앉아 세월을 보내니, 암암리에 늙어가는 호걸일 뿐이다.'고 하였다.❶

---

❶ 『열조시집소전(列朝詩集小傳)』정집(丁集)상권, 「이소경개선(李少卿開先)」조(條), "李開先自稱其集曰; '閑居', 以別於居官時苦心也. 所著, 詞多於文, 文多於詩. 改定元人傳奇樂府數百卷, 搜輯市井艶詞·詩禪·對類之屬. 多流俗瑣碎, 士大夫所不道者. 常謂 '古來才士, 不得乘時柄用. 非以樂事繫其心. 往往發狂病死. 今借此以坐消歲月. 暗老豪傑耳.'"

이와 같이 용도는 이 당시의 원림예술이 '개미싸움'이나 '거미싸움' 같은 것들과 거의 일치한다. 전통체계의 역량을 돌파하는 내원과 전통체계의 진일보한 수축을 강화하는 방법을 찾을 수 없기 때문에, 세상일에 절망한 사대부들로 하여금 전인에 비하여 원림 '호천' 가운데로 자신을 깊게 탐닉하지 않을 수 없게 하는 근본적인 원인이었다.

청대 이후 전통문화와 고전원림이 발전한 추세는 바뀔 수 없다고 상술하였다. 청나라 사람이 어떻게 노력했는지를 논할 필요 없이, 송명 시기에 구획하여 정한 '호천'을 떠나서 상반되는 것만 좋아하게 되었다. 이 때문에 양계초[64]가 다음과 같이 말했다.

청나라 학문은 명나라 학문의 자리를 뺏을 수 있어서 그것과 함께 대신 일으킬 수 있다. 그러한 것도 명나라 것은 비었고 청나라 것은 실하다고 말하면 안 되는 것이다. 지금 사물의 이치를 밝히는 제도를 따져서 묻지 못하면, 그것은 빈 것으로, 마음이나 성격을 말하는 자와는 서로의 거리가 얼마나 되는가?❶

❶ 『청대학술개론(清代學術概論)』, 「양계초사학론저4종(梁啓超史學論著四種)」p.72. "夫淸學所以能奪明學之席而與之代興者, 毋亦曰彼空而我實也; 今紛紜於不可窮詰之名物制度, 則其爲空也, 與言心·言性者相去幾何?"

그들은 서양근대 과학의 몇몇 성과를 일정한 정도는 받아들일 수 있지만 더욱 큰 역량은, 그 정수가 몇몇 성과를 전통종법제도와 '천인' 체계에 어떻게 들여 넣고, 갖가지 '서양학문이 중국학문에서 나왔다'는 신화를 어떻게 엮어서 만들어내는 데에 있는 것이다.[65] 날이 갈수록 거대한 집이 무너지기 때문에, 원림의 '호천'에는 점점 더 끝없이 밝고 온화한 풍광이 있는 것 같다.

도광道光[66] 시기에 전영錢泳[67]이 북경의 '징회원澄懷園'을 차마 떠나지 못한 것은 그 가운데서 '그림을 감상하고 글씨를 평하며 노래 부르고 작곡하면, 봄 날씨가 밝아 문밖의 열 길의 홍진을 전혀 알지 못한다.'는 것 때문이었다. 그가 소주 '낙포樂圃'의 연혁을 회상하여 말할 때 가장 좋아하여 즐긴 것도, 이 유명한 원림에 앉아서 옛 임금이 거듭하여 지은 아래의 시구와 같은 것들이다.

| | |
|---|---|
| 山移小島成愚谷 | 산이 작은 섬에 옮기니 우둔한 골짝을 이루었고 |
| 水引淸流學鑒湖 | 물을 끌어서 맑게 흘리니 호수를 거울삼아 배우노라. |
| 敢向明時稱逸老 | 누가 감히 좋은 때에 빼어난 노인이라 칭하겠나? |
| 北窓高枕一愁無 | 북창에서 높이 누웠으니 하나의 근심도 없구려! |
| | |
| 茂樹禽聲合 | 무성한 나무에 새소리 조화롭고 |
| 高樓蝶夢殘 | 높은 누각에 나비가 되어 날아다니는 꿈이 깨었네. |
| 不知人世上 | 알지 못하겠네 인간 세상에 |
| 何處有風湍 | 어디에 이런 바람에 물결 이는 개울이 있겠는가?❶ |

❶ 『이원총서(履園叢書)』 20권에 보인다.

이 외에도 예가 많은데, 예컨대 같은 때의 '옹재노인瓮齋老人' 이광정李光庭[68]이 "서재 방에서, 문을 잘라내서 항아리 형상을 만들고, '옹재瓮齋'라는 편액을 걸고 호를 삼았다." 그리고 자부하며 다음과 같은 시를 지었다.

| | |
|---|---|
| 作室如宅心 | 집을 짓는데 마음가짐으로 새겨두려고 |

| | |
|---|---|
| 內方外欲圓 | 안은 네모지고 밖은 둥글게 하고자하였다. |
| ⋯⋯ | |
| 若構通天台 | 만약 천태산과 통하게 짓는다면, |
| 何如瓮易成 | 어찌 항아리가 쉽게 완성되겠는가?❶ |

❶ 『향언해이(鄕言解頤)』 5권, 「이옹(李瓮)」조(條), "於書齋複室, 斫門爲瓮形, 額曰'瓮齋', 遂以爲號".

1895년 4월, 중일갑오전쟁에서 참패한 청나라 정부는 아편전쟁 이래로 가장 굴욕적인 '마관조약'[69]을 할 수 없이 체결하였다. 그로부터 2·3개월 뒤에 청대 고증학 최후의 거장 한 분인 유월(兪樾)[70]이 그의 「묵자서」에서 당시 중국과 서양이 다투는 귀착점을 아래와 같이 상상하였다.

근세 서양학 중에 있는 광학이나 중학은 혹자의 말에 의하면 모두 『묵자』에서 나온 것이라 한다. 그러나 그 비제❶·비돌❷·비혈❸의 법은 혹 서양기계에서 시작된 것이 아닌가? 아! 오늘날 천하가 온 나라가 전쟁 중인데, 『맹자』의 근본은 군주를 위한다는 한마디를 돌아보고 『묵자』의 글을 보충하면, 혹시 안은 편안하고 밖은 물리칠 수 있지 않을까!❹

❶ 비제(備梯): 적병이 해자垓子를 메우고 성벽 아래로 육박하여 사다리 달린 수레로 성을 공격해 올 때 이에 대비하는 방법이다.
❷ 비돌(備突): 굴속 공격에 대비하는 방법이다.
❸ 비혈(備穴): 땅에 굴을 파고 성안으로 침입하여 공격해 오는 적을 막는 대비 방법이다.
❹ 유월(兪樾), 「묵자서(墨子序)」, 『묵자간고(墨子間詁)』에 보인다. "近世西學中, 光學·重學, 或言皆出於墨子, 然則其備梯·備突·備穴諸法, 或即泰西機器之權輿乎? 嗟乎! 今天下一大戰國也, 以孟子反本一言為主, 而以墨子之書輔之, 儻足以安內而攘外乎!"

소주의 춘재당(春在堂)에 장식된 기둥과 창

    이와 같은 대학자가 슬퍼하고 가엾게 여기는 것을 감탄할 때, 그가 소주의 명원 '춘재당' 주인이었을 때를 회상하여, 이 원림에 앉아서 지금까지 보았던 갖가지 정미한 경물을 생각할 수 있을 것이다. 그러나 유월이 무엇 때문에 자기의 소원을 "춘재"라고 이름 지었는지도 끊임없이 음미해야 할 것이다.

도광 30년에 내가 진사에 합격하여 보화전에서 2차 시험을 치렀다. …… 그 때 시제가 '옅은 안개 속에 성근 비 내리니 하늘에서 꽃이 떨어지네'였다. 내가 첫 구에서 '꽃이 떨어져도 봄은 그대로 있구나'하였다. …… 그러나 나는 종신토록 몰락하여 세상에서 버림을 받았으니, …… 나가지 않고 집안에서 찬술한 것을 비교해보면, 이미 80권에 달했다. 명산의 단점은 결코 감히 바라보지 못하지만, 필묵으로 곤궁하여 근심하였으니, 만일 한 자라도 유전하는 것이 있게 되면, 어쩌면 또 '춘재'라고 할 것이다! 이는 의지하는 말이 아니고, 그런대로 비웃음을 면하려고 변명하는 것으로, 이에 사는 곳의 현판 제자를 '춘재당'이라 하였다.❶

❶ 유월(兪樾), 『춘재당수필(春在堂隨筆)』 1권, "道光三十年, 余中進士, 保和殿復試 ……時詩題爲 '淡煙疏雨落花天' 余首句云: "花落春仍在". …… 然余竟淪棄終身, …… 比來杜門撰述, 已及八十卷, 雖名山壇坫萬不敢望, 而窮愁筆墨, 儻有一字流傳, 或亦可言 '春在'乎! 此則無賴之語, 聊以解嘲, 因顏所居曰 '春在堂'."

'춘재당'은 명원에 앉아있는 것과 같은 것이다. 유월의 저작은 다행히 세상에 전하는 것이 있어서, 유월을 후인들이『청사고·본전』에서도 칭찬하였다.

평생 오로지 저술에만 뜻을 두어, 앞뒤로 저서의 권과 질이 매우 많고, ……또 확고하게 가법을 지켜서 경적에 공헌 한 바가 있다.❶

❶ 『청사고(靑史稿)·본전(本傳)』, "生平專意著述, 先後著書, 卷帙繁富, …… 尤能確守家法, 有功經籍."

하지만, 애석한 것은 '확고하게 가법을 고수한 것'이 전통문화와 '춘재'를 연계하지 못했을 뿐만 아니라, 도리어 이를 본받아서 또 만가 한 곡을 더하였다.

| 何止春歸與春在 | 어찌 봄이 돌아오는 것과 봄이 있는 것뿐이겠는가? |
| 胸中長有四時花 | 흉중에는 언제나 사계절의 꽃이 있다네.❶ |

❶ 소옹(邵雍), 「자처음(自處吟)」, 『이천격양집(伊川擊壤集)』19권.

이 시는 이학의 거장인 소옹이 자기 원림 경치에 대한 심정을 노래한 것이다. 이런 짤막한 시 두 구는 중당 이후 1천여 년의 역사를 총결하는데 실재 인용 될 만하다. 전통문화의 봄날이 자취를 감춘지가 얼마나 요원한지 논할 필요 없다. 그러나 한 세대의 사대부들이 시종일관 모든 희망과 지혜, 혹은 생명을 다하여 전통문화를 양육하는 것이 자신의 마음속에는 아름다운 모습이지만, 이런 모습은 늦게 도달하므로, 가장 근본적인 것까지도 고쳐서 변화시키기는 어려운 일이다.

소주 춘재당(春在堂)현판

01 반고(班固), 「서도부(西都賦)」, 『문선(文選)』1권, "逞躩諸夏, 兼其所有".

02 장형(張衡), 「동경부(東京賦)」, 『문선(文選)』3권, "萬物我賴, 亦又何求!"

03 오여필(吳與弼; 1391~1469): 명나라 강서(江西) 숭인(崇仁) 사람. 초명은 몽상(夢祥)이고, 자는 자부(子溥)며, 오부(吳溥)의 아들이다. 19살 때 『이락연원록(伊洛淵源錄)』을 읽고 평생 정주이학(程朱理學)에 전념하리라 결심하고, 평생 정주이학(程朱理學)에 전념하리라 결심하고, 과거에 응시하지 않았다.

04 고반룡(高攀龍; 1562~1626): 명나라 후기의 학자, 정치가. 스승 고헌성을 도와 동림학파를 일으켰고, 그와 함께 '고고(顧高)'로 불렸다. 동림서원에서 주자학을 가르치며, 실학주의를 제창했다.

05 천리(天理): 하늘로부터 부여받은 사람의 착한 본성을 이르는 성리학(性理學)의 기본개념. 『예기(禮記)』의 「악기(樂記)」에서 유래한 말로 사람의 탐욕과 대비되어 사용되었다.

06 정주가(程朱家): 중국 송(宋)나라의 유학자 정호(程顥), 정이(程頤), 주희(朱熹)를 아울러 이르는 말이다.

07 격물치지(格物致知): 『대학』의 8조목 격물·치지·성의(誠意)·정심(正心)·수신(修身)·제가(齊家)·치국(治國)·평천하(平天下)에서 가장 철학적인 조목으로, 모든 사물의 이치를 끝까지 파고들어 앎에 이르는 것이다.

08 종지(宗旨): 한 종파의 교리의 요지. 주요한 취지로 삼는 가르침. 근본적인 취의. 한 경전에서 설하는 주요한 취지.

09 『명사(明史)·유림전서(儒林傳序)』, "別立宗旨, 顯與朱子背馳, 門徒遍天下, 流傳逾百年, 其教大行."
  * 양명학(陽明學): 중국 명나라의 양명 왕수인(王守仁)이 주창한 유가철학(儒家哲學)의 한 학파이다. 양명학의 형성배경은 주자학이 그 체계가 완비되어 있어 원나라 때부터 수양과 실천을 위주로 할 뿐 이론적인 독창성이 없었다. 그러나 명나라 초기 진헌장(陳獻章)은 독서에 의한 자기수련방법에 대하여 의심을 가지게 되었다. 그리하여 독서를 버리고 정좌(靜坐)를 통하여 사색한 끝에 '곳을 따라서 천리를 체인(體認)하는 방법'을 발견하게 되었다. 그의 문인 임광(林光)은 진헌장에 대해서 "선생께서 교육할 시초에 반드시 정좌케 하여 그 착한 실마리를 기르게 했다. 일찍이 말하기를, '사람이 학문하는 까닭은 도리를 듣고자 하는 것이다. 도(道)를 서적에서 찾으나 얻지 못하니 도리를 내 마음에서 찾는 것이 옳겠다'라고 했다." 이로써 진헌장의 심학(心學)은 양명학의 선구가 되었다. 왕수인은 저장 성[浙江省] 위야오 현[餘姚縣]에서 태어났으며, 젊어서는 많은 정신적 편력이 있었다. 그는 용장(龍場)으로 귀양가서 "성인의 도는 나의 본성만으로 스스로 넉넉하다. 따라서 밖으로 찾을 것이 아니다"라고 자각하게 되었다. 또 주자의 즉물궁리(卽物窮理)는 심(心)과 이(理)의 간격을 좁힐 수가 없으므로 격물(格物)의 격(格)을 주자처럼 '이르다[至]'로 해석하지 않고, '바로잡는다[正]'로 했으며, 물(物)을 주자처럼 사물의 이라 하지 않고, 심의(心意)가 있는 인간사(人間事)라고 해석했다. 즉 심의 발동의 부정(不正)을 바루는 것[正]을 격물이라고 했으며, 치지(致知)의 지는 지식이 아니라 양지(良知)이니 양지를 수렴하여 확충하고 실현하는 것을 치지라고 했다. 그리하여 심즉리(心卽理)에 귀착하게 되었다. 뒷날 왕수인이 성인의 학문은 심학(心學)이라고 했듯이, 심학이 체계화되는 기초가 여기서 마련되었다. 한편 구이양[貴陽]에 있을 때, 처음으로 지행합일설(知行合一說)을 주장하고, 저양(滁陽) 이후 정좌를 가르쳤으며, 강우(江右) 이래로 비로소 치양지(致良知) 세 글자를 제시하여 본체를 바로 지적했다. 흔히 왕수인의 교(教)가 삼변(三變)했다고 하는데, 이는 지행합일설 — 정좌 — 치양지설로의 변화를 말한다. 지행의 본체는 심이며, 더욱 구체적으로는 양지(良知)이기 때문에 지식과 실천이 심에 의하여 합일된다고 했지만 실천과 지식의 합일을 위하여 정좌공부를 주장했다. 이로 인해 한때는 배우는 자가 깨우치는 듯했으나 오래됨에 따라 점차 고요한 것을 즐기고

움직이는 것을 싫어하는 폐단이 발생해 치양지공부(致良知工夫)로서 그 폐단을 타파했다. 이처럼 양명학은 치양지설에서 체계가 완성되었다.

10 황종희(黃宗羲; 1610~1695): 중국(中國) 명(明)나라 말엽(末葉)과 청(淸)나라 초의 학자(學者). 자는 태충(太沖), 호는 이주(梨州). 고증학(考證學)의 선구자(先驅者)로서, 철학사가로서 황종희는 중국에서 최초의 체계적인 철학사라 할 수 있는 『명유학안(明儒學案)』(62권)과 『송원학안(宋元學案)』(100권)을 저술하였다.

11 치양지(致良知): 왕양명의 용어이다. 모든 사람이 가지는 선천적·보편적 마음의 본체인 양지를 실현하는 일. 양지(良知)는 사람이 나면서부터 가지고 있는 지능으로, 양명학에서, 마음의 본성(本性)을 이르는 말이다.

12 『명유학안(明儒學案)』58권, 「동림학안1(東林學案一)」, "深有助乎陽明 '致良知'之說".

13 고씨(高氏)의 "電光一閃"에 비하여 더욱 일찍 사용한 말을 예를 들면, 『명유학안(明儒學案)』18권에 실린 양명(陽明)의 사숙(私淑) 제자인 나홍선(羅洪先)이 양명의 문하생 섭표(聶豹)를 칭찬하여 "쌍강(雙江)이 말한 것은 참으로 벽력(霹靂) 같은 수단이다."고 한 것이다. "電光一閃, 透體通明".

14 이지(李贄; 1527~1602): 명나라 사상가·비평가. 호는 탁오(卓吾). 양명학의 영향을 깊이 영향받았다.

15 2백여 년 이후에 이런 하나의 전통형식은 이전의 나[故我]와 다름이 없기 때문에, 공자진(龔自珍)이 당시 조정제도(朝廷制度)를 서술한 것 중에서 이태리[意達里亞]·영국[英吉利]·네덜란드[荷蘭] 같은 서양제국을 예전 처럼 "우리 조정[我朝]의 변방 속국[藩服]"이라고 칭하였다. 『공자진전집(龔自珍全集)』, pp. 118·~119. 「주객시슬략(主客司述略)」에 상세하게 보인다. "遠方慕義, 特來獻琛".

16 『주역(周易)·관괘(觀卦)』, "觀國之光, 利用賓於王."

17 왕필(王弼), 『주역(周易)·주(注)』, "觀國之光者也. 居近得位, 明習國儀者也."

18 이지(李贄)가 또 일찍이 마테오 리치[利瑪竇]를 찬하여, "광주(廣州) 남해(南海)에 당도한 후에 우리 명나라에 먼저 요순(堯舜)이 있었고, 후에 주공(周孔)이 있었다는 것을 알았다. ······ 『사서(四書)』에 성리(性理)의 대의를 해석하였다."고 하였다.(「여우인서(與友人書)」, 『속분서(續焚書)』 1권) 이같이 외래문화를 대하는 태도가 당시에 대다수 사인의 마음 가운데 뿌리 깊이 박혔다. 서삭방(徐朔方) 선생이 "서위가 경험한 서방전교사(徐渭筆下的西方傳教士)」, 『문학유산(文學遺産)』1988년 제5기에서 하나의 글을 제시하였다. "유감스럽게도 아래와 같은 사실을 인용하여, 가령 서위(徐渭)나 탕현조(湯顯祖) 같은 걸출한 인물을 본받아, 완전히 새로운 사물이 우리 눈앞에 도래할 때 크게 신기하고 경이로운 느낌을 띠는 것과 관계없이, 그들은 도리어 노대제국(老大帝國)의 노안(老眼)의 빛이 제거되기만 기대할 수 있다"고 하였다.

19 도학선생(道學先生): 도학의 이론(理論)만 중시(重視)하여 세상(世上) 물정(物情)에 어둡고 융통성(融通性)이 없는 학자(學者)를 조롱(嘲弄)해 이르는 말.

20 예법속사(禮法俗士): 예법에 얽매인 융통성이 없는 선비를 이른다.

21 「주덕송(酒德頌)」, 『분서(焚書)』 5권, "道學先生, 禮法俗士, 擧皆蜂蟲之蚓蛉子哉! 猶自謂二豪, 悲歟!"

22 「동심설(童心說)」, 『분서(焚書)』 3권, "『六經』·『語孟』, 乃道學之口實, 假人之淵藪也."

23 왕간(王艮; 1483~1541)의 격물설은 이른바 회남격물설(淮南格物說)로 불려져 왔다. 그는, 격물의 물이

무엇인지 알아야 한다고 말했다.

24 『명유학안(明儒學案)』· 사설(師說)」, "從不學不慮之旨, 轉而標之曰'自然'".

25 진헌장(陳獻章), 「논학서(論學書)」, 『명유학안(明儒學案)』5권, 「백사학안상(白沙學案上)」에 "自然之樂, 乃眞樂也, 宇宙間復有何事!"라고 보인다.

26 당추(唐樞): 자가 유중(惟中)이고 호는 일암(一菴)이며, 절강 귀안(歸安) 사람이다. 가정(嘉靖) 병술(丙戌)에 진사하여 형부주사(刑部主事)에 제수되었으나, 이복달(李福達)을 소론(疏論)하여 파직하고 돌아왔다. 강학(講學)과 저서(著書)에 40년을 보냈다. 선생은 처음으로 고향에서 천거되어 남옹(南雍)에 들어가서 감천(甘泉)에게 사사하였다. 그 후에 양명학을 흠모하였으나 마음으로 터득하는 경지에는 이르지 못했다.

27 고헌성(顧憲成; 1550~1612): 중국 명나라 말의 학자. 장거정(張居正)에게 반대한 청의파(淸議派) 관료에 속하였다. 셋째 황자(皇子)를 편애하여 장자 상락(常洛: 光宗)의 태자(太子) 책봉을 연기하려는 신종(神宗)의 처사에 반대하다가 면직되었다. 이후 동림서원(東林書院)을 설립하여 강학에 전념했다.

28 이 일은 『세설신어(世說新語)』· 덕행(德行)』, 여가석(余嘉錫)이 『전소(箋疏)』에서 「백씨육첩(白氏六帖)」29를 인용한 것에 보인다. "유량(庾亮)은 적노마(的盧馬)가 있었는데, 은호(殷浩)가 불리(不利)한 주인에게 팔기를 권하니, 유량이 말하길, '자기가 하고 쉽지 않은 것을 남에게 행하지 말라고 했다'." 유량의 이 말은 그가 보내지 않은 노마(盧馬)와 전통문화의 관계를 증명 할만하다.

29 "진(眞)"학은 전통문화체계를 돌파한 것과는 필연적인 관계는 없다. 일정한 조건 아래에서 심지어 전제제도를 대표하는 것들도 "진"을 적극적으로 표거하고 도학을 빌리는 것을 반대할 수 있었다. 예컨대 강희(康熙)가 말하길, "짐(朕)이 본 언행은 서로 부합하지 않는 것이 매우 많은데, 종일 이학을 강론하였으나, 행하는 일의 전부는 그 말과 어긋나니, 어찌 이학이라 하겠는가? 만약 입으로 강론하지 않았더라도 행동과 일이 도리와 부합하면, 이것이 참된 이학이다."고 하였다(『강희정요(康熙政要)』4권). 또 건륭(乾隆) 말하길, "강학하는 사람은 진실이 있고 거짓이 있다. 진실 된 것은 많이 얻을 수 없으나, 거짓 된 것은 도덕 성명(道德性命)의 말을 기탁하여 세상을 속이고 이름을 훔쳐, 점점 열어서 문호의 해를 찬양한다."고 하였다.(『청고종실록(淸高宗實錄)』128권)

30 도학(道學): 도덕(道德)에 관(關)한 학문(學問). 송유(宋儒)에 의하여 처음으로 사용된 말로서, 유교(儒敎)만이 도를 분명히 한다는 생각에서 나온 말이다. 유학(儒學), 특히 송대(宋代)의 정주(程朱) 학파(學派)의 학(學). 곧, 심성(心性)·이기(理氣)의 학(學). 송학(宋學). 심학(心學)의 별칭(別稱)이다.

31 부회천착(附會穿鑿): 견강부회(牽强附會)이다.

32 「이온릉전(李溫陵傳)」, 『분서(焚書)』수(首)권에 보인다. "著書甚多, 具在, 於聖敎有益無損".

33 원중도(袁中道; 1570~1623): 문학가 자가 소수(小修)이다. 벼슬은 남경(南京) 예부낭중(禮部郎中)에 올랐으며, 『가설재문집(珂雪齋文集)』24권이 남아 있다. 경릉파는 사실 공안파에서 비롯된 문학의 한 유파이다.

34 원굉도(袁宏道; 1568~1610): 중국 명나라 말기의 문학자. 국자감조교(國子監助教), 이부계훈시랑(吏部稽勳侍郎) 등을 역임했다. 고문사파(古文辭派)에 의한 의고운동(擬古運動)에 반대해 시의 진수(眞髓)는 개성의 자유로운 발로이며 격조에 얽매여서는 안 된다고 주장했다.

35 노신(魯迅), 『노신전집(魯迅全集)』제6권, p.182, "關心世道, 佩服'方中氣'."

36 「증진정부(贈陳正夫)」, 『원굉도집전교(袁宏道集箋校)』 29권, "我亦辭官作乞兒, 他時同入歌妓院."

37 전제(筌蹄): 고기를 잡는 통발과 토끼를 잡는 올가미인데, 목적(目的)을 위한 방편(方便)을 이른다.

38 이택후(李澤厚), 『미의 역정(美的歷程)』, pp.65~66.

39 「동강속집(桐江續集)」2권, 「포옹신제(抱瓮新霽)」에 보인다.

40 제자곡(諸自谷) 등이 감수하고, 정유(程瑜) 등이 찬집한 『의오현지(義烏縣志) 15권, 「오지기(吳之器)」조 (條), "嘗築 '抱瓮園'."

41 「우산주(寓山注)」, 『기표가집(祁彪佳集)』 7권.

42 증기(曾幾; 1084~1166): 송나라 하남(河南) 사람. 공주(贛州)에 세거(世居)했다. 자는 길보(吉甫)고, 호는 다산거사(茶山居士)며, 시호는 문청(文淸)이다. 증개(曾開)의 동생이다. 저서에 『경설(經說)』과 『주역석상(周易釋象)』·『다산집(茶山集)』 등이 있다.

43 필량사(畢良史; ?~1150): 송나라 채주(蔡州) 상채(上蔡) 사람. 자는 소동(少董) 또는 백서(伯瑞)다. 그림을 잘 그렸는데, 일찍이 경사(京師)에 와서 고기(古器)와 서화(書畵)를 매매하면서 권문세족들의 집을 출입했는데, 당시 필상매(畢償賣)로 불렸다. 사람들이 필골동(畢骨董)이라 불렀다. 관직은 직부문연(直敷文淵)과 우이지군(盱眙知軍)에 이르렀다. 저서에 『춘추정사(春秋正辭)』와 『번경당집(繙經堂集)』이 있다.

44 『연북잡지(研北雜誌)』 하권, "畢少董命所居之室曰'死軒', 凡所服用, 皆上古壙中之物."

45 동환(銅鐶): 동으로 만든 문고리이다.

46 고덕휘(顧德輝): 중국 원대의 문인, 화가, 수장가이다. 일명 야영(阿英), 자는 중영(仲英), 호는 옥산초자(玉山樵者), 금속도인(金粟道人) 등이며 곤산(崑山)출신이다.

47 『12루(十二樓)』부록 인, 손해제(孫楷第) 선생의 「이립옹(李笠翁)과 「12루(十二樓)」」에서 「문과루(聞過樓)」와 「삼여루(三與樓)」는 모두 입옹(笠翁) 이어(李漁)의 자우(自寓)이다고 하였다.

48 연북(硯北): 벼루의 북쪽으로, 시문 저작하는 것을 뜻한다. 책상과 벼루를 남쪽을 향하여 놓았을 때 자기 몸은 그 벼루의 북쪽에 위치하므로 하는 말이다.

49 장자(張鎡; 1153~?): 남송 성기(成紀) 사람. 사인(詞人). 자는 공보(功甫)고, 호는 약재(約齋)다. 임안(臨安; 지금의 浙江 杭州市)에 거주했다.

50 고렴(高濂; ?~?): 명나라 절강(浙江) 전당(錢塘) 사람. 자는 심보(深甫)고, 호는 서남도인(瑞南道人) 또는 호상도화어(湖上桃花漁)다. 홍려시관(洪臚寺官)을 지냈고, 만력(萬曆) 연간에는 항주(杭州)에서 살았다. 『준생팔전(遵生八箋)』을 편찬하였다.

51 『도올한평(檮杌閑評)』: 명대의 작자미상 소설, 명(明) 위충현(魏忠賢)의 행적을 기록하였다.

52 심복(沈復; 1762~1808): 중국 청나라의 수필가·화가. 자서전적 수필집 『부생육기(浮生六記)』를 남겼다.

53 비연호(鼻煙壺): 담배를 담는 용기이다. 청나라 때 황실에서 많이 애용되었으며, 황제가 신하들에게 선물로 하사를 하기도 했고, 서양에 선물로 보내기도 했습니다. 나폴레옹도 이 비연호를 애용했다고 알려진

다. 좋은 담배를 비연호 안에 담아두고 가끔 코에 대고 맡는 것이 유행을 했다고 한다.

54 『중국도자사(中國陶瓷史)』, p.453.

55 요한 괴테(Johann Wolfgang von Goethe; 1749~1832): 독일의 시인·극작가·정치가·과학자. 세계적인 문학가이며 자연연구가이다. 바이마르 공국(公國)의 재상으로도 활약하였다. 주저는 『빌헬름 마이스터의 편력시대』·『파우스트』 등이 있다.

56 부사덕[浮士德]: 파우스트(Fúshìdé)로, 16세기 독일의 전설적인 인물. 세상의 모든 지식을 섭렵하고도 오히려 자살 충동을 느낄 만큼 우울과 환멸에 빠진 파우스트 박사는 Marlowe나 Goethe의 작품의 주인공이다. 16세기 독일에는 파우스트 전설이 유행했다. 학식과 재주가 뛰어난 파우스트가 우주의 신비를 파헤치고자 악마와 계약하고, 파멸에 이른다는 이야기는 당시 사람들의 호기심을 자극했다. 악마와 계약을 맺는 스토리는 중세시대에도 자주 볼 수 있었지만, 그것은 '유혹에 빠진 대가로서의 징벌'을 강조하며 기독교 교리를 전파하는 데 주로 활용됐다. 반면 이 전설에는 주인공이 '학문의 수단을 이용해 세상의 근본이치를 파헤친다'는 새로운 모티프가 등장한다. 파우스트는 당시 사람들의 관점에서 봤을 때 매우 '앞서가는' 인물이었다. 명성이나 재물보다 인식을 중요시하고 운명에 따르기보다 스스로 판단하고 행동하는 합리적 인간이자, 신과 내세만을 추구하는 중세적 사고에서 벗어나 인간과 현세의 가치를 인식하는 근대적 인간이었던 것이다.

57 행회(行會): 예전에, 조정의 지시를 관청의 장이 부하들에게 알리고, 그 실행 방법을 의논하기 위하여 모이는 일이나 그런 모임을 이르던 말.

58 벨기에[比利時] 헨리(Henry; 亨利)·皮雷納, 『중세기의 성시[中世紀的城市]』 제5·7·8장과, 『중세기구주경제사회사』 제2·3장에 상세하게 보인다.

59 부축부(傅築夫), 「중국고대성시의 국민경제의 지위와 작용[中國古代城市在國民經濟中的地位和作用]」, 『중국경제사논총(中國經濟史論叢)』 상책, pp. 321~386에 상세하게 보인다.

60 부축부(傅築夫), 「유관자본주의 맹아의 기개문제[有關資本主義萌芽的幾个問題]」, 『중국경제사논총(中國經濟史論叢)』 하책, p. 697·707·708에 상세하게 보인다.

61 앞 한 방면의 예는 민간예술은 반드시 사대부의 개조(改造)를 받았다. 『만력야획편(萬曆野獲編)』 21권, '사인무뢰(士人無賴)'·'비방견행(秘方見倖)' 조(條)에 보인다.

62 황인우(黃仁宇): 중화민국육군의 영관장교를 역임하고 역사학으로 진로를 변경, 미국에서 활동하면서 여러 저작을 남긴 역사가이다.

63 이개선(李開先; 1501~1568): 명나라의 희곡작가이자 문학가. 문학에서 중요한 것은 '복고'가 아니라 '창조'라고 주장하여 복고주의파에 반대했다.

64 양계초(梁啓超; 1873~1929): 중국의 사상가. 강유위(康有爲)로부터 배우고 그의 입헌제 주장 및 대동설(大同說)에 공감하여 적극적인 협조자가 되었으며, '무술신정(戊戌新政, 1898)' 때는 그의 참모가 되었다. 1896년, 중국인에 의한 최초의 잡지인 『시무보(時務報)』를 간행하였고, 위의 '무술정변' 실패 후에는 일본으로 망명하여 『청의보(淸議報)』, 『신민총보(新民叢報)』, 문학지인 『신소설(新小說)』을 간행하였으며, 일본어의 어휘·문체를 도입한 독특한 문체로 청말의 청년들에게 커다란 영향을 끼치는 등, 활발한 언론활동을 하였다.

65  송덕선(宋德宣),「강희의 천도관의 모순과 해결방안[康熙的天道觀中的矛盾及其解決方法]」,『호남사대사회과학학보(湖南師大社會科學學報)』1986년 제2기, 마극봉(馬克鋒),「중원서류사조론(中源西流思潮論)」,『강한논단(江漢論壇)』1987년 제12기 참고바람.

66  도광(道光): 청(淸) 선종(宣宗)의 연호(1821~1850).

67  전영(錢泳; 1759~1844): 중국 청대 후기의 서예가. 자는 입군(立群). 호는 매개(梅溪). 소식을 배웠다고 하나 모든 서체에 뛰어났으며, 특히 예서가 특징적이었다.

68  이광정(李光庭): 천진(天津) 보저(寶坻) 임정구(林亭口) 사람이다. 청(淸) 건륭(乾隆) 60(1795년) 진사(進士)하였다. 그는 가학을 계승하여, 붓을 놓은 적이 없다. 저술이 매우 많은데, 그중에서 매우 학술적 가치가 있는 것이 『향언해이(鄕言解頤)』이다.

69  마관조약(馬關條約): 시모노세키조약(條約). 1895년 4월 청일(淸日) 전쟁(戰爭) 뒤 청(淸)나라 리훙장과 일본(日本)의 이토오 히로부미가 일본(日本) 시모노세키에서 맺은 강화(講和) 조약(條約). 청(淸)나라는 조선(朝鮮)의 독립(獨立)을 확인(確認)하고 2억 냥을 배상(賠償)하며 랴오둥 반도(半島), 타이완, 펑후섬 등(等)을 일본(日本)에게 할양한다는 내용(內容)이다.

70  유월(俞樾; 1821~1907): 청나라 절강(浙江) 덕청(德淸) 사람. 자는 음보(蔭甫)고, 호는 곡원(曲園)이다. 인화(仁和; 杭州)로 옮겨 살았다. 도광(道光) 30년(1850) 진사(進士)가 되고, 한림원(翰林院) 편수(編修)에 임명되었다.

# 제 2 장

## 은일문화의 필연적 침윤*

* 침륜(沈淪): 재산이나 권세 따위가 줄어들어 보잘 것 없이 됨, 물속에 가라앉음, 타락하다, 빠지다, 영락하다는 뜻이다.

◁ 소주(蘇州) 졸정원(拙政園)

집권제도와 사대부계층의 상대적 독립지위를 조절하여 균형을 이루는 것이 은일문화가 존재하는 목적이라고 이미 상술하였다. 이 때문에 은일문화와 그 분파는 고전원림 발전에서도 집권제도와 사인계층관계를 받아들이고 심지어 이와 관계되는 모든 전통문화가 발전 변화하는 관계를 엄격하게 제약하였다.

중당 이후에는 전통체계의 생존을 유지하기 위하여 사회제도가 은일문화에서 나온 큰 에너지를 요구하지 않을 수 없어서, 점점 더 큰 조절능력을 갖추어서 전통체계에서 날로 심각해지는 위기를 극복하는데 사용했다고 이미 지적했다.

이런 기본목적과 요구를 바꿀 수 없으면, 최종에는 은일문화가 사대부 독립인격을 보호하고 유지하는 수단 반대 방향으로 향해가는 현상을 피할 수 없어서 인격을 독립시키는 수단인 은일문화를 부식시키거나 팔아버리는 지경으로 빠지게 될 것이다. 전통문화체제의 영역에 자아부정 요소가 오래 동안 존재하는 것처럼 은일문화는 끊임없이 발전하면서, 실제로 반대 방향으로 향해가는 과정도 시작될 것이다. 공자께서 다음과 같이 말했다.

도가 실현되지 않으니, 나는 작은 뗏목을 타고 바다에 나가고 싶다. 이럴 때 나를 따를 자는 유 아니겠는가?❶

> ❶ 『논어(論語)·공야장(公冶章)』, "道不行, 乘桴浮於海, 從我者, 其由與?"

자로가 이 말을 듣고 흥이 났으나, 자로가 돌아와서 또다시 말했다.

독립인격을 보호하고 유지하는 수단으로부터 반대방향으로 향해가는 현상을 피할 수 없어서 인격을 독립시키는 수단인 은일문화를 부식시키거나 팔아버리는 지경으로 빠지게 될 것이다.

벼슬하지 않는 것은 올바른 의리가 없는 것이다. 장유의 예절도 폐할 수 없는데, 군신의 의를 어떻게 폐한단 말인가? 자기 몸을 깨끗이 하려고 하나 큰 인륜을 어지럽히고 있는 것이다.❶

> ❶ 『논어(論語)·미자(微子)』, "不仕無義, 長幼之節, 不可廢也; 君臣之義, 如之何其廢之? 欲潔其身, 而亂大倫."

　여기에서 예악이 붕괴된 시대에 '자기 몸을 깨끗이 하는 것'도 '대륜'에 부용附庸[71]했다는 것을 알 수 있다. 진한 이후에는 "넓은 하늘 아래 있는 땅 가운데 왕의 땅 아닌 것이 없고, 모든 땅 바닷가까지 왕의 신하 아닌 이가 없다"[72]고 한 것은 영원히 바꿀 수 없는 규율이 되었다.

　이 때문에 은일문화의 모든 진보는 이 방면의 내용을 벗어날 수 없었다. 어떻게 해야 은일문화가 효과적으로 사대부의 독립인격이나 미학 같은 것들에 기탁해서, 집권전제 추세에 필요한 균형을 유지할 수 있는가 이고, 어떻게 해야 집권제도와의 모든 관계를 영활하게 조절하고 제어할 수 있으며, 은일문화 전제집권제도의 압박 아래에서 존재하며 발전할 수 있는가이다.

　이 두 가지 면은 서로가 의존하기 때문에, 진한 이후에 은일문화가 발전하는 최초에는 이들이 상호친화적인 추세를 분명하게 표현하였다. 예를 들면 제2편에서 서술한 동방삭의 이론 같은 것이다. 동한 말년은 왕권이 약해진 시대라 하더라도, 이런 객관적인 요구도 고집스럽게 표현했다.

　명대 귀유광歸有光[73]이 조소한 것으로, 중장통仲長統[74]이 원림에서 살던 청일함을 상세하게 서술한 것에서 최후에 상서랑이 되어 나가면서 말했던 것도 예로 들겠다.

업적이 초평이나 건안 때보다 지체하니, 기러기가 아득하게 날아가는 것을 부끄러워한다.❶

❶ 「국창기(菊窓記)」, 『진천선생집(震川先生集)』, "濡迹於初平·建安之朝, 有愧於鴻飛冥冥矣."

    당시는 사회제도가 성숙되지 않았으나 이 두 방면이 출현하여 엄중한 모순을 초래한 시기로, 어떤 은일문화 자체뿐만 아니라 사인계층과 집단제도의 존재까지도 엄중한 위기를 만났다. 이에 '죽림칠현' 이후 사인계층과 집권제도가 서로 적응하여 상대 목적을 조절하여 은일문화 중에 반영하였고, 또한 이 두 가지 커다란 기본방면의 친화를 날이 갈수록 자각하게 되었다.
    은일문화의 성질과 발전방향이 중국 전통사회형태의 특징이 되어 엄격하게 제약하였다. 바로 이런 제약은 자기의 반대 방향으로 나가게 한다. 외부에서 보면, 은일문화는 사대부가 독립적 표면을 유지하는 목적이 반드시 점점 더 다양하게 종법집권제도의 연속을 보증하는 목적을 대신한다. 내부에서 보면, 은일문화 양대 방면의 끊임없는 친화도 최종에는 이들을 일체로 융화시켜서, 은일문화의 성질을 변화시키려고 유도하였다.
    전통문화가 변천하는 것은 역사과정과 똑 같이, 은일문화 중에 있는 자아부정 요소도 중당 이후에 급속도로 발전하였다. 한편으로 은일문화에서 나온 유일한 에너지 원천은 사대부의 독립으로부터 나온 것인데, 이러한 에너지가 끊임없이 강화된 전제집권체계와 전통문화 내에서 날로 첨예해지는 모순의 압박 아래에서 위축되기 시작했다. 다른 한편으로는 사회제도가 은일문화를 신속하게 발전시키고 완선한 경지에 이르도록 많은 에너지를 실어 내도록 강요하였다.

이와 같은 객관적인 요구가 절실했던 것은 「은일전隱逸傳」이 사적에서의 위치가 변한 부분에서 볼 수 있다. 예를 들면 다음과 같은 것들이다.

『후한서後漢書』의 「일민열전逸民列傳」을 「방술열전方述列傳」 뒤에 두었다.
『진서晉書』의 「은일전」을 「외척전外戚傳」 뒤에 두었다.
『수서隋書』의 「문학전文學傳」을 뒤에 두었다.

결론적으로 이 시기에 사서를 감수하는 관청 중에 『주서周書』· 『북제서北齊書』· 『진서陳書』 삼부에서 이런 목차를 세우지 않은 것을 제외하고 그 나머지는 억지로 자리 잡은 것이다.

그러나 구양수가 『구낭서舊唐書』를 찬술할 때의 징황은 크게 달랐다. 「은일전」이 「충의忠義」· 「탁행卓行」· 「효우孝友」의 뒤, 「순리循吏」· 「유학儒學」의 앞에 배열되었다. 도통75)을 떨친 송대에 자신이 유학자의 가문과 정계의 영수였던 구양수가 은일을 순리나 유학보다 더욱 중요시 한 현상은 예사롭지 않았다. 이같이 절박한 객관수요가 있었기 때문에, 중당에서 양송시기의 은일문화가 이론적으로나 실천적으로 이처럼 거대하게 발전할 수 있었다.

중은中隱· 반은半隱· 녹은祿隱· 심은心隱· 주은酒隱· 다은茶隱· 백거이 이후의 원림과, 오대 양송 때의 산수화 같은 것은 모두 은일의 내용을 갖춘 것이라고 자세하게 말했다. 은일문화의 외부 껍질과 함께 중당 이후에 신속하게 팽창하여 서로 보조를 맞춘 것은 은일의 '실질적인 가치'가 급속하게 줄어들었다는 것이다.

이것도 은일문화에서 사대부가 상대적 독립지위를 유지하는 능력이 대량으로 변환하기 시작하여 사인들이 집단제도의 생활에 적응하는 심리능력을 자각하게 하였다. '중은中隱'의 '중'자가 가장 명확하게 설명한 것이지만, 그 목적은 조절하고 제어하는 능력을 발전시켜서 완선하게 하는데 있다. 중당 이후에는 원림내부에 은일예술이 대량으로 포함되었기 때문에, 인격의 활동성은 더욱 정아하고 한적한 정취와 병합된다.

상술한 정황을 비교하면, 은일문화가 침윤하여 출사의 은거 관계가 피폐해지고 은일이 날로 진실 되지 못해지며, 상품화 된다고 거듭 설명할 수 있다. 초당 성당 사람들은 위진남북조의 사인처럼 수줍어서 머뭇거리는 심경은 다시 있을 수 없으며, 그들은 아침에 강과 바다를 유람하고 저녁에 궁궐에 들어가는 인생길에 대하여 솔직하게 열정적인 면을 띤다. 이 같은 변화는 출사와 은일의 관계가 성숙했음을 상징한다.

그러나 사회제도는 여전히 원래 출사와 은일의 방식에서 다시 친화하기를 끊임없이 강요할 때 사회제도가 최종적으로 확립한 출사와 은일 사이의 경계가 실제로 없는 때가 되면, 사은 관계가 발전하기 때문에 피폐하는 현상은 피할 수 없다. 가장 전형적인 것은 북송 연간의 종방種放을 예로 들 수 있다.

---

종방의 몇몇 형은 모두 벼슬길로 나갔으나, 홀로 종남산에 오두막을 짓고서 강습하는 것을 업으로 삼고, 자칭 '퇴사'라고 하였다. 태종이 몇 차례 불렀으나 병을 핑계로 나가지 않아서 이에 명성이 더욱 떠들썩해졌다. 최후에는 태종이 중금으로 특별히 예우하고 바야흐로 궐 아래에서 맞이하였다.❶

---

❶ 『송사(宋史)·은일(隱逸)·종방전(種放傳)』에 보인다. "種放數兄皆驅鶩仕途, 獨其結廬終南山以講習爲業, 幷自稱'退士'. 太宗數徵, 皆稱疾不起, 於是聲名愈噪. 最後, 太宗以重金殊禮方延至闕下."

이후에 "진종이 종방을 특별한 예로써 대우한 것은 근세에는 비할 곳이 없다", "특별히 총애하여 대우하여, 공부시랑 벼슬을 내렸다."76) 이때부터 그의 행동거지가 더욱 드러나 사람들이 노래를 지어서 다음과 같이 불렀다.

종방이 여러 번 궐 아래에 이르렀으나, 갑자기 산으로 돌아갔네.
종남산을 왕래하며, 밭이랑을 살펴보네. 갈 때마다 반드시 타고 갈 수레를 주었네.
길에서 혹은 가까이서 말 모는 자를 꾸짖고, 식량이 바르게 갖추어졌는지 헤아린다네, 때때로 적게 베풀었는지를 의론한다네.❶

❶ 『송사(宋史)・은일(隱逸)・종방전(種放傳)』, "放罷至闕下, 俄復還山"; "往來終南, 按視田畝, 每行必給驛乘, 在道或親訪驛吏, 規算糧具之直, 時議浸薄之."

도홍경(陶弘景)

산도(山濤)77)의 '벼슬해도 벼슬살이가 아니며 은거해도 은거가 아니다'와 도홍경(陶弘景)78)의 '산중재상(山中宰相)'이나 노장용(盧藏用)79)의 '종남산이 등용의 지름길'이라는 것들은 세상에 유행한지 오래되었다. 그러나 이처럼 종남산이나 위궐 사이를 빈번히 드나들며 왕래하는 것은 송 이전 사람들은 감히 상상하지 못했던 것이다. 그러나 종방은 여전히 싫어하거나 만족하지 않고, 그는 "아우 문을 위하여 벼슬을 구하여, 비서성 정자에 제수되었다."80)

그러나 더욱 주의해야할 가치는 이처럼 허위를 탐하였으나 결국 많은 당시 사람들의 칭상이 그치지 않았던 것이다. 문형(文瑩)81)의 말을 예로 들겠다.

종방이 말년에는 사치스럽게 장식하는 것이 지나쳐서, 경영하여 생산한 것이 옹·호 사이에 가득하고 문인과 척속이 권세를 믿고 강자가 합병하니 세입이 더욱 많아지자, 드디어 깨끗한 절개를 잃어 의론할 때 업신여기며 소홀하였다. …… 상부8년 새해 아침에 산재에서 새벽에 일어나 도의를 입고서 제생을 모아 술을 마시고 평생 동안 모은 글과 원고를 모두 불살라버리고, 술 몇 잔을 마시고 떠나가 버렸으니, 기이한 사나이로다!❶

❶ 문형(文瑩), 『옥호청화(玉壺淸話)』8권, "(種)放至晚節, 侈飾過度, 營產滿雍·鎬間, 門人戚屬, 以怙勢強並, 歲入益厚, 遂喪淸節, 時議凌忽. …… 祥符八年歲旦, 山齋曉起, 服道衣, 聚諸生列飲, 取平生文藁, 悉焚之, 酒數行而逝. 奇男子也!"

    은일문화의 외관을 지탱할 수 있으면, '깨끗한 절개'가 얼마나 상실했는지를 논하지 않더라도, 여전히 '걸출한 남자'라는 명성을 잃지 않는다는 것을 여기에서 알 수 있다. 이런 것은 송 대 이전에는 듣지 못했다. 유사한 예가 많은데, 종방과 같은 시대의 저명한 은사 위야魏野82) 같은 이를 예로 들겠다.

    명성이 알려져 등용되기를 바라지 않고, 고물의 동쪽 교외에 살면서, 대와 나무를 손수 심었고 맑은 샘이 에워 쌓으며 옆에는 운산을 마주하여 경치가 그윽하게 빼어났다. 땅을 사람 키만 큼 파고서 '나천동'이라 하였다. 앞에 초당을 짓고 그 안에서 금을 탔다. 호사자들이 술과 안주를 많이 가지고 와서 종일토록 시가를 읊조렸다.❶

❶ 『송사(宋史)·위야전(魏野傳)』, "不求聞達, 居州之東郊, 手植竹樹, 淸泉環繞, 旁對雲山, 景趣幽絕. 鑿土丈丈, 曰樂天洞, 前為草堂, 彈琴其中, 好事者多載酒餚從之遊, 嘯詠終日."

위야(魏野)

이는 은일隱逸과 조원造園의 본보기가 될 것이다. 그러나 그가 권세 있는 집안에 처신하는 것과는 꼭 맞지 않다.

촉 사람 위야는 은거하여 벼슬하지 않고, …… 거주한 곳이 꽤 운치가 있어 당시의 현인들이 많이 함께 놀았으니, 구충민❶이 그를 사랑하였다. …… 후에 충민이 북도를 진압하자, 위야를 불러 문하로 두었다.❷

❶ 구충민(寇忠愍): 송(宋)의 승상인 구준(寇準)으로, 충민은 시호이다. 그는 일찍 시를 지어 "바다까지 겨우 10 리인데, 산을 넘은 것은 만 겹이나 되리라[到海只十里 過山應萬重]."했는데, 뒤에 뇌주(雷州)에 귀양을 갔는데 꼭 시에 나온 상황과 같았다.
❷ 『몽계필담(夢溪筆談)』 16권, "蜀人魏野, 隱居不仕宦, 善爲詩, 以詩著名, 卜居陝州東門之外, 有「陝州平陸縣詩」云: '寒食花藏縣, 重陽菊繞灣, 一聲離岸櫓, 數點別州山.' 最爲警句, 所居頗蕭灑, 當世顯人多與之遊, 寇忠愍尤愛之. 嘗有「贈忠愍詩」云: '好向上天辭富貴, 却來平地作神仙.' 後忠愍鎭北都, 召野置門下."

이 같은 사회 풍조는 예외가 없기 때문에, 후래에 육유陸游가 사림의 기질에 관한 내용을 급하게 알리려고, 사람들이 추락하지 않았을 때를 찾았지만, 실재로 큰 명성이 드러나지 않아서, 어쩔 수 없이 위야를 들어내서 은일자의 수를 채운 것이다. 그를 칭찬한 말은 제2편 제2장 제5절에서 인용되었다.83)

상세한 항목은 오히려 육유가 『반은재기』에서 "허리를 굽혀서 남에게 머리를 숙이는 것이 은거하는데 무슨 해가 되는가?"라고 묘하게 논한 것을 이미 소개했다. 이처럼 용렬하고 비루한 인생철학이 송나라 사람들의 입에서 나온 것은 본래 필연적인 원인이 있다는 것을 이해할 수 있다.84)

명대 이후에는 은일문화의 피폐가 날로 더욱 심해졌다. 한 편으로 여전히 이러한 이름만 존재하고 실제로 없어진 열녀문을 애써 지탱한지가 이미 오래되었다. 고반룡의 말을 예로 들겠다.

종묘·산림에는 모두 각기 일이 있다. 산림에서의 일은 한결같은 생각이 가득하니 진정한 실체가 아니고, 백성과 사직에서의 일은 한결같은 생각이 비었으니 이것도 진정한 실체가 아니다.❶

❶ 고반룡(高攀龍), 「구동관에 답함[答瞿洞觀]」, 『명유학안(明儒學案)』 58권, 「동림학안(東林學案)」에 보인다. "廊廟·山林, 俱各有事. 在山林者一念不空, 即非眞體; 有民社者一念不實, 亦非眞實."

이 당시의 이학은 은일문화의 '진(眞)'의 경지를 회복하는 것과 완전히 똑같았다. 이는 반드시 진의 회복을 애써서 멈추지 않아야 하기 때문에, 송나라 시기의 '임금에게는 몸을 바쳐 충성하고 백성에게는 혜택을 베푸는 것[致君澤民]'과 비교하면, 명대의 은일문화가 마음을 맑게 하여 자신의 본성을 깨달아야하는 부담이 무거워 사람들을 놀라게 하였다.

사인은 나가 벼슬자리에 있음과 물러나 집에 있는 두 길만 있는데, 나가면 부지런히 애쓰고 은거하면 사리에 어두우니, 도리를 지키는 것에 뜻을 두어야 하는 것은 일치하는 사실이다. 옛날에 '삼불후'를 일러, '가장 좋은 것이 '입덕'이고 그 다음이 '입공'이며 그 다음이 '입언'이라고 하였다. 그러니 어떻게 나가지 않고 깃발을 세우겠으며 은거하면서 성인의 학문을 천명하여 골고루 하나같이 도덕을 품수할 수 있겠는가?❶

> ❶ 장한(張翰), 『송창몽어(松窓蒙語)』 4권, "夫士人惟出處兩途, 出則犖犖, 處則冥冥, 求志達道, 無二義也. 古稱三不朽, 曰: 太上立德, 其次立功, 其次立言. 豈非出則樹績旗常, 處則闡明聖學, 而均之一東於道德邪!"

또 다른 면은 출사와 은거의 융화가 강화되어 한 단계 진보하여 은일문화가 이들의 상대적 독립 지위를 더욱 철저하게 상실하게 하였다. 이에 홍괄이 말했다.

자연에서 은거하는 선비는 적막함이 오래되면 조정과 저자를 생각하게 되고, 조정과 저자에 있는 선비는 소란스러움이 오래되면 구학에서 노닐 생각을 품게 된다.❶

> ❶ 홍괄(洪适), 「미원휘의 그림에 제발 2(跋米元暉畵二)」, 『반주집(盤洲集)』 62권, "邱壑之士, 久寂寞則起朝市之念; 朝市之士, 久喧囂則懷邱壑之游."

이러한 근본은 송나라 때 이미 말한 천기天機이다. 그러나 원굉도가 이런 속마음을 다시 진술할 때를 기다리면서, 급한 과정을 초조해 하는 것이 오히려 사람들을 깜짝 놀라게 한다.

장안[북경성]의 모래 먼지 속에서, 하엽산의 교송과 고목을 생각하지 않는 날이 없습니다. 그래서 인생의 상념이란 그칠 날이 없다는 것을 탄식하게 됩니다. 마땅히 하엽산에 계시면서 오로지 서울을 한 번 보는 것을 쾌락으로 여기시겠지요. 적막할 때는 시끄럽고 열기에 가득한 곳을 상상하고, 왁자지껄 떠들썩한 장소에서는 역시 한가하고 고요한 것을 생각합니다. 인정이란 대체로 모두가 이러합니다. 마치 원숭이가 나무 아래 있을 때는 나무 꼭대기의 과일을 생각하다가 나무 꼭대기에 있으면 다시 나무 아래의 밥을 생각하는 것과 같습니다. 가다가 다시 되돌아오곤 하여 조금도 정지하는 시각이 없으니 정말로 괴롭습니다.❶

❶ 원굉도(袁宏道),「난택(蘭澤)·운택양숙(雲澤兩叔)」『원굉도집전교(袁宏道集箋校)』21권. "長安(此指北京城)沙塵中, 無日不念荷葉山喬松古木也. 因嘆人生想念, 未有了期. 當其在荷葉山, 唯以一見京師爲快. 寂寞之時, 既想熱鬧: 喧囂之場, 亦思閒靜. 人情大抵皆然. 如猴子在樹下, 則思量樹頭果; 及在樹頭, 則又思樹下飯. 往往復復, 略無停刻, 良亦苦矣."

종방種放의 '누차 궐 아래에 이르렀으나, 갑자기 산으로 돌아갔다屢至闕下, 俄復還山'는 것과 원굉도가 말한 '가다가 다시 되돌아오곤 하여 조금도 정지하는 시각이 없다'는 것을 비교하면, 이는 작은 무당이 큰 무당을 만나는 격으로 차이가 매우 큰 것이다.

따라서 명나라 사대부들이 세상의 용속함을 싫어한 것을 어떻게 해야 전인과 비교하고, 자연의 빼어난 정감을 어떻게 해야 전인과 진솔하게 비교하여, 칭찬할 때에는 실재로 그들이 특별한 면에서 진보한 것을 잊어서는 안 된다. 도리어 그들 자신이 벼슬길을 분주하게 달릴 때는 원숭이처럼 민첩하여 선배들이 놀라서 말을 못할 정도의 이유가 있었다.

출사와 은거의 융합이 근본을 변화시켜 엄격하게 사회의 객관적 수요를 더하였기 때문에, 명대 사대부들은 모두 온갖 궁리를 다하여 명목을 새롭게 세워서, 사은을 상세히 해석하고 추진하였다. 이 때문에 원굉도는 궁정과 강해의 형적으로, 출사와 은거를 구분하여 판정하는 옛 기준을 몹시 반대하였다.

................................

진 산인은 산수를 좋아하는 사람이다. 어떤 이가 말한다. '산인은 산수를 좋아할 수 있는 자가 아니다. 옛날에 산수를 좋아하는 자는 안개나 남기와 함께 거처하고 사슴 돼지와 함께 노닐며 여라(새삼 덩굴)를 옷으로 삼고 지출❶을 먹었다. 그런데 지금 산인의 자취는 열에 아홉은 저자에 있으니, 명승에 눈을 줄뿐이지 진정으로 좋아할 수 있는 것은 아니다.' 나는 이렇게 말한다. 그렇지 않다. 거문고를 좋아하는 사람은 거문고를 타지 않고, 술을 잘하는 사람은 취하지 않으며 산수를 잘 아는 자는 바위에서 살면서 골짝의 물을 마시지 않는다. 공자가 '지혜로운 자는 물을 좋아한다.'고 했는데, 반드시 계곡물 시냇물 가에 산 이후에 지혜롭다고 한다면, 물고기와 자라가 모두 어진 현인이라는 말이다. 공자가 또 '어진 자는 산을 좋아한다.'고 하였는데, 반드시 산봉우리와 계곡에 산 이후에야 어질다고 한다면, 원숭이와 큰 원숭이가 모두 지극한 덕이 있다는 말이다. 오로지 흉중에서 넓음과 지극한 기운의 우뚝함이 산수와 필적할 수 있으므로, 만나면 서로 체득하는 것이다. 비록 일생동안 만나지 못하더라도 성신은 설코 왕래하지 않은 것이 아니다. 이것을 두고시 진정으로 좋아한다고 하는데, 진 산인과 같은 사람이다.❷

................................

❶ 지출(芝朮): 영지와 백출. 모두 약재로 사용하는 것들로 오래 먹으면 몸이 가벼워지고 주림을 모르며 장수한다고 한다.
❷ 「진산인 산수권에 쓰다題陳山人山水卷」, 『원굉도집전교(袁宏道集箋校)』54권, "陳山人, 嗜山水者也. 或曰: 山人非能嗜(山水)者也. 古之嗜山水者, 煙嵐與居, 鹿豕與游, 衣女蘿而啖芝朮. 今山人之迹, 什九市廛, 其於名勝, 寓目而已, 非眞能嗜者也. 余曰: 不然. 善琴者不弦, 善飮者不醉, 善知山水者不巖棲而谷飮. 孔子曰: '知者樂水'; 必溪潤而後知, 是魚鱉皆哲士也. 又曰: '仁者樂山'; 必巒而後仁, 是猿猱皆至德也. 唯於胸中之浩浩, 與其至氣之突兀, 足與山水敵, 故相遇則深相得. 縱終身不遇, 而精神未嘗不往來也, 是之謂眞嗜也, 若山人是已."

"사물의 이치는 내 마음을 벗어나지 않는다."[85])는 왕학王學이 천하에 풍미해야 한다는 주장은 괴이할 것 없다. 원래 명나라 사람들은 언제어디서나 좋은 유파가 오면 급하게 활용하려고 간절히 기다린다. 그렇지 않다면, 시가지로 달려가서 연기와 이내 낀 숲속의 샘에서 산속 사람들과 '종신토록 만날 수 없다'하고, 또 어째서 산수 사이에서 잠시라도 '정신이 왕래하지 않은 적이 없다'고 말할 수 있었겠는가?

전통전제집권제도가 강화되어 은일문화가 철저하게 부정적인 면으로 향하도록 재촉하는 것이 분명히 보이는 것은, 주원장朱元璋86)이 관리와 백성을 모아서 '죄가 초례에 이르렀다[罪至抄禮]'는 죄를 범하여,「대고」87)조항을 두고서, 다음과 같이 말했다.

학교에서는 사인의 학업을 심사하거나 그 안에 훈장을 두게 하는 것을 구분하였다. 그 중의 하나의 죄는 천하에서 사대부가 군주에게 등용되지 않는 것이다.❶

❶ 『명사(明史)・형법1(刑法一)』, "頒學官以課士・里置塾師敎之", 其中一罪則爲"寰中士夫不爲君用."

과거에는 간혹 부월(斧鉞)88)을 한 번 하사하면 반드시 숨기고 돌아왔는데, 현재는 사대부마다 머리에 매달고 돌아온다. 그러니 은일문화의 파멸은 필연적이다. 『명사・은일전서』에서 이런 상황을 개괄하여 말했다.

중엽에 태평시대가 이르러, 명성과 교화가 널리 미쳤고 과거 성적이 우수하면 귀한 작위를 내려서, 천자의 통치에 머리를 조아리고 영민함을 펼쳤으니, 백성 중에 빼어난 자는 나라의 빛을 보지 않고 왕의 조정에서 손님 노릇하는 이는 없었다. 그러니 옥 같은 재목을 안고서 학문을 쌓아두었더라도, 자연 속에서 늙어가며 세상을 단절하려는 뜻이 있는 자는 칭송할 방법이 없다.❶

> ❶ 『명사(明史)·은일전서(隱逸傳序)』, "迨中葉承平, 聲教淪浹, 巍科顯爵, 頓天網以羅英俊, 民之秀者, 無不觀國光而賓王廷矣. 其抱瑰材, 蘊積學, 槁形泉石, 絶意當世者, 靡得而稱焉."

『명사·은일전』에서 '절개가 뛰어난 자'는 겨우 12사람 모집할 수 있는데, 그 중에 예찬倪瓚 등의 7인은 원대에서 대부분 생활했기 때문에, 그들의 고일함을 명대의 장부에서는 헤아릴 수 없다. 그 나머지 아래 5인 중에 '대궐을 날아다니는 재상'의 지위에 있던 고명한 선비 진계유陳繼儒89)의 행동거지는 곧 노신 선생의 저작에서는 도리어 '비웃음거리'가 되었다.90) 여기에서 은일문화가 몹시 쇠락했다는 것을 알 수 있다.

다른 한 편으로는 사회의 욕구가 날로 성하여 할 수 없이 물건을 팔아서 살아가는 생활이 갈수록 확대되었다. 따라서 명 중기 이후에는 '산인'들이 아첨하는 웃음소리가 그치지 않아 매미가 시끄럽게 우는 것 같았다. 천하의 닭과 개가 뒤 섞인 것이 어찌 이정도이겠는가?

은조❶ 내의 또 한 조항에는 경사에 있는 산인을 모두 쫓아내면 더욱 통쾌한 일이라고 하였다. 여러해 전부터 이런 무리들이 간악한 짓을 하고 온갖 괴이하게 속이는 일을 다 하였으니, …… 지금은 하인을 담당하며 종이 되어 광대의 모습을 짓는다.

산인의 명성은 본래 중하여, 이업후❷ 같은 이는 겨우 이런 칭호를 얻었다. 뜻하지 않게 수십 년 동안 관적이 없는 이들한테 나가서 놀거나, 시권을 두루 진상하는 높은 관직에 있는 자도 '산인'이라고 하였다. 가정 초년에 시작하여 금상의 근세까지 성행하였다. …… 번얼❸을 살피는 큰 관리로, 지방에 일이 있으면, 격문을 지어서 변방을 속이지 못하게 지키는데, 번번히 '산인성상'이라 칭하면서 등급을 정했다.

근래에는 산인이 천하에 두루 있으니, 중랑이 …… 이런 무리들은 대부분 영리하고 교묘하며, 취지에 잘 맞이하고 그 몸을 잘 이어서, 문에 기대고 소매를 잘라도❹미치지 못하니, 벼슬아치가 여기에 빠지면 뉘우치지 못할 것이라고 하였다.❺

❶ 은조(恩詔): 은혜로운 조서라는 뜻으로, 임금이 내린 명령을 적은 문서를 이르던 말.
❷ 이업후(李鄴侯): 당(唐)나라 이필(李泌; ?~789)이다. 자는 장원(長源). 덕종(德宗) 정원(貞元) 3년(787)에 업현후(鄴縣侯)로 봉해졌음. 숙종(肅宗)이 안록산과 싸울 때, 형산(衡山)에 은거하는 그를 불러 함께 수레를 타고 군중(軍中)에 다니니, 군사들이 '누런 옷 입은 이는 성인(聖人); 임금)이요 흰옷 입은 이는 산인(山人)이다.' 하므로, 숙종이 이필에게 억지로 벼슬을 주어 조복(朝服)을 입게 했음.
❸ 번얼(藩臬): 지방관찰사.
❹ 단수(斷袖): 소매를 잘라낸다는 뜻으로, 누군가를 깊이 총애한다는 말로 흔히 쓰인다. 중국 한나라 때의 황제인 애제(哀帝)는 동현(董賢)이라는 자를 매우 총애하였다. 그런데 어느 날 한낮의 침소에서 동현이 황제의 소맷자락을 머리에 대고 깊은 잠에 빠졌다. 황제는 일어나려고 하였지만, 곧이 자는 동현을 깨울 것을 염려한 나머지 소매를 자르고 자리에서 일어났다고 한다.
❺ 『만력야획편(萬曆野獲編)』23권, 「은조축산인(恩詔逐山人)」·「산인명호(山人名號)」·「산인우망(山人愚妄)」조(條), 진등원(陳登原), 『국사구문(國史舊聞) 제3책 46권, 「산인과 도호[山人與道號]」·「명인(明人)의 이같은 기술 10여조항의 기록」에서 참고할 수 있다. "思詔內又一款, 盡逐在京山人, 尤為快事. 年來此輩作奸, 妖訛百出, ……今則執厮隸易, 作倡優態." "山人之名本重, 如李鄴侯僅得此稱, 不意數十年來出遊無籍輩, 以詩卷遍贄達官, 亦謂之山人. 始於嘉靖之初年, 盛於今上之近歲. …… 撫按藩臬大吏, 有事地方, 作檄文以關防詐偽, 動稱山人星相而品第定矣." "近來山人遍天下, 仲良曰: '……此輩率多儇巧, 善迎意旨, 其體善承, 有倚門斷袖所不逮者, 宜仕紳溺之不悔也'."

은일문화의 혼탁함이 '매우 총애[斷袖]하는' 지경에 이르렀으나 이보다 더욱 참을 수 없는 경우가 있었다. 예를 들면, 위충현魏忠賢91)의 절친한 친구 완대월阮大鋮92)이 뜻밖에도 자호를 '석소石巢'·'백자산초百子山樵'라 하였고, 그가 남경에 있을 때 택원도 '석소원石巢園'이라 하였으며, 그가 환관 때문에 권세를 잃고 실의에 빠졌을 때에도 당시 사람들이 아래와 같이 일컬었다.

당시의 운명이 뜻하지 않게 잘못되어 사나이가 인아❶를 만나서 허물을 초래하여 맑고 탁함❷이 거꾸로 되었다. 드디어 뜻대로 벼슬을 그만두고 고향으로 돌아가서 자유로운 경지를 마음껏 펼치는 것[寄傲]❸을 업신여기는 눈초리로 보았다.❹

❶ 인아(人痾): 사람이 죽었다가 다시 소생하거나 남자(男子)가 변(變)하여 여자(女子)가 되거나, 여자(女子)가 남자(男子)로 되는 일 등(等)의 사람의 몸뚱이가 이상스럽게 변(變)하는 현상(現象).
❷ 위경(渭涇): 위수와 경수의 강물 이름으로, 하류(下流)에서 위수(渭水)와 경수(涇水)가 합하는데 경수는 흐리고, 위수는 맑다[涇濁渭淸]는 뜻이다.
❸ 기오(寄傲): 세속을 떠나 초연한 자유인의 경지를 마음껏 펼친다는 말이다. 도연명(陶淵明)의 '귀거래사(歸去來辭)'에 "남쪽 창에 멋대로 기대어 앉으니[倚南窓以寄傲]"라는 구절이 있다.
❹ 왕사임(王思任), 『왕계중십종(王季重十種)·십착인춘등미기서(十錯認春燈謎記序)』, "時命偶謬, 丁遇人痾, 觸忌招怨, 渭涇倒置, 遂放意歸田, 白眼寄傲"

그러나 완대월은 자신이 평소에 좋아하던 원림의 원위原委를 서술할 때는 달리 말했다.

나는 새처럼 날아다니려는 포부가 적었는데, 작은 풀포기에 얽매여서 고생하였다. 다행히 자유롭게 되었으니, 이런 뜻이 이루어졌다.❶

❶ 완대월(阮大鋮), 「원야서(園冶敍)」『원야(園冶)』 수권(首卷)에 보인다. "余少負向禽志, 苦爲小草所絓, 幸見放, 謂此志可遂."

은일문화의 침윤은 이렇게 모든 전통문화가 탈바꿈하면서 조성된 부분에 불과하다. 따라서 이지93)가 '산인'과 '요즘의 도덕 성명에 대해 말한 것[今之講道德性命者]'을 함께 논하여 말했다.

요즘 말하는 성인은 요즘 말하는 산인과 같다. …… 명성은 산인이지만 마음은 상인과 같아서 입으로는 도덕을 말하면서 뜻은 도둑질하는데 있다. 이름만 산인이고 마음은 장사치이니, 이미 너무 비루하여 도리어 재물 구하는 것을 비호하며, 높음과 작음을 드러내어, 남들을 속일 수 있다고 하니 더욱 비루하지 않은가!❶

❶ 이지(李贄), 「우여초약후(又與焦弱侯)」, 『분서(焚書)』2권, "今之所謂聖人者, 與今之所謂山人者一也. …… 名爲山人而心同商賈, 口談道, 德而志在穿窬. 夫名山人而心商賈, 旣已可鄙矣, 乃反掩抽豊而顯嵩·少, 謂人可得而欺焉, 尤可鄙也!"

이지가 산인의 욕심과 비루함에 대하여 뼈에 사무치게 묘사하였으나, 그는 오히려 전통적인 은일문화를 버릴 수 없었기 때문에, 그의 『장서·외신전』에도 역대 「은일전」과 똑 같이, 장주莊周·엄광嚴光·도잠陶潛·도홍경陶弘景·종방種放 같은 이들을 사림의 본보기로 삼을 수밖에 없었다.

그러나 다른 점은 이지는 또 이런 몇몇 옛 은사의 이름 위에 더욱 높은 우상으로 풍도馮道94)를 세워놓고 심지어 "풍도의 은일은 완적이 하고 싶었어도 할 수 없었다."95)고 하였다. 따라서 이지는 마음속에 가장 이상적인 은일문화 내용을 갖춘 사람이다.

이지(李贄)

맹자께서 '사직은 귀중하고 임금은 가볍다.'고 하였는데 진실로 이 말은 아는 말이다. 사는 백성을 편안하게 하는 것이니, 직은 백성을 기르기 때문이다. 백성이 편안하게 길러질 수 있어야 뒤에 군신이 책임지고 비로소 보답하는 것이다. 임금이 백성을 평안하게 기를 수 없으면 뒤에서 신하가 홀로 그 백성을 편안하게 길러야, 그 뒤에 풍도의 책임이 비로소 끝나는 것이다.❶

❶ 이지(李贄), 『장서(藏書)』68권, 「외신전(外臣傳)·이은(吏隱)·풍도(馮道)」, "孟子曰: '社稷爲重, 君爲輕.' 信斯言也, 道知之矣. 夫社者, 所以安民也; 稷者, 所以養民也. 民得安養而後君臣之責始塞. 君不能安養斯民, 而後臣獨爲之安養斯民. 而後馮道之責始盡."

전통의 표준에서 본다면, 풍도의 인생철학도 영광스러운 것은 아니다. 『신오대사』에 다음과 같이 기록되어 있다.

당시는 이민족이 번갈아 가면서 침입할 때에 백성들의 목숨이 위급함에 처했는데, 풍도는 스스로 지은 호 '장락로'를 붙여놓고서 저서 수백 언을 지었는데, 자신이 더구나 왕을 넷이나 섬긴 일과 거란에서 받은 모든 관직까지 영광으로 여겨서 진술하였다.❶

> ❶ 『신오대사(新五代史)·잡전(雜傳)·풍도전(馮道傳)』, "當是時戎夷交侵, 生民之命, 急於倒懸, 道方自號長樂老', 著書數百言, 陳己更事四姓及契丹所得階勳官爵以爲榮."

　　이런 몇 가지를 논하지 않더라도, 이지는 뜻밖에 풍도를 빌려서 은일문화의 책임을 늘려서 '임금이 백성을 평안하게 기를 수 없으면 뒤에서는 신하가 홀로 그 백성을 편안하게 길러야 한다.'고 하였다. 이런 말은 참으로 예전에 듣지 못했는가!
　　명대 이후에 사회제도가 전통체계 중의 일체요소를 얼마나 강요하여 일찍이 전제집권제도가 은일문화를 억제했더라도, 가장 직접적이며 큰 범위에서는 '백성을 편안하게 길러야 한다.'는 목적이 반드시 있었다는 것을 분명히 알 수 있다.
　　끊임없이 완선하게 강화시키는 전통문화체계의 발전추세 자체가 최종에는 자기의 생각과 다른 면으로 향해 가기 때문이다. 즉 전통문화 생명을 연속시키기 위하여 설계해낸 강력한 수단이 실천되기 이전에는 전통문화체계가 막힐 수밖에 없다는 것을 알 수 있다. 예를 들면 전통체계는 사대부 은일문화가 왕권을 능가하는 것은 결코 허락하지 않고 '백성을 편안하게 기른다.'는 것이다.96)
　　그러나 전통체계가 온 하늘에 존재해야만, 사대부가 여전히 이지 같은 사람과 똑같이 본받아서, 쉼 없이 자신의 희망을 이런 '기현상[怪圈]97)'안에 쏟아 부어야 한다. 예를 들면 오경재吳敬梓98)가 『유림외사』에서 양집중楊執中·권물용權勿用99) 같은 은사와 '유림儒林'의 추한 모습을 묘사하였으나, 그가 최후에 이상으로 여긴 인물은 사위은사[四位隱士100)]이다. 이상으로 여긴 땅도 그들이 '성 서쪽 가장 깊고 조용한[城西極幽靜]' 원림을 지은 곳이다.

전 시대와 달리 이 속에서 이지 같이 '하늘 가운데 해가 정히 밝다[中天日正明]'는 경상을 기대하기가 더욱 어렵다. 오경재吳敬梓의 『유림외사』에서 다음과 같이 말했다.

형원 자신이 금을 안고 원림에 와서 …… 느릿느릿 현을 고르고 타기 시작하자, 낭랑하게 쨍쨍거리며 소리가 숲 나무에 울려 퍼지니 이 소리를 몇몇 참새가 모두 서식하는 나뭇가지 사이에서 몰래 듣는다. 연주가 한 차례 끝나자, 홀연히 변치❶음을 내자 완전히 쓸쓸하여 이리저리 몸을 뒤척이며 늙은이가 깊숙하고 은미한 곳에서 듣다가, 자기도 모르게 쓸쓸하여 눈물을 흘린다.❷

❶ 변치(變徵): 중국계 아악(雅樂)에서, 칠성(七聲) 음계 중 넷째 음을 이르는 말.
❷ 『유림외사(儒林外史)』제54회, "荊元自己抱了琴來到園里, ……慢慢的和了弦, 彈起來, 鏗鏗鏘鏘, 聲振林木, 那些鳥雀聞之, 都棲息枝間竊聽. 彈了一會, 忽作變徵之音, 淒淸宛轉. 於老者聽到深微之處, 不覺淒然淚下."

은일문화의 침윤은 고전원림과 원림문화의 발전에 가장 직접적인 영향을 끼쳤다. 은일문화의 옛 정신은 추구[芻狗101)]라고 이미 진술했지만, 그 형식은 도리어 확대하여 발전되었다. 이에 관하여 진계유가 말했다.

왕원미가 나에게 말하길 '저자에 사는 것은 시끄러운 자취이고, 산에 사는 것은 적막한 자취이니, 오직 원림

에 사는 것은 계맹지간❶에 있는 것일 뿐이다'.❷

❶ 계맹지간(季孟之間): 상대를 보아가면서 알맞게 접대하는 것을 뜻한다. 중국 제(齊)나라의 경공(景公)이 공자(孔子; BC552~BC479)에게 말한 '계씨와 같이는 할 수 없으며 계씨와 맹씨의 중간 정도로 대우하겠습니다. 『논어(論語)·미자(微子)』"
❷ 진계유(陳繼儒), 「매화루기(梅畵樓記)」, 『미공선생만향당소품(眉公先生晩香堂小品)』19권, "王元美嘗謂余: '市居之迹於喧也, 山居之迹於寂也, 惟園居在季孟間耳.'"

따라서 '성시와 산림'에 대하여 명청 사인이 말한 것이 조금도 어긋나지 않는다. 명청 무렵의 가장 유명한 조원가 중의 한 사람인 이어李漁102)가 그의 소설 『문과루聞過樓』에서 고매수顧呆叟가 처음에는 관리들이 찾아오는 괴로움을 견디지 못하여 집을 시골구석으로 옮기자, 많은 사람들이 그를 절박하게 생각하여, 성 가까운 곳에 원림을 지어서 그를 편안하게 살게 한 고사를 서술하였다. 고매수의 처지는 이어 자신이 꿈꾸는 세상이다.

입옹[이어]은 이때에 곧 다시 예전처럼 지방의 명사나 어진 노인이 그의 바쁜 생활을 도와주길 간절히 희망하면서, 그가 거주하는 생활문제에 대하여 거듭 새롭게 해결하였다.❶

❶ 『12루(十二樓)』부록 손해제(孫楷第),『이립옹과 12루(李笠翁與十二樓)』, "笠翁此時, 便是盼望再有一般鄕紳大老帮他的忙, 對於他的居住生活問題, 重新解決一下."

그리고 그의 소설에서 원림경치에 대한 묘사도 자기의 원림미학을 개괄한 것이다.

사립문을 단단히 잠그고, 대나무 사이 길이 굽이졌다. 울타리 옆에는 새로운 종류의 꽃이 피었고 땅을 쓸어 낙엽을 모았다. 몇 개의 서까래로 만든 초가집은 밖에서는 가장 소박해 보이지만 안에는 정밀하고 공교함으로 채워졌다. 이는 결국 농가로 지은 것이 아니다. 멀리서는 매우 조잡해 보이지만 가까이서는 아름답고 화려하다. 문인이나 화가들이 구상하여 지은 것 같다. 도처사의 새로운 거처가 아니면 바로 임산인의 별장이다.❶

❶ 『12루(十二樓)·문과루(聞過樓)』제2회, "柴關緊密, 竹徑迂徐. 籬開新種之花, 地掃旋收之葉. 數椽茅屋, 外觀最樸而內實精工, 不竟是農家結構; 一帶梅窗, 遠視極粗而近多美麗, 有似乎墨客經營. 若非陶處士之新居, 定是林山人之別業."

벼슬아치들의 주머니에 의지하여 임천산수를 경영하는 것은 은일문화의 예로부터 내려오는 통례이지만, 명청의 산인들이 태연하게 거리낌 없이 이런저런 명목으로 돈을 갈취할 때는 독보적이라고 칭찬할 만하다.

장대張垈[103]가 어릴 적에 나그네로 항주에서 유람하는 진계유를 우연히 만났을 때를 스스로 술회하였다. 진계유는 그의 대구 짓는 능력을 시험하려고 드디어 '이백이 고래를 타고, 채석강에 비친 달을 붙잡다'[104]는 연구를 냈는데, 장대가 응대하여 '미공[진계유]은 사슴에 걸터앉아 전당현에서 가을바람을 맞는다.'[105] 고 하였다. 이태백李太白의 얽매이지 않는 오만함과 명대 산인의 비린내를 쫓고 진부함을 따라감이 어울리지만, 장대는 여전히 진계유가 살아가는 방법을 '천추의 업[千秋之業]'이라고 칭송하였다.106) 여기에서 이당시 은일문화가 얼마나 쇠퇴해졌는지를 알 수 있다. 청나라 사람이 말했다.

명나라 중엽 이후 산인 묵객들 중에 서화 시문을 조금 할 줄 아는 자들이 아래로는 식객의 반열에 섞였고, 위로는 은둔군자로 미화되어 칭송되어 사대부에게 의지하여 이익을 취하고, 사대부들도 명성을 빌려주는 풍속을 이루었다.❶

❶ 『사고전서총목(四庫全書總目)』 180권, 「첩초(牒草)」, "有明中葉以後, 山人墨客, 標榜成風, 稍能書畵詩文者, 下則廁食客之班, 上則飾隱君之號, 借士大夫以爲利, 士大夫亦借以爲名."

　은일문화는 명성과 이득이 서로 통하는 상품이 되었는데, 이런 역사는 청나라 사람보다 훨씬 오래전에 이루어졌다고 할 수 있다. 원대 방회方回107)의 말을 기억해보면, "당송 이후에는 하나같이 예에 노니는 공경 가문을 끼고, 시로 명성을 얻은 자가 적지 않다."108)하였다. 당대 사인들의 생활을 본보기로 삼은 예가 있다.

　이계경이 강남의 선위사가 되었는데, 어떤 이가 육홍점이 차를 잘 한다고 하여, 이공이 그를 불렀다. 육홍점 자신이 야복을 입고, 다기를 가지고 들어왔다. 앉아서 몸소 차를 끓이면서 입으로 차 이름을 말하며 차의 장

점을 구분하였다. 이공이 마음속으로 그를 업신여기며, 차 마시기가 끝나자 종에게 명하여 돈 30문을 가져오게 하고 '차를 나르는 박사'라고 하였다.❶

> ❶ 봉연(封演), 『봉씨문견기(封氏聞見記)』6권, "李季卿宣慰江南, 或言陸鴻漸能於茶, 李公請爲之. 鴻漸身衣野服, 隨茶具而入. 旣坐, 身自烹茶, 口道茶名, 區分之點. 李公心鄙之, 茶畢, 命奴子取錢三十文曰: 酬茶博士."

송나라 때 유과(劉過109) 같은 이는 "형초에서 방랑하며 제후 사이에서 식객노릇을 하였다."110)고 한 것 등이다. 심지어 육유 같은 명사가 말년에 다시 출사했을 때도 이미 『남원기南園記』·『열고천기閱古泉記』를 찬술하여, 자신의 문채와 원림예술에 대하여 조금 아는 것을 가지고 권세 있는 재상 한탁주111)에게 맞장구치며 즐겁게 하였다. 그러나 당시에는 그다지 빛을 보지 못했지만, 『송사·육유전』에서 말했다.

육유는 재기가 빼어나고, 시를 더욱 잘 지었다. 말년에 다시 출사하여 한탁주를 위하여 「남원열고천기」를 찬술하였는데 시정의 여론에서 비난을 받았다.❶

> ❶ 『송사(宋史)·육유전(陸游傳)』, "游才氣超逸, 尤長於詩. 晚年再出, 爲韓侂胄撰「南園閱古泉記」, 見譏清議."

『송사·양만리전』에서도 다음과 같이 말했다.

한탁주의 용사❶는 사방에 알려진 명사를 망라하여 서로 도움이 되려고, 일찍이 남쪽에 원림을 지어서 양만리가 그 기문을 써서 담장에 붙이도록 허가하였다. 그러자 양만리가 이르길, '벼슬을 버릴 수 있으나, 기문을 지을 수 없다.'고하니 한탁주가 화를 내며 다른 사람에게 명했다.❷

❶ 용사(用事): 권력을 장악하다. 일을 처리하다, 전고를 인용하다.
❷ 『송사(宋史)·양만리전(楊萬里傳)』, "韓侂冑用事, 欲網羅四方知名士相羽翼, 嘗築南園, 屬萬里爲之記, 許以掖垣. 萬里曰: '官可棄, 記不可作也.' 侂冑恚, 改命他人."

여기에서 육유가 관직을 바랄 때 논한 것과 일치하지 않음을 알 수 있다. 명대 이후에는 상황이 달랐다.

가정·융경·만력 연간에는 포의나 산인의 신분이지만, 시로 유명한 자가 수십 명이고, 유윤문·왕숙승·심명신 같은 이들은 더욱 세상에서 칭송되었다. 그러나 명성이 자자함은 왕치등이 최고였다. 원로들 안에서 거듭 행하고 거처할 때 특히 서로 높이 평가하였다.❶

❶ 『명사(明史)·왕치등전(王穉登傳)』, "嘉·隆·萬曆間, 布衣·山人以詩名者十數, 俞允文·王叔承·沈明臣輩尤爲世所稱, 然聲華烜赫, 穉登爲最. 申時行以元老裏居, 特相推重."

또 왕세정을 예로 들겠다.

왕세정은 재능이 가장 높아, 지위와 명망이 가장 드러났다. …… 한 때 사대부 및 산인·사객·승려·도사 등이 문하에서 분주하게 뛰어다니지 않은 자가 없었다. 그 중에는 위에서 언급한 유윤문 같은 사람도 있었다.❶

> ❶ 『명사(明史)·왕세정전(王世貞傳)』, "才最高, 地望最顯, …… 一時士大夫及山人·詞客·衲子·羽流, 莫不奔走門下", 其中卽有上文提到的俞允文等人."

그리고 명나라 사람들의 안중에는 이런 종류의 '문하에서 분주하게 다닌다.'고 하는 것은 여전히 '식객을 욕심내어 그 뜻을 보존할 수 있다'고 일컬을 만한 것이다.112)

당나라 때의 '마음속으로 업신여긴다.'는 것과 송나라의 '청의한 면에서 비난받는다'는 것에서부터 명나라 때의 '세상에서 칭송한다'는 것과 '뜻을 보존할 수 있다'는 것 등에서 은일문화의 매매賣買가 지금까지 얼마나 변했는지 쉽게 상상해볼 수 있다. 노신 선생이 말했다.

누가 '방한문학'❶이 폄하하는 말이라고 했나?
이는 곧 권세 가문의 식객으로, 그도 장기판 아래에서 깨달아 하나의 글자를 쓰고, 그림을 그리고, 이 몇 가지를 알아서 천거하고 명령하여, 삽과❷를 야유할 수 있으니, 이런 재능을 잃지 않아야 식객이다. 바꾸어 말하면, 청객은 오히려 청객의 본령이 있어야 한다. 그러나 골기를 갖춘 자는 좋아하지 않기 때문에, 도리어 형식과 내용이 없는 것을 베끼는 자는 미칠 수 있는 것이 아니다. 예를 들면 이어의 「일가언」, 원매의 「수원시화」같은 것은 매양 아첨한 것이 아니고 모두 지어서 표현할 수 있는 것이다.❸

❶ 방한문학(幇閑文學): 권세 있는 자에게 아첨하는 글이나 시문을 이른다.
❷ 삽과(揷科): 삽과타원(揷科打諢)으로, 연극에서 우스운 연기나 대사를 넣어 관객을 웃기는 것, '科'는 몸짓·행위를 이른다.
❸ 『차개정잡문2집(且介亭雜文二集)·방망으로부터 차담에 이르다(從幇忙到扯談)』, 『노신전집(魯迅全集)』제6권, p.274, "誰說'幇閑文學'是一个惡毒的貶辭呢? 就是權門的淸客, 他也得會下几盤棋, 寫一筆字, 畵畵兒, 懂得些猜拳行令, 打趣揷科, 這才能不失爲淸客. 也就是說, 淸客, 還要有淸客的本領的, 雖然是有骨氣者所不屑爲, 却又非搭空架者所能企及. 例如李漁的「一家言」, 袁枚的「隨園詩話」, 就不是每个幇閑都做得出來的."

명청 시대에 수많은 제일류의 조원가는 이처럼 몇몇 본령을 갖춘 청객이다. 예를 들면, 『원야』의 작자인 계성은 권세 있는 가문 사이를 바쁘게 다니면서, 완대월·정원훈·오원吳元 같은 이들을 위하여 산을 쌓고 물길을 만들었다.113) 고하였다. 또 청나라 사람이 기록한 이어의 행동거지를 예로 들겠다.

내가 일찍이 남쪽 성의 개자원에서 조촐한 술자리를 가졌는데, 개자원 주인 장옹께서 말하길, '돌은 입옹(이어)이 단장한 것이다. 국초에 한창 흥성할 때, 왕후의 저택이 구름까지 이어지게, 경쟁하듯이 사치스럽게 지어서, 다투어 옹을 맞이하여 상객으로 앉히고, 돌을 쌓는 것이 당시에 유명하였다고 하였다.❶

❶ 『홍설인연도기(鴻雪因緣圖記)』제3책, 「반무영원(半畝營園)」, "余曾小飮南城芥子園中, 園主章翁言: '石爲笠翁點綴, 當國初鼎盛時, 王侯邸第連雲, 競侈締造, 爭延翁爲座上客, 以疊石名於時.'"

또 장연張漣을 예로 들겠다.

원림을 다듬어 정리하는데 교묘한 구상을 해야 한다. 돌 하나 나무 한그루, 하나의 정자나 못이라도, 군의 지시를 따르면 아름다운 정취가 이루어지니, 비록 소란한 속세에 있더라도 마치 바위골짝에 들어온 것 같다. 제공과 귀인이 모두 옹을 상객으로 맞이하였으니, 동남의 명원은 대개 옹이 구축한 것이 많다. 상숙의 전상서, 태창의 오사업은 옹과 함께 포의신분으로 교제하였다. …… 여러 왕공의 원림은 모두 옹의 손에서 이루어진 것이다. 영대를 수리하고 지붕을 이을 때가 되어 옹을 불러 수리하였는데, 사사로이 뇌물을 누차 더 주었다. 화창한 봄날 정원의 일로, 다시 옹을 불러서 이르렀는데, 연로하여 가마를 하사하여 출입하였으니, 사람들이 모두 그것을 영광스럽게 생각했다.❶

❶ 「장옹가전(張翁家傳)」, 『대명세집(戴名世集)』 7권, "治園林有巧思, 一石一樹, 一亭一沼, 經君指畵卽成奇趣, 雖在塵囂中, 如入巖谷. 諸公貴人皆延翁爲上客, 東南名園大抵多翁所構也. 常熟錢尙書, 太倉吳司業與翁爲布衣交. …… 諸王公園林, 皆成翁手. 會有修葺瀛臺之役, 召翁治之, 屢加寵賚. 暢春苑之役, 復召翁至, 以年老, 賜肩輿出入, 人皆榮之."

〈대관원도(大觀園圖)〉

이로 인하여 바꿀 수 없는 전통이 이루어진 것이다. 따라 조설근의 작품에 등장하는 대관원도 이런 자들의 구상에 따라서 배치하여 조성된 예로 볼 수 있다.

다음날 가련이 일어나서, 가사와 가정이 지나가는 것을 보고 곧 영국부 안으로 가서 오랜 관사의 가족들과 함께, 몇 자리 대대로 교분이 있는 문하의 식객 상공들과 함께 양부의 장소를 살피고, 집에서 부모님을 뵙고 수리할 계획을 하여, 한 면에는 관리인 정에게 참작하여 헤아리게 하였다. …… 전체가 손상된 곳은 호노인 명공 '산자야'라 불리는 자가 일일이 계획하여 조성하였다. …… 산을 쌓고 못을 파서 누각을 세우고, 대나무를 심어 꽃을 재배한 것이 모두 정취를 더 하니, 또 '산자야'의 제도가 남아있다.❶

> ❶ 『홍루몽(紅樓夢)』제16회, "次日賈璉起來, 見過賈赦、賈政, 便往寧國府中來, 合同老管事的家人等, 並幾位世交門下清客相公們, 審察兩府地方, 繕畫省親殿宇, 一面參度辦理人丁. …… 全虧一個胡老名公號山子野, 一一籌畫起造, 堆山鑿池, 起樓豎閣, 種竹栽花, 一應點景, 又有山子野制度."

춘추시대 이후에는 선비가 혈연종친제도 중에서 분리되어 나왔다. 이전에는 '대부와 사는 상종114)이 있다'115)는 것과 '가신은 나라 일을 알지 못한다.'116)는 것에 연유하여 대통일 집권제도 중에 유일하게 존재하는 두 방향을 조절할 책임과 능력을 갖춘 사회계층으로 변했다고 이미 언급했다. 이처럼 새로운 자유와 거대한 능력을 획득한 것은 후기 중국사회의 정치 · 경제 · 철학 · 예술 등 문화의 모든 발전에 중요한 의의가 있다. 그러나 지금은 이렇게 변화된 다른 한 면까지도 보았다.

사대부계층이 종법제도에서 분리된 것이 시종 철저하지 못하여, 진한 이후 사대부문화가 2천여 년 동안 발전하여 완선의 경지에 이른 것도 이 방대한 종법체계 가운데서 완성되었다.

대관원에 있는 남자 종과 여자 종은 3 · 6 · 9등급으로 분류하였다. 어떤 몇몇 무리는 가씨 집안[賈府]에서 종이 되었고, 이어서 자기 어머니도 깨끗하지 못한 '노비의 자식'으로 기록되었다. 매달 주는 몇 양의 은화를 손에 쥐고, '푸른색으로 수놓은 천마피로 만든 홑저고리'를 입은 이모도 있다.

대관원에 있는 사대부도 매우 각양각색이다. 가부의 문하에서 거처하고 지위가 집안 종과 같은 '상공들의 식객'이 있고, 처음에는 허리를 굽히고 추창하는 걸음으로 문정을 지나다니다가 나중에 출세한 가우촌賈雨村 같은 이도 있다. 그러나 그들의 지위가 표면상 차이가 얼마나 먼지를 논할 것 없이 그 거리가 얼마 되지 않는다.

'상공들의 식객'과 '노비의 자식'은 '상종이 있다'는 것과 같은 것이 아닌가? 몇몇 남녀종이나 사인이 갖고 있는 크고 작은 '상종常宗'이 쇠락함에 따라 '온통 끝없는 흰 구름 속의 깨끗한 대지'로 반드시 돌아가야만 하는 것이 아닌가?

어째서 명청의 은일문화가 점점 더 저속한 기운이 가득하여 뼈에 사무치는지, 이런 관계를 알기 쉽게 상술하였다. 이어가 「한정우기」에서 원림園林·희곡戲曲·음찬飮饌·양생養生·원예園藝 등에서 실천한 것을 계통적으로 총결하였다. 그러나 사람들이 주목하는 것을 다시 인용하여, 이 책의 첫머리에서 요지를 밝혔다.

성주의 권력이 한창❶이라, 문화와 교육을 힘써 숭상하였다. …… 바야흐로 지금 해역이 맑고 깨끗하여 태평하니, 만물은 꼭 문인이 가을을 장식한 것 같다. 이에 한가한 날 붓을 빼들고, 큰 거리에서 배불리 먹는다. 여덟 가지 일을 말한 것이, 하나도 새롭지 않은 일이 없다. 수많은 말을 지어도, 한 마디도 옛말을 한 것이 없어서, 낡은 것을 버리고 새로운 것이 성행하던 때에, 한두 가지 보지 못했던 일과 듣지 못한 말로 이목을 넓히니, 마치 아름답고 큰집을 낙성했다고 알리는 것 같지만, 붉은 색과 푸른 색 남은 것을 기둥과 서까래에 장식한 것은 아니다. 촌스러운 보잘것없는 신하가 채색으로 꾸미는 공력을 감히 말한다!❷

❶ 당양(當陽): 햇볕이 쨍쨍하다는 말인데 권력이 한창이라는 뜻.
❷ 『한정우기(閑情偶寄)·범례7칙(凡例七則)·일기점철태평(一期點綴太平)』, "聖主當陽, 力崇文敎. …… 方今海甸澄淸, 太平有象, 正文人點綴之秋也. 故於暇日抽毫, 以大康饟鼓腹. 所著八事, 無一事不新; 所著萬言, 無一言稍故者, 以鼎新之盛世, 應有一二未睹之事·未聞之言以擴耳目, 猶之美廈告成, 非殘朱剩碧所能塗飾榱楹者也. 草莽微臣, 敢辭粉藻之力!"

이 글에서 자만하며 '수많은 말에 옛 것을 말한 것이 조금도 없다'고 한 것은 세상을 속이는 말로, 이어가 '태평하다는 말로 장식'한 동기 중에는 도리어 다소의 전반적인 진실성이 조금 남아있는 것에 불과하다.

전통문화 중에서 새로운 천지를 다시 개척한 가운데서 약간의 새로운 정수를 짜내서, '아름답고 큰집' 한 층에 새로운 채색을 칠한다. 그러나 조설근의 시대에는 『홍루몽』에 가장 먼저 등장하는 두 지위의 식객과 상공은 첨광詹光과 단빙인單聘仁의 이름만 배치되었고, 그들이 보옥寶玉을 소름끼칠 정도로 치켜세우는 것도 수단과 방법을 가리지 않고 형용할 수만 있었을 뿐이다.117)

결론적으로 전반적인 전통문화의 제약과 요구 때문에 은일문화가 중당 이후에 점점 신속하게 반대방향으로 향해가고, 기존의 기초에 의지하는 것을 더욱 상실하였다. 따라서 최종에 '54신문화운동'118)의 화살과 창이 향한 것도 피할 수 없었던 것이다.119)

홍루몽 삽화에 있는 보옥(寶玉)

01 부용(附庸): 독립하지 못하고 남에게 의지하여 살아가는 일.

02 『시경(詩經)』·소아(小雅)」, "溥天之下莫非王土, 率土之濱莫非王臣."

03 귀유광(歸有光; 1506~1571): 당송(唐宋)의 시문을 규범으로 삼는 당송파의 저명한 문인이었던 중국 명나라 때의 문학자. 유명한 글로는 『선비사략(先妣事略)』·『사자정기(思子亭記)』 등이 있다.

04 중장통(仲長統; 179~220): 당시 사람들이 광생(狂生)이라 부를 정도로 비판정신이 투철했던 중국 후한(後漢)시대의 학자.

05 도통(道通): 사물의 깊은 이치를 깨달아 훤히 통함.

06 『승수연담록(澠水燕談錄)』4권, 「고일(高逸)」, "眞宗優禮種放, 近世少比", "寵待非常, 拜工部侍郞."

07 산도(山濤; 205~283): 중국 진(晉)나라의 학자·정치가. 자는 거원(巨源). 죽림칠현(竹林七賢)의 한 사람이다.

08 도홍경(陶弘景; 456~536): 유·불·도 삼교(三敎)에 능통했던 중국 남조(南朝)의 양(梁)나라 학자. 양나라 무제(武帝)의 신임이 두터웠으며, 국가의 길흉·정토(征討) 등 대사(大事)에 자문역할을 하여 산중재상(山中宰相)이라 하였다.

09 노장용(盧藏用; ?~714추정): 당나라 유주(幽州) 범양(范陽) 사람. 자는 자잠(子潛)이다. 진사(進士)가 되었지만 임용되지 못하자 종남산(終南山)에 은둔해 기를 수양하며 벽곡(辟穀)했다.

10 『속자치통감(續資治通鑑)』28권, 「진종대중상부3년(眞宗大中祥符三年)」, "爲弟汶求官, 卽授秘書省正字"

11 문형(文瑩): 송나라 때의 승려. 전당(錢塘) 사람이고, 자는 도온(道溫) 또는 여해(如海)다. 일찍이 서호(西湖)의 보리사(菩提寺)에서 살았는데, 나중에 형주(荊州)의 금란사(金鑾寺)에 은거했다. 시를 잘 지었고, 책 모으기를 좋아했다. 특히 야사(野史)에 관심을 두고 세상일에도 주의를 기울여 사대부들과도 많이 교유했다. 저서에 『상산야록(湘山野錄)』과 『옥호청화(玉壺淸話)』 등이 있다.

12 위야(魏野): 송(宋)나라 처사. 구준(寇準; 구래공寇萊公) 정승에게 시를 지어 주었는데 그 시 속에 '벼슬은 삼공의 지위인데, 누대 지을 만한 땅이 없구나[有官居鼎鼐 無地起樓坮].'「국로담원國老談苑」이란 구절이 있어, 뒤에 거란[契丹]의 사신이 조정에 와서 '어느 분이 무지기누대(無地起樓臺) 상공(相公)이십니까?' 하고 물었다 함.

13 「담재 거사 시집 서문[澹齋居士詩序]」, 『육유집(陸游集)』·위남문집(渭南文集)』15권에도 보인다.

14 이편 제3장 참고. 육유(陸游), 『반은재기(半隱齋記)』, "折腰抑首, 何害爲隱"

15 「답고동교(答顧東橋)」, 『양명선생집요(陽明先生集要)』·이학편(理學編)』6권, "物理不外吾心."

16 주원장(朱元璋; 1328~1398): 명(明)나라의 초대 황제(재위; 1368~1398). 홍건적에서 두각을 나타내어 각지 군웅들을 굴복시키고 명나라를 세웠다.

17 대고(大誥): 대고란 말은 크게 고한다는 뜻이다. 『서경·주서(周書)』의 편명으로 주공이 무경을 토벌할 때 천하에 고한 글이다.

18 부월(斧鉞): 예전에, 살생권의 상징으로 주는 작은 도끼와 큰 도끼를 이르던 말.

19 진계유(陳繼儒; 1558~1639): 생애를 마칠 때까지 풍류와 자유로운 문필생활로 일생을 보낸 중국 명나라

말기의 문인. 『금병매』를 지은 왕세정(王世貞)으로부터 존경을 받았다.

20 『차개정잡문2집(且介亭雜文二集)·은사(隱士)』나 『노신전집(魯迅全集)』제6권, p.187에 보인다.

21 위충현(魏忠賢; ?~1627): 중국 명말(明末)의 환관. 이진충(李進忠)이라고도 한다. 명나라 조정을 완전히 장악하여, 백성들을 가혹하게 착취하고 관료계급을 공포에 떨게 했다.

22 완대월(阮大鉞; 1587추정~1646): 명나라 말기 안경부(安慶府) 회녕(懷寧) 사람. 자는 집지(集之)고, 호는 원해(圓海) 또는 '석소(石巢)', '백자산초(百子山樵)'다. 만력(萬曆) 44년(1616) 진사가 되고, 천계(天啓) 초에 행인(行人)을 거쳐 급사중(給事中)에 발탁되었다. 처음에 좌광두(左光斗)에게 의지했지만 뜻대로 승진하지 못하자 위충현(魏忠賢)에게 아부하여 태상소경(太常少卿)이 되었다. 이 또한 믿을 게 못되지 않을까 두려워 항상 양단(兩端)을 오갔다.

23 이지(李贄; 1527~1602): 명청대 정치인 명나라의 복건(福建) 진강(晉江) 사람. 회족(回族). 본래 성은 임(林)씨며, 이름은 재지(載贄)다. 자는 굉보(宏甫)고, 호는 탁오(卓吾) 또는 독오(篤吾)며, 별호는 온릉거사(溫陵居士)다.

24 풍도(馮道; 882~954): 중국 후당(後唐)의 정치가. 자는 가도(可道). 재상으로 취임한 후 5조(朝) 8성(姓) 11군(君)을 섬겼으며, 구경(九經)을 최초의 조판 인서(雕版印書)에 의하여 출판하였다.

25 이지(李贄), 『장서(藏書)』66권, 「외신총론(外臣總論)」에 보인다. "馮道之隱是阮籍想做也做不到的."

26 본편 제3장을 참고바람.

27 괴권(怪圈): 기현상·이상 기류를 이른다.

28 오경재(吳敬梓; 1701~1754): 청나라의 문인. 중국문학인 안휘성(安徽省) 전초현(全椒縣) 출생으로, 자(字)는 민헌(敏軒)이고 호는 입민(粒民)이며 만년에는 문목노인(文木老人), 진회우객(秦淮寓客)이라고도 했다. 장편소설인 『유림외사(儒林外史)』는 오경재의 일생에 있어서 가장 중요하고 영향력 있는 저작이다.

29 양집중(楊執中)과 권물용(權勿用)은 『유림외사』에 나오는 인물이다.

30 사위은사(四位隱士): 안자(顔子)·증자(曾子)·자사(子思)·맹자(孟子).

31 추구(芻狗): 필요할 때는 이용하고 그 일이 끝나면 내버리는 물건.

32 이어(李漁; 1611~1685): 중국 명나라 말기에서 청나라 초기까지의 희곡작가. 통속적인 창과 평이한 대사로 대중심리에 부합되는 작품을 만들었다. 희곡은 16종이 있지만 「입옹십종곡(笠翁十種曲)」이 대표작이다. 『일가언집(一家言集)』중의 「한정우기(閑情偶寄)」는 희곡 이론을 포함, 곤곡(崑曲) 발전에 영향을 미쳤다.

33 장대(張垈; 1597~1676): 명말 대표적 소품가이다.

34 이백(李白), "太白騎鯨, 採石江邊撈夜月"

35 장대(張垈), "眉公跨鹿, 錢塘縣裡打秋風."

36 「자위묘지명(自爲墓誌銘)」, 『낭현문집(琅嬛文集)』5권에 모두 보인다.

37 방회(方回; 1227~1307): 송말·원초의 문인으로, 자는 만리(萬理), 호는 허곡(虛谷)이다. 남송이 멸망하고 원나라 시대가 되자, 벼슬을 그만두고 시작(詩作)에만 힘쓰며 지냈는데, 황정견의 강서시파를 매우 숭상

하였다.

38 『영규율수(瀛奎律髓)』37권, 「기예유서(技藝類序)」, "唐宋以來, 挾一藝游公卿之門, 詩以得名者不少焉."
39 유과(劉過; 1154~1206): 남송 길주(吉州) 태화(太和) 사람. 사(詞)작가. 자는 개지(改之)고, 호는 용주도인(龍洲道人)이다. 평생 공업(功業)을 연구하는 것으로 임무를 삼아 고금의 치란(治亂)의 도를 연구했다.
40 『정사(程史)』2권, "放浪荊楚, 客食諸侯間."
41 한탁주(韓侂胄): 송 영종(宋寧宗) 때 사람으로, 국정(國政)을 좌우하면서 자기의 의견과 맞지 않는 사람을 제거하려하였다.
42 전겸익(錢謙益), 『열조시집소전(列朝詩集小傳)』정집상(丁集上), 「유처사윤문(俞處士允文)」조(條), "食貧而能保其志."
43 『원야(園冶)』수권, 「완대월(阮大鋮)·서(序)」·『정원훈(鄭元勳)·제사(題詞)』·『계성(計成)·자서(自序)』에 보인다.
44 상종(常宗): 사종(四宗)의 하나. 부처의 성품은 영원히 변하지 않으며, 모든 것에 부처의 성품이 갖추어져 있다는 열반경·화엄경의 가르침을 말함.
45 『순자(荀子)·예론편(禮論篇)』. "大夫士有常宗."
46 『춘추좌씨전(春秋左氏傳)·노소공(魯昭公)6, 25년』, "家臣不敢知國."
47 『홍루몽(紅樓夢)』제8회에 보인다.
48 54운동(五四運動): 1919년 5월 4일부터 2개월간에 걸쳐 중국 전역에서 일어난 반일(反日)애국운동. 넓은 의미로는 1915년부터 1920년대 초반에 걸친 전반적인 사상혁명이라 할 수 있는 신(新)문화운동을 가리킨다. 두 운동의 지향점은 전자의 경우 정치적 운동을 통해, 후자의 경우 문화적 개혁을 통해 구국(求國) 또는 신(新)중국을 건설하는 것이었다. 신문화운동은 5·4사건이 일어날 수 있는 기반을 조성했고, 또 5·4사건을 통해 신문화운동이 확대·발전될 수 있는 대중적인 기반을 마련했다는 점에서 양자는 상호 유기적인 관계를 맺고 있다.
49 『독수문존(獨秀文存)』1권, 「문학혁명론(文學革命論)」: "문학이 혁신하는 시대에 모든 귀족문학(貴族文學)·고전문학(古典文學)·산림문학(山林文學)은 배척되었다. …… 그 내용은 눈빛이 제왕의 권귀함을 떠나지 않고, 신선과 귀궤(鬼怪) 및 그 개인은 빈곤과 현달(窮通)이 높은 지위에 올랐다[利達]. 우주를 말하면 인생을 말할 수 있고, 사회를 말하면, 구상하는 것을 거론하여 언급하는 것이 아니다. 이것이 세 종류 문학의 공동적인 결점이다. 이런 문학은 대개 내가 과장과 허위를 아첨하는[阿諛] 우활(迂闊)한 국민성과 서로 섞여서 원인과 결과를 이룬 것이다."

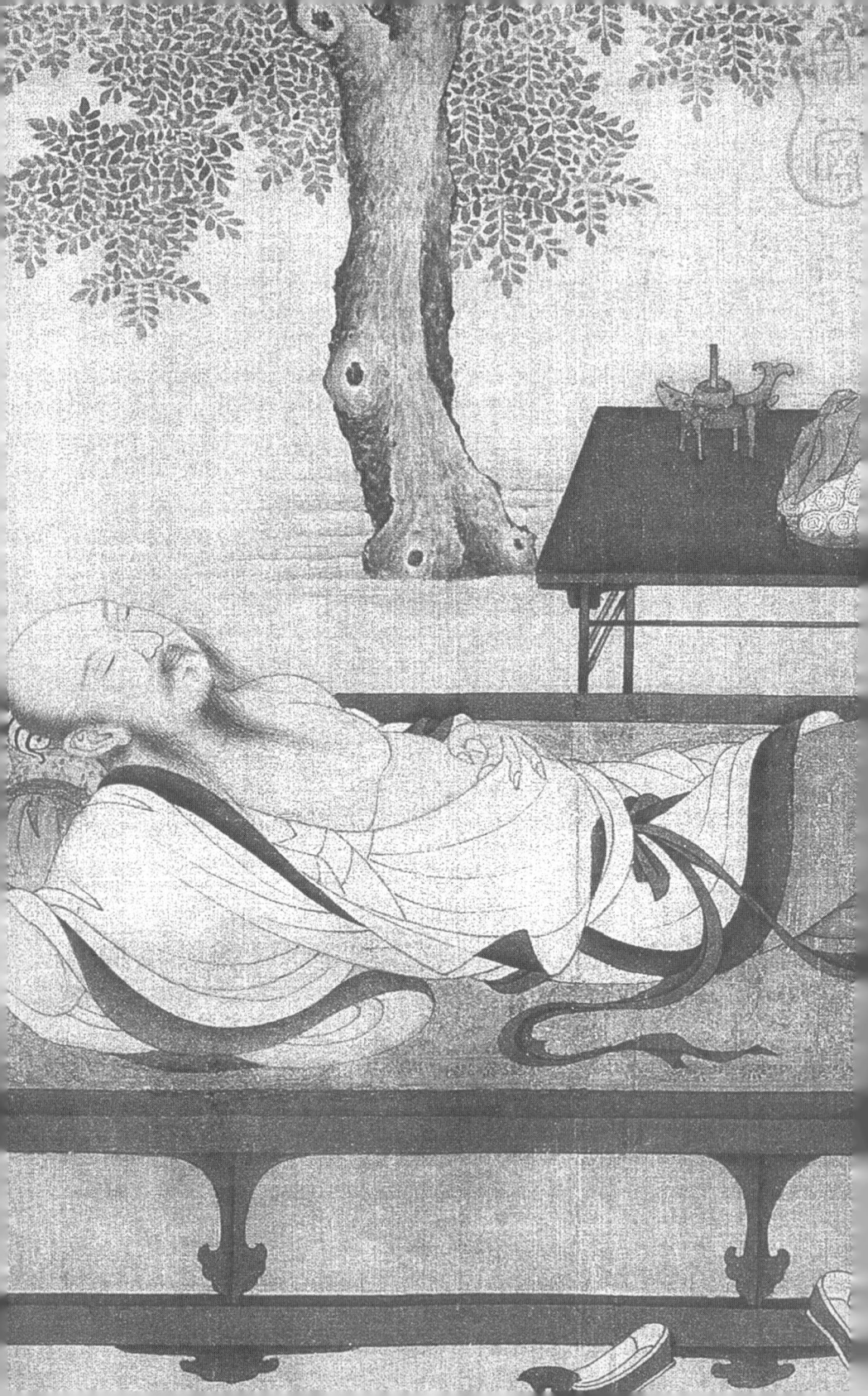

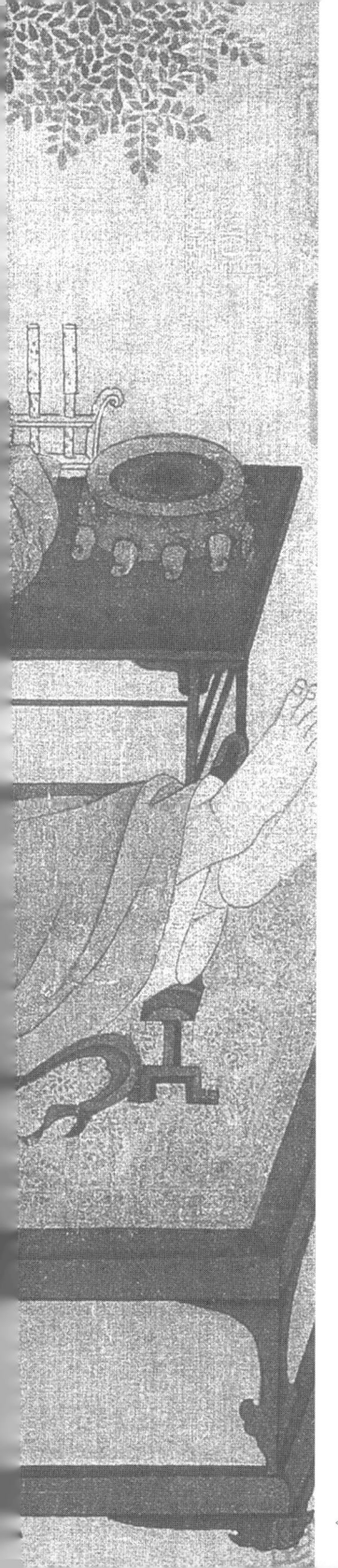

# 제 3 장

## 졸재*·나원*과 사대부 인격의 융해

* 졸재(拙齋): 누추하고 옹졸하지만 주인이 살기 편한 집.
* 나원(懶園): 나태하고 우둔하지만 나 홀로 즐기기 편한 원림.

◁ 괴음소하도(槐陰消夏圖) 부분

어째서 사회제도가 사대부의 도덕과 인품의 완선함을 통해야, 모든 전통문화의 커다란 집을 지탱하고, 무엇 때문에 중당 이후에 반드시 이학의 '공안낙처'를 통해서 사대부 이상인격의 중건과 고도의 강화가 실현되었는지 이미 설명하였다.

아래 면에서 이런 전통체계에서 끊임없이 자아를 완선하고 강화하는 추세가 이처럼 급하게 사대부 이상인격을 자기의 반대 방향으로 한걸음씩 향하게 하였고, 이런 인격의 탈바꿈이 고전원림에 어떠한 영향을 끼쳤는지를 한걸음 나가서 볼 수 있을 것이다.

전통문화 기타 영역도 정황이 똑같아서, 자아 부정적 요인이 최초로 시작됨에 따라서 사대부 인격이 발전하게 된 것이다. 『사기・공자세가』의 기록을 보겠다.

공자가 정나라에 갔는데 제자들과 서로 길이 어긋나서, 공자 홀로 성곽의 동문에 서 있었다. 정나라 사람 누군가가 자공에게 말했다. '동문에 어떤 사람이 있는데 키가 9척 6촌이고 그 이마는 요임금과 닮았고 그 목덜미는 고요와 닮았으며 그 어깨는 자산과 닮았어요. 그러나 허리 이하는 우임금보다 3촌이 짧으며 풀죽은 모습은 마치 상가의 개와 같았습니다.' 하니, 자공은 이 말을 그대로 공자에게 고하였다. 공자는 흔쾌히 웃으면서 말했다. '형상이 그리 중요한 것은 아니다. 그런데 상가의 개와 같다고 하였는데, 그것은 정말 그랬었지! 그랬어!' (배인이 『집해』에서 "왕숙이 말하길, '상가의 개는 주인이 슬퍼하면, 음식을 보지 않기 때문에, 실망하여 뜻대로 하지 못한다'고 하였다.")❶

❶ 『사기(史記)・공자세가(孔子世家)』, "孔子適鄭, 與弟子相失, 孔子獨立東郭門外, 鄭或人謂子貢曰: '東門外有一人焉, 其長九尺有六寸, 其顙似堯, 其頸似皋陶, 其肩似子產, 然自腰以下, 不及禹者三寸, 纍然如喪家之狗.' 子貢以告. 孔子欣然而歎曰: '形狀末也, 如喪家之狗, 然乎哉! 然乎哉!' (裴駰『集解』: 王肅曰: '喪家之狗, 主人哀荒, 不見飮食, 故累累然不得意')."

한 편으로 이같이 숭고한 정치와 인격이상이 있고, 다른 한 편으로는 또 자신이 마치 개와 같이 주인의 음식에 의지한다는 것을 착실하게 시인하였다.

이와 유사한 모순의 통일이 이후에 수시로 나타났기 때문에 『장자 · 소요유』에서 "북해에 물고기가 사는데 그 이름을 곤이라 한다. 곤의 크기는 몇 천 리가 되는 지 알 수가 없다"[1]고 시작하였으나, 도리어 '아무것도 없는 곳[無何有之鄕]'에서 '할일 없이 방황하는 것[彷徨無爲]'과 '쓸모 없는[無所可用]' 것들을 동경하며 결말을 지었다. 따라서 순자가 전면에서 다음과 같이 말했다.

천하를 화평하게 함으로써, 문왕과 무왕이 왕업을 이루고, …… 이를 일러 큰선비의 공로라고 한다.❶

❶ 『순자(荀子) · 유효(儒效)』, "因天下之和, 遂文武之業, 明主枝之義, 抑亦變化矣, 天下厭然猶一也. 非聖人莫之能爲, 夫是之謂大儒之效."

한비韓非가 후에 이런 것을 보충하여 다음과 같이 일정하게 설명하였다.

군주에게는 다섯 가지 둘러싸여 막히는 재앙이 있습니다. 첫째 막힘은 신하가 군주의 눈과 귀를 막아 아무 것도 알지 못하게 하는 것이다. 둘째 막힘은 신하가 국가 재정을 지배하는 것이다. 셋째 막힘은 신하가 방자하게 명령을 내리는 것이다. 넷째 막힘은 신하가 멋대로 이것이 도의라 하여 행하는 것이다. 다섯째 막힘은 신하가 자기 세력을 기르는 것이다.❶

❶ 『한비자(韓非子)·주도(主道)』, "人主有五壅: 臣閉其主曰壅, 臣制財利曰壅, 臣擅行令曰壅, 臣得行義曰壅, 臣得樹人曰壅."

  여기에서 그 당시의 사정이 얼마나 완정함을 기대했는지 생각해볼 수 있다. 진한 이후에는 더욱 이처럼 사대부가 출사하면 임금을 존경하는 도를 지키는 데에 자신의 인격역량을 발휘하였으나, 국가의 법에 금기하는 것도 사대부들에게는 관대함이 전혀 없었다.
  예를 들면 양웅揚雄이 제자2)의 반대방향으로 향하고 성인을 헐뜯는 것을 보았기 때문에 이런 현상을 한 차례 정리하려는 결심으로, 드디어 『논어』를 모방하여 『법언法言』을 저술하였는데, 그 뜻은 공자의 도를 더욱 확대하여 발전시키는 데 있었으니, 이를 '모든 윤리에서 맨 먼저[冠於群倫]'사용하게 하였다. 그 후로 전혀 생각지 못한 뜻밖의 상황이 나타나서 『홍루몽』의 등장인물인 '가씨 집안[賈府]'의 충신 초대焦大같은 이는 다음과 같이 말했다.

여러 유생 중에 어떤 이는 양웅은 성인이 아닌데, 경서를 지었다고 비웃었고, 마치 춘추의 오·초의 군주를 왕이라 참칭한 것과 같다고 여겼으니, 모두 죽음을 면치 못하는 죄인가!❶

❶ 『한서(漢書)·양웅전하(揚雄傳下)』, "諸儒或譏以爲雄非聖人而作經, 猶春秋吳楚之君僭號稱王, 蓋誅絶之罪也!"

"천하에 왕의 신하 아닌 자가 없다."3)는 구조를 조금도 옮길 수 없는 이상, 사대부들도 생존과 발전을 위하여 자신의 인격을 겉으로만 공손한 체 할 수밖에 없어서, 조성해야할 부분이 전혀 없었던 것이다. 예를 들면 이지李贄가 끝없이 공경하고 사모했던 유량庾亮4)은 실제로 모두가 '진'이나 '자연' 같은 것이 결코 아니고, 다만 그가 가지고 있는 "유연한 태도로 세상을 살면서 몸을 펴지 못하고 쭈그리고 있었어도 그 마음속은 깊고 고요했다."5)고 하는 본령일 뿐이었다.

'마음이 깊고 고요'하고 '몸을 펴지 못한다.'고 하면 모면하기가 어려워서, 허다한 때에 오히려 업신여김을 당해야 하기 때문에, 유량이 소준에게 패한 후에, 어쩔 수 없이 그가 지난번에는 안중에도 없었던 도간의 문전에서 비호해주길 애걸하며 절하였다.6)

중국고대사회 형태의 특징을 결정하는 것은 사대부 인격이 자아를 조절하는 능력을 특별하게 갖추었냐는 것이다. 포조鮑照7)가 학과 척확尺蠖8)을 사대부인격에 비유한 두 단락의 문자를 비교하겠다.

---

봉호를 가리키며 날개를 번득이고, 곤랑을 바라보고 울음을 드날리네. 힘써 천하를 빙 둘러 돌아다니고 하늘 끝까지 걸어서 높은 곳을 찾아가네. …… 아침에는 지전에서 즐기고, 저녁에는 요지에서 물을 마시네.❶

지혜롭구나! 몸을 구부리는 모습이, 기미를 살펴서 일어나누나. …… 봉도가 험하여 살살 걷다가 평평한 곳을 만나니 걸음이 여유롭네. 물러나서 원성듣기를 좋아하지 않고, 애처롭구나! 나가면 반드시 좀노릇 하는 것, 머리를 들 때마다 길을 내려다보고 좋은 경치에서 항상 머물고 발길을 돌린다. …… 동정을 반드시 사물에서 살피니 소식이 각기 때에 따르는구나.❷

---

❶ 「무학부(舞鶴賦)」『포참군집주(鮑參軍集注)』1권, "指蓬壺翻翰, 望崑閬以揚音. 币日域以迴騖, 窮天步而高尋. …… 朝戲於芝田, 夕飮乎瑤池."
❷ 「척확부(尺蠖賦)」『포참군집주(鮑參軍集注)』1권, "智哉尺蠖! 觀機而作. …… 逢險蹙踳, 值夷舒步. 忌好退之見猜, 哀必進而為蠢, 每驤首以瞰途, 常駐景而翻路. …… 動靜必觀於物, 消息各隨乎時."

거리가 먼 이상이 사대부 인격을 함께 지탱하기 때문에, 두보가 말한 곳에서 볼 수 있듯이, "예전에는 계곡의 물고기 같았는데, 지금은 마치 상가 집 개 같다."9)고 자각한 것이다. 이런 예를 세인들이 익히 알기 때문에 자세하게 거론할 필요 없다. 결론적으로 전통문화체계에서 사대부인격이 소중하게 여겨지면, 정좌한 커다란 집에 의지해야만 지탱할 수 있기 때문에 순자의 말을 인용하였다.

만물이 기울어지지 않게 하는 것을 고려 한다. 신과 고를 갖춘 사람을 성인이라 하는데. 성인은 도의 핵심이다.❶

> ❶ 『순자(荀子)·유효(儒效)』, "萬物莫足以傾之之謂固. 神固之謂聖人. 聖人也者, 道之管也."

'도'를 떠나서 도의 '핵심'을 장악한다면, 외로운 병아리와 썩은 쥐처럼 버릴 수 있다. 그러나 사대부 자신이 가장 긴요한 일은 배우기를 좋아하여 '상가 집 개'나 '쭈그리고 앉아 있는 자 벌레'의 본령을 넘지 못하기 때문에 노신 선생이 다음과 같이 말했다.

중국인은 여태까지 '사람'의 가치를 논쟁한 적이 없어서, 대부분 노예에 지나지 않는다.❶

> ❶ 「분(墳)·등하만필(燈下漫筆)」, 『노신전집(魯迅全集)』제1권, p.311, "中國人向來就沒有爭到過'人'的價格, 至多不過是奴隸."

이에 사대부인격이 반대 면으로 변천하는 것은 필연적일 뿐만 아니라 사대부인격 발전의 전 과정과 함께 시작하고 함께 마치는 것이다. 사대부인격의 발전이 모든 전통문화역사 과정과 서로 같은 발걸음이라면, 이는 중당 이전의 총체적인 면이나 유지하는 면에서는 상승하는 추세이지만, 중당 이후에는 날마다 위축되었음은 말하지 않아도 알 수 있다. 이런 끊임없는 위축은 고전원림에서 매우 중대한 의의가 있다. 따라서 백거이가 아래와 같이 읊은 것에서 그가 정성을 다하여 '호중천지'를 구상하여 구축한 원인을 볼 수 있다.

나는 성격이 옹졸하며 어리석고, 내 명은 야박하고 머뭇거린다. …… 성격과 천명이 실로 이와 같으니, 오히려 몹시 괴롭다. 이 때문에 스스로 편안하게 분수를 지키면서 궁하지만 언제나 기쁨을 다한다. 띠를 이어 내 오두막을 짓고 쑥을 엮어 문을 만들었다. …… 고요하면 옛 사람의 책을 읽고 한가하면 맑은 위수 가에서 낚시를 드리운다. 좋구나! 거듭하는 유람이여! 그런대로 일생을 마치겠노라.❶

> ❶ 「영졸(詠拙)」『백거이집(白居易集)』 6권, "我性拙且蠢, 我命薄且屯; ……性命苟如此, 反則成苦辛. 以此自安分, 雖窮每欣欣. 葺茅爲我廬, 編蓬爲我門. ……靜讀古人書, 閑釣清渭濱. 優哉複遊哉, 聊以終吾身."

　그가 깨달아서 터득한 이와 같은 말, '졸拙'이나 '용慵'을 사용해서 감정을 표현하는데 신경 썼으나 오히려 그 뜻을 다 전할 수 없었다. 그래서 번다하고 하찮은 형상을 골라 표준으로 삼아서 다음과 같이 말했다.

長羨蝸牛猶有舍　　달팽이도 집이 있는 것을 늘 부러워하나
不如碩鼠解藏身　　큰 쥐가 흩어져서 몸을 감추는 것만 못하다.❶

❶「복거(卜居)」『백거이집(白居易集)』19권.

　　백거이가 중당 이후 사대부문화 발전에 심원한 영향을 끼친 것에 대해서는 반복해서 강조했지만, 지금 다시 한 부분을 보면 직접 원림과 서로 연관되는 예가 있다. 『구당서·문원하·사공도전』의 기록을 보겠다.

사공도는 선인의 별장이 중조산의 왕관곡에 있는데 냇가의 바위와 숲과 정자가 꽤 은자의 거처라 칭할 만하다. …… 일찍이 백거이의 『취음전』을 모방하여 『휴휴정기』를 지어서 말했다. "사공도가 계곡에 '휴휴정'을 남겼는데, 본래 이름이 '탁영정'이었다. …… 다시 '휴휴'라고 이름 지었는데, 휴는 쉬는 것이고 아름다운 것이다. 이미 쉬면서 아름다움이 있는 것이다. 대개 재주를 헤아려보면 첫 번째로 휴식해야 할 조건이고, 분수를 헤아린 결과 이것이 두 번째 휴식해야 할 조건이며, 늙어서 귀가 어두운 것이 세 번째 휴식해야 할 조건이라고 하였다. 또 어려서부터 게으르고 젊어서는 경솔하고 늙어서는 세정에 어두우니 이 세 가지는 모두 도움이 안 되는 쓰임이라 마땅히 쉬어야 하는 이유이다. …… 마땅히 욕됨을 참아 스스로 경계하며 서민을 처음부터 끝까지 보호하였다. ……" 이로 인하여 「내욕거사가」가 동북지역에 크게 퍼졌다 그 노래는 "돌돌咄咄, 휴휴휴休休休, 막막막莫莫莫, 재주가 많으면 성령이 약해지고 대교[長教]에 의지하여 한가한 곳에 부딪치니. 휴휴휴休休休, 막막막莫莫莫, 한 판의 바둑 한 탕기의 약, …… 묻노니 '너는 무엇을 잘 하는가?' 답하기를 '욕됨을 참는 것이다'하였다." 이 노래는 그 당시 거만하게 떠들고 언행이 바르지 못한 격렬한 부류가 많았다는 것을 말한다.❶

❶『구당서(舊唐書)·문원하(文苑下)·사공도전(司空圖傳)』, "圖有先人別墅在中條山之王官谷, 泉石林亭, 頗稱幽棲之趣. ……嘗擬白居易『醉吟傳』為『休休亭記』曰: "司空氏禎貽溪之'休休亭', 本名'濯纓亭', ……更名曰'休休'. 休, 休也, 美也, 既休而具美存焉. 蓋量其才, 一宜休; 揣其分,

> 二宜休; 耄且聵, 三宜休; 又少而惰, 長而率, 老而迂, 是三者皆非濟時之用, 又宜休也. …… 宜耐辱自警, 庶保其終始. …… 因爲「耐辱居士歌」, 題於東北楹曰: "咄咄, 休休休, 莫莫莫, 伎倆雖多性靈惡, 賴是長敎閒處著. 休休休, 莫莫莫, 一局棋, 一爐藥, ……若曰: '爾何能?' 答云: '耐辱莫.'" 其詭激嘯傲, 多此類也."

위의 문장에서 송나라 사람의 결점을 발견할 수 있다. 사공도가 백거이로부터 계승한 '인내[唾面自干]'하는[10] 철학이 분명하게 머리 속에 침투했다면, 어째서 '언행이 온당치 않고 격렬한 은사[詭激嘯傲]'[11]들의 '허울만 번드르르한 말[金招牌]'[12]을 다시 사용했는가?

하지만 사공도는 당 애제[哀帝][13]가 죽은 몸이지만, 『신당서新唐書·탁행전卓行傳』[14]에 넣었기 때문에 어쩔 수 없이 노래를 만들어 "…… 때문에 스스로 욕됨을 참는 '내욕거사'로 지목하여, 언행이 온당하지 않다고 하고, 당시의 재화를 면했다."[15]고 비호하였다.

옛날의 잘못은 깨끗하게 얼버무리지 못한 것이고, 새로운 실수는 배를 뒤집을 우려가 있다는 점에 대해서는 2·3·4편에서 북송 이후에 날로 심해지는 체계와 신앙의 위기를 말했다. 이상인격이 부식되는 정도도 이 당시 자 벌레처럼 몸을 굽혔던 때부터 멀리 포조의 시대에 더욱 특별히 주목 받은 부분까지도 구체적으로 살펴볼 수 있다.

---

벼슬에 나갈 때와 물러날 때를 아니, 기미가 성인에게 이르고 한 번 가고 한 번 오니, 쇠함과 성함이 군자에게 도달한다.❶

❶ 왕우칭(王禹偁), 「척확부(尺蠖賦)」, 『소축집(小畜集)』 2권, "知進知退, 造幾微於聖人; 一往一來, 達消長於君子."

사대부의 마음과 눈에는 성인과 군자의 인격가치가 자 벌레의 대열과 똑같은 처지까지 내려간 병을 방관하는 것은 용납할 수 없어서, 드디어 이학의 '공안낙처'가 시대의 요구에 의해서 생겨난 것이다.

'공안낙처'는 전통문화가 제공할 수 있는 일체의 수단을 운용하여, 사대부로 하여금 이상인격의 강화와 완선함이 전통체계에서 요구하고 허락할 수 있는 범위까지 도달하게 하여, 여기에서 압착해낸 거대한 에너지가 사대부 인격의 위기를 효과적으로 억제하고, 전통문화의 생명을 연속하게 하였다.

그러나 '공안낙처'는 이후에 사대부인격이 반대방향으로 향하는 요인을 벗어날 수 없을 뿐 만 아니라, 끊임없이 강화되는 이러한 요인에 대하여 '술을 마셔서 갈증을 해소하는[飮鳩止渴]'16) 방법만 사용했고, 점점 신속하게 소모되는 사대부인격에 남은 에너지로 전통문화의 생명을 유지할 수 있는 방법만 쓸 수 있기 때문에, 이런 방법은 그 자체에 심각한 인격위기를 내포하고 있다.

전제집권제도와 '호천'의 격식이 강화됨에 따라서 사대부인격과 모든 전통문화체계의 에너지가 한층 더 고갈되어, '공안낙처'를 이전의 이상인격과 비교하여도 반대방향으로 향하는 것을 피할 수 없었다.

자기 반대방향으로 나가는 필연적인 추세가 이학에서 이상인격이 생기면서 확립되기 시작한 것이 선명하게 표현되었다. 이처럼 자아 강화수단의 탈바꿈이 전에 없이 신속한 것은 전통체계발전 후기 또 하나의 중요한 특징이다. '공안낙처'는 주돈이의 저서 「졸부」편에서 발견한 것인데, 그 글을 보겠다.

---

어떤 이가 나에게 '사람들이 우졸하다.'하기에, 내가 '공교함은 부끄러움을 훔치는 것이고, 걱정도 공교함이 많은 데에 있다.'하면서, 기쁘게 부를 지어서 말했다. 공교한 이는 말을 잘하나 우졸한 이는 말이 없다. 공교한 이는 발버둥 치며 애쓰나 우졸한 이는 유유히 편안하다. 공교한 이는 교활하나 우졸한 이는 덕성스럽다. 공교한 이는 흉하나 우졸한 이는 길하다. 아아! 천하가 다 우졸하다면 형정이 거두어져 윗사람은 편안하고

아랫사람은 화순하며 풍속은 맑아지고 악폐는 끊어지리라.❶

> ❶ 주돈이(周敦頤), 「졸부(拙賦)」, 『주자전서(周子全書)』17권, "或謂予曰: "人謂子拙." 予曰: "巧, 竊所恥也. 且患在多巧也." 喜而賦之曰: 巧者言, 拙者默; 巧者勞, 拙者逸; 巧者賊, 拙者德; 巧者凶, 拙者吉. 嗚呼! 天下拙, 刑政徹, 上安下順, 風清弊絶."

이것은 '공안낙처'의 목적과 꼭 상반되지 않는가? 주희가 주돈이를 이처럼 경모했기 때문에, 이 글을 논급한 것도 "그 말이 노자나 장자와 비슷하다."17)는 점을 인정하지 않을 수 없다. 주자가 구체적으로 말했다.

한 편으로는 '이윤의 뜻을 기억해야 한다'는 것이지만, 다른 한 편으로는 또 '장사해서 스스로 파는 것을 기대하지 않으면' 안 된다. 한 방면은 '만고의 광명이, 해가 하늘에 빛나듯이, 백세토록 이익과 혜택을 돌아오게 한다.'지만, 다른 한 방면은 또 개인이 '견문을 넓혀 문사를 공교하게 하여, 지혜와 능력을 자랑하는 것'을 절대로 할 수 없게 하는 일이다.❶

> ❶ 『호굉집(胡宏集)・잡문(雜文)・주자통서서(周子通書序)』에 "一方面要 '志伊尹之所志', 但另一方面又絶不可'不待賈而自沽'; 一方面要回萬古之光明, 如日麗天, 將爲百世之利澤, 但另一方面又絶不能以个人的'廣見聞, 工文辭, 矜智能'爲事,"라고 보인다.

이학의 이런 이율배반적인 요소가 중국종법제도의 특질로 깊숙이 뿌리내렸을 뿐 만 아니라, 중당 이후 사회제도가 '호중'에 빠지면 빠질수록 더욱 악성이 깊어지는 순환과정에 직접적인 원인이 있었다.

바로 이 때문에 이학이 이상인격을 다르게 변화시켜 모든 사회제도에 악성이 순환하는 현상이 집중적으로 반영된데 불과하기 때문에, 이것도 반드시 이학가 내부에 있는 사대부계층 전체의 정신세계에 덮어서 포함시켜야 하고, 어떤 한 두 개인의 신상에 국한시켜서는 안 된다.

송대 이학가들은 보편적으로 주돈이와 같은 모순을 표현했다. 소옹처럼 자신을 격려한 것은 물론이고, 다음과 같이 말했다.

羲軒堯舜雖難復　　희헌❶이나 요순이 비록 다시 나오기 어렵지만
湯武桓文尙可循　　탕·무왕과 환문은 오히려 따를 수 있으나.
事旣不同時又異　　일이 이미 다르면 그 시기도 다르고
也由天道也由人　　또한 자연을 따르는 도는 사람을 따른다.❷

❶ 희헌(羲軒)상고(上古) 시대의 임금인 복희씨(伏羲氏)와 황제인 헌원씨(軒轅氏)를 말한다.
❷ 소옹(邵雍), 「천인음(天人吟)」, 『이천격양집(伊川擊壤集)』13권.

이렇게 말했지만, 결과적으로는 마음속에도 분명히 꿈같은 이야기를 하였다.

生一百年來號太平　　일백년 이래로 태평시대라 부르니
當初仍患不丁寧　　당초에 여전히 부탁하지 못한 것이 걱정이구나.
京都尙有漢唐氣　　경도는 오히려 한당의 기운이 있는데
宮闕猶虛霸王形　　궁궐은 여전히 패왕의 모습이 없구나.
煙外亂峰纔隱約　　연기 너머 어지러운 봉우리에 은거할 약속 하였는데
霜餘紅樹半凋零　　서리 맞고 남은 단풍잎 거의 떨어졌네.

| 罇中有酒難成醉 | 술통에 술 있어도 취하기 어려운데 |
| 旋被西風吹又醒 | 서풍이 불어오니 또 깨는구나.❶ |

| 秋閣一凭欄 | 가을 누각에서 하나의 난간에 기대니 |
| 人心何悄然 | 사람의 마음 어찌나 쓸쓸한지 |
| 乾坤今歲月 | 하늘과 땅은 지금 세월인데 |
| 唐漢舊山川 | 당나라 한나라의 옛 산천이구나. |
| 淡泊霜前日 | 그저께 내린 서리 담박하여 |
| 蕭疎雨後天 | 비온 후의 쓸쓸한 하늘같구나. |
| 丹青空妙手 | 단청에 부질없이 묘한 솜씨지만 |
| 此意有誰傳 | 이런 뜻 누가 전할 수 있겠는가?❷ |

❶ 소옹(邵雍), 「가을날 숭덕각에 올라 2수(秋日登崇德閣二首)」중1수, 『이천격양집(伊川擊壤集)』5권.
❷ 소옹(邵雍), 「추각음(秋閣吟)」, 『이천격양집(伊川擊壤集)』12권.

 

이학가들은 깊이 끌어당기는 어떠한 역사적 책임감이 있으나, 그들이 가지고 있는 것은 뼈에 사무치게 낙심하여 슬프고 처량한 것뿐이다. 때문에 소옹이 어쩔 수 없이 "낙양성의 한 어리석은 사나이가 십년 후쯤이면 책을 읽지 못할 것이리라."18)고 자신의 운명을 안배하였다. 그 역시 백거이와 똑 같이 할 수 밖에 없어서 원림에서 '소용'疏慵19)하는 것을 자기생활과 인격의 귀착점으로 삼았다.

| 天養疏慵自有方 | 하늘이 나태함을 기름에는 스스로 방법이 있으니 |
| 洛城分得水雲鄉 | 낙성을 나누어 물가에 구름 낀 고향을 얻을 수 있네. |
| 不聞世上風波險 | 세상에 풍파가 험함을 듣지 않으니 |
| 但見壺中日月長 | 다만 호중의 해와 달이 길게 보이네. |
| 一局閑棋留野客 | 바둑 한 판 두며 한가히 야객과 머물며 |
| 數盃醇酒面脩篁 | 대나무 마주하고 술을 몇 잔 마신다네. |
| ……❶ | |

❶ 「후원즉사(後園卽事)」『이천격양집(伊川擊壤集)』5권.

송대 이학가와 정치가 중에는 사마광의 인격을 목적으로 삼아서 영원히 모범을 보였다. 남송 황철[20]의 말을 예로 들겠다.

온공[사마광]이 낙중에 집을 지어서, 벽원을 '독락'이라 이름 하였고, 마음의 슬픔과 즐거움은 천하에서 비롯된다.❶

> ❶ 황철(黃徹), 『공계시화(䂬溪詩話)』1권, "溫公治第洛中, 辟園曰'獨樂'. 其心憂樂, 未始不在天下也."

장식이 다시 말하였다.

사마온공이 법을 새로 고쳤는데, 어떤 이가 후환을 막으라고 권하자, 사마광이 '하늘이 송나라에 복을 내린다면, 반드시 이 일이 없을 것이다!' 하니, 다시는 자신의 이득과 손해를 논하지 않았다. 비록 성인이라도, 이같은 말을 하지 못했을 것이다.❶

> ❶ 장식(張栻), 『송원학안(宋元學案)』8권, 「동수학안하(凍水學案下)」, "司馬溫公改新法, 或勸其防後患, 公曰: '天若祚宋, 必無此事!' 更不論一己利害. 雖聖人, 不過如此說."

그런데 사마광은 오히려 자호를 '우수迂叟'라 하였고, 『우서迂書』를 저술하였다. 거기에서 그는 '우迂'와 '용庸'에 대하여 상세하게 서술하여 사대부인격의 최고 준칙을 만들었다. 이런 것에서 전통종법제도와 문화체계의 장기적인 연속이 사대부이상인격과 반대로 향해가는 필연적인 연관관계를 재차 분명하게 볼 수 있다.

어떤 이가 우부[사마온공]에게 이르길, '자네 말은 너무 용렬하다.……'하니, 온공이 대답하길, '그렇다. 나는 선왕의 도를 배워 부지런히 힘쓴 지 오래되었지만, 오직 본성이 흐릿하여, 고심하고 정신으로 노력했으나 스스로 알지 못하니 여전히 용렬함을 면하지 못하였다. 그러니 옛날의 천지가 지금과 다른 것이 있는가? 옛날의 만물이 지금과 다른 것이 있는가? 옛날의 성정이 지금과 다른 것이 있는가? 천지는 바뀌지 않고, 일월은 변함이 없으며 만물도 스스로 이와 같다, 성정도 같기 때문에 도가 어떻게 홀로 변하겠는가? …… 아! 효자·인의·충신·예악은 백성이 살아온 이래로 그것을 말하면서 지금에 이르렀으니, 어떻게 용렬하지 않을 수 있겠는가? 나 같은 자는 두려워서 용렬하지 않을 수 없을 뿐이니, 용렬함이 무슨 병이겠는가!'❶
온공이 말했다. '선비는 순리로 하늘을 섬기고, 근엄함으로 사람을 사귀고, 분수에 따라 벼슬을 삼가는 것은 감히 잘못 떨어지지 않으려하는 것일 뿐이다. …… 자연은 만물의 아버지이고, 아버지의 명은 자식이 감히 위반할 수 없고, 임금의 말은 신하가 감히 거역할 수 없다. …… 하늘이 너를 궁하게 하였는데 네가 억지로 그것을 통하고, 하늘이 너에게 근심하게 하였는데 네가 억지로 꾀를 쓴다면, 반드시 천벌을 받을 것이다.'❷

---

❶ 「우서(迂書)·변용(辨庸)」, 『온국문정사마공문집(溫國文正司馬公文集)』 74권, "或謂迂夫曰: '子之言甚庸.……' 迂夫曰: '然. 余學先王之道勤且久矣, 惟其性之惛也, 苦心勞神而不自知, 猶未免夫庸也. 然古之天地有以異於今乎? 古之萬物有異於今乎? 古之性情有異於今乎? 天地不易也, 日月無變也, 萬物自若也, 性情如故也, 道何為而獨變哉? …… 嗚呼! 孝慈·仁義·忠信·禮樂, 自生民以來, 談之至今矣, 安得不庸哉? 如余者, 懼不能庸而已矣, 庸何病也!'"

❷ 「우서(迂書)·사칙(士則)」, 『온국문정사마공문집(溫國文正司馬公文集)』 74권, 迂夫曰: "士者, 事天以順, 交人以謹, 謹司其分, 不敢失隕而已矣. …… 天者, 萬物之父也, 父之命, 子不敢逆, 君之言, 臣不敢違. ……天使汝窮而汝強通之, 天使汝愚而汝強智之, 若是者, 必得天刑."

남송의 이학가들은 더욱 이와 같았다. 장구성張九成21)의 말을 예로 들겠다.

나의 본바탕은 나의 형해에 지나지 않는다. 천지 사이의 사람이나 사물·산천·초목·금수나 곤충 같은 것은 모두 나의 몸이다.❶

> ❶ 「서명해(西銘解)」, 『횡포문집(橫浦文集)』 15권, "吾之體不止吾形骸, 塞天地間如人·如物·如山川·如草木·如禽獸昆蟲, 皆吾體也."

그러나 그 원조를 말할 때에, 그가 도리어 훈계하며 다음과 같이 말했다.

가까이 서실을 열었는데, 깊이가 몇 길인지 셀만하고, 좌우에 그림과 사서가 있고, 그 가운데를 배회하니, 또 '정승靜勝'이라고 방을 붙여놓았는데, 대개 한가하게 거처하며 고요함을 지키려는 것이고, 훌륭한 사물이 어지러울 정도로 많다.

사물이 셀 수 없을 정도로 많은 지가 오래되었는데 사물이 빼어난 것 보다는 자신이 빼어나야 한다. …… 사물과 나 자신 두 가지를 잊어야, 천하에 할 수 있는 일이 끝난다. 그러니 자신이 훌륭해지는 것이 대단한 일이다!❶

> ❶ 「정승재기(靜勝齋記)」, 『횡포문집(橫浦文集)』 17권, "近闢書室, 深可數

> 丈, 左右圖史, 相羊其中, 且榜之曰'靜勝', 蓋欲居閑守靜, 以勝事物之紛紜"時, 他却告誡說: "物之不可勝也久矣, 與其勝物, 不若自勝. …… 彼我兩忘, 天下之能事畢矣. 自勝其大矣乎!"

다시 예를 들면 양만리楊萬里가 직접 주돈이의 「졸부拙賦」를 원림에 사는 생활목표로 삼아서 그의 「졸암拙庵」에서 말했다.

| 天下無个事 | 천하에 하찮은 일은 없으니 |
| 巧著事便生 | 공교함이 드러나는 일은 곧 생긴다. |
| 濂溪一賦在 | 염계가 하나의 부에서 말했네 |
| 座右不須銘 | 좌우명을 반드시 새길 필요 없다고.❶ |

❶ 『성재집(誠齋集)』36권.

또 이미 인용한 장식張栻이 「확재기擴齋記」에서 "넓혀서 천지가 변화하여 초목이 우거지는 것도 내 마음과 몸의 본래 모습이다."22)하고 굉장히 큰 지향점을 서술하였다. 그러나 이것도 일정하게 그의 다음 문장과 함께 보아야, 그의 인격이상과 원림미학의 전반적인 것을 이해할 수 있다.

우강❶이 일찍이 절개 높은 선비로 '졸'을 집 이름으로 지어서, 나에게 그 기문을 부탁하기에, 내가 탄식하여 말하길, '선비가 옹졸하지 못한 병이 오래되었구나! 문채가 빛나서 명성을 바라니, 여기에 서술하여 기교가 결국 어떻게 되고, 서로 이기고 옳지 못한 방법으로 부와 명예를 다투어서 먼저 얻더라도, 저속함이 더욱 가

벼워진다는 것을 알 것이다.'라고 하였다 …… 내가 그것을 들었다. 의리는 천에 근본 하니, 정성으로 무궁함에 이른다. 타고난 성품은 사람에게 있는 것이니, 비록 아름답다 하더라도 한계가 있고, …… 나도 학자가 옹졸하지 못한 것을 병으로 여긴다. 옆에서 살펴서 몰래 취하고, 듣고서 입으로 전하며, 억측을 믿고서 공허함에 집착하여, 도모하지 않고 오직 계획만 얻으려 하니 어렵고, 차례대로 쫓지 않고 반드시 이르려고만 하며, 오랫동안 힘쓰지 않고 속히 하려고만 하는데, 이같이 하려면 자신에게도 어려움이 있게 된다.'❷
…… 경도가 그 집의 방을 '곤재'라 붙이고, 자호를 '곤수'라 하였다. …… 가난함과 부귀함은 밖에 있는 것이고, 의리는 나에게 있는 것이다. 밖에 있는 것은 때를 만나는데 있으나, 나에게 있는 것은 잠시라도 떠날 수 없는 것이다. 세상에 미혹한 자는 때를 만나야 있게 되는 것을 곧 인력으로 억지로 옮기려 하고 떠날 수 없는 것을, 위반하고 도리어 잊어버린다. …… 이는 곧 그 마음이 바르지 못하여 궁달을 어지럽힌다. 군자는 그렇지 않기 때문에 근 곤궁함에 처하여 목숨을 다 할 뿐이니, 하늘을 어찌 원망하겠으며 의를 따를 뿐이다. 사람이 어찌 달라서 그 곤궁함을 되돌리겠는가. …… 군자가 곤궁에 처하는 것은 도리어 덕이 깊고 절실하게 길러지는 때이다.❸

❶ 우강(盱江): 이구(李覯)의 호(號)이다.
❷ 「졸재기(拙齋記)」, 『남헌문집(南軒文集)』12권, "盱江曾節夫以'拙'名其齋, 而請予爲之記, 予喟而嘆曰: '士病不拙也久矣! 予喟而嘆曰: 士病不拙也久矣! 文彩之衒而聲名之求, 知逸之滋而機巧之竟, 爭先以相勝詭遇以幸得, 以俗以益薄.' …… 予聞之: 義理之本於天者, 至精而無窮; 氣稟之存乎人者, 雖美而有限. …… 予又病夫學者之不拙也: 旁窺而竊取, 耳受而口傳, 恃臆度而鑿空虛, 難之不圖而惟獲是計, 序之不循而惟至之必, 久之不務而惟速之欲, 若是欲有諸其躬也難矣."
❸ 「곤재기(困齋記)」, 『남헌문집(南軒文集)』12권, "…… 耕道於是榜其齋曰'困齋, 自號曰'困叟'. …… 夫窮達者, 在外者也, 理義者, 在我者也. 在外者存於時命, 而在我者無斯須而可離. 世之惑者, 於其存於時命者, 乃欲人力而强移, 於其不可離者, 則違之而忘反, …… 是則非其心之正, 窮達之亂也. 君子則不然, 故其處困也, 致命而已, 於天何怨, 順義而已; 於人何尤, 而反諸其躬. …… 是君子之處困, 抑其進德深切之時也."

백거이가 직접 본 "오후에 교외의 동산이 고요하고, 비가 그치니 경물이 새롭다"는 원림산수는 다음의 도리를 체득한 것이다.

| 蟻鬪王爭肉 | 개미 싸움에 왕이 고기를 쟁탈하고 |
| 蝸移舍逐身 | 달팽이가 집을 옮기니 쫓기는 몸이 되었네. |

......
不知鵬與鷃　　메추리와 참새를 알지 못하니
相去幾微塵　　서로의 거리가 거의 보잘 것 없이 작구나.❶

❶「한가하게 원림에서 홀로 감상하다[閑園獨賞]」,『백거이집(白居易集)』32권.

　　백거이가 달팽이나 메추리 참새를 부러워하는 것은 중당의 사인들이 화복을 만날 때 이처럼 얕은 범위 안에서 구축된 것이 분명하다. 그러나 이학가의 손에서 '자용自庸' '자졸自拙' '자승自勝' '자곤自困'의 철학을 깊이 새겨서 "의리는 하늘에 근본 한다."는 우주사이의 기본법칙이 원림에 있는 하나의 재齋나 헌軒이 보잘것없는 경물들과 융합하여 일체가 된 것인가!

　　이학가들은 전인에 비하여 자아 부정은 우연히 나온 것이 아니라는 점에 대하여 더욱 노력하였다. 예를 들면 후대의 아큐阿Q23)는 잡혀가서 몇 차례 머리를 부딪치는 벌을 받았다면, 이는 몇 잔의 술을 마시러 가고, 곧 '또 유쾌하게 사곡사土谷祠에 돌아와서 아무렇게나 누워서 잠을 잘 수 있었다.' 그런데 나가서 한 무더기의 은화를 잃어버렸다면, 반드시 '힘써서 자기 얼굴의 양 볼을 계속 때려서 화끈거리는 아픔이 있게 된다.' 이후에 비로소 '매우 만족스럽게 드러눕는 것'과 '잠이 드는 것'을 할 수 있다고 하였다.

　　'공안낙처'의 기본 내함은 우주자체에 융화되어 들어가는 것이라고 제시하였듯이, 예전에 없던 강화된 수단을 통하여 이상인격을 실현하기 위하여 자아를 팽창시키는 것이다.

　　이학의 인격이상이 높은 수준으로 자각하여 자신을 '이理'에 조화롭게 넣는 것이 대표적이다. 이것이 문화체계의 우주본체를 날로 약하게 하거나 경직시켜서 자아를 팽창시키는 과정과 동시에 자아가 녹아드는 과정까지도 결정하였고, 이런 자아소융이 언제 어디서나 높은 수준으로 진행되어야 한다는 것을 자각하게 하였다.

그러나 이전의 사인들처럼 높은 수준으로 향하지 않아서, 개인의 불행한 운명을 만날 때 비로소 급하게 행하는데, 장식이 「명헌실기」에서 말했다.

어떤 이가 말하길, '사물의 이치를 알지만 자신에 대해서 알 수 없는 것이 항상 걱정이다.'고 하였다. 자신에 대해서 늘 알 수 없으면, 도와 자신은 오히려 두 가지 사물로 여겨서, 도끼 자루를 잡고서 도끼 자루감을 찍어내되❶, 어림짐작해보고 오히려 멀다고 생각한다. 아! 이것이 과연 진여24)가 아닌가? 그 공이 아직 이르지 않은 것이다. 자기가 도에서 변화하면, 마치 물이 물에 들어가는 것 같이 처음부터 다른 마음이 섞일 수 없다.❷

❶ 집가벌가(執柯伐柯): 도끼 자루 감을 도끼로 벤다는 뜻으로, 진리(眞理)는 눈앞에 있는 것이니, 먼 데서 구(求)할 것이 아니라는 비유이고, 어진 사람을 맞아들이는 데는 어진 사람이 가야한다는 비유이다.
❷ 장식(張式), 「명헌실기(名軒室記)」, 『남헌문집(南軒文集)』13권, "或曰: '知道矣, 而常患其不能一於已.' 夫不能長一於已, 則道與已尙爲二物, 執柯伐柯, 睨而視之, 猶以爲遠. 嗚呼! 是果眞如也歟? 其功未至也. 將使已化於道, 如水入水, 初無有間."

또 진헌장陳憲章의 『관물觀物』을 예로 들겠다.

| 一痕春水一條煙 | 하나의 봄물 흔적과 한 가닥의 안개 |
| 化化生生各自然 | 각 자연을 생겨서 변화시키고 자라게❶ 하네. |
| 七尺形軀非我有 | 칠 척의 몸은 내가 갖춘 것이 아니고 |
| 兩間寒暑任推遷 | 하늘과 땅 사이에 추위와 더위가 바꾸게 하네.❷ |

❶ 화화(化化): 늘 생겨나고 늘 달라짐. 생생(生生): 만물이 생겨나 퍼져 가는 것.
❷ 『백사자전집(白沙子全集)』6권.

이전에는 사대부인격을 매우 부정하였는데, 초상집 개·자 벌레·달팽이와 같은 부류로 여겼지만, 봄물 흔적과 안개[一痕春水一條煙]' 같은 경물을 직접 보면, 이학가는 도리어 사대부인격이 녹아든 그림자와 자취를 없애려 하였다. 이 같은 자아부정이 철저하여 어떠한 전인들도 원하는 바를 손에 넣지 못했던 것이 분명하였다. 때문에 진헌장陳憲章이 제자 장후張詡를 칭찬하여 말했다.

그는 자연을 종주로 삼아서 자신을 잊는 것을 큰 것으로 여기고, 욕심이 없는 것을 지극한 것으로 여겼다.❶

> ❶ 『명사(明史)·진헌장전(陳憲章傳)』부록 「장후전(張詡傳)」, "其學以自然爲宗, 以忘己爲大, 以無欲爲至."

'자신을 잊는 것'을 사대부 인격이상과 우주이상의 추구로 삼는 것을 명대 이학가들은 송나라 유학자들 보다 절박하게 여긴 예가 많다. 예를 들면 왕양명王陽明이 '심心'에 관하여 반복적으로 강조한 목적이 다음과 같은 것에 있다.

반드시 마음이 천리에서 순수하게 하려고 하여야 사람의 사사로운 욕심이 조금도 없게 된다.❶

> ❶ 『양명선생집요(陽明先生集要)·이학편(理學編)』3권, "必欲此心純乎天理, 而無一毫人欲之私."

그러나 그가 성취할 수 있는 것은 다만 제4편에 인용한 주희朱熹의 "사욕이 없어지면 그 마음속은 천리만 작용하여, 동정어묵動靜語默이 날마다 쓰는 순간에 천리 아닌 것이 없고, 흉중이 확 트이고 고요하니, 어찌 즐겁지 않겠는가!"25)라는 원칙을 중복하여 재차 발휘한 것에 지나지 않는다. 따라서 왕학王學이 이상인격을 강화한 것은 더욱 심각한 부정적인 면을 초래하였다.

성의는 오로지 천리를 따르는 것인데, 천리를 좇더라도 뜻을 조금도 얻지 못하기 때문에 노여워하거나 즐거워서 좋아하는 바가 있으면 그 바름을 얻지 못한다. 반드시 넓고 공평한 것이 심의 본래면목이다.
우리들이 노력하는 것은 오로지 날로 덜기[減]를 바라고 날로 더하기를 바라지 않는다. 떨쳐버리는 것은 조금의 인욕을 얻어서 곧 조금의 천리를 다시 얻는 것이니 어느 것이 경쾌하게 세속의 기풍을 벗어나 말끔하며 어느 것이 간이한가?❶

❶ 「전습록3(傳習錄三)」『양명선생집요(陽明先生集要)·이학편(理學編)』 1권, "誠意只是循天理, 雖是循天理, 亦着不得一分意, 故有所忿懥好樂, 則不得其正. 須是廓然大公, 方是心之本體. 吾輩用功, 吾輩用功, 只求日減, 不求日增. 減得一分人欲, 便是復得一分天理, 何等. 輕快脫灑, 何等簡易."

'자신이 노여워하는 바가 있으면, 그 바름을 얻지 못한다.'는 것은 『예기·대학』에 있는 말을 늘어놓은 것이다. 근 2천년 이후에 왕양명이 이상인격가치와 그 희망을 실현시키는 것을 일찍이 마르고 썩은 계율 상에서 기탁하지 않을 수 없었고, 주희와 육유의 방법을 밥 먹는 순간에도 사용하지 않을 수 없어서 '천인' 체계의 이상인격을 유지하는 것이 오래 지탱 될 수 있었던 것이 아닌가?

## 제3장 졸재·나원과 사대부 인격의 융해

또 예를 들면 만정언(萬廷言26))이 왕학을 몸소 깨달은 과정을 자신이 서술하였다.

…… 마음이 아직 깨끗하지 않아 일체가 떠 있었는데, 다행이 산에 돌아갈 수 있어서 더욱 다시 문을 닫고 고요히 휴양하여 묵묵히 스스로 마음으로 깨달았다. 오래되자 일종의 헛된 망상과 시끄러운 습심이 홀연히 녹아 없어져서 이를 깨닫는 중에 …… 꽤 하늘이 맑고 땅이 편안한 온화한 기상이 가득하게 생겨서 살아 움직이니, 기미가 모두 나에게 있다. 진여 유자가 고향으로 돌아가니, 풀과 나무 바람 안개가 모두 아름다운 경치로 보였다.

모든 도가 맑고 서늘하여 오래도록 항상 평온하니, 학자는 반드시 이런 기상을 보여야 한다. …… 물결이 고요하고 바람이 잠잠하니, 널찍하게 걱정거리가 없고, 모두가 하나 같이 지극한 경지이다. 이에 편안한 여지❶라고 하니 얼마나 태평한가!❷

❶ 여지(汝止): 왕심재(王心齋; 1483~1540)의 자이다. 중국 명나라 중기의 유학자. 왕양명(王陽明)의 문하생이었다. 후에 왕용계와 함께 2왕(二王)으로 불린 왕문좌파(王門左派)의 영수로 태주학파(泰州學派)의 시조가 되었다. 일신과 천하국가와는 일물(一物)이라는 만물일체관을 내세웠다. 호 심재. 이름 간(艮). 자 여지(汝止). 강소성(江蘇省) 태주(泰州) 출생. 저서에 『왕심재전집(王心齋全集)』5권과 『소전합편(疏傳合編)』이 있다.
❷ 『명유학안(明儒學案)』21권, 「강우왕문학안3(江右王門學案三)」에 보인다."…… 心源未淨, 一切皆浮, 幸得還山, 益復杜門靜攝, 黙識自心. 久之, 一種浮妄閒熱習心, 忽爾銷落, 覺此中 …… 頗有天清地寧, 冲然太和氣象, 化化生生, 機皆在我. 眞如游子還故鄕, 草樹風煙皆爲佳境矣." 又說 "一道淸冷, 萬古常寂, 學者須見此氣象. …… 浪靜風恬, 廓然無事, 總一个至善境界, 所謂安汝止也, 何等太平!"

더욱 전형적인 예는 황종희가 일컬은 "그들은 대부분 맨손으로 용사를 잡을 수 있다"27)는 자들은 태주학파의 사람들로, 그들이 인격역량에 대하여 강조한 것이 전에는 이 정도가 아니었던 것 같다. 왕벽王襞28)의 말을 예로 들겠다.

만물은 모두 나에게서 갖추어지나 인의예지의 본성은 과연 밖에 있는가? 마음 내키는 대로 하여도 스스로 알아서 스스로 할 수 있으면 천하에서 해야 할 일은 다한 것이다.❶

> ❶ 『동애어록(東崖語錄)』, 『명유학안(明儒學案)』32권, 「태주학안1(太州學案 一)」, "萬物皆備於我, 而仁義禮智之性, 果有外乎? 率性而自知自能, 天下之能事畢矣."

이러한 인격 자아가 널리 드날리는 근거가 어디에 있는지, 그의 한 단락의 말을 보겠다.

마음 이라는 것은 우리들을 지극하게 하는 것으로 삼재❶의 뿌리이며 만물을 조화하는 것이다. 밝고 투철하고 비고 맑은 것이 그 본래 모습이다. 변화를 통하여 정신이 호응하는 것이 그 쓰임이다. 공중누각의 여덟 창을 열어젖히니, 오동나무 사이에 달이 비치고, 버드나무에 바람이 불어오고, 수많은 자줏빛 붉은 꽃이 피었고, 고기가 뛰고 솔개가 날아오르고, 마당의 풀, 나귀 울음소리, 닭과 병아리, 골짜기에 있는 각종의 것들도, 드러나서 나르는 것을 어떻게 제한하겠는가? 끝없이 헌납하니, 이 하나 하나가 천기가 동요하는 것이 어찌 아니겠는가? 하나하나가 의리가 충만한 것이 아니겠는가?❷

> ❶ 삼재(三才): 우주와 인간 세계의 기본적인 구성 요소이면서 그 변화의 동인(動因)으로 작용하는 천(天)·지(地)·인(人)을 일컫는 말. 유학

❷ 사상사의 흐름에서 삼재론(三才論)은 『역전(易傳)』인 십익(十翼)에서 본격적으로 나타난다. 그런데 삼재론은 자연적 구성 요소의 대표라 할 수 있는 천지에 인간을 참여시킨 것으로서, 인간의 위치를 천지와 같은 수준으로 끌어 올린 인간 중심적 사조가 삼재론 형성의 사상적 배경을 이루고 있다.

❷ 「학주권에 쓰다題鶴州卷」, 양천석(楊天石)의 『태주학파(泰州學派)』, p.80에서 인용하였다. "心也者, 吾人之極, 三才之根, 造化萬有者也. 瑩澈虛明, 其體也; 通變神應, 其用也. 空中樓閣, 八窓洞開, 梧桐月照, 楊柳風來, 萬紫千紅, 魚躍鳶飛, 庭草也, 驢鳴也, 鷄雛也, 谷種也, 呈輸何限? 獻納無窮, 何一而非天機之動蕩? 何一而非義理之充融?"

마음이 만물을 조화할 수 있는 것은, 천기天機가 동요하고 의리義理가 충만하게 체현되기 때문이다. 이는 여전히 송대의 이학을 다시 말한 것이 아닌가? 이 때문에 이지李贄가 '항용亢龍'29)인 '하심은何心隱'30)을 칭찬하였으나31), 도리어 만물의 역량을 덮어버리는 '천명[命]'을 가장 중요하게 보았다.

---

군자는 성이 있으나 이 성은 천명에서 형성되는 것으로, 성을 타려하면 천명에 막혀서, 성이 크다고 하더라도 넓혀지지 않는다. …… 군자는 천명에서 성을 다하기 때문에 성은 천명을 벗어나지 않는다. 부자가 되는 명, 군신이 되는 명, 천도를 이루는 명으로, 이 명은 하고자 하는 것을 막는 것이고, 성은 곧 천명을 타는 것이다.❶

---

❶ 「과욕(寡欲)」, 『양명선생집요(陽明先生集要)·이학편(理學編)』 2권, "君子性而性乎命者, 乘乎其欲之御於命也, 性乃大而不曠也. …… 君子之盡性於命也, 以性不外乎命也. 命以父子, 命以君臣, 命以天道, 命也, 御乎其欲者也, 而性則爲之乘焉."

세간의 일체는 '천명'을 벗어나지 않는다. 이 때문에 인격의 역량은 단지 '천명에 막히고', 겨우 '크지만 넓히지 못한다'고 할 수 있을 뿐이다. 분명히 왕학에서 '성인의 사람됨은 남들도 될 수 있다'[32]는 것을 표명할수록 태주학파의 이단 사상가들은 정주를 눈 속에서 추방하지 않고 점점 더 자기 집안의 경제력[家底][33]으로 드러냈다. 이처럼 정주의 '천리유행'이나 '천명유행'설을 떠난다면[34], 갓난아이처럼 다리와 손바닥 위에서 젖 먹는 것을 끊고 세워놓으면 굶어 죽을 것이다.

'공안낙처'는 자체의 모순이 이상인격을 강화하여 반대방향으로 향해 가도록 유도하였다. 이 과정에서, 종법집권제도가 강화되는 것과, '공안낙처'에 대한 절박한 요구를 점점 억제하는 것은 이율배반적이다. 남송의 '경원당금慶元黨禁'[35]을 이학에서 '위학의 우두머리'라고 하여 몰아내어 없애면, 오히려 정치계파의 투쟁에 직접적인 원인으로 나타날 것이다[36].

그러한 명·청 양대의 사례는 실로 증명할 수 있다. 이학 발전의 근본적인 원칙상에서는 종법집권제도를 인정할 수 없고, 외부에서 점점 더 억제하는 아래에서, 이학이 이처럼 강력한 수단 자체가 위축되거나 그 내부가 탈바꿈하는 것은 모두 피할 수 없는 것이다. 『만려야획편』2권 「강학견출」조를 보자.

---

세종이 있는 곳에서 임용된 자는 모두 일을 잘하려고 단단히 마음을 먹어서 공명이 있는 선비들이었다. 그러나 고상함을 스스로 드러내어서, 서로 성원하는 자는 곧 그 임금과 서로 경쟁하여 의심을 받는다. 예를 들면 가정 임진[1532]년에 어사 풍은이 혜성을 논하였으나 이부시랑 담약수가 언급하여, 평소의 행동이 사람들의 마음에 맞지 않는다고 도학으로 적용시키지 않았다. …… 정유(1537)년에 이르러서 어사 유거경이 또 남태재 담약수의 학술이 편파적이라고 논했으나 뜻과 행실이 간사하고 거짓이라고 그를 내쫓고 창건한 서원을 허물어버렸다. 상감이 약수를 남겨두었으나 서원은 부수어 버리라고 명령하였다. 담약수가 죽은 것을 견주어 구제해줄 것을 청했으나 상감이 노하여 꾸짖고 이름을 도용하는 위학이라고 허락하지 않았다. 이로 인하여 태재 구양이 반드시 쫓겨났으니, 그 미움이 이와 같이 심했다. 신미(1541)년 9월에 종묘를 불사르자, 급사 척현 등이 인재라고 진언하고 또 낭중이 왕기를 천거하여 급히 등용하였다. 상감이 아뢰길, '기는 위학하

는 소인인데 마음대로 천거하여 당을 만들었다.' 그러니 밖으로 귀양 보내라고 명하였다. 담약수나 왕기는 모두 당시의 명류이지만 모두 위학으로 배척당했다. ……❶

❶ 『만려야획편(萬曆野獲編)』2권, 「강학견출(講學見絀)」조(條), "世宗所在任用者, 皆銳意功名之士, 而高自標榜, 互樹聲援者, 即疑其人主爭衡. 如嘉靖壬辰(1532)年御史馮恩論彗星, 而及吏部侍郎湛若水, 謂素行不合人心, 乃無用道學. …… 至丁酉(1537)年, 御史游居敬, 又論南太宰湛若水學術偏陂, 志行邪偽, 乞斥之, 并毁所創書院. 上雖留若水, 而書院則立命拆去矣. 比湛歿請卹, 上怒叱其偽學盜名不許, 因以逐太宰歐陽必進, 其憎之如此. 至辛未年九(1541)廟焚, 給事戚賢等因災陳言, 且薦郎中王畿當亟用. 上曰:'畿偽學小人, 乃擅薦植黨', 命謫之外. 湛・王俱當世名流, 乃皆以偽學見斥. ……"

담약수(湛若水)

담약수湛若水는 명나라 중엽 왕양명王陽明을 제외하면 이학의 거장이고, 왕기王畿는 왕학을 천명하여 드날린 중요한 인물로 행세하였으나, 그들은 이상 인격을 높이 받드는데, 만약 자신이 노복이나 죄수 같은 신분계층과 한 곳에 나란히 있는 것이 웃기는 일이 아닌가?

또 예를 들면 장거정張居正37)은 일찍이 사대부 독립인격에 대하여 힘써 숭배하여 말하였다.

내가 『진사・칠현전』을 읽어보니, 감개하여 그 사람됨을 상상해보면, 미묘한 선비들이 자아를 귀하게 여기는 점에서 늘 탄식한다. 평소에 밟은 도리가 같은 길을 가지 않았다.❶

이학의 선비가 도에 바르고 정의하여 천하에서 도로 향하게 마음을 돌리게 하는 것은 속리 같은 이가 할 수 있는 바가 아니다. 배움을 버리고 정치를 좇으려 하는 것은 비유하면, 강 가운데 흘러가며 노를 젓는 것이니,

구제할 수 없을 것이다.❷

❶ 「칠현영(七賢詠)·서(序)」, 『장태악문집(張太岳文集)』1권, "余讀『晉史·七賢傳』, 慨然想見其爲人, 常嘆微妙之士, 貴乎自我; 履素之軌, 無取同途."
❷ 「증필석암선생재조읍서(贈畢石庵先生宰朝邑敍)」, 『장태악문집(張太岳文集)』7권, "理學之士, 明道正義, 使天下回心向道, 類非俗吏之所能爲也. 夫欲舍學以從政, 譬中流而去其楫, 蔑以濟矣."

    정권을 잡은 이후에 그는 더욱 "배움을 강구하고, 어진 이를 가까이 하고, 백성을 사랑하고, 절약해서 사용하는 것이 급선무"38)라고 여겼다. 다만 사회제도가 결정되어 그 정치개혁이 집권제도의 종지를 강화시킬 수 있다면39), 이것도 사대부독립인격과 이학의 위기가 동시에 생겨날 것이며, 장거정의 처음 생각이 전이된 것이다.

강릉 사람 장거정이 나라의 병권을 잡자, 맨 먼저 강학을 배척하고 천하의 명현과 서원을 허물고, 대색공❶ 등의 모든 강학이 해를 입은 것이 수천을 넘었으니, 즉 당의 절의를 지키는 깨끗한 사람들이나 송의 붕당❷을 맺은 일들이다.❸

❶ 대색공(大索公): 하심은(何心隱)을 가리킨다.
❷ 붕당(朋黨): 이해(利害)나 주의(主義) 따위를 함께 하는 사람끼리 뭉친 동아리를 이른다.
❸ 추원표(鄒元標), 「양부산전(梁夫山傳)」『하심은집(何心隱集)·부록(附錄)』에 나온다. "比江陵(張居正)柄國, 卽首斥講學, 毀天下名賢書院, 大索公(指何心隱), 凡講學受禍者不啻千計, 卽唐之淸流, 宋之朋黨事也."

명나라 중기 이후의 왕양명王陽明·담약수湛若水·섭표聶豹·왕기王畿·나여방羅汝芳·안산농顏山農·하심은何心隱·이지李贄·자백선사紫柏禪師 같은 이학의 대표 인물들은 그들의 옳고 그름을 논할 것 없이, 자격이 이단의 행렬에 들었고, 모두 억압 당하여 깊이 빠지고, 모욕을 당하며 참혹하게 몸을 던지는 화를 입었다.40)

사회제도가 이학을 억제하는 것이 보편적이고, 몇몇 이단 사상가를 억제하는 것이 아니고 전면적인 자아를 억제하는 것도, 추원표鄒元標41)가 말한 것 뿐 만 아니라, 이런 전통이 명대에 장기적으로 연속되었으며, 전통문화 체계의 발전이 만기 이후까지 진입하였는데, 사회제도의 모든 자구수단이 효과를 잃어버린 정황 아래에서 혼절한 상태가 되었다.

그러나 청대와 비교하면, 이학이 명대에는 영욕이 서로 오고 갔음에도 새롭다고 할 수는 없다. 노신 선생이 일찍이 건륭시기 이학의 명신인 윤가전尹嘉銓42)이 죽임을 당한 예를 말했다.

---

청나라 조정은 주자를 존숭하였지만, 존숭에만 그치고, 오히려 주자학의 '모방'을 허락하지 않기 때문에, 학양을 강학할 수밖에 없었다. 이리하여 학설을 갖추고, 문도를 갖추어서 문호를 갖추게 되었다. 여기에서 문호의 다툼이 있게 되었으니 이를 '태평성대'의 자주 있는 일이라고 할 수 있다. 하물며 이러한 '명류'가 벼슬을 하면서 곧 '명신'이라고 자처하는 것을 면치 못하고 '함부로 잘난 체 하였다.' 건륭이 청조에 '명신'이 있다는 것을 알지 못하고, 그는 자신이 '영주'이고 '명군'이라고 여겼기 때문에, 그의 통치 아래에서 간신이 있을 수 없었고 이미 특별한 간신이 없었으며 또한 특별이 좋은 명신도 없어서 일률적으로 모두 좋아하지 않고 나쁘게 여기지 않아서, 좋거나 나쁘게 여기는 노비도 없었다고 한다.❶

---

❶ 「차개정잡문(且介亭雜文)·매「소학대전」기(買「小學大全」記)」, 『노신전집(魯迅全集)』제6권, p.414, "淸朝雖然尊崇朱子, 但止於'尊崇', 卻不許學樣, 因為一學樣, 就要講學, 於是而有學說, 於是而有門徒, 於是而有門戶, 於是而有門戶之爭, 這就足為'太平盛世'之累. 況且以這樣的'名儒'而做官,

> 便不免以'名臣'自居, '妄自尊大'. 乾隆是不承認淸朝會有'名臣'的, 他自己 是'英主', 是'明君', 所以在他的統治之下, 不能有奸臣, 旣沒有特別壞的奸 臣, 也就沒有特別好的名臣, 一律都是不好不壞, 無所謂好壞的奴子."

 이미 '사내종(奴子)'인데도 '명유名儒'와 '명신名臣'을 절대 인정하지 않았다면, 이학에서 힘을 다하여 실천하는 '공안낙처孔顏樂處'·'동포물여同胞物與'·'구위성인求爲聖人'·'충색우주充塞宇宙' 같은 것들은 폐기해야할 물건일 뿐만 아니라 화근이 되는 것이다. 국가의 체제에 관한 일은 이학의 창시자도 객기를 부릴 수 없었기 때문에 건륭乾隆이 곧 정이程頤를 비난하여 '천하를 어지럽히는 재상이다.'고 하였다. 그 말을 보겠다.

> 임금의 덕이 이루어지면 천하가 다스려지고, 임금이 덕을 쌓지 못하면 천하가 어지러워지는 것은 예나 지금의 통론이다. 만약에 정이가 말한 군덕과 천하가 어지러워지는 두 가지 일을 서로 상관없는 것으로 여긴다면 어찌 되겠는가? …… 또 재상이 의외로 천하가 어지러운 것이 자기의 책임이라 여기고, 그 임금이 안중에 없으면, 이는 더욱 큰일이 아닌가!❶

> ❶ 「정이가 경연의 예를 논한 뒤에 쓰다[書程頤論經筵禮子後]」, 『어제문집(御制文集)·2집(二集)』19권, "君德成則天下治, 君德不成則天下亂, 此古今之通論也. 若如頤所言, 是視君德與天下治亂爲二事漠不相關者, 豈可乎? ……且使宰相者, 居然以天下之治亂爲己任, 而目無其君, 此尤大不可也!"

 말투가 너무 가혹하면, 사람들에게 분개하는 소리로 들린다. 이에 이학이 한 발짝씩 발전된 결과라고 여기기는 어려워서, 이처럼 철저하게 이들이 애쓴 대상을 부정하는 것이다.

이런 점은 '공안낙처'가 반대방향으로 향해 나가는 필연성을 설명하고, 이학의 내외는 물론 사대부 이상인격이 날로 퇴패하는 것이 피할 수 없는 현상이라는 것도 알 수 있다. 예를 들면 소식이 일찍이 참새 그림에 뜻을 붙이고, 스스로 감탄 하였다.

| 早知臭腐卽神奇 | 썩어 냄새나는 것이 신기하게 됨을 이미 알아 |
| 海北天南總是歸 | 북해의 남쪽하늘에서 모두 돌아 왔구나. |
| 九萬里風安稅駕 | 구만 리에서 바람이 불어오니 어찌 탈가❶하겠는가? |
| 雲鵬今悔不卑飛 | 높이 날던 붕새 낮게 날지 못함을 후회하네.❷ |

❶ 탈가(稅駕): 이사(李斯)가 진(秦)나라의 재상(宰相)이 되어 부귀가 극도에 이르자 "내가 탈가(稅駕)할 곳을 알지 못하겠노라."고 한 데서 나온 말. 탈가는 곧 해가(解駕)로 수레를 풀고 편안하게 휴식하고자 하는 뜻임. 즉 이사가 부귀가 극도에 달하였으나, 향후의 길흉이 어떻게 될지 모른다는 뜻으로 한 말임. 전하여 장래의 사태가 어떻게 될지 모른다는 뜻으로 쓰인다.
❷「곽공보가 내 그림을 보고 느낀 바 있어 2수를 차운하다次韻郭功甫觀予畫雪雀有感二首」중 1수,『소식시집(蘇軾詩集)』45권.

이처럼 말했지만, 분개한 기분이 훨훨 타오르는 것을 오히려 알 수 있다. 남송 사람들이 이러한 뜻을 다시 말할 때 그 심경은 도리어 한적하고 담담하며 편안해 진 것이다.

| 生九萬笑鵬搏 | 구만 리 높이서 붕새가 날개를 치며 웃으니 |
| 幽居一室寬 | 은자의 거처 방 하나가 널찍하구나. |
| 雨聲便早睡 | 비 내리는 소리 듣고 바로 잠들고 |

| 酒力壓新寒 | 술기운이 추위를 억누르는구나. |
| 懶覺閑多味 | 한가하니 흥미가 많아 나른해지고 |
| 衰知死有端 | 쇠약해지니 죽음도 단서가 있음을 알겠구나. |
| ......❶ | |

| 俟命循天更不疑 | 하늘을 따라 천명을 기다림은 더욱 의심할 것 없는데 |
| 朶頤那可換靈龜 | 턱 움직이는데❷어찌 신령한 거북으로 바뀌는가? |
| 逍遙豈在楡枋外 | 어찌 느릅나무나 박달나무 밖에서 소요하며 |
| 問著扶搖總不知 | 회오리바람을 타고 올라갈 줄 몰라서 묻는가?❸ |

❶ 육유(陸游), 「일실(一室)」『육유집(陸游集)·검남시고(劍南詩稿)』 16권.
❷ 타이(朶頤): 『주역(周易)·이(頤)』에, "너의 영구(靈龜)를 버리고 나의 타이(朶頤)를 쳐다보는 것이니 흉하대舍爾靈龜 觀朶頤凶."하였고 그 주에, "타이는 물건을 씹는 턱을 말한 것인데, 사람이 제가 갖고 있는 좋은 것을 버리고 물건을 씹어 먹는 남의 턱만 쳐다보면서 부러워하는 격이라 흉하다."하였다.
❸ 양만리(楊萬里), 「화당덕명문병(和唐德明問病)」중 2수, 『성재집(誠齋集)』 1권.

'느릅나무나 박달나무 아래에서 소요할 수 있다'는 것이 '호중천지'의 원림예술과 서로 표리관계가 되기 때문에 "주인은 집 앞의 나무만 좋아하여, 여산이 눈에 들어와도 무방하였다."43)는 심미원칙이 이를 때까지도 다시 바뀔 우려는 없었다.

명대에 이르러서는 "소蘇땅 사람들이 유람을 좋아하는 것은 하나의 기벽이라고 하겠으나 동정을 유람한 자는 거의 없다. 시인과 일사라 하더라도 늙을 때까지 태호를 보지 못한 자가 있을 정도이다."44)고 하였다.

청대 이후에는 북해北海의 하나의 홍천수泓淺水가 "더욱 강과 하늘이 같고 다른지 구별되지 않는다."45)하였다. 가경嘉慶·도광道光 때에는 사대부들이 여전히 "사람이 자연 속에서 자유롭게 살고픈 생각이 있어서, 호걸의 이름을 흠모하여 위衛·곽霍46)을 사용하는가? 산을 쌓고 못을 파서, 문을 닫고 책을 보니 탁월하다."47)고 말하였다.

이상인격이 반대방향으로 나가는 것은 고전원림과 원림문화에 더욱 직접적이인 영향이 있다. 이에 관해서 한 편으로는, 원림이 가면 갈수록 사대부인격에 소용될 때에 무너지는 숨결이 산발적으로 나타나는데, 예를 들면 범성대范成大가 스스로 노래하였다.

習閑成懶懶成癡　　한가한 습관이 나태해지고 나른하니 어리석어지네
六用都藏縮似龜　　육용❶이 모두 감추어 움츠린 거북이와 같네.
……
閑看猫曖眠氈褥　　담요위에서 잠자는 고양이 보라보며
靜聽猢寒叫竹籬　　대울타리에서 추워 우는 발바리울음 고요히 듣네.❷

❶ 육용(六用): 육근(六根)으로 안근(眼根)·이근(耳根)·비근(鼻根)·설근(舌根)·신근(身根)·의근(意根)을 가리키며 이것들의 작용을 이른다.
❷ 「습한(習閑)」『범석호집(范石湖集)·시집(詩集)』29권.

그는 또 '수불오殊不惡'를 자신 원림의 집 이름으로 하고 뜻을 상세하게 설명하였다.

…… '한'이라는 글자는 온갖 상서로움이 있어 비교할 만한 것이 없으니, 오복이 짝할 수 없다. …… 거북은 집에 몸을 감추고, 달팽이는 껍질에 오므라든다. 쑥이 길에 가득하니, 수레바퀴에 각이 생긴다. 관검은 먼지에 엉켜있고, 서전은 누각 높은 곳에 묶어놓았네. 마음 쓰는 바가 없으니, 기운이 안정된다. 피곤하면 달게 자고, 허기지면 크게 씹는다. 다만 해와 달이 길게 느껴서 집안의 적막함을 알지 못한다. …… 남들이 그 병을 보고 그것을 근심하지 않아도 나는 매우 나쁘지 않게 여긴다.❶

❶ 「수불오재명(殊不惡齋名)」『범성대일저집존(范成大佚著輯存)』, P.130.
"…… 閑之一字, 百祥無足比, 五福不能疇焉. …… 龜藏於屋, 蝸縮於殻. 蓬蒿滿徑, 車輪生角. 冠劍委於凝塵, 書傳束於高閣. 心無所用, 氣合於漠. 困則佳眠, 飢則大嚼. 但覺日月之舒長, 不知戶庭之寂寞. …… 人見其病也, 不堪其憂, 我以爲殊不惡也."

스스로 부족한 뜻을 거북과 달팽이에 비유하여 또 말했다.

먹이를 구하러 기름진 땅으로 옮겨서 살고, 바람 부는 대로 거미줄 같은 집을 짓는다. 백 년 동안 어느 곳에서 세 개의 굴을 사용하겠는가? 만사가 실로 어찌 한 가지에서만 인연하겠는가?❶

❶ 범성대(范成大), "就食薦居蟻墳壤, 隨風作舍蛛裊絲. 百年何處用三窟, 萬事信緣安一枝."

이러한 지취가 기초가 되어 그가 도를 즐기는 것도 즉 "옆에 아무도 없는 것 같아서 쥐가 벼루를 갈아먹고, 휘둘러도 밥상의 파리를 없애지 못하네."48)라고 하는 경물들이었다. 또 예를 들면 육유陸游가 자호를 '귀당노자龜堂老子'라 하고 마음에 들어서 다음과 같이 읊었다.

兩叢香百合　　양 떨기 향기로운 백합에서
一架粉長春　　봄 동안 꽃가루가 날리니.
堪笑龜堂老　　귀당의 늙은이 웃을만하니

| 歡然不記貧 | 기꺼이 가난을 모르네.❶ |

❶ 「북창우제(北窓偶題)」『육유집(陸游集)・검남시고(劍南詩稿)』38권.

　명나라 사람들은 이런 것을 더욱 비하했는데, 예를 들면 귀유광歸有光이 한 사인이 거주하는 곳을 기억하여 '꽤 심원하고 깨끗하였다'하고 '그가 거주하는 곳의 현판이 내재耐齋였다.'고 하였으며, 그 사인이 스스로 말하였다.

내가 벼슬은 직책이 낮고 녹봉이 적어서 월급이 곳간의 쌀 3석이라, 죽으로 처자식을 양육하며 항상 부족하여 가난을 참아야했다. 상관이 현에 행차하면, 내가 맡은 일을 관장할 수 없어서, 이따금 제생을 불러 교외에서 맞이하여 이르면, 영・승・부를 따라서 예를 갖추어 걸어가서 순종하며 수치를 참는다. 책임 맡은 법을 오래 동안 수행하지 못하여, 벼슬이 높고 낮음이 없이 몇 달을 기다리며 신속하게 옮기면서 변화시켜도 내 직책은 항상 옮기지 않아, 참은 지가 오래되었다.❶

❶ 내재(耐齋)의 사인(士人)이 말하였다. "吾爲是官, 秩卑而祿微, 月費廩米三石, 具饘粥, 養妻子, 常不給, 爲耐貧; 上官行縣, 吾於職事無所轄, 往往率諸生郊迎, 至則隨令・丞・簿拜趣唯諾, 爲耐辱; 久任之法不行, 官無崇卑, 率以期月遷徙速化, 而吾官常不遷, 爲耐久."

　귀유광이 이를 듣고 그를 다음과 같이 칭찬하였다.

선비가 입신하면 각기 처할 곳이 있다. 참을성이 있다면, 대신이나 재상이라도 될 것이다.❶

❶ 「내재기(耐齋記)」『진천선생집(震川先生集)』15권. "士之立身, 各有所處. 夫使其能耐, 雖至於大臣宰相可也."

    세인들이 보배로 여기는 조원예술이론과 관계있는 저작 중에 명대 고렴의 『준생팔전』이 한 자리를 차지한다. 원림예술에 대하여 상세하게 말하여 서로 어울리는 핵심적인 글은 7권 중의 「고자자족론」 편인데 이를 보겠다.

| | |
|---|---|
| 生人能受一命榮 | 사람이 처음 관직의 영광을 받아서 |
| 竊升斗祿 | 승두의 녹을 절취할 수 있으면 |
| 便當謂足於功名 | 공명이 충분하다고 한다. |
| 弊裘短褐 | 갖옷이 해어지고 갈옷이 짧아져도 |
| 糲食菜羹 | 조밥에 나물국을 먹으면 |
| 便當謂足於衣食 | 의식에 족하다고 한다. |
| 竹籬茅舍 | 대울타리 초가집에 |
| 華竇蓬窗 | 쑥이나 가시덤불로 창을 내면 |
| 便當謂足於安居 | 편안하게 거주할만하다고 한다. |
| 藤杖芒鞋 | 등나무 지팡이 짚고 짚신신고 |
| 蹇驢短棹 | 절룩거리는 나귀타고 짧은 노를 저으면 |
| 便當謂足於騎乘 | 말을 타거나 수레에 오를만하다고 한다. |
| 有山可樵 | 산이 있으면 나무할만하고 |
| 有水可漁 | 물이 있으면 고기잡을만하니 |
| 便當謂足於莊田 | 장원의 전지가 충분하다고 한다. |
| 殘卷盈床 | 남은 책이 책상에 가득하고 |
| 圖書四壁 | 도서가 사방 벽에 있으니 |
| 便當謂足於珍寶 | 진기한 보배가 가득하다고한다. |
| 門無剝啄 | 문을 두드리는 자가 없어 |
| 心有餘閑 | 마음이 여유롭고 한가하니 |
| 便當謂足於榮華 | 영화롭다고 할만하다. |
| 布衾六尺 | 6척의 이불을 깔고 |
| 高枕三竿 | 삼간을 높이 배니 |
| 便當謂足於安享 | 편안함을 누릴만하다고 한다. |

| 看花酌酒 | 꽃을 보고 술을 따르며 |
| 對月高歌 | 달을 보고 높이 노래하니 |
| 便當謂足於歡娛 | 기쁘고 즐겁다할만하다 한다. |
| 詩書充腹 | 시서가 배에 가득하고 |
| 詞賦盈編 | 사부가 책에 가득하니 |
| 便當謂足於豐贍 | 풍부하다고 할만하다. |
| …… | |
| 若此數者 | 이와 같은 몇 가지는 |
| 隨在皆安 | 모두 평안함에 따라서 |
| 無日不足 | 부족한 날이 없고 |
| 人我無競 | 남들과 경쟁할 일이 없으니 |
| 身世兩忘 | 자신과 세상 두 가지를 잊으니 |
| 自有無窮妙處 | 저절로 묘처가 무궁무진하여 |
| 打破多少塵勞 | 다소의 세속적인 노고를 타파할 것이다.❶ |

❶ 고렴(高濂), 『준생팔전(遵生八箋)』7권, 「고자자족론(高子自足論)」.

이어의 『한정우기』는 유명한 원림학 저작이다. 그 중에 「거실부居室部」는 조원造園에서 집 짓는 것을 전적으로 논하였고, 「종식부種植部」는 꽃을 기르고 나무 심는 것을 상세하게 서술하였다. 그러나 책 중의 다른 글들도 더욱 읽어볼만한 가치가 있다. 6권의 「이양부頤養部」같은 것은 각양각색의 행락법行樂法을 나열하여, 뜻이 사람들을 깨우치는데 있다. 위치가 어떠한지 환경이 어떠한지를 막론하고 모두 즐거운 운치가 무궁한데, 그 중 「빈천행락지법」이 가장 묘하다.

---

가난한 사람이 잘 놀고 즐겁게 지내는 방법은 다른 교묘한 비법이 없고 이 또한 그만두고 한 걸음 물러나는 법이 있다. 내가 가난하다고 여기면 나보다 더 가난한 자가 있다. 내가 천하다고 여기면 나보다 더 천한 자가 있다. 내가 처자식이 번거롭다고 여기면 오히려 홀아비나 과부 같은 백성은 처자식의 번거로움을 바라도

할 수 없는 자들이다. 내가 굳은살이 생기도록 노력하였으나 오히려 옥정에 연루되었으니, 황무지의 전지에서 농사지으며 편안하게 살기를 바라도 할 수 없는 자이다. 이런 것에 마음을 두고 살면 괴로운 이 세상이 모두 즐거운 곳이 된다. 만일 어떤 자가 앞일을 한 번 헤아려 자기보다 나은 자와 서로 부딪치면 한 순간도 편안하지 못하여 종종 죄인으로 속박되는 경우가 생길 것이다. 한 번 현자가 여행 중에 우정에서 잤는데, 더운 철이라 모기장 안에 모기가 많아서 몰아내어도 나가지 않으니 집에 있을 때 집이 널찍한 지붕 같은 것을 생각하니 대자리가 얼음처럼 서늘해지고, 또 군희들이 부채를 잡고 부채질하니 다시 여름이라는 것을 알지 못했으니, 이곳이 어찌 곤액이 이른 것이겠는가! 생각이 즐거움에 이르니 마음은 더욱 번거로움을 느껴서 드디어 밤에 잠을 이루지 못한다. 한 정장이 계단 아래에서 노숙하니 모기 떼에 물려서 거의 힘줄이 드러날 정도가 되었다. …… 입으로는 시끄러운 저잣거리를 찬탄하는 것은 고생 가운데 하나의 즐거움이 있는 것과 같은 것이다. 영달한 자는 이해하지 못하여 불러서 물어볼 것이다. …… 정장이 말하길, '모년을 기억하니 원수 집안에서 모함을 당하여 몸이 옥에 갇혀있었다. …… 매일 저녁에 손발을 묶어서 움직이지 못하게 하였는데 때마다 모기와 파리가 많아서 오늘 저녁보다 배는 되었으니 물어뜯는 소리가 들렸다. ……그 때를 지금과 비교하면 지금은 즐거움만 보이고 그때의 고통은 알지 못한다.'고 하였다. 현자가 그 말을 듣고서 자기도 모르게 망연하여 어찌 할 바를 몰랐다. 이것이 곧 가난한 사람들이 행락하는 비결이다. …… 여기에서 유추하면 물러나는 자는 땅이 있고 사람이 있다는 것을 말한다. 물러날 것을 생각하면 즐거운 경지가 저절로 생긴다. 내가 이 둘 사이에 가장 곤궁한 사람이지만 근심을 면할 수 있으니, 말라빠져서 머뭇거리며 뜻을 이루지 못한 자는 모두 이런 방법을 쓴다.❶

❶ 이어(李漁)의 『한정우기(閑情偶寄)』, 「빈천행락지법(貧賤行樂之法)」, "窮人行樂之方, 無他秘巧, 亦止有退一步法. 我以爲貧, 更有貧於我者; 我以爲賤, 更有賤於我者; 我以妻子爲累, 尙有鰥寡孤獨之民, 求於妻子之累而不能得; 我以肢胝爲勞, 尙有身系獄廷, 荒蕪田地, 求安耕鑿之生而不可得者. 以此居心, 則苦海盡成樂地. 如或向前一算, 以勝己者相衡, 則片刻難安, 種種桎梏幽囚之境出矣. 一顯者旅宿郵亭, 時方溽暑, 帳內多蚊, 驅之不出, 因憶家居時堂寬似宇, 簟冷如冰, 又有群姬握扇而揮, 不復知其爲夏, 何遽困厄至此? 因懷至樂, 愈覺心煩, 遂致終夕不寐. 一亭長露宿陛階下, 爲衆蚊所噆, 幾至露筋. …… 口則贊歎囂囂, 一似苦中有樂者. 顯者不解, 呼而訊之, …… 亭長曰:'偶憶某年, 爲仇家所陷, 身系獄中 …… 每夜拘攣手足, 使不得動搖, 時蚊蚋之繁, 倍於今夕, 聽其自噆, …… 以昔較今, 是以但見其樂, 不知其苦.' 顯者聽之, 不覺爽然自失. 此即窮人行樂之秘訣也. …… 由此類推, 則所謂退步者, 無地不有, 無人不有. 想至退步, 樂境自生. 予為兩間第一困人, 其能免死於憂, 不枯槁於迍迍蹬蹬者, 皆用此法."

이것을 필요 없는 것으로 여겨서 사람들은 구역질나게 한다고 하면서 버리고 보지 않아도 된다고 하지만, 이것이 없었다면, 이어가 터득한 원림예술의 비법을 볼 수 없었을 것이다. 『한정우기』4권 「거실부·산석」장에서 대산大山·소산小山·석벽石壁·석동石洞을 쌓아서 만드는 방법을 서술한 뒤에 특별이 뜻을 세운 '영성소석零星小石'을 예로 들겠다.

가난한 선비 집안은 바위를 좋아하는 마음이 있어도 그 능력이 없으니, 반드시 가산을 만들 필요 없다. 한 권에 안치하는 정을 특별히 세운 것은 때때로 그 옆에 앉거나 누워서, 천석을 좋아하는 고치기 어려운 버릇을 위로할 수 있다. …… 그 평평한 곳은 앉을 만하니 의자나 탁자와 공이 같다. 그것이 기울었으면 기댈 수 있어서 난간과 같은 역량이다. 그 뒷면이 약간 평평하면 향로와 다기를 놓을 수 있어서 몇 개의 상을 대신할 수 있다. …… 왕자유(왕휘지)가 사람들에게 대나무를 심으라고 권하였고 나는 다시 사람들에게 바위 세울 것을 권유하여, …… 사람들이 일생에 그 같은 병이 있으나 속됨이 있어서는 안 될 것이니, 이 두 가지를 얻었으면 곧 고칠 것이다.❶

❶ 이어(李漁), 『한정우기(閑情偶寄)』4권, 「거실부(居室部)·산석(山石)」장, '영성소석(零星小石)', "貧士之家, 有好石之心而無其力者, 不必定作假山. 一卷特立, 安置有情, 時時坐臥其旁, 即可慰泉石膏肓之癖. ……使其平而可坐, 則與椅榻同功; 使其斜而可倚, 則與欄杆並力; 使其肩背稍平, 可置香爐茗具, 則又可代幾案. ……王子猷勸人種竹, 予複勸人立石, …… 以人之一生, 他病可有, 俗不可有, 得此二物, 便當可醫."

이어 자신이 본보기로 삼아서, 이 '한 권에서도 특별히' 작은 바위가 있어야 한다고 한 것도, '천석을 좋아하는 병'처럼 맑고, 고상함이 있어야 하므로, 신세가 초라해지거나 인격이 보잘것없이 되는 것은 모두 나란히 할 수 없다.

다른 한 방편으로 반복하여 언급한 것으로는, 중국전통사회형태의 특징을 규정하였는데, 개인이 아닌 사대부계층도 이상인격의 추구에서 자아 상실을 허락하지 않았다. 그렇지 않았다면 전통체계를 유지할 방법이 없었을 것이다.

이상인격이 끊임없이 무너지는 필연적인 추세에서, 이상인격을 유지하고 강화하여 믿고 받들며 추구한 것은, 이상인격이 날로 기형畸形의 형태로 변하게 된 근본적인 원인이지만, 갈수록 엄격하게 왜곡된 것이 전통문화의 각 방면에 반영되어야 원림문화에 포함된다. 육유陸游가 그의 원림에서 생활하던 말을 예로 들겠다.

| | |
|---|---|
| 貧困雖終老 | 가난과 빈곤으로 비록 끝까지 늙었으나 |
| 胸中尚浩然 | 가슴속은 오히려 넓고 큼직하다네. |
| 直令頭搶地 | 직령으로 머리를 땅에 대고 비비며 호소했으나 |
| 未害鼻撩天 | 아직 해를 입지 않아 코가 하늘을 쳐다본다네. |
| ……❶ | |

❶ 「잡서유거사(雜書幽居事)」중의 4, 『육유집(陸游集)·검남시고(劍南詩稿)』60권.

송나라 때는 이런 예가 많았다. 앞면에서 언급한 병病·나懶·용庸·우迂·곤困·졸拙·준蠢 등으로 자기 인격을 표시한 것을 제외하면 더욱 많은데, 유극장劉克莊49) 같은이는 남송 후기 이학의 대가인 진덕수眞德秀50)의 제자로, 진덕수가 유극장은 "학문이 고금을 꿰뚫었다"51)고 칭찬하였다.

유극장은 남송에서 최고로 호방한 유파를 성취한 사인詞人 중의 한 사람이다. 그가 산원山園에 살면서 때때로 '우주에 가득하다'는 것과 '공안낙처'를 생각했지만, 실제로 완전히 상반되어서 그가 심혈을 기울여 찾아낸 것이 세간에서 가장 비천한 물건으로, 자기의 인격을 형용한 것이라 할 수 있다.

| 髡髡馳逐少年場 | 머리를 깎고 젊은 나이에 마당으로 달려가고 |
|---|---|
| 晚向深山入老莊 | 늙어서는 깊은 산속에 노장을 향해 들어왔네. |
| 名以馬牛猶不校 | 이름난 우마 오히려 가르치지 않으니 |
| 嘲爲豚犬極何妨 | 돼지나 개에게 비웃음을 당하여도 무슨 방해되리오! |
| 性疏熟客來難記 | 서툰 성격에 익숙하여 손님이 와도 기억 못하고 |
| 意懶生書讀意忘 | 뜻이 게을러 책을 읽어도 뜻을 잊어버리네. |
| 却笑癡人誤標榜 | 어리석은 사람 본받아서 도리어 웃음거리 되니 |
| 賢愚千古共茫茫 | 현자나 우자 오랜 세월동안 모두 아득하구나.❶ |

❶「서감(書感)」, 『후촌대전집(後村大全集)』3권.

그의 시를 볼 때, '노유老儒'와 '노마老馬'·'노기老妓'·'노노老奴'·'노첩老妾' 등을 곳에서 논하였는데52), 여기에서 순리대로 문장이 이루어진 사정을 이해할 수 있다. 명대 이후에는 사대부이상인격의 모습이 변한 것이 분명하다. 당인唐寅53)에 관한 말을 예로 들겠다.

당인은 재기가 자유분방하고, …… 술을 마시고 거짓으로 미친척하며, 추하고 더러움을 드러내고, …… 복숭아 꽃핀 언덕에 집을 짓고, 나그네와 더불어 술을 마시니, …… 더욱 감격하여 말하길, '대장부가 비록 명성을 이루지 못했지만, 강개함을 당해야 어찌 초수❶를 본받겠는가!' 하였다. 집 재물의 여유가 전혀 없는데, 손님은 항상 자리에 가득하니 문장의 풍격이 강호에 빛나누나!❷

❶ 초수(楚囚): 진(晉)나라에 포로로 잡혀가서 거문고로 초나라 음악을 연주하며 고향을 그리워했던 종의(鍾儀)의 고사에서 유래하여, 나라가 위태한 상황에서 더 이상 어찌 할 수 없이 군박한 처지에 빠져 있는 사람을 가리키는 말이 되었다. 『春秋左氏傳 成公9年』 또 서진(西晉) 말년에 중원을 잃고 강남으로 피난 온 관원들이 신정(新亭)에 모여 술을 마시다가 고국의 산하를 생각하고서 서로들 통곡을 하며 눈물을 흘리자, 왕도(王導)가 엄숙하게 안색을 바꾸고는 "중원을 회복할 생각은 하지 않고 어찌하여 초수(楚囚)처럼 서로 마주 보며 눈물만 흘리느냐."고 꾸짖은 고사가 있다. 『世說新語 言語』
❷ 『열조시집소전(列朝詩集小傳)』병집(丙集), 「당해원인(唐解元寅)」조(條). "才氣奔放, …… 佯狂使酒, 露其醜穢, 築室桃花塢, 與客般飲其中, …… 復感激曰: '丈夫雖不成名, 要當慷慨, 何乃效楚囚!' 家無擔石, 客嘗滿座, 文章風采, 照曜江表."

선비들이 원림에 편벽되는 것을 강개하여 구차한 인생철학을 서슴없이 드러냈다.

백 번 참자고 노래하고, 백 번 참아야함을 노래하세, 인생살이 참지 못하면 어떻게 되겠는가? 나는 지금 너와 함께 백 번 참음을 노래하니 너는 당연히 박수치며 깔깔거리며 웃는구나! 아침에도 참고 저녁에도 참는다. 부끄러워도 참고 욕먹어도 참는다. 괴로워도 참고 아파도 참는다. 배고파도 참고 추워도 참는다. 속아도 참고 노해도 참는다. 옳아도 참고 글러도 참는다. …… 사덕은 얼굴에 침을 뱉어 부끄러워도 참았고, 유관도 옷을 더럽히며 성내도 참았다. 금이라 속여도 의심하지 않고 참았고, 당나라 때 백인가를 지은 장공예는 9대가 모든 것을 참았다. ……❶

❶ 「백인가(百忍歌)」, 『당백호전집(唐伯虎全集)』1권, "百忍歌, 百忍歌, 人生不忍將奈何? 我今與汝歌百忍, 汝當拍手笑呵呵! 朝也忍, 暮也忍; 恥也忍, 辱也忍; 苦也忍, 痛也忍; 饑也忍, 寒也忍; 欺也忍, 怒也忍; 是也忍, 非也忍; …… 師德唾面羞也忍; 劉寬汙衣怒也忍; 不疑誣金欺也忍; 張公九世百般忍. ……"

상술한 정황이 명대에는 통상적인 것이기도 하였다. 진계유가 자신의 원림 생활을 다음과 같이 묘사하였다.

| 心空鄙章句 | 마음만 부질없이 경전의 구절을 비하하고 |
| 骨傲薄神仙 | 반골기질이 신선을 깔보았네. |
| 花露一只鶴 | 꽃은 이슬에 젖고 학 한 마리만 있는데 |
| 松風十五弦 | 솔바람이 열다섯 개의 활시위소리로 들리네.❶ |

❶「산중작(山中作)」,『진미공전집(陳眉公全集)』하책, p.144.

그는 이 같은 '강한 오만함[骨傲]'을 논하지 않고, 당인처럼 '백인百忍'을 띠에 써서 마음에 새겼다.

…… 천지에서 하늘로 덮고 땅을 싣게 할 수 있는 것이 인이다. 산과 늪이 도량이 넓어서 온갖 것을 모두 포용하여 특히 독이나 악인도 모두 감싸 덮어주고 하자를 덮어주는 것이 인이다. 강과 바다가 거두어들이는 것은 인으로 하는 것이다. 용이 잠기는 것은 인으로 한다. 사나운 새가 날개를 거두어들이는 것도 인으로 한다. 맹수가 엎드려 숨는 것도 인으로 한다. 병가에서 신중하게 하는 것도 인으로 한다. 불가에서 선정하는 것도 인으로 한다. 도가에서 부드럽게 하는 것도 인으로 한다. 유가에서 삼계구사❶하는 것도 인으로 한다. 중니가 미복❷하고, 안자가 남이 건드려도 따지지 않는 것은 참는 것이 첫째이기 때문이다. ……❸

❶ 삼계(三戒): 사람이 삼가야 할 세 가지 계명(戒名)으로서, 젊었을 때의 정욕(情慾)과 장년기의 쓸데없는 투쟁(鬪爭), 그리고 노후(老後)의 탐욕(貪慾)을 두고 경계(警戒)하는 말이고, 구사(九思)는 유학에서 말하는

군자로서 가지고 있어야 할 아홉 가지 생각으로 『논어』에 나오는 내용이다. 볼 때에는 밝게 볼 것을 생각하고(視思明), 말을 들을 때에는 총명할 것을 생각하고(聽思聰), 안색은 온순하게 할 것을 생각하고(色思溫), 모양은 공손히 할 것을 생각하고(貌思恭), 말할 때에는 정성껏 할 것을 생각하고(言思忠), 일할 때에는 경건하게 할 것을 생각하고(事思敬), 의심날 때에는 질문할 것을 생각하고(疑思問), 화를 내면 하는 일이 어려워지므로 이성으로 억제할 것을 생각하고(忿思難), 재물을 얻을 때에는 의리에 합당한가를 생각할 것(見得思義) 등이다. 이들 아홉 가지 생각 중에서 앞의 네 개는 일신의 측면에서 말한 것이고, 뒤의 다섯 개는 사물의 측면에서 말한 것이다.

❷ 미복(微服): 지위(地位)가 높은 사람이 무엇을 살피러 다닐 적에 남의 눈을 피(避)하려고 입는 수수한 차림.

❸ 「백인잠서(百忍箴序)」, 『미공선생의 만향당 소품(眉公先生晚香堂小品)』 10권. "…… 天地以能覆載爲忍, 山藪以藏疾藏垢爲忍, 江海以納爲忍, 龍以潛爲忍, 鷙鳥以斂翼爲忍, 猛禽以狙伏爲忍, 兵家以持重爲忍, 佛家以定爲忍, 道家以柔爲忍, 儒家以三戒九思爲忍, 如仲尼之微服, 顔子之不校, 忍之上也. ……"

'참음[忍]'은 우주 사이에 있는 만사 만물의 기본법칙을 이루는 것이기 때문에, 진계유가 두현도杜玄度가 "용졸用拙"이라 이름 지은 당명을 좋아하며 즐겼고, 하늘 아래에서 '졸拙'의 도가 실행되기를 희망했다.

우공이 산을 옮긴 것은 와유하며 즐기는 것만 못하다. 도장사가 벽돌을 옮긴 것❶은 항아리를 안고 편안하게 지내는 것만 못하다. 하안❷이 청담을 즐긴 것은 말하지 않는 것❸만 못하다. 석계륜[석숭]의 금곡 별장은 표주박 하나의 어려운 처지에도 만족하는 것 만 못하다. …… 아! 달팽이가 올라가서 말라죽고, 비둘기가 왁자지껄하여 패하고, …… 사람이 교묘함을 부려 재앙이 미친다. 재주를 사고파는 것을 꺼리고, 재물을 사고팔면 미워하고, 말을 사고팔면 수치로 여기고, 벼슬아치가 사고팔면 참소한다. 사람마다 현도❹ 같이 된다면, 천하가 무사할 것이다.❺

❶ 도장사운벽(陶長沙運甓): 『진서(晉書)·도간전(陶侃傳)』의 내용으로, 진(晉)나라 도간(陶侃)이 형주자사(荊州刺史)로 있으면서 매일 아침이면 벽돌 백 개를 대문밖에 운반해 내었다가 저녁에는 운반해 들이면서, "지금 난세에 나라를 위해 일해야겠는데 너무 편안하면 장차 감당하지 못할까 염려함이다." 하였다는 말이 있다.

❷ 하안(何晏): 삼국 시대 위나라 사람. 자는 평숙(平叔). 어려서부터 재능이 뛰어났으며 청담(淸談)을 즐겼다. 뒤에 조상(曹爽) 등과 반역을 꾀하다가 사마의(司馬懿)에게 복주(伏誅)되었다. 시문(詩文)에 능하며 『논어집해(論語集解)』를 지었다.

❸ 괄낭무구(括囊无咎): 주머니 속에 물건을 넣고 주둥이를 묶는다는 뜻을 지닌 말. 뜻이 변하여 입을 다물고 말하지 아니함을 비유. 본래 『주역(周易)·곤(坤)』에 '괄낭무구(括囊无咎)'에서 나왔는데, 그 지(知)를 함봉하고 쓰지 않는다는 뜻이었음. 후대에 들어와 뜻이 변하여 입을 다물고 말하지 아니함을 가리키게 되었음.

❹ 현도(玄度): 동진(東晉)의 청담(淸談)으로 이름난 허순(許詢)의 자(字)이다. 현도는 승려 지도림(支道林)과 교유하면서 청담으로 일세를 풍미하였는데, 유윤(劉尹)이 그에 대해서 "맑은 바람과 밝은 달을 대하노라면, 문득 현도가 생각난다.[淸風朗月 輒思玄度]"라고 평한 말이 유명하다. 『世說新語 言語』.

❺ 「용졸당기(用拙堂記)」, 『미공선생만향당소품(眉公先生晚香堂小品)』19권, "寓公之徒山, 不如臥遊之適也; 陶長沙運甓, 不如抱甕之安也; 何晏之談麈, 不如括囊之無咎也. 石季倫之金谷, 不如一瓢之屢空也. …… 嗟夫! 蝸升而枯, 鵲噪而敗, …… 人巧而禍. 才賈忌, 富賈怨, 辯賈辱, 宦賈讒, 使人人而玄度若也, 大卜可以無事矣."

    전형적인 예를 든다면 서위(徐渭)[54]같은 사람이다. 서위가 제멋대로 자유분방하게 행동하는 것이 특히 심할 때, 그를 따르는 무리들이 추숭하였는데, 많은 사람들이 심지어 '유진장(劉悵)[55]'이나 '두보'에 견주었다."[56]고 하였다.

    서위의 인격이상은 그의 시문詩文·서화書畵·원림園林에도 강렬하게 표현되었다. 요즘 여행하는 사람들이 소흥紹興에 있는 청등서옥靑藤書屋에서 정원의 작은 못 가운데 앉으면, 우뚝하게 서있는 석주石柱와 석주 위에 새겨진 서위가 손수 쓴 '저주중류砥柱中流'를 볼 수 있다.

    세심한 사람은 바로 느낄 수 있겠지만, 이처럼 길이와 너비가 모두 3m도 못되는 소 발자국에 고인 물[57]정도를 '천지天池'라고 이름 짓고, 또 자호를 '천지산인天池山人'이라 하여 이 공간을 죽음으로 지킨다고 맹세하였고, 이처럼 높이가

**청등서옥(青藤書屋)**
원림 문에 제한 '하늘의 은하수와 나눈 수원[天漢分源]'도 똑같이 서위(徐渭)의 인격을 추구한 것을 표현해냈다.

겨우 1m 정도의 작은 돌을 '지주 가운데 흐른다[砥柱中流]'라고 일컬어 자신의 뜻을 표현하였다. 이 때문에 이런 모두가 '위학이라고 하여 배척당한[以僞學見斥]' 송 명리학 가문과 똑같이, 여전히 '반드시 성인이 되어야 한다[必爲聖人]'거나 '사물과 동포[同胞物與]'가 된다는 것처럼 웃음을 자아내는 일에 부지런히 애쓸 뿐만 아니라, 처량한 슬픔까지도 분명히 띠었다. 따라서 서위의 강렬한 인격추구는 심각한 인격위기와 인격변태를 야기시켰는데, 그가 직접 자신의 초상화를 그릴 때의 난처함을 보겠다.

지금의 어리석음이 다시 약해지지지 않으리라고 어찌 알아서, 거의 산택에서 야위었는가? …… 아! 용인가? 돼지인가? 오리인가? 나비가 되어 훨훨 나는가? 장주가 의기양양한 것인가? 누가 그 처음부터 알았겠는가?❶

❶ 자서소상2수(自書小像二首)」중의 1수, 『서위집(徐渭集)·서문장3집(徐文長三集)』21권, "今日之癡癡, 安知其不復羸羸, 以庶幾於山澤之癯耶? ……噫, 龍耶? 猪耶? 鳧耶? 蝶栩栩耶? 周蘧蘧耶? 疇知其初耶?"

이보다 눈앞에서 참혹한 것은 결국 미쳐서 날뛰는 것이 자학自虐에 가까웠다.

서위가 늘그막에는 분노가 더욱 깊어지고 미치광이 행세가 심해져서, …… 스스로 도끼를 들고 자신의 머리를 쪼개서 피가 얼굴을 흘러 덮였고, 머리가 모두 깨졌어도 그것을 주무르며 소리를 질렀다. 더러는 날카로운 송곳으로 두 귀를 찔러서 한 치쯤 넣었는데 끝내 죽지 않았다.❶

❶ 「서문장전(徐文長傳)」『원굉도집전교(袁宏道集箋校)』 19권, "晚年憤益深, 佯狂益甚, …… 或者持斧擊破其頭, 血流被面, 頭骨皆折, 揉之有聲, 或以利錐錐其兩耳, 深入寸餘, 竟不得死."

'호천壺天'의 구조를 타파하지 않아야, 인격 완선은 나갈 길이 없어서 멋대로 하는 가운데에서 가면 갈수록 자각하여 탈바꿈하는 각자의 방식이 각양각색으로 변하여 자해할 수밖에 없었던 것이다. 명나라 초기의 이학가가 '빈곤'한 처지를 노래하고 추구한 것을 예로 들겠다.

지금 빈곤한 데서 조금 유익함을 느낄 수 있는데, 사람들은 빈곤한 것을 눈여겨보지 않으니, 구제할 수 없어서 일이 끝내 약하게 된다.❶

어제 저녁에 가난과 병이 모두 공격하여, 할 수 없이 책에 전념하였으나, 심중에 불변함을 면치 못했다. 곰곰이 생각해보니, 이런 처지에서 공부를 해야 심중이 편안하게 된다.❷

❶ 「오강재선생어(吳康齋先生語)」, 『명유학안(明儒學案)』 1권, 「숭인학안1(崇仁學案一)」, "今日覺得貧困上稍有益, 看來人不於貧困上著力, 終不濟事, 終是脆軟."
❷ 「오강재선생어(吳康齋先生語)」, 『명유학안(明儒學案)』 1권, 「숭인학안1(崇仁學案一)」, "昨晚以貧病交攻, 不得專一於書, 未免心中不寧. 熟思之, 須於此處做工夫, 敎心中泰然."

이런 자학은 어떤 의지로도 바뀌지 않기 때문에, 대옥黛玉 같은 반역자가 독립 인격을 유지하고 보호한 수단은 편협偏狹 · 시기猜忌 · 고적孤寂 등의 용어를 사용하여 자기의 정신과 신체를 갈고 닦은 것이다. 보차寶釵 같은 이는 청춘의 '어리석음을 감추거나藏愚', '졸함을 지키는守拙' 것이 없어지는 가운데서 자신의 이상인격을 이같이 만든 것으로, 본능적으로 자각한 경우이다.

노신선생도 자신의 생명을 기대하는 것에 대하여 이처럼 자각할 수밖에 없었다. 그의 「외침」이라는 소설의 서문에서 말했다.

S회관에는 방이 세 칸 있었다. …… 아주 여러 해 동안 나는 이 방에서 기거하며 고대의 비석문을 옮겨 적었다. 찾아오는 사람은 거의 없었다. 고대 비석문에는 그 어떤 문제점이나 이데올로기도 없었다. 그러나 나의 생명력은 남몰래 스러져가고 있었다. 그것도 나의 유일한 바람이다.❶

> ❶ 「눌잠(吶喊)·자서(自序)」, 『노신전집(魯迅全集)』제1권, p.6. "S會館裏有三間屋, …… 許多年, 我便寓在這屋裏鈔古碑. 客中少有人來, 古碑中也遇不到什麽問題和主義, 而我的生命却居然暗暗的消去了, 這也就是我惟一的愿望."

전통문화가 인격의 추구를 제약만 한다면, 이 같은 자학도 대단히 왁자지껄하게 되고 더욱 잔혹해질 시기가 반드시 돌아올 것이다. 예를 들면 후대의 '영혼이 깊은 곳은 혁명을 폭발한다靈魂深處爆發革命'는 것이나 '개가 싸운다는 사사로운 글자가 문득 생각난다狠鬪私字一閃念'는 것들이다.

'공안낙처'의 필연적인 귀착을 간파하여 명백하게 세울 수 있는데도 어째서 청대의 궁원에는 가는 곳마다 '자강불식自强不息'·'태화충만太和充滿'·'흉중에서 항상 봄을 기른다胸中常養十分春'는 유의 주련과 편액을 볼 수 있고58), 한편으로는 '수안실隨安室'·'소와邵窩'59)·'장졸재藏拙齋'·'양우당養愚堂' 같은 곳이 없어서는 안

되는가.⁶⁰⁾

　사대부들은 어째서 원림심미 중에 "온 가족이 즐거운데, 내 마음은 어찌 근심스러운가?"⁶¹⁾라고 한 우주책임을 잊지 않고, 시종 '와룡산방臥龍山房'·'징회당澄懷堂'·'구지거求志居'·'기홍헌企鴻軒'·'송균당松筠堂' 같은 것을 원림 명칭으로 사용하여 자신의 인격이상을 표현했으며, 한 편으로는 갈수록 더욱 자기의 인격과 생명의 멸망을 '졸헌拙軒'·'구각헌龜殼軒'·'비헌儗軒'·'준재蠢齋'·'축헌縮軒'·'나원懶園'·'요차원聊且園'·'식원息園'·'수원隨園' 같은 것에서 자각할 수밖에 없었던가?
　'호천'이 붕괴될 때까지 사대부들의 원림생활도 그들 원림의 명칭처럼 구차하였다.

---

차원은 …… 꽃 두둑과 대나무 사이 길이 특별한 운치가 풍부하다. 동치 초에 경사 사대부들이 음사를 탐려❶하기로 결성하였다. 대아의 바퀴를 붙들고, 바른길을 따라가기 비롯하여, 인도하여 부르면 화답하는 자가 당시에 성대하였다. …… 입언❷할 일은 못되지만, 반드시 입언할 실마리는 되었다.❸

---

❶ 탐려(探驪): 탐려득주探驪得珠에서 따옴.「장자(莊子)」에서 나온 말로, 용의 턱밑에 여의주를 빼앗아오자면 가장 큰 용기와 지혜가 있어야 하는 것처럼 어려움을 극복하고 문장의 정수(精髓)를 찾아냄을 뜻함
❷ 입언(立言): 후세(後世)에 교훈(敎訓)이 될 만한 말을 함, 의견(意見)을 세상(世上)에 발표(發表)함.
❸ 진균(震鈞),『천지우문(天咫偶聞)』3권, "且園 …… 花畦竹徑, 別有饒趣. 同治初, 京師士夫結探驪吟社. 扶大雅之輪, 遵正始之軌, 倡而和者, 一時稱盛. …… 雖不足以當立言之事, 然亦未必非立言之一端也."

---

　백년 이래에 이상인격의 강화와 탈바꿈한 모순이 가면 갈수록 견고하게 사

대부 마음 깊은 곳에 뿌리내렸다. 사대부의 우수한 성분을 지닌 자라도 이런 틀에서 벗어나기 어려웠다. 예를 들면 눈을 부릅뜨고 세계를 본 위원魏源62)이 '월상시신越裳是臣'63)이 한 옛 일을 가슴에 품고 가장 깊이 그리워할 수밖에 없었다.64) 이 때문에 그가 급하게 '수금부收金部'·'수원부收元部'·'입관전入關戰'·'감삼번戡三藩' …… 이라 하고, 곧바로 '탕서수蕩西陲'·'복서장復西藏'·'수대만收臺灣' …… 이라 하였다. 이런 역대조상들의 빛나는 무공은 앞편의 강연에는 남기지 않고, 최후에 중요한 귀결에서 말했다.

강희에 대만을 수습하는 데에는 신하 하란이 먼저 있었고, 가경에 정비를 안정시키는 데는 신하 월남이 먼저 있었다.❶

❶ 「황조무공악부(皇朝武功樂府)」, 『위원집(魏源集)』, 하책, pp. 657~663. "康熙收臺灣, 先在臣荷蘭; 嘉慶靖艇匪, 先在臣越南."

후래의 아큐阿Q가 자기 인격과 역사에 대하여 보배로 여기면서 "우리가 먼저 앞서 —— 너에 비하여 훨씬 많다! 너야 말로 무엇인가!"65)라고 하여서 이런 연상을 하기가 어렵다. 기억해보면, 그들이 얼마나 '자신을 존중很自尊'하고 '더욱 자부更自負'했으면, 사람들이 누런 머리를 땋은 자를 잡은 후에, 곧 바로 욕하며 자기가 '짐승'이나 '충치蟲豸'라고 했겠는가?

01 『장자(莊子)·소요유(逍遙游)』, "北溟有魚, 其名爲鯤 鯤之大 不之幾千里."

02 제자(諸子): 선진(先秦)·한초(漢初)의 각 학파. 또는 그 저서를 이른다.

03 『시경(詩經)』, "率土之濱, 莫非王臣."

04 유량(庾亮; 289~340): 진(晉)의 정승. 풍류로 이름 있었고 무창(武昌)의 총독으로 있을 때 남루(南樓)에 올라 달구경을 하며, '이 늙은이의 흥취가 얕지 않구나[老子興不淺]'고 읊어, 그 누각을 '유공루(庾公樓), 유루(庾樓)'라고도 했음.

05 『세설신어(世說新語)·용지(容止)』에서 손작(孫綽)의 「유량비문(庾亮碑文)」, "柔心應世, 蠖屈其跡, 而方寸湛然."

06 『진서(晉書)·도간전(陶侃傳)』에 보인다. * 명제 태녕(太寧) 말에 왕도(王導) 등과 함께 성제(成帝)를 옹립하여 중서령(中書令)이 되고 정권을 장악했다. 소준(蘇峻)과 조약(祖約) 등을 의심해 기피했다. 성제 함화(咸和) 2년(327) 소준과 조약 등이 병사를 일으켜 그를 토벌하려고 경사(京師)로 접근하자 패하여 심양(潯陽)으로 달아났는데, 온교(溫嶠) 등과 함께 도간(陶侃)을 맹주(盟主)로 추대해 소준을 평정했다. 4년(329) 소준의 난을 자책하여 외진(外鎭)으로 나갈 것을 원해 무호(蕪湖)로 출정(出征)했다. 곽묵(郭默)이 반란을 일으키자 도간과 함께 출정해 곽묵을 살해하고 무호로 돌아왔는데, 관작과 포상은 받지 않았다. 9년(334) 도간이 죽자 강형(江荊) 등 여섯 개 주(州)의 제군사(諸軍事)를 총괄하고, 정서장군(征西將軍)이란 호를 받았으며, 무창(武昌)으로 옮겨 주둔하면서 병권을 장악했다.

07 포조(鮑照; 421?~465): 중국 남조(南朝) 송(宋)의 문학가. 자는 명원(明遠). 동해(東海; 지금의 강소성(江蘇省) 연운항시(連雲港市)일대 사람이다. 출신이 미천하여 벼슬길에 어려움이 많았다. 그의 악부시(樂府詩)는 가사가 아름답고 풍격이 빼어나며, 특히 7언 악부시는 이후 7언가행(七言歌行)의 기초를 닦았다. 『포참군집(鮑參軍集)』이 있으며, 전중련(錢仲聯)의 『포참군집주(鮑參軍集注)』가 있다.

08 척확(尺蠖): 자 벌레.

09 「오와 초에 가서 장사군과 헤어지고 머무른 뒤에 막부의 제공과 하려함에[將適吳楚, 留別章使君留後, 兼幕府諸公]」 『두시상주(杜詩詳注)』20권, "昔如縱壑魚, 今如喪家狗."

10 타면자간(唾面自干): 얼굴에 떨어진 침이 저절로 마르도록 내버려 두라는 뜻으로, 인내가 지극히 강함을 뜻한다.

11 궤격(詭激): 언행(言行)이 온당(穩當)하지 아니하고 격렬(激烈)함이고, 소오(嘯傲)는 휘파람 불며 노닐다, 자유롭게 소요하며 예속의 구애를 받지 않다. 주로 은사(隱士)의 생활을 가리킴

12 금초패(金招牌): 금가루로 쓴 간판이다. 허울만 번드르한 명예나 칭호 따위. 빛 좋은 개살구. 허울 좋은 하눌타리를 뜻한다.

13 애제(哀帝): 천우(天祐)원년, 904년이다. 중국 당나라 제 20대 황제(黃帝). 13세에 임금 자리에 올랐음. 국내는 전혀 통일이 되지 않고, 중신 주전충에 의하여 국정이 농단되는 중에 결국 주전충의 핍박으로 양위(讓位)하였고, 당은 망했다.

14 사공도(司空圖)의 전기가 『신당서新唐書』「탁행전卓行傳」에, 『구당서舊唐書』「문원전文苑傳」에 각각 편입되어 있다.

15 송대의 역사에서 신하들의 이와 유사한 솜씨[手脚]가 매우 많은데, 『해여총고(陔餘叢考)』11권, 「신당서다회호(新唐書多回護)」조(條)에 상세하게 보인다. "……因目目爲'耐辱居士', 其言詭激不常, 以免當時禍災云."

16 음짐지갈(飮鴆止渴): 목이 마르다 하여 독이 든 술을 마셔 갈증을 풀다.
17 『주자어류(朱子語類)』94권, "其言似莊·老."
18 「전정 오찬선에 답한 2수[答和吳傳正贊善二首]」, 『이천격양집(伊川擊壤集)』18권. "洛陽城裏一愚夫, 十許年來不讀書."
19 소용(疏慵): 산만하고 나태함.
20 황철(黃徹): 송(宋) 흥화군(興化郡) 포전(莆田) 사람. 자는 상명(常明). 호는 공계(碧溪)이다. 저서에 『공계시화(碧溪詩話)』가 있다.
21 장구성(張九成; 1092~1159): 남송 항주(杭州) 전당(錢塘) 사람. 자는 자소(子韶)고, 호는 횡포거사(橫浦居士) 또는 무구거사(無垢居士)며, 시호는 문충(文忠)이다. 젊었을 때 경사(京師)에 와서 정자(程子)의 제자 양시(楊時)에게 배웠다.
22 장식(張栻), 「확재기(擴齋記)」, "擴而至於天地變化草木蕃, 亦吾心體之本然."
23 아큐(阿Q): 정신적으로 승리를 찾는 사고방식. '아큐정전(阿Q正傳)'의 주인공 '阿Q'가 패배·모욕을 당하면서도 자기를 안위하는 방법으로 자신은 승리자라고 말한 데서 연유하였다.
24 진여(眞如): 불교에서 의미하는 중생심의 근원이 되는 참되고 한결같은 마음.
25 주희(朱熹), "私欲既去, 天理流行, 動靜語默日用之間無非天理, 胸中廓然, 豈不可樂."
26 민정언(萬廷言): 명(明) 강서(江西) 남창(南昌) 사람. 자는 이충(以忠), 호는 사묵(思默). 왕수인(王守仁)의 제자이다.
27 황종희(黃宗羲), "其人多能以赤手搏龍蛇"
28 왕벽(王襞; 1511~1587): 명나라 양주부(揚州府) 태주(泰州; 강소성) 사람. 자는 종순(宗順)이고, 호는 동애(東崖)다. 왕간(王艮)의 둘째 아들로, 9살 때 아버지를 따라 왕수인(王守仁)을 찾아 10여 년 동안 공부했다. 그의 어록에 이르기를, "새는 울고 꽃은 지며, 산은 우뚝 솟고 시내는 흘러가며, 배고프면 먹고 목마르면 마시며, 여름에는 갈옷 입고 겨울에는 갖옷 입으니, 지극한 도가 여기에 남김없이 있다. 이를 확충해 나가면 천지가 변화하여 초목이 번성하고, 확충해 나가지 못하면 천지가 막혀서 현인(賢人)이 숨어 버린다. 천지로 국량(局量)을 크게 하고, 산악으로 뜻을 우뚝 세우며, 빙상(冰霜)으로 절조(節操)를 엄히 하고, 봄의 화창함으로 기운을 온화하게 한다." 하였다.
29 항용(亢龍): 하늘에 오른 용이라는 뜻으로, 아주 높은 지위를 이르는 말
30 하심은(何心隱; 1517~1579): 중국 명말 양명학 좌파의 한 사람. 왕명좌파 중에서도 가장 혁신적인 자유사상가로서 전통사상을 비판하고 담대하게 시정을 논하였다. 온 가족을 하나의 공동체로 한 취화당(聚和堂)을 설립한 후 차별 없이 일률적으로 평등한 교육을 받게 하였으며 관혼·상제·부역 등도 빈부의 차별 없이 시행한 것으로 유명하다.
31 『분서(焚書)』3권, 「하심은론(何心隱論)」에 보인다.
32 「어록(語錄)」, 『양명선생집요(陽明先生集要)』·이학편(理學編) 2권, "聖人爲人人可到."
33 가저(家底): 집안의 경제[생활] 기반. 대대로 내려오는 재산. 집안의 경제력.

34 송대 이학(理學) 중에서 천명유행(天命流行)의 명제(命題)는 본편 4장에 상세하게 나온다. "天理流行", "天命流行."

35 경원당금(慶元黨禁): 경원은 송 영종(宋寧宗)의 연호(年號)이다. 그때 재상 한탁주(韓侂胄)가 주자를 위학(僞學)으로 몰아 당세의 명사(名士)들을 쫓아냈는데 이를 '경원당금'이라고 한다.

36 『송사(宋史)·도학전(道學傳)』, 『송사기사본말(宋史紀事本末)』80권, 「도학숭굴(道學崇詘)」등에 자세하게 나온다.

37 장거정(張居正)(1525~1582): 자는 숙대(叔大), 아명은 백규(白圭), 호는 태악(太岳), 시호는 '문충공(文忠公)', 호광 광릉(현재의 호북성) 사람이다. 명나라때의 걸출한 정치가, 개혁가이다.

38 『명사(明史)·장거정전(張居正傳)』, "講學·親賢·愛民·節用皆急務"

39 『명사(明史)·장거정전(張居正傳)』, "장거정이 정치를 함에 주권(主權)을 존중하고 직책을 매기고 상벌(賞罰)을 신중히 하고, 모두 주(主)를 위하여 호령하였다."

40 『사우재총설(四友齋叢說)』6권, 「양명자언(陽明自言)」조(條)와 『명사(明史)·왕수인전(王守仁傳)』에 자세하게 나온다.

41 추원표(鄒元標; 1551~1624): 명나라 강서(江西) 길수(吉水) 사람. 자는 이첨(爾瞻)이고, 호는 남고(南皐)며, 시호는 충개(忠介)다. 만력(萬曆) 5년(1577) 진사(進士)가 되고, 그 해 장거정(張居正)의 실정을 논하다가 죄를 얻어 정장(廷杖)을 당하고 귀주(貴州) 도균위(都勻衛)로 수(戍)자리를 갔다. 그곳에서 6년 동안 머물면서 이학(理學)을 연구해 성과가 있었다. 장거정이 죽자 불려 이과급사중(吏科給事中)이 되었는데, 과감한 간언으로 인정을 받았다.

42 윤가전(尹嘉銓): 호 정산(亭山), 직예(直隷) 박야인(博野人)대리시경(大理寺卿).

43 장효상(張孝祥), 「의란당(猗瀾堂)」, 『우호거사문집(於湖居士文集)』12권, "主人只愛堂前木, 不放廬山入眼中"

44 「동동정(東洞庭)」, 「원굉도집전교(袁宏道集箋校)」4권, "蘇人好游, 自其一癖, 然游洞庭者絕少. 雖騷人逸士, 有白首未見太湖者."

45 홍려(弘曆), 「어제제의란당(御制題猗瀾堂)」, 『일하구문고(日下舊聞考)』27권, "更不與江天別同異矣."

46 위(衛)·곽(霍): 한 대(漢代)의 명장인 위청(衛靑)과 곽거병(霍去病)을 이른다.

47 양장거(梁章巨), 「포송계 체원도에 쓰다[題包松溪棣園圖]」 『낭적3담(浪迹三談)』, "人生恣意在丘壑, 底用豪名慕衛·霍? 有山可壘池可鑿, 閉戶觀書便卓犖."

48 「수불오재의 늦은 가을에 한가로이 오언절구로 읊다[殊不惡齋秋晚閑吟五絶]」, 『범석호집(范石湖集)·시집(詩集)』25권, "傍若無人鼠飲硯, 魔之不去蠅登盤."

49 유극장(劉克莊; 1187~1269): 송시의 최후를 장식한 중국 송나라의 문학가. 『후촌선생대전집(後村先生大全集)』에 48권의 시를 남겼다.

50 진덕수(眞德秀; 1178~1235): 송나라 건녕부(建寧府) 포성(浦城) 사람. 자는 경원(景元) 또는 희원(希元)인데, 나중에 경희(景希)로 고쳐 불렀다. 호는 서산(西山)이고, 시호는 문충(文忠)이다. 일설에는 원래 성이 신(愼)이었는데, 효종(孝宗)의 조신(趙眘)의 이름을 피해 고쳤다고도 한다.

51 『송원학안(宋元學案)』47권, 「애헌학안(艾軒學案)」에 보인다. "學貫古今."

52 『영규율수회평(瀛奎律髓滙評)』 27권에 나온다.
53 당인(唐寅; 1470~1523): 명나라의 화가. 남종화와 북종화가 융합한 산수화를 만들어냈다. 필치는 부드럽고 가는 주름의 금으로 윤색되어 있으며, 단단하게 짜인 치밀한 화태(畵態)를 나타냈다.
54 서위(徐渭): 청나라 문인에 영향을 크게 끼친 중국 명나라의 문인. 시·서·화에 천재적이었으며 특히 희곡 「사성원(四聲猿)」의 명작을 발표해 저명하다. 자기의 독창성을 중시했고 저서 『서문장 전집(徐文長全集)』 등은 명·청나라 문단에 끼친 영향이 매우 크다.
55 유담(劉惔): 진(晉)의 명사(名士). 자 진장(眞長), 장경(長卿). 그가 장빙(張憑)의 사람됨을 알아보았다 함.
56 「서문장전(徐文長傳)」 『원굉도집전교(袁宏道集箋校)』 19권, "方之劉眞長·杜少陵."
57 우제지잠(牛蹄之涔): 소 발자국에 고인 물이다. 『회남자(淮南子)·범론훈(汜論訓)』에 "소 발자국에 고인 물로는 철갑상어나 다랑어 같은 큰 물고기를 살릴 수 없다.[夫牛蹄之涔 不能生鱣鮪]" 하였다.
58 『일하구문고(日下舊聞考)』 17, 18권에 보인다.
59 소와(邵窩): 소옹(邵雍)의 "안락와(安樂窩)"를 본받은 것이다.
60 『일하구문고(日下舊聞考)』 16, 76권에 보인다.
61 고반용(高攀龍), 「수거(水居)」 『명시별재집(明詩別裁集)』 9권, "萬族有樂, 吾心何憂."
62 위원(魏源; 1794~1857): 청말의 공양학파(公羊學派)의 대표자의 하나. 청대 중기에 성행했던 고증학이 고전 해석, 고증에 편중하여 실제성을 상실한 점을 강하게 비판하고, 사회, 정치에 활용 가능한 '경세치용(經世致用)'의 학(學)을 주장하면서, 이 입장에서 『시경』, 『서경』의 연구를 발표하였다. 스스로도 정치의 실천에 참가하며, 아편전쟁(1839~1842)에서는 임칙서(林則徐) 등과 함께 영국군과 싸웠지만, 태평천국(1851~1864)의 운동에는 반대하였다. 아편전쟁 후, 자국의 방위(防衛)와 세계의 대세에 대해 기술한 『해국도지(海國圖志)』 1844가 유명하다.
63 월상시신(越裳是臣): 교지(交趾)의 남쪽에 월상국(越裳國)이 있었는데, 주공(周公)이 성왕(成王)을 도와 섭정(攝政)한 지 6년 만에 천하가 태평해지자, 월상국의 임금이 흰 꿩을 가지고 중역(重譯)을 거쳐 주(周)나라에 내조(來朝)했던 일을 말한다.
64 「해국도지서(海國圖誌敍)」, 『위원집(魏源集)』 상책, pp.206~208에 보인다.
65 아큐(阿Q), 『아큐정전(阿Q正傳)』, "我們先前 ──比你闊多啦! 你算个什麽東西!"

# 제 4 장

전통사유방식과
사의예술의
자체소멸로 인한
원시사유로의 복귀

◁ 원명원(圓明園)

전통사유방식이나 '사의' 예술이 전통문화체계 사이에서 필연적으로 연계된 것과 중당 이후 이것들이 모두 더 높은 수준으로 강화된 원인을 제5편에서 이미 상세하게 지적하였다. 이처럼 한 발짝씩 끊임없이 강화된다면 전통사유와 '사의'의 최후 귀착점은 어디에 있는가? 이러한 귀착은 전통문화체계의 운명에 또 어떠한 영향이 있는가? 하는 문제는 피할 수 없는 것들이다.

명대 이후에 원림 '사의' 방법이 강화되는 추세로 향해간 예는 곳곳에서 볼 수 있다. 앞 1절에서 언급한 서위徐渭가 작은 물을 '천지天池'라 하고, 주먹만 한 돌을 '지주砥柱'라 한 것 같은 것이다.

또 원굉도袁宏道가 북경의 택원宅園에 '못을 쌓았는데 작은 물결이 없다[無尺波一沼之積].'하였고, 그는 굳이 '문의당文漪堂'이라는 현판을 걸고, "내가 집에서 본 것은 모두 물이라서, 강과 바다가 날마다 눈앞에서 오가는 구나"1)라고 말한 것들이다.

이런 것은 보이는 모습만 꿰뚫은 것이지만 더욱 관심을 갖는 것은 사대부들 자신이 이런 상상력을 갖게된 원인과 결과이다. 노신 선생의 말을 예로 들겠다.

---

'집'을 지어 '사는 곳'으로 삼고, 또 '죽을 곳'을 만드는 것은 나라 사람들이 '또한 이런 현상을 결코 만족하지 않는다.' 이 때문에 '몸은 작은 방에 있지만 정신은 우주 밖으로 치달린다.'
'아편을 추출하는 자는 환상의 세계를 즐긴다.' '검술에 뛰어난 사람이 서재에 앉아서, 소리를 한번 지르면, 한 줄기 흰 빛이 빛나서 천만 리 밖의 적들이 죽어서 떨어질 수 있다.'❶

❶ 『남강북조집(南腔北調集) · 가정이 중국의 기본이다[家庭爲中國之基本]』, 『노신전집(魯迅全集)』제4권. pp.478~479.

## 제4장 전통사유방식과 사의예술의 자체소멸로 인한 원시사유로의 복귀

전통문화 생명력이 쇠퇴해짐에 따라 '정신이 우주 밖으로 치달린다.'는 해결현상과 이상의 모순만 쓸 수밖에 없는데, 이런 방법은 전동문화를 살리기도 하고 죽이기도 한다. 중당 이후에는 상술한 결론을 인증할 만한 예가 더욱 많다. 만당 때 이함용의 시 몇 구를 보겠다.

| 已向丘門老此軀 | 이전에는 공자의 문하였는데 늙은 몸이라고 |
| 可堪空作小人儒 | 부질없이 소인 같은 선비가 되겠는가? |
| 吟中景象千般有 | 읊는 가운데 여러 가지 경상이 있으나 |
| 書外囊裝一物無 | 행장에는 책 외에 아무것도 없다네. |
| ……❶ | |

❶ 이함용(李咸用), 「친구가 즐겁게 만나서 답하다 10수和友人喜相遇十首」 중 6수, 『전당시(全唐詩)』646권.

'소인 같은 선비'가 되지 않는 방법은 '수천 가지 경상'을 상상해낼 수 있지만, 이는 도리어 자기는 '아무 것도 없다'는 것을 반영하였다. 사유방식과 현실운명 사이에서 이런 악성순환은 개인 사인의 예술창작을 지배했을 뿐 만 아니라 전반적인 전통문화에 내재한 후기의 생명활동을 지배하였다.

이학은 '천인' 체계와 이상인격의 중건과 강화를 실현하였는데, 전통사유방식의 에너지를 최대한 짜내야했던 것이다. 주밀周密2)이 말하길, 이락伊洛3)의 학문은 장식張式·여조겸呂祖謙·주희朱熹에 이르러서 이루어 졌다고 하면서 말했다.

주희는 더욱 깊고 넉넉하며 정수한 조예가 있는데, 대개 그의 지극히 높은 재주가 박학함에 이르러 일체를 수렴하여 의리로 귀착한 것이다. 그는 위로 성명이 천하의 묘함에 대하여 최선을 다하였고 아래로 훈고에 대한 이름과 수를 끝까지 헤아려서 하나하나 거론하였으나 하나도 폐지한 적은 없었다. 대개 공맹의 도가 이락에 이르러 비로소 전할 수 있었고, 이락의 학문이 여러 공에 이르러서 비로소 미진함이 없게 되었다.❶

> ❶ 주밀(周密), 『제동야어(齊東野語)·도학(道學)』, "朱公尤淵洽精詣, 蓋其以至高之才, 至博之學, 而一切收斂, 歸諸義理. 其上極於性命天下之妙, 而下至於訓詁名數之末, 未嘗擧一而廢一. 蓋孔孟之道, 至伊洛而始得其傳, 而伊洛之學, 至諸公而始無余蘊."

양송 이학이 전통문화체계에 대하여 사람들을 놀라게 할 정도로 뚜껑을 덮어버린 것과 조직능력의 본신은 전통사유가 고도로 강화된 것과 대규모의 수용력을 실어낸 것이 분명한 예이다. 이런 강화와 동시에 전통사유방식도 깊은 곤경으로 빠져들기 시작하였다.

바로 이 때문에, 한 편으로는 이학이 구체적인 문제를 수립할 때마다 가장 직접적으로 '이일분수理一分殊'4)의 기초를 요구하는데, 이 말도 '일리一理'에서 '만수萬殊'에 이르는 것과, '성명은 천하에 묘한 것[性命天下之妙]'에서 '훈고에 대한 이름과 수를 끝까지 헤아렸다[訓詁名數之末]'는 상황에 이르게 된 우주 사이의 모든 것들은 남김없이 고도하고 엄밀한 체계에서 조합해야, 이학 자체의 건립과 '천인' 체계의 강화가 비로소 실현될 수 있다.

다른 한 편으로는 이학의 사유방식과 인식수단은 어떠한 에너지의 내원이 전혀 없어서 믿고 의존하는 것은 다만 전통사유로 하여금 '미진함이 없게[無餘蘊]'하는 것 뿐이다. 이학체계의 기초와 인식 목적이 고도로 통일된 것인데, 이학의 사유방식과 인식수단의 모순은 어느 때에 멀어지게 되었는가 하는 것이다.

주희가 「대학」을 『사서』의 맨 앞에 둔 깊은 뜻은 모든 '천인' 체계 모순에 정취를 갖추도록 힘을 다하여 강조한 사유에 있기 때문에 크고 작은 것을 빠짐없이 철저하게 궁진하였다.

대학에서 처음 가르칠 때에 반드시 배우는 자들로 하여금 모든 천하의 사물에 나아가서 그 이미 알고 있는 이치를 더욱 궁구해서 그 극에 이름을 구하지 않는 이가 없게 하는 것이다. 그리하여 오래 힘써서 하루아침에 활연히 꿰뚫어 통하게 되면, 모든 사물의 겉과 속, 정밀한 것과 거친 것이 이르지 아니함이 없을 것이고, 내 마음이 전체와 큰 작용이 밝지 않은 것이 없을 것이니, 이를 일러 사물의 이치가 궁구된다고 하며, 이를 일러 앎이 지극해진다고 하는 것이다.❶

> ❶ 『사서장구집주(四書章句集注)·대학장구(大學章句)』, "大學始敎, 必使學者卽凡天下之物, 莫不因其已知之理而益窮之, 以求至乎其極. 至於用力之久, 而一旦豁然貫通焉, 則衆物之表裏精粗無不到, 而吾心之全體大用無不明矣. 此謂物格, 此謂知之至也."

만약 큰 것을 만들 수 있는 자가 작은 것에 미진하면, 이것도 안 된다. 작은 것을 만들 수 있는 자가 큰 것에 미진하면 더욱 안 된다. 반드시 흠결이 조금도 없어야 비로소 옳다.

사물의 이치가 이르러·지극함을 안 이후에, 그 이치가 비록 밝아도 그 뒤에 제가·치국·평천하에 이를 수 있고, 한 건의 일도 스스로 허다한 절차가 있으니, 반드시 한 건도 서서히 공부해가야 한다. 사람이 길을 갈 때 한 곳에 이르면 또 한 곳으로 가는 것과 같은 것이다. …… 만약 한 곳에 이르러서 나가지 못하고 그치면 안 된다. 한곳에 이르지 못했는데 갑자기 한 곳으로 훌쩍 뛰어넘어 가려는 것도 안 된다.❶

> ❶ 『주자어류(朱子語類)』 16권, "若是做得大者而小者未盡, 亦不可; 做得小者而大者未盡, 尤不可. 須是無分毫欠闕, 方是.…物格·知至後, 其理雖明, 到得後來齊家·治國·平天下, 逐件事又自有許多節次, 須逐件又徐徐做將去. 如人行路, 行到一處了, 又行一處. …… 若到一處而止不進, 則不可; 未到一處而欲逾越頓進一處, 亦不可."

반드시 전통사유방식이 '천인' 체계에 '조금도 빠짐이 없음'을 파악하여 하나의 표준이 제출되어야, 옷을 위로 잡아당기면 팔꿈치가 드러날 정도로 가난한 곳에서도 숨기기 어려울 것이다. 이 때문에 이학 내부에서 당시의 상황을 힐난하여, 남송 때 학자 진량이 다음과 같이 말했다.

효제충신은 항상 천하의 변화를 좇아 행할 수 없고, 자질을 글로 쓰거나 언변도 항상 정해진 천하의 경상을 따를 수 없다. 인도에서는 하나의 일이 없어서는 안 되고, 인심은 수많은 변화를 밝히기 어려우니, 고명한 독자적인 견해라 하더라도, 작은 지혜로 자영하는 것과 같다. 성실하고 후덕하게 바름을 지키더라도 홀로 쌓은 것이 쉽게 기울어지는 것과 같다.❶

❶ 진량(陳亮), 「여동 채문에 쓰다(祭呂東菜文)」, 『진량집(陳亮集)』 24권, "孝悌忠信常不足以趨天下之變, 而材述辯智常不足以定天下之經. 在人道無一事之可少, 而人心有萬變之難明, 雖高明之獨見, 猶小智之自營; 雖篤厚而守正, 猶孤壘之易傾."

후대 사람이 다시 말하였다.

자양[주자]은 '사물의 도리를 궁구하는 것이다.'라고 말하였지만, 형이하학적인 말을 관철하는 것이다. 세상의 사물은 모두 지식으로 궁구할 수 없다는 사실에 대하여 그는 조금도 깨닫지 못하고 있다. 눈썹은 어째서 위아래로 길고 눈은 어째서 옆으로 긴가. 머리칼은 왜 길고 수염은 어째서 짧은가. 이러한 사실의 도리는 과연 끝까지 궁구할 수 있을까? 사물의 도리를 알려고 하는 것은 나방이 들불로 향하여 가서 거꾸로 등불에

타는 것과 같은 것이다. 해가 내리쬐는 곳에서 등불 하나를 켜본들 무슨 소용이 있겠는가?❶

> ❶ 「덕산주담(德山麈談)」, 『원굉도집전교(袁宏道集箋校)』 44권, "紫陽謂窮致事物之理, 此徹下語也. 殊不知天下事物, 皆知識到不得者. 如眉何以堅, 眼何以橫, 鬚何以長, 須何以短, 此等可窮致否? 如蛾趨明, 轉爲明燒, 日下孤燈, 亦復何益!"

정주程朱가 '사물의 도리를 궁구하는 것[窮致事物之理]'을 전통사유 내지는 전반적인 '천인' 체계를 강화하는 전제조건으로 내놓았다. 이런 전제조건은 도리어 전통사유에 의지하여 실현할 방법이 없고, 이는 곧 전통문화의 장기적 연속으로 인하여 이학 자신을 위하여 준비하지 않을 수 없는 함정에 빠지게 한다.

전통사유의 한계성이 이학을 깊게 변화시켰다면, 이는 과거에 비하여 더욱 신속하고 철저하게 반대 방향으로 달려가는 것도 필연적인 것이다. 주밀周密이 주희의 학식이 해박함을 칭송한 뒤에 말했다.

세간에 일종의 천루한 선비가 있다. 자신은 뛰어나게 진취적인 경지가 없다고 여기면서 번번이 도학의 명성을 자부한다. …… 혹은 어록의 절구를 베껴서 고담의 밑천으로 삼고 혹은 눈을 감고서 말없이 기억하여 배운 바를 물어보면, 고금에 들어서 아는 바가 없다. 그의 행동을 살펴보면, 의와 이를 나누어 구별하는 것이 없다. 이는 공자 문하의 대 죄인으로 나의 도에 큰 불행이다.❶

> ❶ 『제동야어(齊東野語)』11권, 「도학(道學)」조(條), "世又有一種淺陋之士, 自視無堪以爲進取之地. 輒自附於道學之名. ……或鈔節語錄以資高談, 或閉眉含眼爲默識. 而叩擊其所學, 則於古今無所聞知, 考其所行, 則於義利無所分別. 此聖門之大罪人, 吾道之大不幸."

주희는 보기 드문 백과전서식 학자이다. 그는 학식이 넓고 풍부하고, 또 전에 없이 전통문화 근본이익의 가장 높은 자리에 서 있다고 스스로 느꼈기 때문에, '모든 사물의 겉과 속, 정밀한 것과 거친 것이 이르지 아니함이 없다.'는 사유를 강조하였다. 하지만 결과는 도리의 꼭 상반되어 그는 '눈을 감고'·'고금에 들어서 아는 바가 없다'는 사유방식의 창도자가 되었다.

이 같은 이율배반은 분명히 역사의 필연성이 있기 때문에, 이학 가운데의 '천루한 선비[淺陋之士]'의 사람됨을 꾸짖고, 만인이 우러러보는 주학朱學 대가의 진수를 터득했을 뿐만 아니라, 또한 오히려 '말한 바가 때에 맞지 않기' 때문에 당시의 명예를 저버리고, 천하에 웃음거리가 되는 것을 면하지 못하였다.5)

전통문화 체계가 해체되지 않아서, 사유방식이 날로 마비되는 것을 용납할 수 없고, 새로운 강력한 수단을 운용하여야, 사유방식이 극도로 흥분한 상태에서도 잔존하는 에너지를 실어내지 않을 수 없으니, 원굉도袁宏道가 주희의 '격물치지格物致知'를 일컬어 '해가 비치는 곳에 켜놓은 하나의 등불이다'고 한 것은 방대한 '천인' 체계에서, 전통사유방식이 약한 횃불과 같다고 느낀 것이다.

명나라 사람들이 이미 '천인' 체계를 버릴 수 없었다면, 유일한 출로가 이 '하나의 등불'을 해와 달처럼 억지로 비추게 하는 것이다. 이에 그들이 '벽력같은 뜻밖의 수단'이나 '번갯불이 번쩍하며 전체에 통하여 투명하게 되는 것'을 중요하게 여긴 것이다. 이런 상황을 가장 상세하게 설명한 것도 왕양명王陽明의 이론이다.

................

천지 사이에는 이런 영명❶함이 가득하고. …… 나의 영명이 곧 천지·귀신의 주재자인데. 하늘에 나의 영명이 없다면 누가 땅의 높음을 앙모하겠는가? 땅에 나의 영명이 없다면 누가 그 깊은 곳에 구부리겠는가? 귀신에 나의 영명이 없다면 누가 그 길흉이나 재화 상서로움을 구분하겠는가? 천지·귀신·만물이 나의 영명을 떠나면 곧 천지·귀신·만물이 없어질 것이다. 나의 영명이 천지·귀신·만물을 떠난다면 이것도 나의 영

명이 없는 것이다.❷

마음[心]은 곧 이치[理]이다. 이런 마음은 사사로운 욕심에 가려짐이 없는 것이 곧 천리이며, 반드시 외면에 조금도 첨가하지 않아야, 이런 순수한 천리의 마음이 생겨서 부모를 섬기는 것이 효이고, 임금을 섬기는 것이 충이며, 친구를 사귀고 백성을 다스리는 것이 곧 믿음이며 인이다. 단지 이런 마음에 인욕이 제거되어 천리 위에 존재하게 애쓰는 것이 바로 이것이다.❸

❶ 영명(靈明): 신령하고 밝음.
❷ 「어록(語錄)」, 『양명선생집요(陽明先生集要)·이학편(理學編)』 2권, "充塞天地間只有這个靈明. ……我的靈明, 便是天地·鬼神的主宰. 天沒有我的靈明, 誰去仰他高? 地沒有我的靈明, 誰去俯他深? 鬼神沒有我的靈明, 誰去辨他吉凶·災祥? 天地·鬼神·萬物, 離卻我的靈明, 便沒有天地·鬼神·萬物了; 我的靈明, 離卻天地·鬼神·萬物, 亦沒有我的靈明."
❸ 「전습록(傳習錄)」『양명선생집요(陽明先生集要)·이학편(理學編)』 1권, "心卽理也. 此心無私欲之蔽, 卽是天理, 不須外面添一分, 以此純乎天理之心, 發之事父便是孝. 發之事君便是忠. 發之交友治民便是信與仁. 只在此心去人欲存天理上用功便是."

영구적이고 무한한 '천인' 체계는 파악해야할 대상이라고 언급하였다. 사유의 고도한 능동성은 정신에서 오는 것이 아니고, 사대부 우주이상과 인격이상의 기초에서 오는 것이다. '천인'의 감지感知·이해理解와 친화親和는 사대부 사유방식의 두 가지 큰 기본이 내포된 것이다.

주희가 여기에서 이 두 가지를 통일체로 만들어서 힘을 다하여 강화시킨 것은, 거위가 있는 호수 가에 모여서 "주희의 뜻은 사람들이 두루 보고 널리 본 이후에 돌아오려는 약속을 하려고"⁶⁾했기 때문이다. 후대에 주희도 "구학을 의논함에 깊이를 더하여, 새로운 지식을 배양하여 더욱 깊어졌다."⁷⁾고 하였다.

그가 보기에는 감지하여 친화할 수 있는 능력을 주도면밀하게 배양하지 않으면, '천인' 체계의 파악도 말을 시작할 곳이 없기 때문에, 격물치지는 결코 '실로 간편하고 용이'하게 터득될 수 없다.⁸⁾

주희가 전통사유방식에 크게 내포된 두가지를 전통문화가 허락하는 한도까지 융합하려 하였으나, 이러한 곤경에서 벗어나게 할 수 없었을 뿐만 아니라, 도리어 전통사유의 한계성을 심각하게 드러냈는데, 이것이 사유방식의 진일보한 강화를 결정하여, 어쩔 수 없이 희생하여 크게 두 가지에 내포시키는 것은 통일시키기 위한 대가였다.

따라서 명대의 이학이 '천인' 체계를 파악하였지만, 가면 갈수록 점점 더 보편적으로 '천인' 체계의 감지나 친화가 기초를 이룬 이성사유를 현실에서 포기하고, 방향을 바꾸어 신비하거나 반신비적인 사유방식에서 영감을 빌릴 수만 있다면, '외면에 조금도 첨가할 필요가 없다.'는 점을 왕양명이 강조하였다.

후대에 황종희黃宗羲9)가 명대 이학을 총결할 때 자각하여 '궁심窮心'을 주장하고 '궁물窮物'을 반대한 것도 전통문화와 사유방식이 '만물은 각양각색'이라 그 앞에서는 힘을 쓸 수 없는 것으로 보았기 때문이다.

---

이치를 궁구한다는 것은 이 마음이 각양각색인 것을 궁구하는 것이지, 만물의 각양각색을 궁구하는 것이 아닙니다. 마음을 궁구하면 만물이 달아날 수 없고, 만물을 궁구하면 마음 한 모퉁이가 막히게 된다.❶

---

❶ 「명유학안서(明儒學案序)」, 『황리주문집(黃梨州文集)』p.379, "窮理者, 窮此心之萬殊, 非窮萬物之萬殊也. 窮心則物莫能遁, 窮物則心滯一隅"

---

정주程朱가 '천인' 체계에 대한 파악을 강화한 것을 비교해야한다. 그러나 유학체계가 다시는 제공하거나 천인체계와 서로 적응하는 사유수단에 힘쓰지 않

제4장 전통사유방식과 사의예술의 자체소멸로 인한 원시사유로의 복귀 317

았다. 이런 것도 선학禪學이 명대에 재차 번성하게 된 원인이다.

사회제도가 어떻게 해야 왕학王學과 선학禪學을 풍미하는 수단이 되고, 전통사유방식이 등잔의 '등불'이 해와 달처럼 빛나도록 강요한 것은 여전히 원굉도袁宏道를 예로 들어서 설명할 수 있다.

백수❶가 막 태사가 되었을 때 처음으로 그와 함께 성명의 학을 들었는데, 선생을 인도하여 선생이 깊이 그 학문을 믿었다. …… 서로 함께 조석으로 중국과 인도의 여러 경전을 모색하였으나, 무지함을 더욱 느꼈다. 후에 비로소 문자 중에서 말뜻을 알게 되어 행할 수 없는 곳은 힘을 다해 탐구하여 때로 이해하는 바가 있었지만, 끝내 횃불의 희미한 밝음을 궁구하는 뜻으로 믿고 싶지 않았다. 이렇게 여러 해를 지나서, 하루는 장자소가 격물을 논한 것을 보고, 홀연히 크게 통하였다. …… 후에 고인의 미언❷을 바탕으로 삼아 묘하게 조화되었다.❸

❶ 백수(伯修): 원종도(袁宗道)의 자(字)이다.
❷ 미언(微言): 뜻이 깊고 미묘한 언사
❸ 주승필(周承弼) 등 감수·왕위지(王慰志) 등찬, 『공안현지(公安縣誌)』 6권, 「원굉도전(袁宏道傳)」, "時伯修方爲太史, 初與聞性命之學, 以啓先生, 先生深信之. ……相與朝夕索之華梵諸典, 轉覺茫然. 後乃於文字中言意識. 不行處, 極力參究, 時有所解, 終不欲侍爝火之微明以爲究竟. 如此者屢年, 一日見張子韶, 論格物處, 忽然大豁. ……後以質之古人微言, 無不妙合."

원굉도는 이처럼 매우 절박하게 '횃불의 희미한 밝음'의 외적인 방법을 애써 모색하였으나, 그가 '홀연히 크게 통한 것'도 '격물치지'의 함정을 빠져나갈 수 없었다. 그들이 애써 버리지 못하는 목적도 여전히 '고인의 미언을 바탕으로 삼아 묘하게 조화시키는 것'이었다.

심학心學이 이미 '호천' 안의 '갖가지 경상이 있는 가운데에서 읊는 것'이 연속되었다면, 이는 더욱 반대방향으로 가는 과정도 기다릴 것 없이, 원굉도의 시기에 비로소 시작되었다.

예를 들면 왕도王道가 일찍이 양명陽明의 문하에 참여한 제자이다. "양명이 심학을 그에게 말했기 때문에 선생은 몸과 마음을 다하여 일해서 원대한 단서를 갖추었다."10)고 하였다. 그러나 나중에 심학에 의지하면 '천인' 체계를 결코 진실하고 완정하게 파악할 수 없다는 것을 느꼈다며 말했다.

양명 선생의 소견은 실로 돌이켜보는 하나의 방법이지만, 이를 모두 취하고자 한다. …… 이는 거의 하나를 취하면 백 가지가 폐지될 것이다.❶

❶ 왕도(王道), 『명유학안(明儒學案)』42권, 「감천학안6(甘泉學案六)」, "陽明先生所見, 固存省之一法, 然便欲執此以盡. …… 是幾於執一而廢百矣."

왕학王學은 '천인' 체계의 틀에 잡아 매여서, 체계마다 구체적인 부분에 대하여 직접 파악하는 것을 어쩔 수 없이 포기하였다. 이런 현상은 곧 '하나를 고집하고 백을 폐기한다.'는 것이다. 하지만 하는 수 없이 급하게 희생하는 것은 전통사유가 곤경하게 된 근본적인 원인을 조금도 제거할 수 없다.

이와 상반되게 거듭 새로운 대량이 신비주의 안으로 끌어들여서 전통사유를 조성하였는데, 여기에 내포된 큰 두 가지가 분열되면, 전통이 본래 지니고 있

## 제4장 전통사유방식과 사의예술의 자체소멸로 인한 원시사유로의 복귀

는 이성화理性化 인식능력도 거의 상실될 것이다. 이 때문에 부인도 잃고 병사도 잃어서 손해를 입었는데 또 손해를 보는 방식도 근본적으로 매우 약화되어 전통사유가 '천인' 체계의 기초를 지탱하였다. 이런 현상이 표현된 '천인' 체계를 파악하는 사유가 정주程朱시대와 비교하면, 허황한 점이 셀 수 없을 정도로 많다.

---

사람은 천지만물의 마음이다. 마음은 천지만물의 주인이다. 마음은 곧 하늘이니, 마음을 말하면 곧 천지만물을 모두 거론하는 것이다.❶

학자는 만병이 있다, 그러나 한 개의 '정'자가 바르게 다스릴 수 있다. 고요한 가운데의 경계는 천하처럼 크다. 그 속은 텅 비어서 하나의 사물도 없다. 비로소 그것을 탐색하려고 묻는다면, 여러 가지가 충만하고, 갖가지가 있다 한다.❷

몸은 오두막에서 살지만, 마음은 천하의 밖에 것도 받아들이니, 천지만물은 모두가 내 마음의 운용하는 가운데 포함하고 있으니, 삼라만상이 모두 갖추어서 천기가 스스로 가득하다. 그것을 좇으려하여도, 충만하게 가득차서 넘치는 것이 조수가 불어서 내를 막는 것 같아서 억지로 막을 수가 없다. …… 나도 없고 다른 것도 없어서 형색이 하나로 일체가 된 후에 본성이 유행하여 나눔도 없고 합함도 없이 하나로 나에게 융합하니, 같거나 다르지 않다고도 말할 수 있다. 그러니 또 어떻게 아픔과 가려움이 상관하지 않겠는가? 텅 빈 곳에 있어서 묘함이 있다고 하니, 모두가 일진❸에 장애가 없는 대법계의 본성이다.❹

---

❶ 왕양명(王陽明), 「답계명덕서(答季明德書)」, 『양명선생집요(陽明先生集要)·이학편(理學編)』4권, "人者, 天地萬物之心也; 心者, 天地萬物之主也. 心卽天, 言心則天地萬物皆擧之矣."
❷ 여곤(呂坤), 「신음어(呻吟語)」, 『명유학안(明儒學案)』54권, "學者萬病, 只一个靜字治得定. 靜中境界, 與六合一般大, 里面空空寂寂, 無一个事物; 才問他索時, 般般足, 樣樣有."
❸ 일진(一眞): 불교용어로, 우주 만유의 실체로서, 현실적이며 평등하며

❹ 무차별한 절대의 진리를 이른다.
여곤(呂坤), 「오려방언서(吾廬放言序)」, 『거위재문집(去僞齋文集)』 5권, "身棲吾廬之中, 心涵六合之外, 天地萬物皆吾度內, 萬物森然具足, 天機自足. 其欲放也, 充滿盈溢, 若潮張川壅, 抑之而不可遏, ……無我無他, 形色渾化, 而後眞性流行, 不分不合, 融爲一吾, 且無同異之可言, 又何痛痒之不相關哉? 空諸所有, 是謂妙有, 總是一眞無障碍大法界性也."

통치사상으로 삼은 유학儒學은 소농小農 경제經濟와 엄격한 종법제도에서 이성사유와 멀리 떨어졌는데, 그것의 파멸적인 결과는 말하지 않아도 알 수 있는 것이다.

상술한 국면은 전통문화가 장기화 되는 것을 허락할 수 없기 때문에, 청대의 고증학이 비로소 민족의 창조력이 희생하는 것을 아끼지 않았고, 정신노예로 빠지게[11]한 대가로, 오히려 억제하는 것으로 바뀌었다. 그러나 '호중'의 이러한 노력이 헛수고였기 때문에, 전통문화의 생명력이 한 걸음 쇠퇴함에 따라 '천인' 체계가 가면 갈수록 환상을 꿈꾸는 것과 같은 생각을 구하여도, 특별한 지주를 결코 찾을 수 없었다.

이에 '읊는 가운데 여러 가지 경상이 있다.'·'정신은 우주 밖으로 내달린다.'·'마음을 말하면 곧 천지만물을 거론하는 것이다.'고 한 사유방식도 발달하기 시작하였다. 아큐阿Q가 말했다.

이는 영원히 마음에 드는 것으로, 이는 어떤 사람도 중국의 정신문명이 전 지구에서 으뜸이라는 하나의 증거이다. 보십시오, 그의 득의양양한 모양이 날아가려고 하는 것 같지 않는가!❶

제4장 전통사유방식과 사의예술의 자체소멸로 인한 원시사유로의 복귀 321

❶ 「눌잠(吶喊)·아큐정전(阿Q正傳)」, 『노신전집(魯迅全集)』 제1권, p.84, "是永遠得意的, 這或者也是中國精神文明冠於全球的一个證據了. 看哪, 他飄飄然的似乎要飛去了!"

    그러나 '호천'이 외부의 침략을 받아 어지러워지는 일을 직접 보면, 이런 사상도 가장 영험한 법보法寶12)를 이룬 것이다. 위원의 「홍콩의 섬에서 바다를 보고 노래하다」를 보겠다.

홍콩에 있는 섬은 …… 여러 작은 섬이 우뚝하게 둘러싸여서 바람을 갈무리하여 배를 정박하기에 적외하기 때문에, 영국이 든든하게 자리 잡았다. 상점과 누관을 경영하는 것이 마카오 같고, …… 내가 바다를 건너가서 보니, …… 실로 변한지 오래되어 웅장한 성이 마치 큰 도시가 모인 것처럼 해시를 이루었다. 인시에 시작하여 사시가 되어 비로소 멸망했으니, 환상적이구나! …… 노래하였다 ……어찌 봉래궁궐을 진한 때 보지 못했나? 갑자기 바닷가에 나란히 섰구나. …… 기독❶을 앞세운 병거와 기마가 사냥하느라 분주하고 오랑캐 추장이나 귀신 두목이 갑옷과 투구에 큰 띠를 두르고 여럿이 모여 대열을 이루니 엄숙하여 아이가 울지 못한다. 그러나 호령하지 않고 지휘하며 불러서 말하지 않고 지휘해도 성내지 않는다. 빼곡하게 많이 모여서 은은하게 이어진 것이 천풍이 점점 마음대로 삼켜버린 것이 아니라면 뿔 달린 귀신이 조화를 부려서 언제 없어졌는지 알지 못한다. 누대는 다 무너져 없어지고 언덕만 남아 있고 손상된 산에 남은 나무와 끊어진 다리에 짝 잃은 짐승만 보이니, 하나하나 자연의 흔적이 점점 없어졌다. 오호라! 인간 세상의 일은 없는 것이 없고, 세간의 사물은 썩지 않는 것이 없다. 그림자 가운데 환상을 꿈꾸는 것 같아서 조물주가 단청을 사생한 솜씨이다. 왕모와 그의 시녀인 쌍성은 지금 늙어서 추하게, 개미 왕❷과 달팽이 나라가 창구❸를 다투는구나. 만약 이 도시에 환상과 똑같은 것이 있는지 없는지 묻는다면 과거, 현재, 미래의 모든 부처들은 입을 벽에 걸어버릴 것이다. 용궁에서 노하여 바람을 보내 성난 파도를 일으켜도 고개를 돌리니 이미 호문 위로 들어가 버렸네.❹

❶ 기독(旗纛): 여러 가지 기와 독. 독은 대가(大駕 임금의 수레) 또는 군중(軍中)에서 대장 앞에 세우는 큰 기.
❷ 의왕(蟻王): 괴안국(槐安國)의 고사에 나오는 개미 왕이다.
❸ 창구(蒼狗): 구름의 형상을 형용한 것으로, 변덕스러운 세태(世態)를 뜻한다. 두보(杜甫)의 「가탄(可歎)」에 "하늘 위 뜬구름이 흰옷과 같더니만 잠깐 사이 변하여 푸른 개가 되었구나.[天上浮雲如白衣 斯須改變成蒼狗]"하였다.
❹ 위원(魏源), 「홍콩의 섬에서 바다를 보고 노래하다[香港島觀海詩歌]」, 『위원집(魏源集)』하책, p.740~741, "香港島……諸嶼環峙, 藏風宜泊, 故英夷雄踞之。營廛舍樓觀如澳門, ……予渡海往觀, ……良久化爲雄城如大都會, 而海市成矣。自寅至巳始滅, 幻矣哉! ……(歌曰:)……豈蓬萊宮闕秦漢所不得見, 而忽離立於海濱。……旗纛車騎畋狩闐, 蠻君鬼伯甲胄紳, 合圍列隊肅不喧。但有指麾無號令, 招之不語揮不嗔。轟轟鱗鱗, 隱隱輥輥, 若非天風漸蕩呑, 不知逞奇角怪何時泯。俄頃樓臺盡失陂陀存, 但見殘山滕樹, 斷橋隻獸, 一一漸入寥天痕。吁嗟乎, 世間之事無不有, 世間之物無不朽。影中之影夢中夢, 造化丹青寫生手。王母雙成今老醜, 蟻王蝸國爭蒼狗。若問此市有無與幻真, 三世諸佛壁掛口。龍宮怒鼓風濤嗔, 回頭已入虎門右。"

가까이 있는 식민주의자를 직접 보면, 위원 처럼 사대부계층에서도 분명하고 멀리 내다보는 식견이 있는 인물이더라도, 그들이 본 것을 '개미 왕과 달팽이 나라가 금방 푸른 개로 변하는 구름을 다툰다.'는 것으로 만들었고, 또 식민시대의 문화현상을 '그림자 가운데 환상의 꿈속'으로 보았으며, 이들은 '천풍天風'이 제멋대로 삼켜버릴 것을 굳게 믿었다.

이런 사유방식은 분명히 이학가가 말한 '마음을 말하면 곧 천지만물을 거론하는 것'이고, 다만 '여러 가지가 충만하고, 갖가지가 있다'는 것을 '여러 가지가 없고 갖가지가 없다'는 것으로 바꾸어 말한 것에 지나지 않는다.

매우 오랫 동안 중화민족은 이런 충만한 예술매력의 사유방식에 가혹한 대가를 지불하였다. 예를 들면, 스스로 가난하고 스스로 허약하면 할수록 세계문명이 진보하는 것과 서로 반대 방향으로 향해가서, 마음속에는 '위에서는 구천九天의 달을 따고 아래에서는 오양五洋의 자라를 잡을 수 있다.'는 호탕함이 더욱 많아졌다.

또 자아봉쇄는 물론이고, 현대문명이 면전에서 얼마나 멀어졌는지를 논할 것 없이, 안중의 세계에서 영원한 것은 '작고 작은 지구'를 마음대로 가지고 노는 것에 지나지 않는다.

위의 설명에서 원림 '사의' 예술은 한번 보면 알 수 있다. 명대의 사대부들이 '사의'를 어떻게 운용하여 자신의 작은 원림에 적용시켰는지, 전반적인 '천인' 체계를 보겠다.

정위 진옥숙은 …… 석공에게 옥사의 옛 성 위에 산을 만들어서 오악을 형상하여, 옛 수향에 물을 흘려보내게 하였는데, 끝없이 넓은 옥사교가 용이 헤엄치는 것 같아서 실로 그 형세에 더 보태졌다. 남악에는 천주·도솔 같은 …… 여러 봉우리가 있고, 북악에는 비석·대무·망선·원천·용각·호풍 같은 …… 여러 봉우리가 있으며, 동악에는 관월 혹은 관태라고 부르는 …… 여러 봉우리가 있고, 중악에는 금병·태실·오유·부립·소실·황개 같은 봉우리가 있으며, 서악에는 고정·태화 …… 옥정·옥주·백운낙안·천연신수 같은 봉우리가 있다. …… 누는 황경루나 천척루라 부른다……, 산방의 이름으로는 대유가 있고, 당은 어풍당이나 문월당이라 하고, 강경당·세미당·세덕당·세은당·세충당 …… 이라 했으며, 각 이름으로는 주능각과 구원각·장경각 …… 이라 했고, 정 이름은 수연정·압구정 …… 이라 했으며, 초당 이름은 ……, 암 이름은……, 동 이름은……, 교 이름은……, 제사 지내는 사당 같은 데에서는 복파❶나 벽하원군❷을 제사지냈으며 ……, 각 일천 척의 누에는 유서와 진옥숙 자신이 논한 저서가 소장되어 있는데, 깨끗한 암에는 불서가 소장되었으며, 태산묘에는 도가서가 소장되었고, 선세의 묘역이나 진왕숙의 수장❸이 모두 그 안에 있다. …… 거기에 이어진 길이 대략 천 리나 되고, 그 뜻을 취하거나 형상을 취하여, 혹은 오악이라 하고, 더러는 스스로 이름 지었으나, 통틀어서 '해내명산원'이라고 불렀다. …… 추연❹은 중국의 오악을 넓혀서 바나의 밖까지 보낼 깃을 요구했고, 진옥숙은 그의 원림의 오악을 스스로 사치스럽게 여겨서 해내의 큰 볼거리가 다 갖추어졌다고 하였는데, 이 두 가지는 모두 풍자한 말이다. 장주가 일컬은 추호보다 큰 것이 없다고 여기면 태산이 작아 보이고, 열어구가 강가에 가면 초명❺이 모기 속눈썹에 때지어 날아서 모인다 하였고, 황재와 용성자가 숭산의 언덕을 못 본 체 했고, 유마힐 장자는 장실에서 거처했고, 용구의 백만 보살들은 모두 사자좌❻에 앉아서, 하나의 겨자씨에 수미산을 넣는데 이르렀다. …… 때문에 군자가 말이 크면 천하에서 그 말을 담을 수 없다. 말이 적으면, 천하에서 그 말을 깨트릴 수 없다. …… 원림에서 돌을 오악이라고 부르는 것은 크고 작은 것에 상관없다는 것을 가리킨다. 소지가 대지에 미치지 못하고, 소년은 대년에 미치지 못하며, 오직 공자만 동산에 올라서 노나라를 작다 여기고, 태산에 올라서 천하를 작다고 여겼으니, 크다는 그 마음의 본체는 사물이다. 우주가 손안에 있고, 만물이 화육하여 몸을 낳는 것이 어찌 오악에만 있겠는가? …… 부처는 색은 공하다 하였고, 노자는 이름을 지을 수 없다고 하였기 때문에 작을 것을 크다고 여기고, 큰 것을 작다고 여긴 것은 본래 『주역』의 말이지만 조리가 분명하여 두루 통하는 것이다. 도교와 불교에서 뜻을 부쳤으나, 나의 도의 실제이고, 나의 유학의 도가 큰 것으로, 없는 것이 없으니, 모든 것이 도교와 불교에만 있을 뿐인가?❼

❶ 복파(伏波): 후한(後漢)의 명장인 복파장군(伏波將軍) 마원(馬援)을 가리킨다.
❷ 벽하원군(碧霞元君): 만주에서, 산악의 신으로 널리 민중 신앙의 대상이 되고 있는 신이다.
❸ 수장(壽藏): 살아 있을 때 미리 만들어 놓은 무덤이다.
❹ 추연(鄒衍): 중국 전국시대 제(齊)나라 사상가로 음양오행설을 주창하였다. 『주운편(主運篇)』을 저술하였고, 『한서』예문지에 『추자(鄒子)』, 『추자종시(鄒子終始)』등의 책을 썼다는 기록이 있으나 전하지 않는다.
❺ 초명(焦螟): 모기의 속눈썹에 집을 짓고 사는 조그마한 벌래
❻ 사자좌(獅子座): 師子座라고도 함. 부처님을 사자에 비유하여 부르는 데서 유래하여, 부처님이 앉는 자리를 총칭하는 말. 가장 존귀한 자리를 가리킴.
❼ 이유정(李維禎), 「해내명산원기(海內名山園記)」, 『명문해(明文海)』338권, "廷尉陳玉叔……使石工爲山玉沙故城上, 以象五嶽, 泙故水鄉, 潆沆無涯, 玉沙矯若游龍, 因其勢而附益之. 南嶽則有天柱·兜率……諸峰, 北岳則有飛石·大茂·望仙·元天·龍角·虎風……諸峰, 東嶽則有曰觀月·觀秦……諸峰, 中嶽則有錦屛·太室·五乳·浮立·少室·黃蓋諸峰, 西嶽則有高靜·太華……玉井·玉柱·白雲落雁·天然神秀諸峰. ……樓曰皇經·曰天尺……, 山房曰大酉, 堂曰御風·問月, 曰講經·曰世美·曰世德·曰世恩·曰世忠……, 閣曰朱陵, 曰鈎元·曰藏經……, 亭曰翛然·曰狎鷗……, 草堂曰……, 庵曰……, 洞曰……, 橋曰……, 爲祠若廟, 以祀伏波·碧霞元君……, 各一千尺樓以藏儒書與玉叔所自論著, 無垢庵以藏佛書, 泰山廟以藏道書, 而先世之塚域·玉叔之壽藏俱在其中……, 其延袤若千里, 其取義取象, 或以五嶽, 或自爲名, 而總名之曰'海內名山園'. ……鄒衍薄中國之五嶽而求之裨海之外, 玉叔自俟其園之五嶽而擧以盡海內之大觀, 兩者皆寓言也. 莊周稱莫大乎秋毫而泰山爲小, 列御寇爲江浦之焦螟群飛集於蚊睫, 黃帝與容成子視若嵩山之阿, 維摩詰長者居丈室, 而容九百萬菩薩幷獅子座, 至以一芥子納須彌. ……故君子語大, 天下莫能載焉; 語小, 天下莫能破焉."名園石以五嶽, 無大無小之指也. 小知不及大知, 小年不及大年, 惟孔子登東山而小魯, 登泰山而小天下, 大其心體天下之物, 宇宙在手, 萬化生身, 而何有於五嶽?……佛以色空, 老以無名, 故能以小爲大, 以大爲小, 本『易』之說而曲暢旁通之者也. 二氏之寓意, 吾道之寔際也, 吾儒之道大矣, 無所不有, 悉管二氏?'

## 제4장 전통사유방식과 사의예술의 자체소멸로 인한 원시사유로의 복귀

　전통체계에 있는 자연경관과 일체의 문화요소는 심지어 '우주'나 '만물의 화육'까지도, 작은 원림 가운데 '없는 것이 없다.' 그러나 바로 이것은 전 지구의 '사의' 예술에서 뛰어난 것으로, 사대부가 기꺼이 원하여 자신의 생명을 '호천'과 '개자' 안에 영원히 묻어두는 것이다.

　독자들도 앞면에 서술한 것을 기억할 수 있을 것이다. 중화민족의 발흥을 상징하기 위하여, 추연이 구주에 바다를 포함시켰다는 말, 장주가 태산을 가을 털같이 작게 여겼다는 말과, 진시황 한 무제 시대의 봉래신화 같은 우주이상과 원림미학이상을 만들어서, 이미 사람들이 깜짝 놀랄만한 기개를 갖추었다. 그러나 2천년 이후에까지도 추연이나 장주가 지탱해 온 원림예술을 사용하지 않을 수 없고, 봉래신화에서 묘술 한 '영국이 웅거'했던 홍콩 시대를 사용하지 않을 수 없었는데, 이는 옛날의 이처럼 찬란한 문화가 이들의 사유방식과 함께하고 다소의 광휘가 남아 있는 것인가?

　현실석으로 선동문화 역량의 상실은 길수록 더욱 많은 의상시유에 의지하여 '천인' 체계를 파악 하지 않을 수 없게 하는데, 이러한 규율은 명청 원림예술에 구체적인 예가 있어서 이미 많이 거론하였다.

　심지어 깊이 형상하여 다시 제작한 분경에 '정신이 그 안에서 놀아 마치 봉도蓬島에 올라온 것 같다.'고 한 것도 이러한 배경 아래에서만 비로소 그 온축된 뜻을 깨달을 수 있다. 이를 다시 비교하면 이때에 '오유원烏有園'같은 일류작품이 대량으로 생겼지만, 이런 몇몇 원림은 분경류에 연이어 가장 적은 물질도 갖추지 못했고, 완전히 사대부들의 상상과 원림예술을 기록한 문자에만 존재한다.

--------

지금 천하에 원림을 가진 자가 많은데, 어째서 황구연은 원림이 없어도 된다고 하였는가! 그러나 구연은 실로 원림이 없었다.…… 어느 날 구연이 갑자기 엄숙하게 손님에게 말했다. 내 원림은 일정한 곳이 없고, 오로지 천하에 산수가 가장 아름답고 빼어난 네 곳을 골라서 원림으로 정한다. 이른바 가장 아름답고 빼어난 곳

은 세상에도 있고 세상 밖에도 있는데, 또한 세상도 아니고 세상 밖도 아니다. 대개 내 스스로 살아온 이래 수십 년 이후에 구할 수 있을 것이다. …… 우주 사이의 만물이 생기는 것은 백공의 일이라서 그 가운데 하나도 갖추어지지 않은 것이 없다. …… 이에 구연이 말하길, 원림이 있다는 것은, 천하에서 오랜 세월을 산 사람도 황구연은 원림이 있다고 말할 것이다.❶

❶ 황주성(黃周星),「장취원기(將就園記)」,『소대총서(昭代叢書)』 갑집(甲集) 3책, "今天下之有園者多矣, 豈黃九烟而可以無園乎哉! 然九烟固未有園也.……一日者, 九烟忽岸然語客曰: 吾園無定所, 惟擇四天下山水最佳勝之處爲之, 所謂最佳勝之處者, 亦在世間, 亦在世外; 非世間, 亦非世外. 蓋吾自有生以來, 求之數十年而後得之. ……凡宇宙間百物之産, 百工之業, 無一不備其中者. ……於是九煙曰: 有園, 天下萬世之人亦莫不曰: 黃九煙有園!"

이 글에서 원림에 '하나도 갖추어지지 않은 것이 없다.'고 묘사한 것은 숭산준령·계곡의 비폭·전주와 촌락·단찰壇刹의 부도浮屠·호수 언덕의 숲과 늪·정대亭臺와 누각樓閣·굽은 다리와 긴 둑·날아다니는 새와 온갖 꽃·재주 있는 자와 미인·귀여운 아이와 빼어난 계집종을 포함하여 원림의 동산이나 원경 중의 경치 등등을 말하는 것이다.

결론적으로 전통문화 체계에 있는 일체의 아름다운 것은 상상 중에서 충분히 펼쳐질 수 있다는 것이다. 현실 중에 이미 없어진 능력이 전통문화에 계속되어 높은 수준으로 완선한 경지에 이른다면, 이는 아마 환상을 꿈꾸는 속에서 있을 수도 있을 것이다. 이런 진행과정에서 멈추지 않고 달려가야 하는데, 이는 곧 사대부가 '스스로 살아오면서 수십 년 이후에 구할 수 있는' 최종의 생활 목적이다.

이 글을 지은 작자 황주성黃周星은 명말 청초에 살았으며, 그보다 1백 년 전에 영국의 모어(More, Thomas)가 구상해서 출판한 유명한『유토피아』[13]는 더욱 합리적인 사회로 대체하는 현실에서 일종의 고유한 원시적 자본이 쌓이는 것을 동경한 것이다. 이와 같은 예술상상이 기인한 내용이나 경향과 결과는 다른 면이 있다. 따라서 심각한 역사의 필연성 때문에, 명청 원림예술 중에서 황주성의 '사의'는 곧 결코 개별적인 예만은 아니다.

오석림은 원림과 정자를 몹시 좋아하지만, 집안이 특히 가난하여, 원정을 지을 수가 없었다. 이에 「무시원기」를 찬술하였는데, 「도화원기」나 「소원기」의 풍격이 있다. 강편석이 그 뒤에 제하였다.

| 萬想何難幼作眞 | 온갖 생각하나 참으로 짓기가 얼마나 어려운지 |
| 區區丘壑豈堪論 | 보잘것없는 구학을 어찌 감히 논하겠는가? |
| 那知心亦爲形役 | 마음도 형상에 부려짐을 어찌 알겠으며 |
| 憐爾飢軀畵餠人 | 가련하게 굶주린 몸이 병인을 그리네. |
| 寫盡蒼茫半壁天 | 창망함을 다 그리니 절반은 푸른 하늘이고 |
| 煙雲幾疊上蠻箋 | 안개구름 얼마니 쌓였는지 편지를 올리네. |
| 子孫颥得長相守 | 자손이 넘쳐서 오래도록 서로 지킬 수 있으니 |
| 賣向人間不値錢 | 인간에게 내다 파는 것을 돈을 만나지 못했구나. |

전인들이 '오유원'·'심원'·'의원'이 있다고 말한 것을 보았는데, 모두 석림의 아류들이다. ❶

❶ 황주성(黃周星), 『이원총화(履園叢話)』 20권, "吳石林痴好園亭, 而家奇貧, 未能構築, 因撰「無是園記」, 有「桃花源記」·「小園賦」風格. 江片石題其後云: '…… 余見前人有所謂'烏有園'·'心園'·'意園'者, 皆石林之流亞也.'"

'온갖 생각을 하였으나 실제로 원정을 짓는다는 것이 얼마나 어려운지 모르겠다.'고 한 것은 특별한 의상사유방식과 '사의' 예술이다. 그러나 이것은 대대로 융통성 없이 병병(餠)을 그리는 기술을 지켜온 운명과 서로 표리관계가 있는 것이다. 이것을 한 가난한 선비가 유희삼아 지은 것으로 여길 필요는 없지만, 옹정雍正년간 원명원圓明園 가운데 계획하여 "외곽을 넓혀서 매우 견고한 기초를 이루어, 편안한 복을 많은 사람들이 밟고 오게 하였다."14)

원명원(圓明園)

▽ 원명원 곡원풍하(曲院風荷)

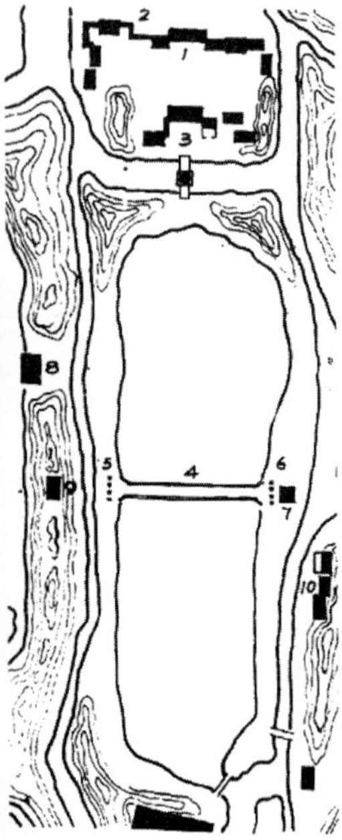

1. 곡원풍하  2. 낙가승경  3. 어가락  4. 구공교
5. 금오  6. 옥동  7. 음연장홍  8. 소제춘효
9. 사위가려  10. 영화진

건륭乾隆은 4헥타르의 크고 작은 원명원 뒤의 호수를 직접보고 "높은데서 내려다보니, 온통 만경이나 푸르니, 흉중에 운몽을 삼킨 것과 같다"15)는 느낌이 들었다. 공업혁명이 흥기한 시대를 상징하는 18세기에 '호중'의 사람들이 썩은 나무로 젖은 북을 치는 것 같은 진부한 이야기를 대대로 중복해야 한다면, 이 시기에 그들 중에 누가 '굶주린 몸으로 병餠을 그리는 사람'보다 더욱 좋은 운명을 가질 수 있겠는가?

최후에는 하나의 중요한 사실을 지적해야하는데, 즉 전통사유방식의 장기연속은 가면 갈수록 원시사유로 향하여 복귀하게 해야 한다는 것이다.

제1편에 이미 상세하게 설명하였다. 영대나 영소는 하나같이 원시숭배물의 산물이 반영되어 생긴 것으로, 고대 사람들은 자기와 다른 자연의 힘 앞에서는 보잘것없는 존재이다. 이 때문에 선민의 심미활동 중에는 자각적인 독립의지가 결코 존재하지 않았고, 상반되게 그들의 근본목적은 영소나 영대 같은 매개를 통하여 자신을 조상신의 영광 가운데로 융화시켜서 없는 곳이 없을 징도로 거대하고 신비한 자기와 다른 역량 가운데로 넣었다.

제5편에서도 언급했듯이, 전국 진한시대에 세워진 것과 방대한 '천인' 체계가 서로 적응하는 사유방식은, 양주兩周 사유방식을 방대하게 더하여 구체적인 방법으로 조성한 부분 중의 하나이다. 이는 곧 거듭 새롭게 끌어들이고 개조하여, 거대하고 신비한 우주가 원시사유의 대상이 되었다.

원시사유를 이처럼 흡수하거나 버려서 이후의 사대부들이 구비하게 한 사유방식은 '천인' 체계에서 필수적인 양대 요소이다. 이 요소는 방대하게 포함하는 능력과 능동성으로, 현실감지와 인격실천이 기초가 되는 '이해형理解型'이지, '미광형迷狂型'의 마음상태는 아니다.

그러나 다른 한 편으로는 생산력 수준은 시종 사대부들이 '천인' 체계를 파악하여 건립하는데, 과학적으로 견실한 기초위에서 해야 한다고 사유할 수 없기 때문에, 우주는 원시사유와 비유할 수 없이 거대하고 신비하여 자신과 역량이 다르다. 사대부와 천인체계가 끊임없이 융합하는 과정 중에 '천인' 체계가 거듭 새롭게 탈바꿈 해야 한다는 사유가 변하였다. 그러한 역량이 처음부터 끝까지 중단되지 않았다. 그리고 사대부사유와 인격 완선도 시종 원시사유로 향하여 복귀하는 추세에 머물러서 거듭 새롭게 자신을 작게 변화시켜서, 신의 영광을 비호하는 가운데서 작은 것만 융화시켜 담을 수 있었다.

예를 들면 일찍이 춘추시기에 사광師曠16)이 '천지의 백성을 매우 사랑한다.'는 설법이 있었는데, 이것은 실로 당시 사람들의 지위가 제고되어 철학 중의 '천인' 관계가 진보한 결과이다. 그러나 이 구절의 말은 앞의 한 단락의 문자와 마찬가지로 경시할 수 없다. 사광이 말했다.

---

어진 임금은 선량한 자를 상주고 사악한 자를 징벌하여 백성을 자식처럼 길러서 하늘처럼 덮어주고 대지처럼 포용합니다. 그러므로 백성들은 그 임금을 떠받들어 부모처럼 사랑하고 일월처럼 우러르고 신명처럼 공경하고 뇌정처럼 두려워합니다.❶

---

❶ 『좌전(左傳)·양공14년(襄公十四年)』, "良君將賞善而刑淫, 養民如子. 蓋之如天. 容之如地. 民奉其君. 愛之如父母. 仰之如日月. 敬之如神明. 畏之如雷霆."

한 편으로는 부모처럼 친해지기를 요구하였고, 다른 한 편으로는 뇌정 같은 권위를 거듭 요구하였다. 이는 곧 임금과 백성 관계를 포함한 '천인' 관계가 진보하는 과정에 서로 의존하는 두 가지의 기본 방면이다.

이런 이율배반적인 진화는 전통문화의 발전과 완전히 같은 발걸음이기 때문에, 전국 이후의 유학경전 중 한 방면은 이성정신의 자각에 대하여 더욱 발전시켰고, 다른 한 편으로도 똑 같이 신학神學을 유지하고 보호하는 것이 확고한 자리라는 것을 자각하였다.

"재계하고 귀신을 섬기고, 날을 택해서 임금을 뵙는 것은 백성들이 공경하지 않을까 두려워해서이다."17) 아울러 힘을 다하여 근본적인 것에서 위로는 유교와 융합하여 일체가 되었다. "예는 그 근거를 천지의 근원에 두고 태일이 천지를 갈라 음양이 생기고 사시를 나타내며 여러 귀신에게 벌려 제사지내니 선조의 은혜에 보답한다는 정이 있는데, 이런 것들을 천명이 내린다고 한다."18) 따라서 한대漢代의 사람들이 옛날의 속박에서 벗어나는 것과 똑 같이, '상제의 친구로 일하는 것[做上帝的朋友]'에 애착을 가졌을 때, 동중서가 『춘추번로』에서 전문적으로 「순명」 한 편을 써서 천지만물·군신부자 등등 사이에 있는 '가외可畏'를 상세하게 거론하고, 그 원인으로 곧 '천인' 체계의 사유주체를 설명하였는데, 여전히 다르게 변화된 거대한 역량이라 하여 다음과 같이 말했다.

온갖 일이 변하는 것을 보고 알지 못하면서도 자연스러운 것이라고 말할 수 있는가? 이것을 보면 경외할 만 하다. 오로지 죽는 것은 하늘에만 달렸는가? …… 두려워할만 한 것은 천명과 대인에게만 있는가?❶

❶ 동중서(董仲舒), 『춘추번로(春秋繁露)』, 「순명(順命)」, "見百事之變之所不知而自然者, 勝言與? 以此見其可畏. 專誅絶者其唯天乎? …… 可畏者, 其唯天命·大人乎?"

또 예를 들면 왕필은 한 편으로 '신神'을 부정하여, 인격이 변하여 자기 역량을 인도하는 것은 다음과 같다고 하였다.

사물이 스스로 그러함을 지키고 있으면 신도 어떻게 할 수가 없다. 신이 어떻게 할 수가 없다면 신이 신령스러운 줄을 알지 못한다.❶

> ❶ 왕필(王弼), 『왕필집교석(王弼集校釋)·노자도덕경주(老子道德經注)·60장』, "物守自然, 則神無所加; 神無所加, 則不知神之爲神也."

다른 한 편으로 '자연'은 또 모든 '천인' 체계 어디에나 있는 절대적이며 신비한 주재자이다. 또 다음과 같이 말했다.

자연은 그 조짐을 볼 수가 없고, 그 의향도 알아챌 수 없다. 어떠한 사물로도 그 말을 바꿀 수 없고, 말을 하면 반드시 그에 응한다. …… 무위의 일에 거하고 말없는 가르침을 행하며, 외형으로써 사물을 내세우지 않는다. 그러므로 공이 이루어지고 일이 다 되더라도 백성들은 그렇게 되는 까닭을 알지 못한다.❶

> ❶ 『왕필집교석(王弼集校釋)·노자도덕경주(老子道德經注)·17장』, "自然, 其端兆不可得而見也, 其意趣不可得而睹也, 無物可以易其言, 言必有應……. 居無爲之事, 行不言之教, 不以形立物, 故功成事遂, 而百姓不知其所以然也."

『노자』가 구체적으로 드러낸 것과 비교하면, 왕필 학설 중의 '사유주체'와 '자연' 사이의 진일보한 융합은 꼭 두 가지 사이에서 진일보하여 다르게 변화하는 것과 분명히 같다.

사대부 사유방식에서 시종일관 존재하는 이런 이율배반은 사내부의 독립인격과 종법제도에 대한 종속관계가 시종 서로 의존하는 것과 같아서 어렵지 않게 발견된다.19) 그러나 가장 중요한 문제는 중당 이후에 이학 등의 수단이 '천인' 체계를 끊임없이 강화시킴에 따라 상술한 모순들이 마침내 어떤 결과로 향하여 발전하였는가? 하는 것이다.

중당 이후의 사회제도가 전통문화 내부에 잔존하는 에너지를 짜내는 방법으로 '천인' 체계의 강화와 생명연속을 실현하였는데, 이 방법은 실제로 신속하고 철저하게 '천인' 체계가 새롭게 탈바꿈하게 하는 사유주체 상에서 자신을 다르게 변화시키는 역량의 과정으로, 그 원인은 간단하다.

이미 이런 에너지가 한도를 넘어서 착취하고 실어내는 것이 '천인' 체계와 사유체계 사이에서 서로 연계되는 본질이다. 그렇다면 전자에는 고도로 강화된 동시에 후자에는 고도로 위축되는 것이 필연적일 것이다.20) 이런 차이가 끊임없이 심해져서 사유주체는 사기와 다른 역량이 면전에서 보잘것없이 되어버릴 때가 되면, 사대부사유가 원시사유로 향하여 가는 것은 피할 수 없다.

이학 창건자 중에 인격이상이나 인식방법론은 물론 사유주체 능동역량을 더욱 발전시킨 것은 장재張載가 가장 두드러진다고 여긴다. 이에 '반드시 성인이 된 이후에', '천지에 마음을 세운다.'고 하는 뜻을 품은 이학가로 맨 먼저 예를 들어서 장재의 두 단락의 말을 읽어보자.

...................

천하가 동요하는 것은 정신이 고취하는 것으로 신이 곧 동을 주도한다. 때문에 천하가 움직이는 것은 모두 신이 그렇게 하는 것이다. ······노래하고 춤추는 것은 무풍❶이고, 북치고 춤추는 것을 신이 다 한다고 말하는 것이다, 무당과 함께 남들을 위한 마음이 없는데 광풍이 불 것 같으면, 움직임을 위주로 할 뿐이다.······ 무당이 주로 움직이는 것은 북치고 춤추는 것을 지극하게 하기 때문에, 신을 다 한다고 하는 것이다.❷

학자는 쉴 때가 있는데, 완전히 나무로 만든 인형과 같아서, 끌어당기면 움직이고 집에 가면 쉰다. 하루에도 만물이 생기고 만물이 죽는다. 학자가 쉴 때가 있는 것도 죽은 것과 다를 바 없으니 마음이 죽은 것이다. 몸은 비록 살아있지만 그 몸도 사물이다. 천하에 이런 사물은 많다. 학자는 도를 근본으로 하면 살아 있는 것이고 도가 쉬면 죽은 것으로, 결국은 가짜물건이다. 나무인형을 스스로 경계하는 데 비유하면, 쉬는 것이 크게 나쁘지 않다는 것을 알게 될 것이다. 인하여 악을 쉬는 것에 비유하면 쉬지 않으려고만 할 것이다.❸

---

❶ 무풍(巫風): 『서경』에서 나온 말인데, 춤이나 추고 취하여 노래 부르는 것은 무당의 풍[巫風]이요, 재물이나 색이나 사냥을 좋아함은 음탕한 풍[淫風]이요, 성인의 말을 업신여기고 점잖은 사람을 멀리함은 난한 풍[亂風]이라 하였다.

❷ 『장재집(張載集)·횡거이설(橫渠易說)·계사상(繫辭上)』, "天下之動, 神鼓之也, 神則主乎動, 故天下之動, 皆神之爲也. ……歌舞爲巫風, 言鼓舞之以盡神者, 與巫之爲人無心若風狂然, 主於動而已. ……巫主於動, 以至於鼓舞之極也, 故曰盡神."

❸ 『장재집(張載集)·경학이굴(經學理窟)·기질(氣質)』, "學者有息時, 一如木偶人, 牽搐則動, 舍之則息, 一日而萬生萬死. 學者有息時, 亦與死無異, 是心死也. 身雖生, 身亦物也, 天下之物多矣. 學者本以道爲生, 道息則死也, 終是僞物, 當以木偶人爲譬以自戒. 知息爲大不善, 因設惡譬如此, 只欲不息."

주관적인 측면에서 말하면, 장재가 추숭한 '신神'은 종교 식의 인격신이 아니고, 이 신은 '천인' 체계에서 우주본체의 지고至高·지능至能·지묘至妙하게 부여하는 능력을 강화하였다. 이것도 그가 『정몽·천도』에서 "천이 헤아릴 수 없어서 신이라 하고, 신이 항상 있어서 천이라 한다."21)고 말한 것이다.

실제로 우주본체를 강화하여 '천인' 체계에 있는 만사萬事와 만유萬有를 확실히 통솔하는 수준에 이르렀지만, 전통문화에 어떠한 새로운 에너지의 내원도 없다면, 원시무술문화의 사유방식에 의지하는 것을 제외하면, 장재도 결코 구별하여 선택할 수 없기 때문에, 장재가 인식한 것이 「계사」에 보인다. 사람들이 북을 치고 춤추는 목적이 가령 "무당이 남들을 위한 마음이 없는데 광풍이 부는 것 같다."는 것과 같다면, 일종의 지고至高 지신至神한 역량이 감화하여 스스로 쉬지 않으려고 노력할 것이라고 하였다.

두 번째 단락에서 그의 생각을 분명하게 설명하였다. 사대부가 나무인형처럼 형상할 수 없으면 남들이 잡아 당겨도 움직일 수 없을 것이다. 그들이 이미 '도'를 생명의 목적으로 삼았다면 반드시 '도'의 통솔 아래에서 옮겨 다니면서 쉬지 않을 것이다. 그러나 장재가 자기에게 묻는 것을 있어버렸다. 생명 전부의 가치를 추구하는 것도 '도'에 종속되어서 실로 '쉬지 못하는 것'이 현실로 나타날 수 있다. 그러나 이것은 사유주체를 철저하게 탈바꿈하여야, 나무인형이나 무당처럼 '마음에도 없는데 광풍이 부는 것' 처럼 되는 것이 아닌가? 이런 '무심無心'이 미친 듯이 움직이는 것은 자기가 힘써 세운 '대심大心'이나 '천지가 되는 마음[爲天地心]'과 완전히 상반되는 것은 아닌가?

이 때문에 장재가 최후에도 하는 수 없이 우주사이의 만사와 만물이 움직이는 것으로 인하여 신비한 것을 지극히 높은 지배역량으로 귀결하였다.

---

허명한 마음을 거울에 비추면, 신이 밝은 것이다. 멀고 가까운 것이 없고 깊이 있고, 출입에 이용하니, 신이 가득하여 틈이 없다.
신은 생각으로 이르는 것이 아니고, 존재하는 것이다. 변하여 길러지는 것이 아니고, 따를 수 있는 것이다.❶

---

❶ 『장재집(張載集)·정몽(正蒙)·신화(神化)』, "虛明照鑒, 神之明也; 無遠近有深, 利用出入, 神之充塞無間也"; "神不可思致, 存焉可也; 化不可助長, 順焉可也."

모든 추세가 원시사유의 복귀로 향하는 것이 역사적 필연성이라면, 이는 '공안낙처'나 '충색우주'를 설명한 이학가 들과 꼭 같지만, 도리어 자각하여 사대부들이 거듭 새롭게 달리 변하기를 요구하여, 신령을 비호하는 빛 아래에서 일개의 보잘 것 없는 것으로 여기는 것도 조금도 괴이하게 여길 것 없다. 사마광의 말을 예로 들겠다.

바름으로 마음을 다스리고 고요함으로 몸을 보존한다. 진퇴에 의가 있고 득실에 명이 있다. 도를 지킴은 자기에게 달려있고 성공은 하늘에 달렸다. 하는 것이 실패하면 자연스러운 것만 못하다.❶

> ❶ 사마광(司馬光), 「우서(迂書)·무위찬(無爲贊)」, 『온국문정사마공문집(溫國文正司馬公文集)』74권, "治心以正, 保躬以靜. 進退有義, 得失有命. 守道在己, 成功則天. 爲者敗之, 不如自然."

소옹도 "맡길 만한 것이 명이고 의지할 만한 것이 천이다. 사람은 소홀이해서는 안 되고 일은 우연히 이루어지는 것이 아니다."²²⁾라고 말했다. 그가 더욱 정채하게 아래에서 말한 것을 보겠다.

귀신은 형상은 없으나 쓰임은 있고, 그 정상은 얻어서 알 수 있으며, 쓰임은 볼 수 있다. 사람의 이목 비구 수족이나 초목의 지엽 꽃 열매 안색 같은 것은 모두 귀신이 만든 것이다. 복선 화음은 누가 주재하는가? 총명 정직을 갖춘 자는 누구인가? 빨리 하지 않아도 신속하고 행하지 않아도 이르는 것을 맡길 자는 누구인가? 모두가 귀신의 정상이다.❶

❶ 소옹(邵雍), 『황극경세서(皇極經世書)』7권하, 「관물외편상(觀物外篇上)·후천주역이교수제6(後天周易理敎數第六)」. "鬼神無形而有用, 其情狀可得而知也, 於用則可見之矣. 若人之耳目鼻口手足, 草木之枝葉華實顔色, 皆鬼神之所爲也. 福善禍淫, 主之者誰邪? 聰明正直, 有之者誰邪? 不疾而速, 不行而至, 任之者誰邪? 皆鬼神之情狀也."

천지 사이의 온갖 일이나 만물은 어느 때나 귀신의 지배를 받다. 이는 영험한 논리인가! 지금 진일보한 것을 볼 수 있듯이, 이학이 중국 전통문화에서 가장 지혜롭고 엄밀한 사상체계로, 시종일관 각종 종교와 여러 갈래로 연계되기 때문에 결코 우연한 것은 아니다.

상술한 복귀復歸와 이화異化는 남송 이학가들 사이에서 진일보 발전한 것이다. 예를 들면 장식張栻이 주돈이周敦頤를 칭찬하여 "동정의 근원을 밝혀내면, 생성화육의 끝없음이 보이고 천명이 유행하는 본체가 없는 곳이 없다."23)고 하였다. '천리유행天理流行'은 이학에서 가장 기본적인 명제이다. 이는 이학 본체론을 통하여 '사유론'이나 '인성론' 등을 통솔하여, 이 명제가 드디어 나타나서 '심리유행'이나 '성리유행' 같은 전반적인 '천인' 체계의 학설을 덮었다.

그러나 이학이 노력한 최종의 결과는 결국 우주 사이에 있는 만령萬靈24)이나 만물에 '없어서는 안 되는' 통치에 관한 '천명'을 거듭 새롭고 견고하게 확립하였다.

더욱 전형적인 예는 육구연陸九淵이 '우주는 곧 나의 마음이고, 나의 마음은 곧 우주이다.'라는 기점에서 출발하여 '우주 안의 일은 자기가 분담하는 내부적인 일이다. 자신이 분담하는 내부적인 일은 우주의 내부적인 일이다.'25)라고 결론한 것과 같은 것이다.

만물이 마음에 빽빽하게 늘어섰고, 마음에 가득하여 드러나니, 우주에 가득한 것은 이 이치가 아닌 것이 없다.❶

여태까지 담대하고 가슴이 넓어, 수천의 범과 표범 수만의 용과 구룡 앞에서 가장 먼저 수습하여 한 입에 삼킨다.❷

사람들 모두가 요순이 될 수 있으니 이런 성과 이런 도는 요순과 다를 바 없다.❸

❶ 「어록상(語錄上)」, 『육구연집(陸九淵集)』34권, "萬物森然於方寸之間, 滿心而發, 充塞宇宙, 無非此理."
❷ 「어록상(語錄上)」, 『육구연집(陸九淵集)』34권, "從來膽大胸膈寬, 虎豹億萬虬龍千, 從頭收拾一口吞."
❸ 「어록상(語錄上)」, 『육구연집(陸九淵集)』35권, "人皆可以爲堯舜, 此性此道, 與堯舜無不異."

이상의 상술에서, 그들이 사유주체의 강화에 대하여 얼마나 힘을 기울였는지 알 수 있다. 그러나 육구연 이론의 경구警句 같이 유명한 그의 좌우명座右銘을 보겠다.

| | |
|---|---|
| 戰戰兢兢 | 매우 두려워하고 조심하여 |
| 如臨深淵 | 깊은 못에 임한 듯 |
| 如履薄氷 | 얇은 얼음을 밟는 듯이 한다.❶ |
| 此理塞宇宙 | 이 이치가 우주에 가득하여 |
| 誰能逃之 | 누가 도망할 수 있겠는가? |
| 順之則吉 | 따르면 길하고 |
| 違之則凶 | 거스르면 흉하리라.❷ |
| 小心翼翼 | 조심하고 공경하고 공경하사 |
| 昭事上帝 | 상제를 밝게 섬기시어 |
| 上帝臨汝 | 상제께서 그대를 내려다보고 계시니라 |
| 無貳爾心 | 그대의 마음을 두 가지로 하지 말게나. |
| 戰戰兢兢 | 매우 두려워하고 조심하여 |

| 那有閑管時候 | 어찌 쓸데없는 간섭할 때가 있으리!❸ |

❶ 「여조영도(與趙詠道)」, 『육구연집(陸九淵集)』12권, 『시경(詩經)·소아(小雅)·소민(小旻)』
❷ 「어록상(語錄上)」, 『육구연집(陸九淵集)』34권.
❸ 「어록상(語錄上)」, 『육구연집(陸九淵集)』35권.

육구연이 철저하게 '천인' 체계를 거듭 새롭게 변화시킨 것은 산악의 큰 바위가 사유주체 위에 있는 흉악한 거신巨神을 억누른 것인가! 다만 '호천'의 해체가 없어야, 이와 같은 변화도 계속되었는데, 육구연의 제자 양간楊簡을 예로 들겠다.

깜깜한 방에 있을 때도 상제가 내려다보고 계시듯이 하였고, 나이가 들어서도, 조심하며 공경하고 삼가하며 잠시라도 방일한 적이 없었다.❶

❶ 원몽재(袁蒙齋), 「기락평문원유서각(記樂平文元遺書閣)」, 『송원학안(宋元學案)』74권에 보인다. "在暗室如臨上帝, 年登耄耋, 兢兢敬謹, 未嘗須臾放逸."

그는 한편으로 특별이 이지적인 정치가이었으나26), 다른 한 편으로는 무술식巫術式의 신비감을 느껴서 힘을 다하지 않을 수 없었다.

다른 날 또 말하길, '폐하께서 생각이 떠오르지 않아서, 이미 태허 같지 않은가?' 하셨다. 영종이 대답하여

'예 그렇습니다.'하니 또 묻기를 '현부와 시비가 분명하게 비치지 않는가?'하셨다. 영종이 말하길 '짐이 이미 비추어 깨달으셨다.'하니, 선생께서 머리 조아리며 천하에서 경하할 일이라고 하였다.❶

❶ 『송원학안(宋元學案)』74권, 「자호학안(慈湖學案)·양간전(楊簡傳)」, "他日又言: '陛下意念不起, 已覺如太虛乎?' 寧宗曰: '是如此.' 問 '賢否是非歷歷明照否?' 寧宗曰: '朕已照破.' 先生頓首爲天下賀."

 

정신이 '분명하게 비치는 것' 같이 보이게 하는 것을 모든 문화체계의 지주로 삼았다. 이미 상고 선민들이 영대靈臺나 명당明堂 위에서 상제를 향하여 도움을 청하는 모습을 분명하게 본 것이 아닌가?

이후의 예로는 명대 왕학의 중견인 나홍선羅洪先이 육구연의 "조심하고 공경한다."는 말에 대하여 엎드려 최고의 예를 취하고 말하길 "조심스럽게 일하고 경계하여 두려운 마음을 갖는 것은, …… 공자가법에서 비롯되었다."27)고 하였다. 또 예를 들면 위원魏源이 육구연의 "제계하고 마치 상제를 대하듯 한다."는 말을 존경하며 받들어 "마음을 바꾸어 비밀리에 간직하였다"28)고 한 것들이다.

실은 더욱 진실한 많은 예들을 들 수 있다. 중국에서 마르크스주의는 서양근대문명을 진보시킨 산물이다. 뜻밖에 일종의 새로운 종교로 인하여 달리 변화였는데, 이러한 역사는 사람들이 잊어버리지 않았다. '문화대혁명' 때에 '보서寶書'·상장像章·칭위稱謂·색채色彩 …… 를 대하고, 망고열매 같은 물건에서 열광적인 감정을 일으켰는데, 이런 것도 앞에서 말한 선민들이 조상신으로 여긴 것과 유관한 것으로 힘을 다하여 숭배한 모습을 어렵지 않게 보았다.

'빛이 이르러 여기에 밝게 비친다', '구절마다 진리이다, 한 구절 꼭대기에 일만 구절', '활학活學을 활용하다'·'살대를 세워서 모습을 나타낸다.'는 등의 설교에서도 무술문화 특유의 현상을 쉽게 보았다. 토템에서 있는 것은 신이성神異性

이나 거대한 감소성感召性과 숭배자들 사이에서 사유전도思維傳導 방식이 매우 직접적이며 신비한 것 들이다.

결론적으로 원시사유의 재현을 곤란하지 않은 것으로 보고, 설명해야 할 것은, 원시사유가 사대부사유로 향하여 진보하는 과정에서, 사대부사유가 원시사유로 향하는 탈바꿈이 어째서 시종일관 멈추지 않았으며, 특히 이런 탈바꿈이 중당 이후에 더욱 가벼워진 발걸음이 최종까지 이르렀으며, 또 '문화혁명' 같은 거대한 민족재난을 필연적으로 초래했는가 하는 것이다.

원시사유로 향한 탈바꿈은 원림심미에 끼친 영향이 많아서 쉽게 보인다. 예를 들면 소식蘇軾이 동쪽 언덕에 설당雪堂을 지었는데 그 뜻은 다음과 같은데 있다.

지혜롭게 물가에서 산에 올라 읊조리며, 스스로 술잔을 당기니 저절로 취하네. 이런 삶의 천명을 어찌 다시 의심 하리, 또 흐르게 되면 흘러가고 구덩이를 만나면 그친다.❶

❶ 「초편(哨遍)」,『동파낙부(東坡樂府)』상권, "知臨水登山嘯詠, 自引壺觴自醉. 此生天命更何疑, 且乘流, 遇坎而止."

이것은 앞에서 서술한 모든 사대부계층이 자신을 다르게 변화시킨 조성부분이기 때문에, 소식이 비로소 이학가들과 똑 같이 '천명'을 중요하게 여긴 것이다. 그런데 다른 한편으로는 사대부원림심미 때문에 천인체계를 파악하여 능동성을 갖추어야 한다. 이 때문에 그가 어쩔 수 없이 무술식巫術式의 환몽幻夢을 빌려서, 그의 우실寓室을 '몽재夢齋'라고 제하였다. 자유[소철]가 그것을 명문銘文으로 삼아서 말했다.

    法身充滿　　　법신❶이 가득하여
    處處皆一　　　곳곳마다 모두 하나이다.
    幻身虛妄　　　환신은 허망하여
    所至非實　　　이르는 바가 실제가 아니다.
    ……
    遨游四方　　　사방에서 마음대로 노니니
    齋則不迂　　　재가 멀지 않구나.
    南北東西　　　동서남북이
    法身本然　　　법신 본디 그대로의 것이다.❷

❶ 법신(法身): 삼신(三身)의 하나. 진리 그 자체, 또는 진리를 있는 그대로 드러낸 우주 그 자체. 비로자나불과 대일여래가 여기에 해당함. 부처가 설한 여러 가지 가르침. 부처가 갖추고 있는 십력(十力)·사무외(四無畏) 등의 여러 가지 뛰어난 능력. 부처의 성품을 유지하는 주체. 모든 분별이 끊어진 지혜를 체득한 주체. 있는 그대로 대상을 직관하는 주체. 있는 그대로의 진실한 모습. 중생이 본래 갖추고 있는 청정한 성품.
❷ 「몽재명(夢齋銘)」, 『소식문집(蘇軾文集)』19권, "題其所寓室曰'夢齋', 而子由爲之."

  남송의 우주虞儔가 이런 몇몇 원림 가운데 있는 주먹만 한 돌이나 작은 양의 물에 의지하여 정신은 천리를 노닌다고 다시 설파하였으니, 허황된 꿈[一枕黃粱][29]을 떠난 것이 그리 멀지 않다. 그의 「한로제 가산에 차운하다」는 갖가지 기이한 경관을 묘사하여 서술하였는데, 그 뒷부분을 말하지 않을 수 없다.

    ……
    連筒灌水瀑泉飛　　　대롱을 연결하여 물을 대니 폭포가 날고
    薄岸臨坻磐石(山歸)　작은 언덕 물가에 임하니 너럭바위가 험하다.
    瓦盤擧石養菖蒲　　　와반❶의 주먹만 한 돌에 창포를 기르고

| | |
|---|---|
| 小有仇池今見二 | 작은 구지❷가 있는데 지금 두 개 보인다. |
| 乃知仙境只人間 | 바로 알겠구나! 선경에는 오직 인간만이 |
| 跬步不移天里至 | 발걸음을 옮기지 않고 천리에 이른다는 것을 |
| 向來封國在槐枝 | 접때 홰나무 가지에서 봉국할 때 |
| 我今此夢眞相似 | 내 지금 이 꿈과 참으로 비슷하구나. |
| 要知萬事孰非夢 | 알아야 한다네! 만사에 어떤 꿈이 옳지 않고 |
| 何物世間能久嗜 | 세간에 오래 즐길 사물이 어떤 것인지?❸ |

❶ 와반(瓦盤): 질그릇으로 만든 목욕통을 말하는 것이다.
❷ 구지(仇池): 중국 감숙성(甘肅省)에 있는 산으로, 정상에 못이 있어 구지라 명명했는데, 골이 깊어 서른여섯 굽이를 돌아야 정상에 오른다고 한다. 『宋書 卷98 氐胡傳』
❸ 우주(虞儔), 「현로제 가산에 차운하다[次韻漢老第假山]」, 『존백당집(尊白堂集)』 1권.

또 예를 들면, 상고 선민들의 '원림심미園林審美'는 영대靈臺·영소靈沼·영목靈木 등을 통하여 조상신이 어디든지 있다는 것을 직접적이고 강렬하게 느꼈는데, 이는 다음의 이유 때문이다.

원시사유는 보잘것없는 곳곳에서도 무수한 신비역량이 평상시에도 끊임없는 작용을 일으키고, 혹은 작용하는 세계 가운데서 활동이 진행되는 것이다. …… 눈에 보이는 세계와 보이지 않는 세계가 통일되는 것이다. 어떠한 시기에도 보이지 않는 세계에서 일어나는 사건은 모두 보이지 않는 역량에서 결정된다.❶

❶ 루시앙 레비 브륄, 『원시사유(元始思維)』 p.418, "原始思維是在一介到處都有着無數神秘力量在經常起作用或者卽將起作用的世界中進行活動的. ……看得見的世界和看不見的世界是統一的. 在任何時刻, 看不見的世界的事件都取決於看不見的力量." • 열유(列維) · 포유이(布留爾; 1857~1939) 루시앙 레비 브륄(Lvy~ Bruhl, Lucien : 프랑스[法國]의 사회학자, 철학자, 인류학자. 원시사유(原始思維)연구에 저명하다.

그리고 감정이 이처럼 높은 것은 '유일하게 효과가 있는 신비함이 원인이다' 또한 결국에는 사대부원림이나 산수심미의 새로운 목적을 이루었다. 예컨대 남송의 저명한 이학가 호굉胡宏이 "푸른 하늘이 맑은 물에 비치고, 아래에는 흰 구름 날아가는 것이 보인다."는 경치에서 "이런 기미는 곧 천명으로, 내 마음이 어기지 못한다."30)는 것을 몸소 깨달았다. 그가 또 말했다.

水石平生性所便　　수석을 평소에 좋아하는 천성이라
栽花種柳亦天然　　꽃을 가꾸고 버드나무를 심는 것도 절로 그러하다.
……
玩意隴雲情自逸　　농운에서 노는 정 저절로 빼어나고
放懷天理道無偏　　천리를 마음껏 회포를 풀어도 도에 어긋나지 않네.

……❶

❶ 「창천(蒼天)」, 『호굉집(胡宏集)』, pp.63~64.

수석 꽃나무를 통하여 '천리에서 마음껏 회포를 풀었다'하고, 선민先民이 영대靈臺 등을 통하여 자신을 조상신과 한 몸이 되게 하는데, 이 두 가지는 사람을 놀라게 하는 점이 있다. 유사한 예가 많은데, 이런 예를 제3편 제3장에서 많이 언급하였다.

또 예를 들면 주희朱熹가 "수많은 꽃들이 홍색과 자색을 다투는데 건곤 조화의 마음을 누가 알겠는가?"31) 하였고, 청대에까지도 원림심미의 목적이 되어서 건륭乾隆이 피서산장避暑山莊을 "바람과 샘물 소리가 맑게 들린다."고 읊었고, 어떠한 경치에서는 이런 뜻을 깨달아서 "사물마다 모두 대조심으로 돌아간다."32)고 하였다.

제4장 전통사유방식과 사의예술의 자체소멸로 인한 원시사유로의 복귀 345

또 옹정擁正께서 원명원圓明園에 있는 정전正殿 기둥의 대련을 "구주청연九州淸宴"이라고 손수 쓰고 말했다.

청산녹수를 볼 때 마다 마음에 드는 곳이고, 일구일학은 모두가 자연의 천은이 넓고 끝없다. 항상 제월광풍이 눈을 즐겁게 할 때마다, 풀한 포기 나무하나도 임금의 덕이 높고 깊지 않은 것이 없었다.❶

> ❶ 『일하구문고(日下舊聞考)』 80권에 보인다. "每對靑山綠水會心處, 一丘一壑總自天恩浩蕩; 常從霽月光風悅目時, 一草一木莫非帝德高深."

원림심미와 원림생활 중에서 시종 '소사상제昭事上帝'와 같은 마음가짐에 관한 예는 더욱 사람들이 잘 알고 있는 것이다.

피서산장 전경

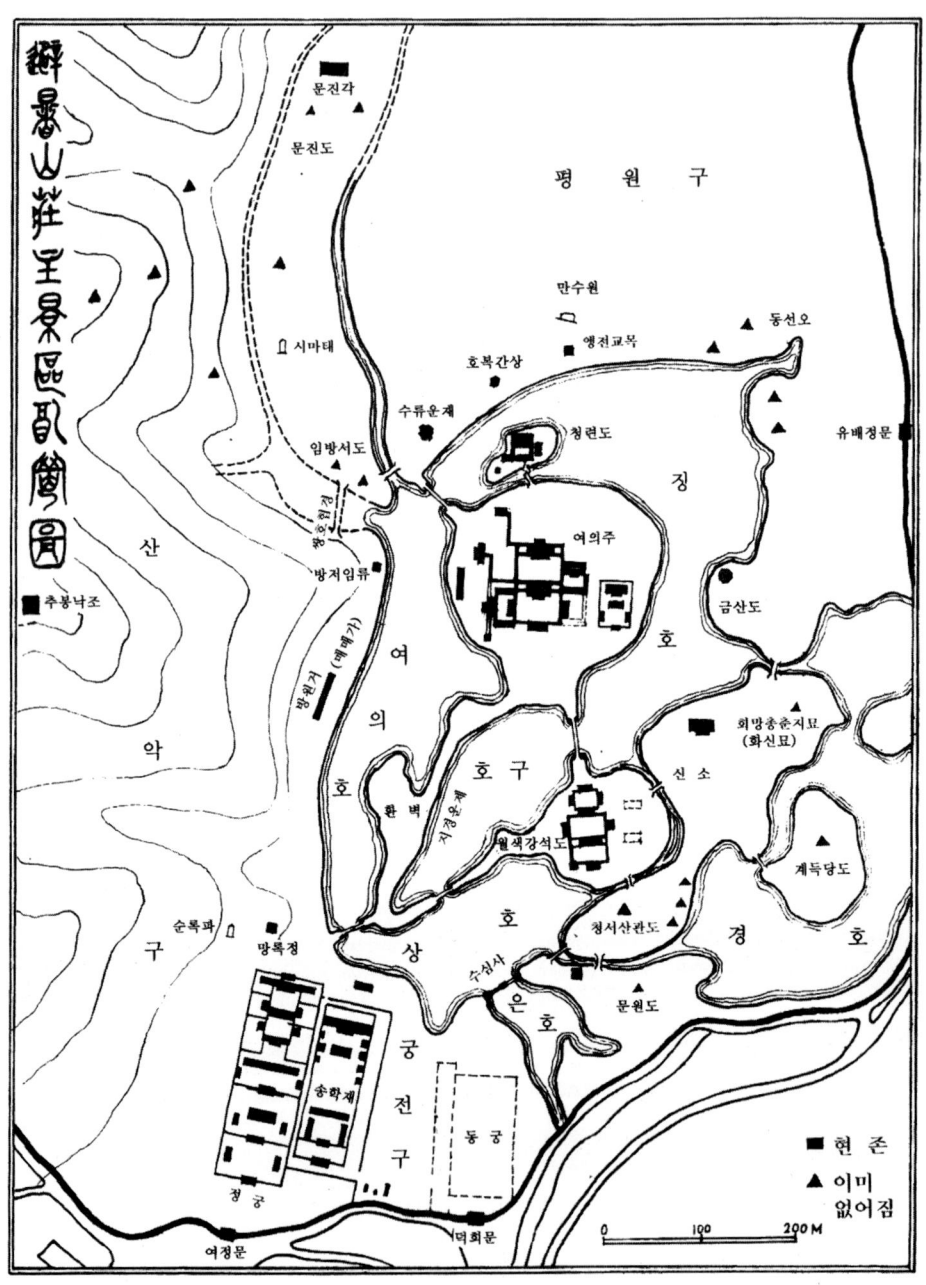

피서산장 주요경관 배치도

제4장 전통사유방식과 사의예술의 자체소멸로 인한 원시사유로의 복귀 347

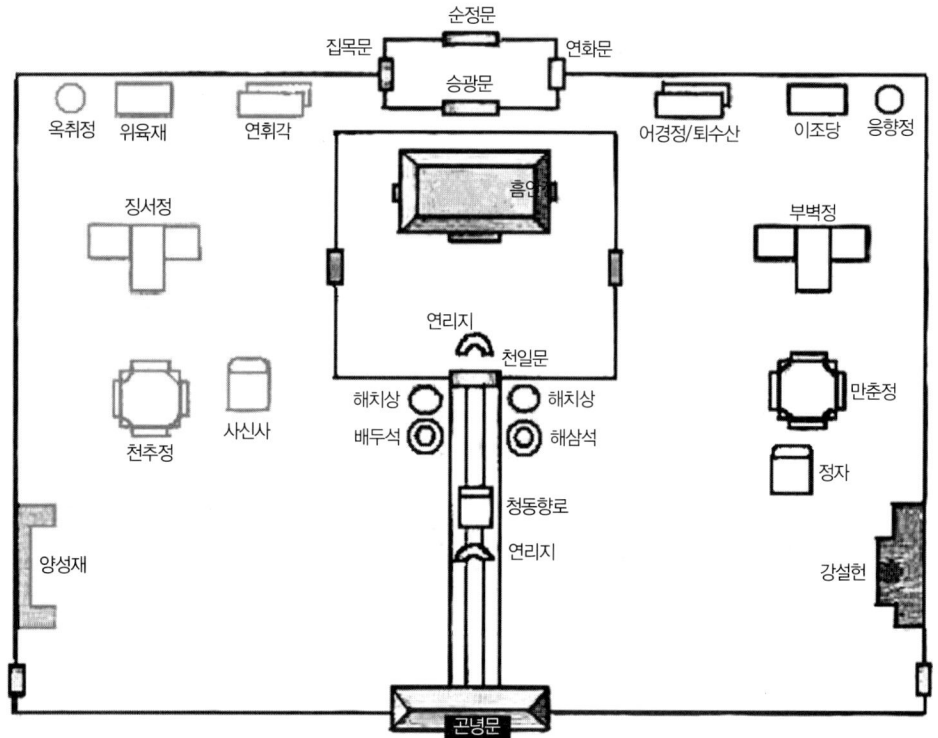

북경어화원 평면도

피서산장에는 '담박한 경성전敬誠殿'을 전체 원림의 정전正殿과 시작하는 곳으로 삼았으며, 자금성紫禁城・어화원御花園・양성재養成齋의 현판을 건륭乾隆이 '거경존성居敬存誠'이라고 썼고, 기둥의 주련은 "도의를 본떠서 연어가 활발하고, 경서와 사기를 읽던 여가에 한가로이 청영菁英[33]함을 뜬다."[34]라고 썼다.

건륭乾隆이 지은 「양심전사잠養心殿四箴」은 시작 첫머리에서 쉽고 명쾌하게 『시경』・『서경』・『주역』에 있는 '경천법조敬天法祖'[35]의 원구原句를 이용하여 전편 일체를 통괄하여 다음과 같이 말했다.

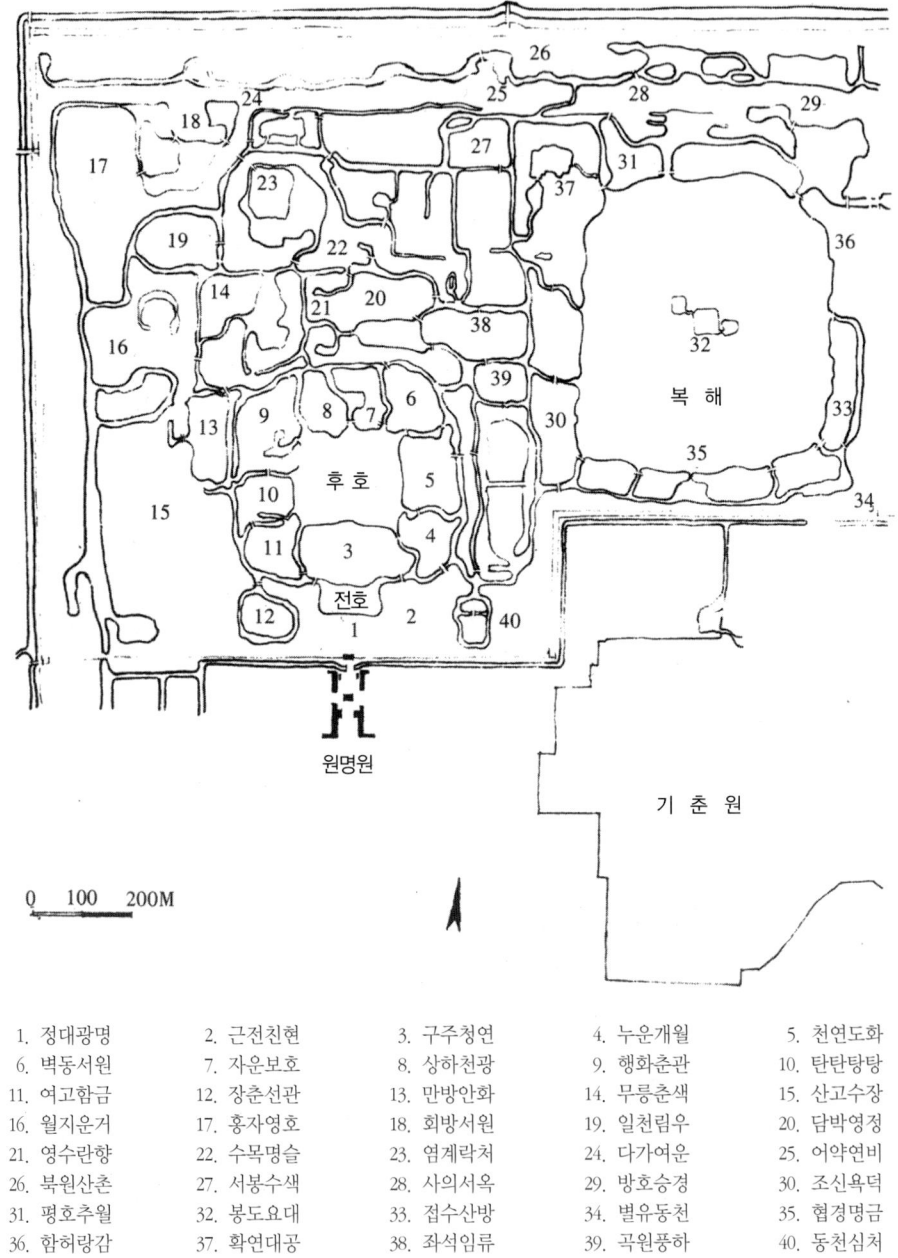

|     |        |     |        |     |        |     |        |     |        |
| --- | ------ | --- | ------ | --- | ------ | --- | ------ | --- | ------ |
| 1.  | 정대광명 | 2.  | 근전친현 | 3.  | 구주청연 | 4.  | 누운개월 | 5.  | 천연도화 |
| 6.  | 벽동서원 | 7.  | 자운보호 | 8.  | 상하천광 | 9.  | 행화춘관 | 10. | 탄탄탕탕 |
| 11. | 여고함금 | 12. | 장춘선관 | 13. | 만방안화 | 14. | 무릉춘색 | 15. | 산고수장 |
| 16. | 월지운거 | 17. | 홍자영호 | 18. | 회방서원 | 19. | 일천림우 | 20. | 담박영정 |
| 21. | 영수란향 | 22. | 수목명슬 | 23. | 염계락처 | 24. | 다가여운 | 25. | 어약연비 |
| 26. | 북원산촌 | 27. | 서봉수색 | 28. | 사의서옥 | 29. | 방호승경 | 30. | 조신욕덕 |
| 31. | 평호추월 | 32. | 봉도요대 | 33. | 접수산방 | 34. | 별유동천 | 35. | 협경명금 |
| 36. | 함허랑감 | 37. | 확연대공 | 38. | 좌석임류 | 39. | 곡원풍하 | 40. | 동천심처 |

북경 원명원의 40경 위치도

| 皇矣上帝 | 위대하신 상제님께서 |
| 鑒觀四方 | 사방을 살피시고 |
| 昭假於下 | 백성들이 태평세월을 구가하니 |
| 赫赫明明 | 성대하고 밝도다. |
| 惟聖時憲 | 아! 성왕은 하늘을 법으로 삼으니 |
| 承天而時行 | 하늘을 이어 때로 행하도다.❶ |

❶ 『일하구문고(日下舊聞考)』 17권.

이 경어를 제1편 제1장에서 말한 내용과 조금 더 비교하면, 이런 원림미학이 얼마나 철저하게 상고 '원림' 심미로 복귀하였는지를 쉽게 볼 수 있다. 명청 사대부 원림미학은 이런 상황을 모면할 수 없는 것도 당연한데, 제1편 제1장 끝부분에서 인용한, 명대의 장대張岱가 서호西湖의 호심정湖心亭에 내린 눈을 감상하고 겨자씨를 무궁한 우주에 자아 융입한 것이 유명한 하나의 예이다.

서호의 호심정(湖心亭) 설경

그러나 중국문화와 원시사유 및 상고 '원림'도 더욱 깊이 연계되는데, 이런 몇몇 연관관계도 지금 사람들이 더욱 의의가 있다는 것을 인식하였다. 예로써 이미 제시했듯이, 상고의 선민은 산악山嶽·수택水澤·초목草木 금어禽魚 같은 것을 대하는 것이, 조상신에 대한 각종 숭배까지도 한 곳에 침투하였고, 이런 원시숭배가 선민의 모든 생활내용에 침투하였다.

구체적으로 말하면, 영대·영소·명당·벽옹·영유 등은 건축의 이름은 다르지만 실제로는 같은데, 이런 것이 당시의 천문학天文學·역사학歷史學·교육敎育; 무축연수巫祝演授卜辭·정치政治·심미審美·농목업農牧業 등 일체 활동에 반영되어, 원시숭배가 통일되어서, 어느 곳이나 지배를 받았다. 이런 상고의 상황을 『국어·초어하』에서 말했다.

| | |
|---|---|
| 民神雜糅 | 백성과 신이 뒤섞여 |
| 不可方物 | 구별할 수 없다. |
| 夫人作享 | 부인이 제사를 지내며 |
| 家爲巫史 | 집집마다 무당을 위하고 |
| …… | |
| 烝享無度 | 제사를 지냄에 법도가 없어 |
| 民神同位. | 백성과 신이 동일한 지위였다.❶ |

❶ 『국어(國語)·초어하(楚語下)』, "民神雜糅, 不可方物(韋注)同位故雜糅, 方, 猶別也.); 夫人作享, 家爲巫史, ……烝享無度, 民神同位."

문화의 발전에 따라서 통일된 지배역량이 점점 소실되는 것 같아서 영대·영소·명당·벽옹·원유 등의 용도가 날로 나누어졌고, 각자가 다른 부문에 힘써 일하여 이들이 원래 공유한 신비하고 숭고한 자취가 없어져서 존재하지 않는 것처럼 되었다.

따라서 표면상으로는 북경에 있는 태묘太廟 · 방택단方澤壇 · 이화원頤和園 · 관상대觀象臺 · 국자감國子監의 '벽옹반수辟雍泮水'36) 같은 건축 사이에서는 세인들의 사유와 동일성을 찾아내기가 매우 어렵다. 그러나 실제로 원시숭배의 이 같은 동일성은 무수한 다른 학과學科의 운명을 시종 완강하게 지배하는 데에서 발원하였다.

정치의 목적은 천명을 대행하고 사방을 다스리는 것이고, 교육의 목적은 "제왕이 상영上靈에게 제사지내고37), 서민을 재성裁成하고, …… 임금의 명령을 받들어 그 마음을 널리 천인에게 알려서, 임금이 백성에게 주는 훈시를 열어주는 것"38)이고, 과학의 목적은 음양을 분명하게 바치고 천인을 감응시키는 것이다. 심미의 목적은 태화太和39)에 마음을 두거나 도묘道妙를 맑은 마음으로 보는 것 등등이다.

결론적으로 이런 것들은 상고의 영대 · 영소 · 영유 사이에 있었던 일체의 활동과 다름없어서, 하나로 동일되거나 거대힘 또는 이디에니 있는 자신을 다르게

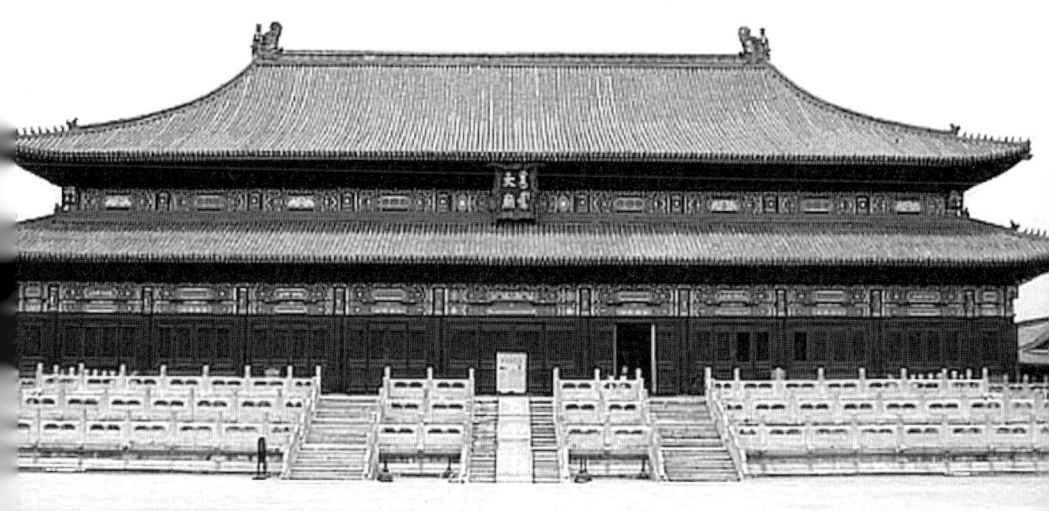

북경의 태묘(太廟)

하는 역량에서 통제를 받는다.

따라서 이것들도 후래의 '문화대혁명'에서 거듭 새롭고 명확하게 조합하여 방대하게 통일된 전체가 운명으로 정해져야만 했던 것이다. '만물은 태양에 의하여 생장한다.'고 하는데도 수많은 사람들 중에는 '조청시早請示'·'만회보晩滙報'40)·'어록조語錄操'41)·'학습반學習班'42)·'충자무忠字舞'43) 같은 것들을 풍미하였고, 또한 '집집마다 무당을 위하고, ······제사에 법도가 없었다.'고 한 상황들이 생겼다. 이런 현상이 상고시대에는 사회전반에 보편화되어 어느 때 어느 곳에나 있었던 것이다. 이런 현상은 원시숭배를 절대적으로 필요로 하는 중에서 가장 깊은 근원을 찾아낼 수 있다.

또 원시사유의 방식이 당시 사람들의 공간에 대한 인식과 활동범위의 구획을 정한 것과 서로 연관된다는 것을 루시앙 레비 브릴44)이 말했다.

---

그들의 세계도 완전히 막힌 것이다. 원시인 대다수의 관념 중에는 무한히 열린 하늘은 육지나 해양의 평면 위에서 하나의 종을 두드리는 것을 형상하는 것이기 때문에, 이 세계가 지평선에서 한 바퀴 돌아서 그치는 것으로 여겼다. ······ 이것에서 ······ 막힌 세계 중에서 사회를 구성한 사람들은 자기는 다른 한 사람이나 한 무리와 더불어 그들이 한 곳에서 생활하는 것은 볼 수 있는 것과 보이지 않는 사물의 연관관계가 존재하는 것이라고 느꼈다. 사회 집단체제마다 유목적이거나 정거적인 것을 막론하고, 모두 상당히 광대한 영토를 점유하였는데, 그 영토의 범위는 그들과 그들의 이웃에 관해서 말하면 통상적으로 모두 명확하게 구획을 정한 것이다. ······ 토지는 신비한 의의 상에서 하나의 집단체제에 속한다. 신비한 관계는 이런 집단체제에서 살거나 죽어서 구성원이 되고, 이 땅 위에서 함께 살며, 이 땅위에 모여서 생활하는 것을 당연히 허락해야 하고, 의심할 것 없이 그들과 다른 집단체제가 와서 이 땅위에서 각양각색의 신비한 역량이 연계되는 것을 용인할 수 없다. ······ 이 집단체제는 다른 사람들은 어떤 곳에서도 거주할 수 없고, 다른 집단체제가 가령 이 토지를 점거하여 이 위에서 살 곳을 정하려고 한다면, 곧 가장 엄중한 위험을 만날 것이다.❶

---

❶ 루시앙 레비 브륄(Lvy~Bruhl, Lucien), 『원시사유(原始思維)』, p.426,

## 제4장 전통사유방식과 사의예술의 자체소멸로 인한 원시사유로의 복귀

> "他們的世界又是完整和閉塞的. 在大多原始人的觀念中, 天空就象是扣在陸地或海洋的平面上的一口鐘, 因而, 世界止於地平線的一周. …… 在這個 …… 閉塞的世界中, 社會的成員們感到自己是與其他一介或一群與他們生活在一起的看得見和看不見的存在物聯系着的. 每个社會集體不管它是游牧的抑或是定居的, 都占有相當廣大的領土, 領土的範圍對它和它的鄰居來說通常都是明確劃定了的. …… 這土地在神秘的意義上'屬於這個集體. 神秘的關係把這個集體的活的與死的成員, 與居住在這塊土地上, 允許該集體在這塊土地上生活·無疑不能容忍其他集體來到這塊土地上的形形色色的神秘力量聯系起來. ……(這个集體)不能在其他任何地方居住, 而其他任何集體假如想要點据這塊土地幷在它上面定居下來, '它就會遭到最嚴重的危險."

'호중천지'·'개자수미'·'옹재瓮齋'·'여원蠡園' 같은 것에서, 중국민족의 전통봉쇄문화방식에 공급된 상술한 원시사유의 흔적을 오늘날까지도 분명하게 볼 수 있다.

왕조 교체는 물론 전국戰國·진한秦漢 이후 종법제도가 다소 방대해졌음을 논할 것 없이, 이 같이 '완전하게 막힌' 구조에서 진행된 원시사유구조는 시종일관 완강하게 대대로 내려오면서 사람들의 두뇌를 지배하였다. 사람들은 시종 천지사방 고금의 온갖 것에 힘을 다하여 '보이거나 보이지 않는 사물'이 한 곳에 연계하시켰고, 민족을 비호하는 데에만 치중하여 '다른 사람들의 집단체제'의 신비한 역량이 통솔하는 것을 단호하게 배척하였다.

여기에서 다음 같은 정황을 볼 수 있다. 외래문화 요소가 우리에게 침략당할 때가 있어야 민족의 대문이 비로소 열리게 된다. 바꿔 말하면 자기 민족이 외래문화와 서로 왕래하는 중에 가장 요긴한 일은 이런 몇몇 이단과 동화되는 것인데, 이는 곧 자기가 속해있는 집단체제의 각종 신비한 역량으로 융입하는 것이다.

이런 구체적인 예는 은殷나라 사람이 하夏민족의 토템[龍]을 자기의 조상신에게 상서로운 징조[符瑞]로 바치게 하였고, 주周나라 사람들도 자기의 조상이 은나라의 조상신 계보에 직계의 자리를 차지하게 하였으며, 아울러 은나라 사람의 토템[鳳]을 왕조가 바뀌는 무렵에는 주사周祀·노魯의 社壇에서 천명을 내리게 하였다. 맹자孟子가 세계 관념이 변혁하는 시대에 대하여 여전히 말했다.

나는 중화의 가르침을 써서 오랑캐를 변화시켰다는 것은 들었지만 오랑캐에게 변화되었다는 것은 듣지 못했다. 진량은 초나라 출신이었으나 주공과 중니의 도를 좋아하여 북쪽으로 중국에 가서 공부하였다.❶

> ❶ 『맹자(孟子)·등문공상(滕文公上)』, "吾聞用夏變夷者, 未聞變於夷者也. 陳良, 楚産也, 悅周公·仲尼之道, 北學於中國,"

한당 이후에는 불교에 동화하였고, 송대 이후에는 '이理'·'심心'이 '천인' 체계를 총괄함이 날로 심하여, 위원魏源이 부득불 눈을 부릅뜨고 세계를 보고 이夷의 장기를 배울 때에도 '사방 나라의 왕들이 찾아온다.'는 것과 '월상국이 신하가 된다.'는 옛 꿈에 매달려서 놓지 않았다고 한 것 들이다.

이런 침략과 동화가 실현될 수 없다면, 민족문화와 외래문화는 그 세력이 물과 불 같을 따름이다. 그런 예는 아래 1장에서 중국고전건축이나 원림체계 사람을 놀라게 할 만한 영활한 결구관계를 소개할 것이다. 하지만 가면 갈수록 외래건축문화 요소가 유입되는 것을 더욱 용인할 수 없었다.

이처럼 문화체계의 제반요소 사이의 융화와 연계를 강화하는 동시에 상이한 문화형태가 공존하는 사회제도를 허락하지 않았는데, 그 근원은 대통일 집권제도가 더욱 오래되고 요원함에서 비교해야 할 것이다.

이 근원이나 연속과정에서 중국고전원림예술·원림문화가 어떻게 발전했는지를 관찰하면, 오랜 옛날 변하지 않는 구조 내에서만 완선完善하고 재차 완선할 수 있어서, 부식되었다 하더라도 마음속으로 맹세함은 하나같다.

제4장 전통사유방식과 사의예술의 자체소멸로 인한 원시사유로의 복귀  355

무엇 때문에 주먹만 한 돌 매우적은 양의 물 같은 것들이 세미한 경관요소라 하더라도, 오로지 모든 원림경관 체계에 융입되어야 가치가 있는가? 어째서 차 한 잔 하나의 그림 같이 자질구레한 일이라도 모든 원림문화체계의 요소와 엉켜서 일체가 되어야 자신의 고도완선과 정미함을 실현할 수 있는가?

왜 미장未莊이란 농촌에 살던 아큐阿Q[45]는 '매우 비천하게 성 속에서 사는 사람'인데, 그의 일 거수 일 투족도 모두 '잘못되어 웃긴다!'는 일로 느낀 것이 어째서 지금까지 이르렀는가?

우리가 '염황炎黃의 자손'이고 '용龍의 후계자'라 여기고, '사람'의 가치가 배가하여 높아졌다는 것들에 의의를 두어야, 여러 가지 이와 유사한 문제를 더욱 많이 발견할 수 있다. 동시에 원시사유 의식의 기원을 타파할 수 없다면, 지금이나 나중에 유입되는 근현대문화 요소는 물론, 우리가 여전히 전통문화의 '호천'에서 벗어날 수 없다는 것을 예견 할 것이다.

아큐상(阿Q像)

01 「문의당기(文漪堂記)」, 『원굉도집전교(袁宏道集箋校)』17권, "夫余之堂中, 所見無非水者, 江海日交於睫前."

02 주밀(周密; 1232~1308): 송나라 말기 제남(濟南) 사람. 나중에 오흥(吳興)으로 옮겨 살았다. 사(詞) 작가. 자는 공근(公瑾)이고, 호는 초창(草窓) 또는 빈주(蘋洲), 변양노인(弁陽老人), 사수잠부(四水潛夫) 등을 썼다. 일찍이 변산(弁山)에 살면서 자호를 변양소옹(弁陽嘯翁)이라 했고 또 소재(蕭齋)라고도 했다. 이종(理宗) 순우(淳祐) 연간에 임안부막속(臨安府幕屬)이 되었다가 화제국(和劑局)을 감독하고 의조령(義鳥令)이 되었다. 경정(景定) 초에 절서사사막관(浙西師司幕官)에 임명되었다. 그러나 오래지 않아 관직을 버리고 호주(湖州)에 은거했다.

03 이락(伊洛): 송나라 정호(程顥)와 정이(程頤) 형제를 가리킨다. 정씨 형제가 이천(伊川)과 낙수(洛水) 지역에서 학문을 강론하였기 때문에 한 말이다.

04 이일분수(理一分殊): 우주의 근원은 하나이지만, 이것이 나누어지면 각각 다른 형태와 성질을 갖게 된다는 것이다.

05 주밀(周密), 『계신잡지(癸辛雜識)·전집(前集)』, 「진서반에 입조하는 시[眞西山入朝詩]」조(條)에 보인다.

06 『송원학안(宋元學案)』77권, 「괴당제유학안(槐堂諸儒學案)·주향도전(朱享道傳)」, "元晦之意欲令人泛觀博覽而後歸之約."

07 「아호사화육자수(鵝湖寺和陸子壽)」, 『주문공문집(朱文公文集)』4권, "舊學商量加邃密, 新知培養轉深沈."

08 『주자어류(朱子語類)』16권, "아호(鵝湖)에 모여서, 육구연(陸九淵)이 시를 지어 이르길, '易簡工夫終久大'라 하였는데, 그가 말한 이간(易簡)이라는 것은 실로 간단하고 용이한 것이다."

09 황종희(黃宗羲): 명말 청초의 사상가. 자는 태충, 호는 남뢰로서 일명 이주 선생으로도 불린다. 고향은 절강성 여요이다.

10 왕도(王道), 『명유학안(明儒學案)』42권, 「감천학안6(甘泉學案六)」, "陽明以心學語之, 故先生從事心體, 遠有端緒."

11 노신(魯迅), 「화변문학(花邊文學)·산장(算帳)」, 『노신전집(魯迅全集)』제1권, p.84. 참고

12 법보(法寶): 3보(寶) 중 하나. 부처님이 스스로 깨달은 것을 토대로 중생에게 가르침을 준 내용을 가리킴.

13 오타방(烏托邦): 유토피아, 이상향. 영국의 작가 모어(More, Thomas)가 지은 공상적 사회 소설.

14 「어제원명원기(御製圓明園記)」,『일하구문고(日下舊聞考)』80권에 보인다. "廓鴻基於孔固, 綏福履於萬來."

15 「어제상하천광시(御製上下天光詩)」,『일하구문고(日下舊聞考)』80권에 보인다. "凌空俯瞰, 一碧萬頃, 不啻胸吞雲夢."

16 사광((師曠): 진(晉)의 평공(平公 재위: B.C. 558~532) 때의 악사로서 맹인이었으나 음악의 재예가 출중하여 그의 연주를 들으면 학(鶴)과 백운(白雲)도 춤을 춘다는 대단한 명인으로서 음에 대한 감각(청각)이 매우 뛰어났다.

17 『예기(禮記)·표기(表記)』, "齋戒以事鬼神, 擇日月以見君, 恐民之不敬也."

18 『예기(禮記)·예운(禮運)』, "夫禮本於太一, 分而爲天地, 轉而爲陰陽, 變而爲四時, 列而爲鬼神, 其降曰命."

19 유준(劉峻),「변명론(辨命論)」,『양서(梁書)』50권,「유준전(劉峻傳)」에 보인다.

20 이런 종류의 위축은 "충색우주(充塞宇宙)"와 "자졸(自拙)"·"자곤(自困)" 같은 것으로 표면상으로는 상반되는 형식이지만 그 본질은 오히려 완전히 같다.

21 장재(張載),『정몽(正蒙)·천도(天道)』, "天之不測謂神, 神而有常謂天."

22 소옹(邵雍),「천명음(天命吟)」,『이천격양집(伊川擊壤集)』14권, "可委者命, 可憑者天. 人無率爾, 事不偶然."

23 「통서후발(通書後跋)」,『남헌문집(南軒文集)』33권, "推明動靜之一源, 以見生化之不窮, 天命流行之體無乎不在."

24 만령(萬靈): 여러 신령, 모든 백성이나 인류를 이른다.

25 「잡서(雜書)」,『육구연집(陸九淵集)』29권, "宇宙便是吾心, 吾心卽是宇宙", "宇宙內事, 是己分內事. 己分內事, 是宇宙內事."

26 『송사(宋史)·양간전(楊簡傳)』에 나온다.

27 『명유학안(明儒學案)』18권, "兢業戒懼, ……自是孔門家法."

28 「양자자호찬(楊子慈湖贊)」,『위원집(魏源集)』상책, p.319. "齋戒如對上帝" 尊奉爲 "洗心之藏密."

29 일침황량(一枕黃粱): 부귀공명과 세상만사가 다 속절없다는 뜻. 노생(盧生)이 한단(邯鄲)에서 도사(道士)인 여옹(呂翁)의 베개를 얻어 베고 잠을 자는 동안 장가들고, 자식 손자 낳고, 별별 부귀영화 다 누리고, 나이 80이 되도록 살았는데, 막상 잠에서 깨어보니 아까 주인이 찌던 황량반(黃粱飯)이 아직 익지 않았다는 『枕中記』의 내용을 이른다.

30 「창천(蒼天)」, 『호굉집(胡宏集)』, p.54, "蒼天映淸水, 下見白雲飛"之景中體會到了 "此機卽天命, 吾心端不違."

31 「춘일우작(春日偶作)」, 『주문공문집(朱文公文集)』2권, "千葩萬蘂爭紅紫, 誰識乾坤造化心"

32 『피서산장도영(避暑山莊圖詠)』상권, "風泉淸聽", "物物都歸大造心."

33 청영(菁英): 정수가 될 만한 뛰어난 것, 정예롭게 훌륭한 것.

34 『일하구문고(日下舊聞考)』14권, "體道鳶魚看活潑, 消閒書史挹菁英."

35 경천법조(敬天法祖): 하늘을 존경하고 선조를 본받음.

36 벽옹반수(辟雍泮水): 건물의 바깥 주변에 해자를 파서 물을 채워 놓은 것을 이른다.

37 대월(對越): 제왕이 천지신령에게 제사지내는 것을 가리킴.

38 서릉(徐陵), 「황태자임벽옹송(皇太子臨辟雍頌)」, 『전상고삼대진한삼국육조문(全上古三代秦漢三國六朝文)·전진문(全陳文)』10권, "對越上靈, 裁成庶類, ……對揚天人, 開闢大訓."

39 태화(太和): 음양(陰陽)이 조화된 기(氣), 또는 만물을 생성하는 원기를 말함.

40 조청시(早請示), 만회보(晩匯報): 아침에 지시를 받고 저녁에 보고하다. 문화대혁명(文化大革命) 기간, 특히 1967년부터 1969년까지 행해진 바 있던 모택동(毛澤東)의 개인숭배를 상징하는 의식.

41 어록조(語錄操): 문화대혁명 기간 중에 성행한 모택동어록으로 만든 혁명 가곡 같은 것이다.

42 학습반(學習班): 사회주의 혁명을 학습하기 위하여 조직한 반

43 충자무(忠字舞): 사회주의 혁명을 주제로 한 공연에서 추던 춤.

제4장 전통사유방식과 사의예술의 자체소멸로 인한 원시사유로의 복귀

44 열유(列維)~포유이(布留爾; 1857~1939): 루시앙 레비 브륄(Lvy~Bruhl, Lucien)로, 프랑스의 사회학자, 철학자, 인류학자. 원시사유(原始思維)연구에 저명하다.

45 아Q는 미장(未莊)이란 마을에 살고 있는데 이름과 본적이 애매하며, 그의 행적도 분명치 않은 인물이다. ……… 그러나, 아Q는 자존심이 강해서 마을사람 따위는 안중에도 없으며 또한 성내(城內)에 거주하는 사람들도 경멸하고 있다. ……… 노신(魯迅)은 어리석고 불쌍한 아Q를 통해 근대화 과정의 소용돌이 속에서 중국 민중들의 일그러진 자화상을 그리고 있다. 일본 유학 기간에 학업을 중단하고 문예지를 통한 계몽활동을 펼치려 한 그의 의도를 충분히 이해할 수 있었다.

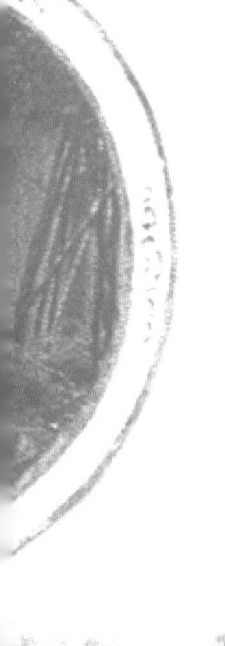

# 제 5 장

## 이면으로 향하는 예술변증법과 중국고전원림·건축예술의 쇠퇴

◁ 바닥장식

어떤 구체적인 예술형식을 선택하여 중국고대문화의 모형模型[1]이라고 여긴다면, 고전원림과 고전건축도 형상에 불과한 것이다. 그 까닭을 예로 들면 이들은 분명하게 중국고대종법제도나 우주관념·인격이상 등등의 특징이 반영되어 나왔을 뿐만 아니라 오히려 원림이나 건축의 예술방법이 발전·성숙·쇠퇴하는 과정도 문화사적인 것과 진행과정이 완전히 들어맞는 것이다.

모든 중국고대문화체계가 중당 이후에는 고전원림예술이 '호천'에서 생존을 구하고, 변화를 구하는 것이 이미 운명으로 정해졌다면, 이들의 쇠퇴도 필연적인 것이다. 원림의 총체적인 공간을 경영함에 경구景區[2]나 경점景點[3]의 포치에서 산을 쌓고 물길을 내는 건축의 기교, 실내외 장식의 풍격에서부터 심지어 소소한 가구예술에 이르기까지, '호천'의 조성부분이 어느 정도 갖추어져야 한다.

그렇다면 얼마나 세미한가를 논할 것 없이, 발전 변화의 추세는 예외가 절대 없다. 하지만 이런 몇몇 '형이하학적'인 사물이 한걸음 진보할 때마다 쇠퇴하기 때문에 이것도 이학 같은 '형이상학적'인 사물이 탈바꿈하는 것처럼 구분할 수 있다. 원림예술 공간원칙에서 이야기를 시작하겠다.

제1편과 제6편에서 언급했듯이 '호중'에서도 가면 갈수록 제한된 천지 공간형태 변화의 발전추세를 강화할 수 있다. 어떻게 해야 중국고전원림의 공간예술이 빼어나게 정교하고 고도로 완정한 경지에 도달하며, 전통예술방법의 에너지가 최고로 발휘되는가이다. 그러나 원림예술이 쇠퇴한 근본원인이 있는데, 북송의 모방毛滂이 그의 원림 모습을 묘사한 것을 보겠다.

------

...... 하찮은❶ 여력을 택하여, 도끼질을 더하니 곧 정자 두 개를 만들 수 있고, 암·재·누를 각각 하나씩 만들었는데 비록 낮고 비좁아서 겨우 무릎을 펼 수 있다. 그러나 맑은 샘과 수죽은 곧 원대한 운치가 있다. 또 질이 나빠서 재목으로 쓰지 못할 나무 열 개쯤 베어내니 좋은 산이 약속하지 않았는데도 스스로 이루어졌다. 이에 '생원'을 누각의 이름으로 짓고, '화방'을 재의 이름으로 지었으며, '잠옥'을 암의 이름으로 하고, '한수'

'양춘'을 정자 이름으로 하고, '화'를 언덕 이름으로 하고, '접'을 길 이름으로 하였다. 그리고 돌을 쌓아 낚시터를 만들었고 대를 엮어 학 둥지를 만들었는데, 모두 북쪽 못가에 있다.……❷

❶ 누의(螻蟻): 땅강아지와 개미라는 뜻으로, 작은 힘을 비유적으로 이르는 말이다.
❷ 모방(毛滂), 「맥산계(驀山溪)·서(序)」, 『전송사(全宋詞)』제2책, P.672, "……試擇其螻蟻之餘, 加以斧斤, 乃能為亭二, 為庵·為齋·為樓各一, 雖卑隘僅可容膝, 然清泉修竹, 便有遠韻. 又伐惡木十許根, 而好山不約自至矣. 乃以生遠名樓·畵舫名齋·潛玉名庵·寒秀·陽春名亭·花名塢·蝶名徑. 而疊石為漁磯, 編竹為鶴巢, 皆在北池上.……"

'곧 원대한 운치가 있었다.'는 것은 원림공간예술방법이 고도하게 성숙한 것으로, 이는 '하찮은 여력'으로 원림공간을 최대로 위축시키는 것과 서로 불가분의 관계가 있다. 이미 '호천'과 '개자'를 귀결점으로 여겼다면, 원림공간은 날로 협소해지고 사람을 질식하게 하는 것이 본래 필연적인 것이다. 조원가들이 원림과 우주를 융합하여 일체로 만들려고 어떻게 노력했는지를 논하지 않더라도 분명한 것은 모두 원림공간이 날로 협소해지는 것을 최종에도 극복할 수 없어서 다음과 같이 말했다.

| | |
|---|---|
| 小院深深門掩亞 | 소원이 깊고 깊어 문에 가리고 |
| 寂寞珠簾 | 적막하게 주렴이 드리웠서 |
| 畵閣重重下 | 아름다운 누각에 거듭 쳐져있다.❶ |

❶ 구양수(歐陽脩), 「접연화(蝶戀花)」, 『전송사(全宋詞)』제1책, P.128.

이런 원림을 읊은 명구가 셀 수 없을 정도인데, 거듭된 깊은 원에서부터·굽

△ 북해(北海) 경도(瓊島)의 포국

▽ 이화원(頤和園) 만수산(萬壽山) 전후에 군집한 집들

제5장 이면으로 향하는 예술변증법과 중국고전원림·건축예술의 쇠퇴  365

이진 못과 회랑·버드나무와 주렴 …… 등으로 구성된 완미한 공간예술과 원림에 거주하는 사람들 정신의 질곡까지도 모두 분명하게 표현해냈다.

명청 이후 특히 청나라 건륭 이후에는 '호중'에 더욱 완비된 경관과 문화체계를 구축하기 위하여 원림의 경물이나 건축의 밀도가 날로 증대하였다. 예를 들면 소주蘇州 졸정원拙政園 가운데 부분은 지금 보면, 명나라 중엽에 원림을 지은 것에 비해서 훨씬 옹색하다.4) 또 예를 들면 이미 소개한 북해北海 경도瓊島의 포국은 각종 형식·경관·건축에 포함된 모든 것들에 전력을 다한 것이다. 심지어 대형 황가원림에도 이런 폐단을 피할 수 없었는데, 예를 들면 이화원頤和園 만수산萬壽山 전후에 군집한 각종 전우殿宇·정각亭閣·한식漢式과 장식藏式으로 지은 종교건축·시장 거리의 여러 점포와 상가·전원 농가의 경구를 본뜬 것·강남의 개인 원림의 소원小園을 본뜬 것 등은 완전히 사회문화체계 전체가 고도로 농축된 것이다.

구체적으로 말하면, 원명원圓明園이 '옛 것을 삼키고 옛 것을 머금은' 한 구절 가운데의 '소경헌韶景軒'은 이층의 누각식 건축으로 그 거대한 규모는 협소한 정

원명원(圓明園)의 '소경헌(韶景軒)'

원과 어울리지 않아서 뒤 공간의 협소함이 더욱 드러난다. 이후에는 원림공간이 우거져서 땅을 가린 것이 심하여 사람들이 참기 어려울 정도였다. 양장거의 말을 예로 들겠다.

나를 불러서 사자림에서 거듭 노닐자고 한 자가 있었는데, 내가 웃으면서 사양했다. 대개 나는 오군의 원림에서 사자림의 협소함을 가장 싫어하여 마음이 매우 고민스러웠다. 이 때문에 전에 소번에서 벼슬할 때에도 일찍이 벗들과 함께 한 차례 놀다가 돌아왔으나, 기록한 말이 한 편도 없다.❶

❶ 양장거(梁章巨), 『낭적속담(浪迹續談)』1권, 「사자림(獅子林)」조(條), "客有招余重游獅子林者, 余笑謝之. 蓋余於吳郡園林, 最嫌獅子林之逼仄, 殊悶人意, 故前官蘇藩時, 亦曾偕友往遊一次, 而並無片語紀之."

사자림(獅子林)

제5장 이면으로 향하는 예술변증법과 중국고전원림·건축예술의 쇠퇴 367

사실 명청 원림에 '개자원芥子園'·'작원勻園'·'반무원半畝園'·'호원壺園'·'오척장五尺莊'·'소유여방小有餘芳'·'십홀원十笏園' 같은 것들을 원림의 이름으로 지은 것을 보아야, 이런 추세가 원림공간 예술에 어느 정도 지배했는지를 알 수 있다. 이와 유사한 경우가 다른 예술영역에서 곳곳에서도 볼 수 있는데, 그런 문제점도 원림과 서로 통한다는 것을 오히려 주의해야 할 것이다.

청초의 조원가인 왕휘王翬5) 같은 이는 당시 화단의 대표적인 인물 중의 한 사

청(淸) 왕휘(王翬) 산수도

람인데, 그의 회화작품은 당시 원림 예술처럼 '구도가 옹색'하고 '큰 화폭에 웅혼한 기운이 없다.'[6]는 것이 단점이다.

'호천'과 '개자'가 원림예술의 필연적인 귀착점을 이루었다면, 노력하여 추구할 수 있는 것은 원림의 자세한 부분마다 전체적인 짜임새를 어떻게 해야 더욱 어울리게 조화하며, 어떻게 해야 더욱 정교하고 완미한 '호중천지'를 구축해 내는가 하는 것이다. '호중천지'가 대대적으로 강화하고 가속화하여 중당 이후 원림의 짜임새가 탈바꿈한 것이다. 예술체계와 예술기법 사이의 악성순환이 장기적으로 연속된 것도, 이런 두 가지가 한걸음 발전하므로, 이에 필요한 공간과 활력이 시간이 갈수록 상실하였다. 구체적으로 표현하면, 주의해야할 몇 가지가 있는데, 다음과 같은 것이다.

첫째로, 예술상에서 지극한 변화는 결국 원림의 면모가 날로 더욱 옹졸해지지 않도록 노력하는 것이다. 이미 제시하였듯이, 완전하고 아름다운 '호중천지'를 구축하기 위하여 산을 쌓고, 물길을 만들고, 집을 짓고, 꽃과 나무를 심어서, 경구나 경승지를 조합하는 것들은 어떻게 해야 능력을 다하여 변환을 극진히 하는가이다. 이런 부분의 방법적인 예술변증법이 강화된 것이 원림체계와 역사를 유지하기 위한 발전추세에서 형이상학적인 것이라면 부정적인 면으로 향하지 않을 수 없다.

예를 들면 '호천'과 '개자'에 풍부한 경관을 수용하기 위하여 조원예술은 갈수록 미세하여, 작은 땅에서 독창적인 새로운 양식을 창출하지 않을 수 없었다. 북경의 자금성 어화원御花園이나 건륭화원乾隆花園 등이 전형적인 것이다.

명청의 자금성 면적은 겨우 당나라 장안궁원長安宮苑 즉 대명궁大明宮의 5분의 1 남짓하지만, 그 격식의 빈 틈 없음은 오히려 이전의 어떠한 건축예술도 미칠 수 없을 정도이다. 이 때문에 당나라 대명궁에 있는 거대한 태액지太液池는 못 가운데 봉래산蓬萊山과 못 주위의 중다하게 높이 솟은 건축이 비교적 자유로운 포국방식이다.

## 제5장 이면으로 향하는 예술변증법과 중국고전원림·건축예술의 쇠퇴

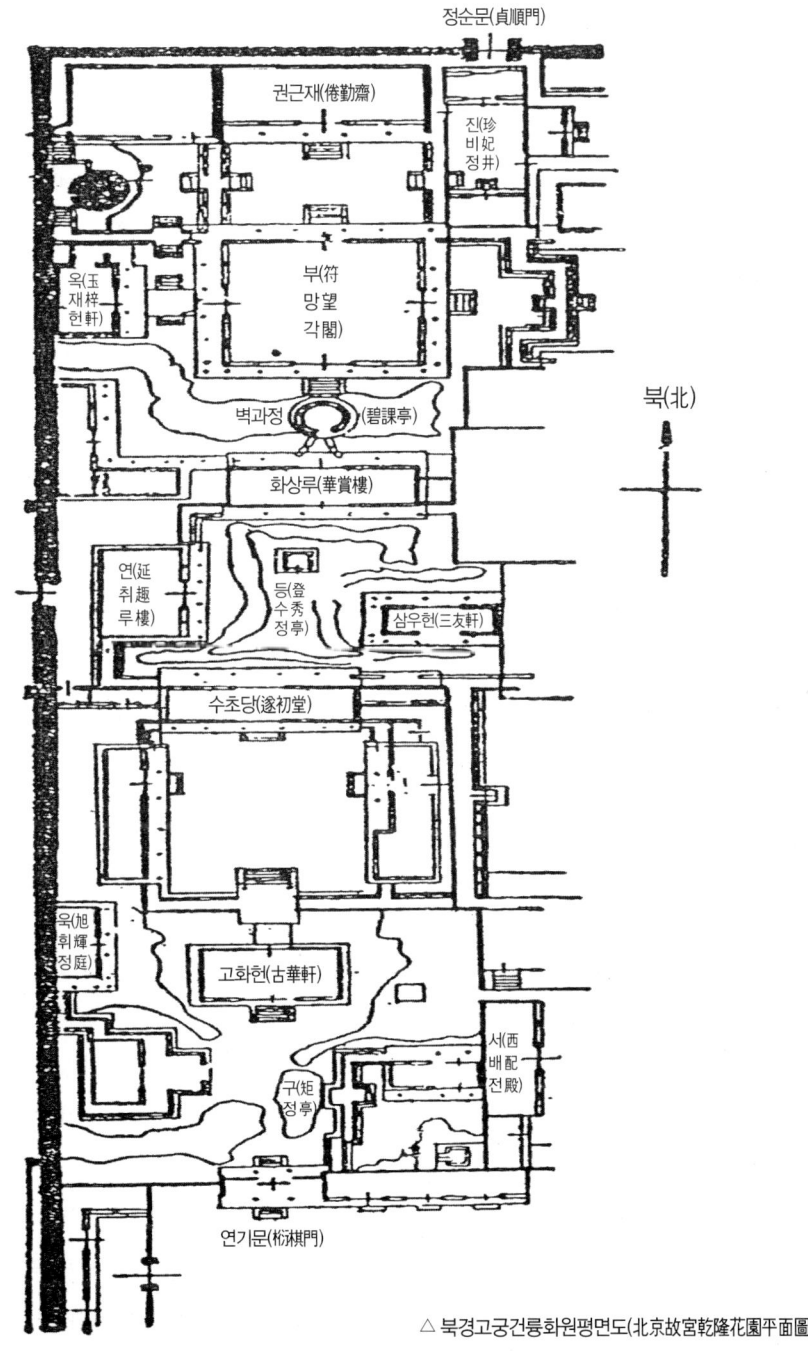

△ 북경고궁건륭화원평면도(北京故宮乾隆花園平面圖)

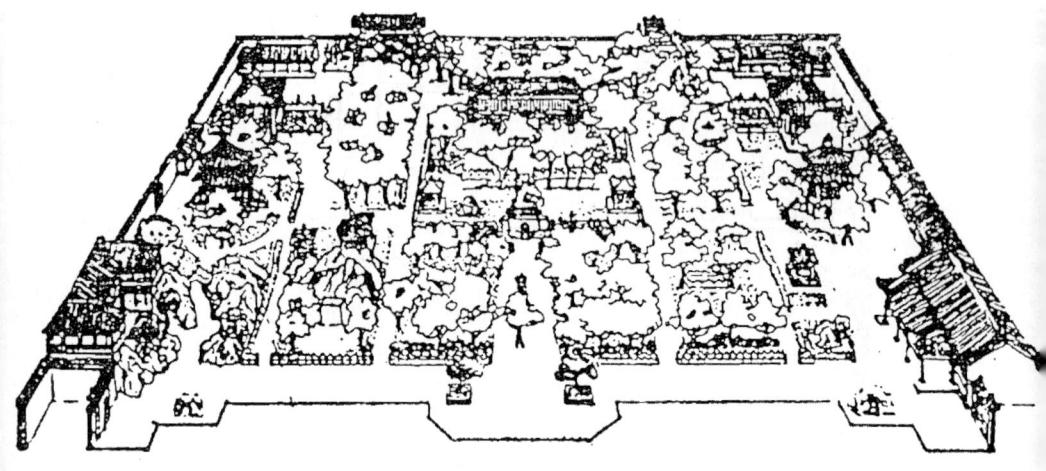

어화원(御花園) 조감도

　자금성 어화원의 협소한 공간이나 고도로 밀집한 규모의 섬세한 경관이나 건축은 엄격한 축선軸線이 대칭방식의 포국으로 대체하였다. 어화원은 전체궁성이 황성이나 북경성 건축체계에서 고도의 밀접한 관계가 하나로 연결되었기 때문에 이런 기본 격식은 자유롭게 발전할 가능성이 조금도 없다.
　그러나 이런 격식도 어화원이 매우 딱딱하고 단조로우며 옹색하게 막힌 면목을 반드시 드러내게 한다. 체계를 모두 제거하기 위한 결과 때문에 조원예술 기법이 너무나 미약하게 변환하여 사람들을 놀라게 할 정도이다.
　축선대칭원칙을 유지하며 가지런하게 고궁과 서로 조화시키는 것을 제외하고, 여러 곳에서 예를 들면 한 건축의 평면형상平面形狀 · 입면조형立面造型 · 개간수량開間數量[7] · 옥정식양屋頂式樣[8] · 채색과 장식문양, 심지어 벽돌이 깔려 있는 통로바닥의 꽃문양 양식 등등은 거의 모든 방면 · 미세한 부분에는 조원가들 모두가 인력을 다하여 새로운 공교로움을 다하여, 곳곳마다 변화시켜 가능한 풍부하고 완비된 예술수단을 모두 채용하여, 엄격하게 대칭을 이루는 중에도 발걸음을 옮기면 경관이 변하고, 곳곳마다 속박하는 중에도 구부구불 한 여러 가

제5장 이면으로 향하는 예술변증법과 중국고전원림·건축예술의 쇠퇴 371

-이 깔려 있는 통로와 문

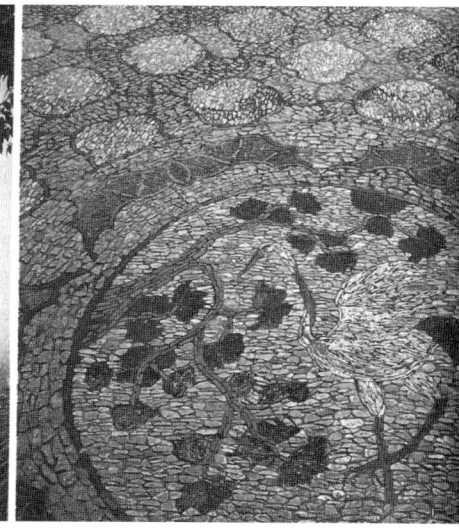
꽃문양 양식의 바닥

지 모습을 갖추게 하였다.

예를 들면, '양성재養性齋'와 '강설헌絳雪軒' 두 채는 축선에 의하여 엄격하게 대칭되는 건축이다. 다만 '양성재'는 평면에 지은 요凹자형 누각으로 지붕은 무전식廡殿式이다. '강설헌'은 오히려 철凸자형 단층집으로 지붕은 경산硬山 앞으로 이어붙인 권붕卷棚9) 헐산歇山10)식이다. 따라서 이들은 형태나 용도나 풍격의 측면에서도 서로 다르다.

이렇게 갖추어서 변화를 구한 예는 어화원御花園 가운데 곳곳에서 볼 수 있다. 이 속에서 '천추정千秋亭'과 '만춘정萬春亭' 두 정자의 형제가 같은 것을 제외하고, 그 나머지 건축은 하나도 같은 것이 없다.

지붕양식11)을 예로 들면, 이렇게 협소한 정원에 모여 있는 것은 무전廡殿·헐산歇山·현산縣山·경산硬山·녹정盝頂12)·권붕卷棚·원정찬첨圓頂攢尖·사각찬첨四角攢尖 등인데, 이런 기본양식 여러 가지가 복잡하게 변형하여 조합된 것들은 관식官式 건축에 얼마든지 있는 양식이다.

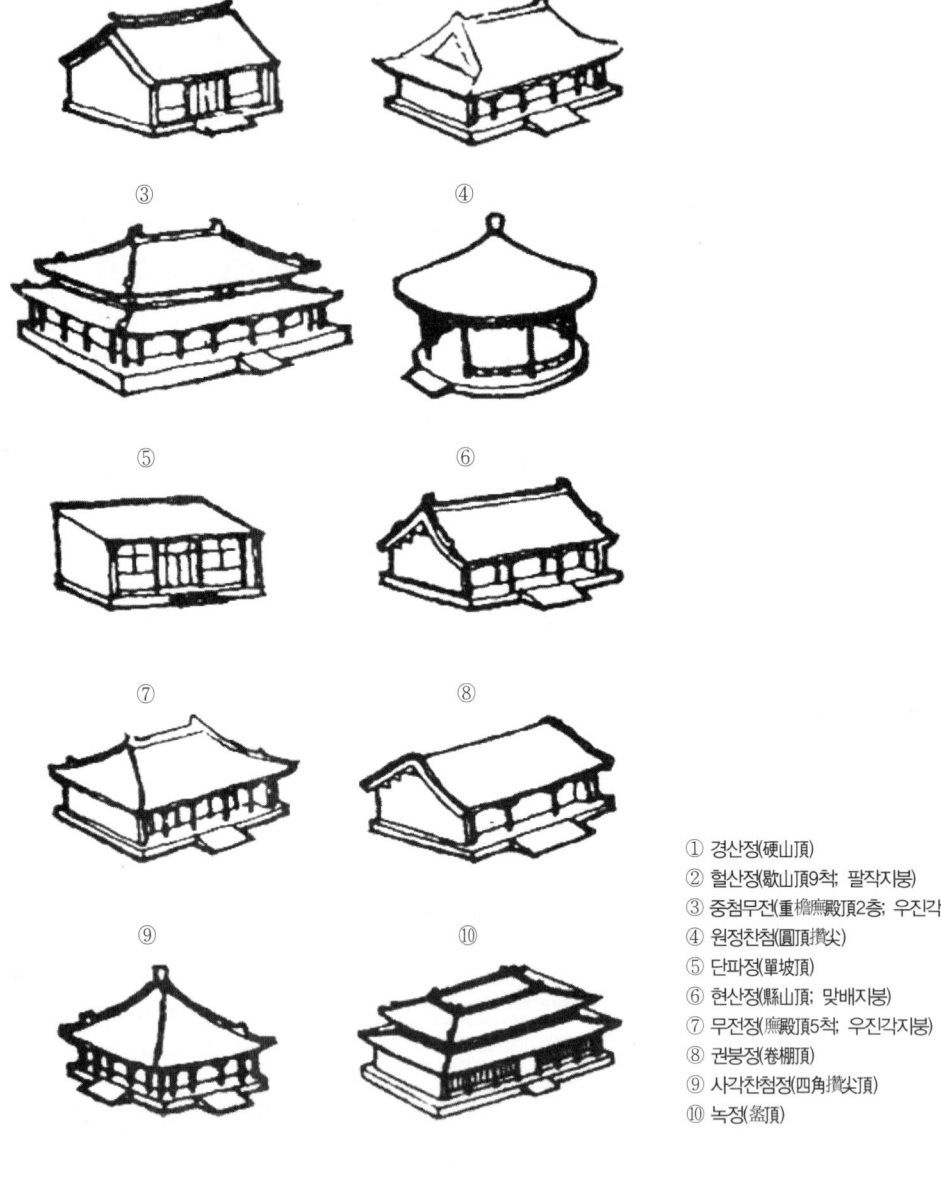

① 경산정(硬山頂)
② 헐산정(歇山頂9척; 팔작지붕)
③ 중첨무전(重檐廡殿頂2층; 우진각지붕)
④ 원정찬첨(圓頂攢尖)
⑤ 단파정(單坡頂)
⑥ 현산정(懸山頂; 맞배지붕)
⑦ 무전정(廡殿頂5척; 우진각지붕)
⑧ 권붕정(卷棚頂)
⑨ 사각찬첨정(四角攢尖頂)
⑩ 녹정(盝頂)

△ 중국 건축의 중요 지붕양식

제5장 이면으로 향하는 예술변증법과 중국고전원림·건축예술의 쇠퇴 373

녹색 유약을 입힌 누각 모형이다. 높게 솟아 그 위용을 짐작하게 하는 이 도기 누각은 기초 층, 옥탑, 그리고 5층 누각으로 구성되었으며, 목조 건축물을 모방하여 만들었다. 구조가 치밀하고, 높고, 크고 아름다우며 장식이 매우 많다. 누각은 이미 전국시대에 나타나 공간 사용의 효용을 증대시켰다. 하지만 중국 고대 건축의 양식은 가로 배치를 전체적인 특징으로 삼았기에 오래된 고층 누각은 많지 않다. 동한 시기에는 장원 경제의 발전에 따라 각 지역의 귀족들이 경비를 강화하기 위해 스스로 대형 탑 누각을 지었으며, 다층 누각 역시 늘어나기 시작했다. 9층으로 이루어진 누각도 있으나 3~4층 건물이 대부분이다. 나무 구조 위주로 그 형식 또한 매우 다양하다.

고층누각이 성행한 이유는 적의 동정을 살피기에 편리했기 때문이며 한 대의 성벽위에 세워진 누각들 역시 그런 목적이었다. 동시에 이런 건축 양식은 한나라의 높은 탑 숭배 신앙과도 관련이 있다. 한 무제 때 신선학자 공손(公孫)은 "신선은 누각에 살기를 좋아한다"라고 말한 바 있는데, 당시에는 신선들이 모두 고층 누각에서 산다고 믿었다. 황제(黃帝)는 일찍이 오성 12층 누각을 지어 신선을 맞이했다고 한다. 이러한 신앙 때문에 한나라 귀족들은 앞 다투어 고층 누각을 지었다. 그러나 나중에는 놀이를 즐기고 휴식을 취하고 경치를 구경하는 용도로 바뀐다.

녹유도루(綠釉陶樓)
동한(東漢) 높이 21Cm, 바닥 둘레 8.8Cm
하북성 부성상장 한묘(河北省阜城桑莊漢墓) 출토

고궁건륭화원故宮乾隆花園의 짜임새는 어화원에 비하여 더욱 협소하기 때문에 끌어 올려서 바꾸어 변화시킨 것에서도 더욱 고심한 흔적이 보인다. 이 화원 남북으로 세로 사중四重으로 나열된 원락院落13)은 모든 중원重院의 공간 땅모양의 형태·경관풍격·건축형식·포국결구, 심지어 지붕을 이는 기와의 색채 같은 것들까지도 모두 변화를 다 하였다. 예를 들면 다음과 같은 것들이다.

제1중원重院은 고화헌高華軒을 초점으로 하여 향심식向心式 포국을 채택하여 주위에는 크게 기복한 가산假山과 뒤섞인 건축으로 둘러싸였다.
제2중원重院은 삼합원三合院 환상環狀포국을 채용하여 일정양상一正兩廂; [정전과 좌우로 행랑]의 대칭이 엄격하였다. 전원前院에는 장식이 정미한 고화헌古華軒과 함께 원院 가운데 서로 어긋나게 서있고, 이 속은 외실내허外實內虛하고, 경물이 간담하며, 원 가운데는 매우 적은 꽃나무와 분석盆石으로 대략 장식하였다.
제3진원進院 가운데 경물의 풍격면목도 크게 변하여, 이 속에는 다시 고요하고 깊숙한 원은 아니지만 가산이 중첩되었고, 석동石洞이 깊으며 누각과 정자가 우뚝하게 빼어났다.

심지어 '억재抑齋' 편원偏院의 회랑까지도 본래 너무 좁게 휘어진 것이 겨우 십여 칸이지만, 이것도 다섯 종류의 다른 길이로 구분하여 운율의 변화를 반드시 표현하였다. 이 속의 건축모양도 여러 가지로 바뀌었는데, 예를 들면 다음과 같은 것들이다.

고화헌(高華軒) 중앙내부상단

나정(碧螺亭) 천장 　　　　　　　　　　　　　　　　　　벽나정(碧螺亭) 지붕

고화헌高華軒이 사면으로 널찍하게 통하고, 기둥 사이에 두루 장식한 것들이 땅에 떨어져 텅 비어 있으면서도 변화무쌍한 공령空靈한 모습이 드러난다.
수초당邃初堂은 장중하여 질박하고 꾸밈이 없다.
설상정揳常亭은 삼면으로 포하抱廈❶가 드러나고 처마를 중첩하여 지붕을 덮어서 매우 단정하고 엄숙해 보인다.
벽나정碧螺亭 평면에는 매화 모양을 드러내어서 새로운 공교함을 힘써 추구하였다.

고화헌(高華軒)

수초당(遂初堂)

❶ 포하(抱廈): 문 앞쪽에 붙여 지은 복도[주랑], 뒤채, 옆채를 이른다.

　　많은 사인원림 중에서 이런 예는 더욱 많이 거론할 수 있다. 원굉도袁宏道가 위韋씨의 원림공간예술의 특징을 다음과 같이 말했다.

　　　　如何尋丈地　　어이하여 깊이 한 길 한 발의 얕은 곳에
　　　　綽有江湖寬　　넉넉하게 강호의 넓은 풍경이 전개되나!

　　즉시 그가 또 이런 하나의 특징적인 예술기법이 조성된 것을 구체적으로 묘사하였다.

　　　　亂中時有整　　어지러운 속에 때때로 가지런함이 있고
　　　　幽處偶然寬　　외진 곳이 우연히 넓은 법이네.
　　　　………
　　　　徑路微微折　　오솔길은 미미하게 꺾이고
　　　　亭軒倍倍寬　　누정은 곱절이나 더 널찍하다.❶

❶ 「늦은 봄에 왕이명·구장유·소잠부·위이방 등과 함께 유씨 별장을 유람하고 널찍함을 얻었다[暮春同王以明·丘長孺·蘇潛夫·魏二方游韋氏莊, 得寬字]」, 『원굉도집전교(袁宏道集箋校)』 47권.

상숙(常熟)의 청대 호은원(壺隱園)　　　　　　　　　　상숙 연원(燕園)

또 원매袁枚가 그의 원림공간의 갖가지 꺾이고 가려진 것을 다음과 같이 묘사하였다.

　　盤意取屈曲　　은거할 뜻으로 굴곡을 취하여
　　旋轉無定區　　이리저리 돌아다녀도 정해진 구역이 없다.
　　我意亦仿此　　내 뜻도 이를 본받아
　　乃築蝸牛廬　　곧 달팽이집을 지었네.❶

❶ 「수원24영(隨園二十四詠)」중21, 「반지중(盤之中)」, 『수원전집(隨園全集)·소창산방시집(小倉山房詩集)』15권.

이와 유사한 것은 매우 작은 천지 안에서 공간을 전환하여 삽입해서 넣고, 사이를 띠워 통하게 한 것과 경물의 변화를 이용하여 비슷하게 만들어낸 '호천' 예술기법에 대해서는 대대로 상숙常熟에 대대로 남아있는 청대의 '호은원'이나 '연원' 등의 작품에서도 직접 느낄 수 있다.14)

그러나 이런 몇몇 방법은 결코 원림을 진정으로 '강호江湖'처럼 넓힐 수 없기 때문에 도리어 원림예술을 더욱 자각하여 광활한 천지에 버려두고 지극히 적은 경계 안으로 빠져들게 한다. 이화원頤和園을 유람할 때 청대의 원명원·만춘원·장춘원 세 개의 원 면적의 전체[약 오천여 무畝]를 생각한다면 근본적으로 방법이 없을 뿐만 아니라 서한西漢의 1백 리나 이어진 궁원宮苑과 서로 비교하여도, 상림원上林苑 가운데 이어진 곤명지昆明池 유지遺址의 면적도 이 세 개의 원과 비교하면 크기가 세 배 이상이다.

명청의 고궁을 유람할 때 당나라 장안 궁원 가운데 있는 대명궁大明宮과 태극궁太極宮의 면적을 생각할 수 있다면, 자금성紫禁城과 비교하여 크기가 열여덟 배이다. 그렇다면 청대 원림예술이 어화원御花園이나 건륭화원乾隆花園에 이런 몇몇 '호천壺天'과 '개자芥子'에 조각하여 다듬고 집 위에 집을 지은 것을 다시 보면, 이것들이 잡다하고 하찮아서 가련함을 느낄 것이다.

청나라 중엽 이후에 전통문화가 최후까지 이어져 '흥성한 시대'의 상황이 더 이상 지탱할 수도 없었을 때에는 원림예술도 더욱 잡다하고 보잘 것 없는 모습을 보인다. 양주揚州의 한 원림을 예로 들겠다.

...................

벽라수사 뒤쪽으로 …… 돌길이 한 구비에 한 층을 이루는데, 이런 굽이를 네다섯 번 지나면 벽오동과 푸른 버드나무가 우거졌는데, 물과 나무가 깨끗하다. 그 안에 작은 오두막이 세워져 있는데 숲이 깊숙하여 고즈넉하기 이를 데 없는 경치이다. …… 여기를 지나 다시 한 굽이를 꺾으면 회랑으로 들어가고 회랑 서쪽으로 다시 한 굽이를 돈다. 굽이가 많아질수록 회랑이 점점 넓어진다. …… 회랑 끝에서 다시 돌아간다. …… 여기를 지나 꺾어서 회랑으로 들어가면 울긋불긋한 누각과 정자의 난간이 언뜻언뜻 보인다. 여기서 곧장 한 굽이 꺾어서 동남쪽 누각으로 들어간다. …… 누각 모퉁이를 돌아 다시 한 번 꺾어 가면 대나무 우거진 곳에서 맑은 기운이 서늘하게 밀려온다. 굽어서 돌아 깊이 들어갈수록 집이 더욱 작아지는데, …… 사이를 유람하면 마치 개미가 구곡주❶를 지나가는 것 같다.❷

...................

❶ 구곡주(九曲珠): 구멍 내부가 구불구불하여 통하기 어려운 구슬이다. 전설(傳說)에 의하면, 공자(孔子)가 일찍이 진(陳)에서 재액을 당했을 때 구곡주(九曲珠) 구멍이 꼬불꼬불하게 뚫린 구슬)에 실을 꿰게 되었는데, 방법을 몰라서 망설이던 차에 어떤 여인이 비결을 가르쳐 주므로 공자가 곧 깨닫고는 개미허리에다 실을 묶은 다음 그 구멍에 꿀을 묻혀서 개미를 통과하게 하여 실을 꿰었다고 한다. 여기는 길이 구불구불한 것을 형용하는 것으로 사용되었다.

❷ 『양주화방록(揚州畵舫錄)』6권, "薛蘿水榭之後, …… 石路一折一層, 至四五折, 而碧梧翠柳, 水木明瑟, 中構小廬, 極幽邃窈窕之趣, …… 過此又折入廊, 廊西右折; 折漸寬, 廊漸寬, …… 廊竟又折, …… 過此又折入廊中, 翠閣紅亭, 隱躍欄檻, 忽一折入東南閣子, …… 閣旁一折再折, 淸

제5장 이면으로 향하는 예술변증법과 중국고전원림·건축예술의 쇠퇴   379

> 韻丁丁, 自竹中來, 而折愈深, 室愈小, …… 遊其間者, 如蟻穿九曲珠."

  이 단락에서 전통원림 예술방법의 끊임없는 강화가 모든 문화체계의 끊임없는 강화와 얼마나 똑 같고, 사람들을 겨자나 개미 같은 작고 작은 사물처럼 거듭 새롭게 다른 모습으로 변화시켰는지를 분명하게 볼 수 있다.

  청대 후기에는 조원예술이 변환을 구비하여 온갖 방법이 굴곡하여 발버둥치는 중에 갑자기 쇠퇴하였는데, 그런 예가 매우 많은 것을 세인들이 잘 알고 있다. 심복沈複이 소주蘇州의 사자림獅子林에 대한 품평을 예로 들겠다.

소주(蘇州) 사자림(獅子林)의 태호석(太湖石)

…… 성 가운데 가장 유명한 사자림이 있는데, 비록 운림[예찬]이 직접 썼다하고 석질도 영롱하며 가운데 고목이 많다고 말한다. 그러나 큰 형세로 보면 결국 어지러이 쌓인 연탄재와 같고 이끼가 쌓여서 개미가 굴을 뚫어서 산림의 기세는 전혀 없다. 나의 좁은 견식으로 언급하니 그 묘함을 알 수 없다.❶

❶ 심복(沈復), 『부생육기(浮生六記)』4권, "…… 其在城中最著名之獅子林, 雖曰雲林手筆, 且石質玲瓏, 中多古木, 然以大勢觀之, 竟同亂堆煤渣, 積以苔蘚, 穿以蟻穴, 全無山林氣勢. 以余管窺所及, 不知其妙."

송나라 사람들이 원림예술은 '하찮은 여력, …… 곧 원대한 운치가 있다'는 것으로 발전방향을 규정하여 최후의 결과는 결국 '원대한 운치'가 없다고 말할 수 있지만, 단지 남은 '하찮은 여력'으로 '호천'과 '개자'를 견고하게 덮어씌운 것이다. 이후에 원림예술이 다시 이어져서, 이러한 '개미굴을 파는' 공력이나 기교도 거의 다 상실되었다. 그런 예를 유돈정劉敦楨의 글에서 들겠다.

청나라 말기 가산의 형체는 거의 대부분 낮아지면서 평평하고, 가로 방향은 몹시 작아서, 높고 깊은 계곡의 여울과 비교하면 큰 봉우리가 서로 조합하였지만, 세로방면 에는 약간의 오르는 길을 구성하여 대체로 수평 모양의 층차에 가깝다. 이 때문에 산의 형상이 평평하여 변화가 결핍되었다.❶

❶ 유돈정(劉敦楨), 『소주고전원림(蘇州古典園林)』, P.2, "淸末假山的形體多半低而平, 橫的方向很少有高深的谷・澗與較大峰巒相組合, 僅在縱的方面以若干蹬道構成大體近於水平狀的層次, 因而山形平板缺乏變化."

제5장 이면으로 향하는 예술변증법과 중국고전원림·건축예술의 쇠퇴   381

광서光緖 이후에는 북경의 여러 원림에 돌을 쌓는 기법이 날로 못해져서 저속함이 극치를 이루었다고 하는 것이다.15) 이미 언급했듯이 모든 원림경관체계의 고도한 조화와 각 경관 사이의 정미함이 가장 부합하도록 갈수록 힘을 다하여 추구한 것이 중당 이후 원림예술발전의 기본내용의 하나이다.

명청 원림에서 그런 의의가 드러나서 쉽게 볼 수 있다. '호천'과 '개자'에서 사람들에게 커다란 공간감을 주기 위하여 조원가들은 각종 경관규모 길이의 대비와 부합을 중요하게 여겼다. 예를 들면 소주의 망사원網師園 가운데 면적이 매우 적은 못물도 모두 조금이라도 더 크고 밝게 트인 모습으로 보이게 하기 위하여 못 옆의 회랑이나 정자·산과 바위·꽃과 나무 등은 낮고 완만한 형세를 없애서, 못 면이 상대적으로 커 보이게 하였다.

망사원(網師園)

우원(耦園)

　　소주 우원耦園의 수면은 더욱 좁기 때문에 물가 누각이 '산수 사이'에서 취한 형세가 매우 낮고,16) 누각 내부 장식이 땅을 뒤덮는 기법을 가능한 사용하여 공간의 층차와 경관의 깊이를 증가시켰다. 이런 내용이 문헌에 기술된 것이 더욱 많은데, 명말 장대張岱가 소주의 천평산장天平山莊에 대한 기술을 예로 들겠다.

원림의 문을 일부러 나직하게 작게 만들었고, …… 그 그림을 장식한 누대·휘장을 친 누각·밀실·내실이 때때로 숨겨져서, 남들이 볼 수 없다.❶

> ❶ 『도암몽억(陶庵夢憶)·범장백(范長白)』, "園門故作低小, …… 其繪樓·幔閣·秘室·曲房, 故故匿之, 不使人見也."

제5장 이면으로 향하는 예술변증법과 중국고전원림·건축예술의 쇠퇴 383

천평산장(天平山莊) 입구

또 양주揚州의 영원影園을 예로 들겠다.

…… 광제당 뒤로 구불구불 이어진 길을 따라가면 촉이 몇 길이나 되는 네모난 연못이 나온다. …… '운금종'이란 편액이 걸려 있다. ……운금종을 지나면 까마득히 높은 벽이 나오고 이어지던 회랑과 집들은 여기에서 끝난다. 여기엔 사람이 몸을 옆으로 해야 들어갈 수 있는 작은 쪽문이 있다. 잘 보이지 않게 조그만 밭으로 연결되어 있다. 밭에는 벽오동과 키 큰 버드나무가 많이 있으며 작은 집 서너 채가 있다. …… 운하 가의 네모난 연못으로 나가면 작은 정자가 있는데 황제께서 하사하신 '반무당'이라고 돌에 새겨놓은 것이 있다.❶

❶ 『양주화방록(揚州畵舫錄)』12권, "……光霽堂後, 曲折透逾, 方池數丈, ……額曰"雲錦淙". ……過雲錦淙, 壁立千仞, 廊舍斷絶, 有角門可側身入, 潛通小圃. 圃中多碧梧高柳, 小屋三四楹. ……出河邊方塘, 小亭供奉禦匾"半畝塘"石刻."

이 같은 기법의 의취는 북해北海 경도瓊島 북쪽 언덕과 서쪽 언덕에서 직접 느낄 수 있다. 그것은 문·못·집·밭 같은 한 계열 경물의 길이를 반드시 축소하여 매우 적기 때문에, 이것도 주된 경물(운금종을 지나면 까마득히 높은 벽이 서있다는 것 등)을 두드러지게 하고 심지어 정좌한 원림을 상대적으로 비교하면 커다란 몇몇 규모에 불과하다.

그러나 이런 몇 가지가 최종까지 있는 것은 '호천'과 '개자'중에 있는 공간의 협소함과 예술기법이 쌓여서 옹색하게 진일보 강화할 수 있을 뿐만 아니라, '호천'의 일체 경관도 하나로 완전히 경직되고 또 비할 데 없을 정도로 치밀한 체계를 이룬다. 한 덩어리의 산석이나 한 떨기의 화목이 보잘것없는 사물일지라도 도처에서 전반적인 원림체계가 천층만중으로 복잡하게 제약하는 관계에서

제5장 이면으로 향하는 예술변증법과 중국고전원림·건축예술의 쇠퇴 385

는 독립적으로 발전할 가능성이 전혀 없다.

어떠한 경관을 자신이 필요해서 힘써 발전시켜 나타내려할 때 이는 반드시 어느 곳에서 속박을 받는 경우가 있다. 그 결과는 이 같은 상대 독립적 발전이 이미 효력을 이룰 수 없고, 모든 원림경관체계의 조화도 이로 인하여 파괴된다.

예를 들면 물 가운데 정자를 짓는 것은 수경水景의 층차를 증가시키는 것으로 본래 고전원림예술이 성숙하면서 상용된 기법이다. 그러나 '호천' 체계 내부 연관관계가 끊임없이 강화되고 내부공간이 날로 더욱 곤궁하여 어찌할 도리가 없을 때는 이것과 원림경관체계의 조화도 날로 더욱 유지하기 어렵다.

소주 유원지 중의 '호복정' 규모는 본래 너무 작지만, 작은 물이 돋보이는 아래에는 여전히 둔하고 침체함을 드러내서 뛰어나고 빼어남이 전혀 없다.

이 같은 하늘과 땅에 얽매인 원경의 표현은 장자莊子가 호복濠濮에서 물고기를 관찰한 방식으로 밝고 광활하게 스스로 만족한 화호류견畵虎類犬[17]과 같은 것이다. 다시 예를 들면 소주의 창랑정滄浪亭은 원림 중에 물이 없어서, 푸른 물

소주(蘇州) 유원지(留園池)의 '호복정(濠濮亭)'

소주의 '창랑정(滄浪亭)'

결에 빠지는 뜻을 표현하기 위하여 조원가들이 산의 작용을 두드러지게 해서, 비교적 큰 산의 모습을 통하여 전체원림에 더욱 무성한 임야의 정취가 갖추어지기를 희망한 것이다.

그러나 이와 같이 되면, 산체와 정좌한 원림의 공간이 워낙 제한되어서 원 중에 있는 많은 경관과의 조화로운 비례는 다시 존재하지 않고, 이 원림이 너무나 옹색하게 드러나기 때문에, 임야의 정취가 최초에 희망한 것과는 정반대의 결과가 나온 것이다.

또 예를 들면 황가원림의 특징을 두드러지게 하고 아울러 곤명호昆明湖와 서로 호응하게 하기 위하여 이화원 만수산의 주경主景인 불향각佛香閣은 반드시 우뚝 솟아서 높고 크게 한 것이다. 다만 불향각 좌우에 어울리게 지은 전륜장轉輪藏과 보운각寶雲閣은 오히려 기술조건 등이 제한되어 규모가 한정되었다.[18] 이에 불향각이 솟아올라 두드러진 것은 전반적인 건축 군과 어울리지 않는 것 등등이다.

둘째는 '호천' 중의 온갖 것들이 변환하는 자체도 부정적인 면으로 향해가서 조원예술은 자기가 애써 노력하여 이루어진 보람 있는 결과 즉 풍부한 예술양식이 지배받아 질식되면서 날로 교착 상태에 빠지는 추세로 향하였다.

전통체계에서 장기적으로 발전한 것이 조원예술을 수준 높게 성숙시키고 완선한 단계로 이르게 하였다. 이를 구체적으로 표현하면, 같은 종류의 경물을 조성할 때, 같은 유의 원림공간을 처리할 때, 척도·풍격·양식·색채 등등 여러 예술 요소간의 관계가 원림을 정좌할 때마다 한 경치를 점철하여 포치하는

|화원(頤和園) 만수산의 주경(主景)인 불향각(佛香閣)

전륜장(轉輪藏)과 보운각(寶雲閣)

명대 판화 원림 중의 정미한 화대(花臺)와 당지(堂池)의 배치

데 이런 것들이 원림예술의 모든 방면이다.

 이런 예술규율은 모두 익숙하게 파악하였다. 날로 아름다운 곡선과 성숙된 양식에 따라서 나의 정대亭臺·누각樓閣·지교池橋·낭사廊榭를 형상하고, 심지어 작은 요문腰門·누창漏窓·난판欄板·화대花臺같은 것 까지도 형상한다. 가장 정교한 계합 관계에 비추어 복잡한 경관요소를 구성하고, 가장 조화된 운율에 비추어 전체 원림에 안배하여 여운과 여정이 깃들도록 끝맺는[啓承轉合]19)는 것 등이다.

전통체계에 있는 몇몇 일정한 격식은 조원예술이 천백 년을 경과하면서 파악한 가장 합리적이며 효과적인 법칙과 수단이다. '호천'의 격식이 강화됨에 따라 일정한 양식의 작용도 날로 더욱 중요해짐에 따라서 이런 몇몇 유효하고 합리적인 수단을 최대한으로 발휘할 수 있어야 '호천'이 모두 광대하고 완정하게 될 수 있고, '호천'에서 점점 더 복잡해지는 예술 모순이 균형을 이룰 수 있다.

따라서 일정한 격식도 원림예술의 모든 자세한 부분까지 스며드는 것이다. 바꿔 말하면 '호천'의 원림체계에서만 어떤 예술이 창작되는데, 이런 것이 얼마나 자세하고 미미한지는 논할 것 없이 모두 정해진 격식에 따라서 진행되어야 한다. 그렇지 않으면 그 작품은 합리적이고 아름답게 될 수 없다. 그러나 분명한 것은 '자연'을 기본미학 표준으로 삼은 중국원림예술에 하루아침에 정해진 격식이 지배하여, 이미 자기와 다른 일면으로 달려 간 것이다.

명청 이후 원림예술은 구체적인 경물을 따라서 원림공간을 구성하여 경영하였는데, 이도 날로 일정한 공식처럼 되는 추세였다. 이런 예는 모두 거론할 수 없다. 명대 왕세정王世貞의 경우를 예로 들겠다.❶

---

당시 금릉의 동원·서원·남원·사금의동원·삼금의가원·금반이원·서구택원·동춘원 등 중다한 원림은 모두 당 앞의 꽃을 심는 건화대를 채용하여, 위에 꽃과 나무를 심거나 봉석을 세워서 꾸미는 기법으로 삼았다.❶

---

❶ 왕세정(王世貞),「유금릉제원기(遊金陵諸園記)」,『엄주속고(弇州續稿)』 64권. "當時金陵之東園·西園·南園·四錦衣東園·三錦衣家園·金盤李園·徐九宅園·同春園等衆多園林皆采用堂前建花臺, 上植花木或立峰石以爲點景的手法."

이화원(頤和園) 옥란당(玉瀾堂)

이화원頤和園 옥란당玉瀾堂 같은 곳에서 알 수 있듯이, 이런 기법은 줄곧 청나라 원림까지 이르러 여전히 정원 안에 경물을 배치하는 것이 가장 통용되는 양식이다. 다시 예를 들면 전면에서 언급하였듯이, 소주蘇州 유원留園은 당 앞에 못을 만들어 못 가운데 정자를 세워, 굽은 다리와 못 언덕이 서로 이어진 것도 명청 원림의 상용된 양식이다. 같은 종류로 왕세정이 태창太倉의 계씨季氏 원림에 대하여 기록한 것을 예로 들겠다.

소주 유원(留園)

동쪽 침호수에 집과 누각이 하나 있는데, 모두 낮고 작아서 오직 큰 못 가운데 모여 있는 것이 네모난 거울 같다. 중앙에 있는 정자는 다리와 통한다.❶

❶ 「태창제원소기(太倉諸園小記)」, 『엄주속고(弇州續稿)』 60권. "東枕濠水, 有一軒一樓, 皆絶庳小, 惟中滙大池若方鏡, 亭於中央, 橋通之"

청나라 사람 도주陶澍가 상해上海의 예원豫園을 다음과 같이 기록하였다.

상해의 예원(豫園)

# 제5장 이면으로 향하는 예술변증법과 중국고전원림·건축예술의 쇠퇴

……가운데 삼수당을 지었는데 당 앞에 못이 있다. 홍교는 꺾이어서 호심정에 다다르게 끌어들였고, 그 동쪽에 월루를 지을 수 있었다.❶

❶ 「상해예원절구3수(上海豫園絶句三首)·서(序)」, 『문물(文物)』1984년, 제7기, p.69, "……中爲三穗堂, 堂前有池, 虹橋蚓折以達湖心亭, 其東爲得月樓."

소주 사자림의 못과 정자도 이처럼 배치되었다. 일정한 양식이 더욱 중요한 의의는 가장 적당하고 합리적으로 이용하여 '호천'의 공간을 조성하는데 있다. 예를 들면 공간 층차를 증가하고 공간 대비를 강화하기 위하여 원림의 경관이

소주 우원(耦園) 산수각

소주 우원(耦園) 산수각

시작하는 곳에는 산석山石과 화목으로 경관을 막는 것이 거의 강한 규율을 이루었다.

　북경고궁의 자녕궁화원慈寧宮花園이나 건륭화원乾隆花園과 소주의 졸정원拙政園이나 우원耦園의 서원西園 같은 많은 작품은 모두 이런 일정한 양식을 따라서 지은 구조물이다.

　문헌에 기술된 것이 더욱 많은데 예를 들면 기표가祁彪佳가 월越 중의 천경원天鏡園을 기술하여 "기석이 문 앞에 있다"[20]고 하였다. 『홍루몽』 제17회에서 가정賈政 등이 대관원大觀園에서 노니는 장면 묘사한 것을 보겠다.

문을 열고 나가니 오직 일대의 푸른 봉우리가 눈앞에 나타난다. 많은 청객들이 모두 말하여 '좋은 산이구나, 좋은 산이로다!'하니, 가정이 말하길, '이것은 하나의 산이 아니고, 한 번 나가니 원 중에 있는 경치가 모두 다 눈 안으로 들어오니, 다시 어디에 이런 정취가 있겠는가?'하였다.❶

> ❶ 『홍루몽(紅樓夢)』제17회, "開門進去, 只見一帶翠嶂擋在面前. 衆清客都道: '好山, 好山!' 賈政道: '非此一山, 一進來園中所有之景悉入目中, 更有何趣?'."

후에 또 형무원蘅蕪院에서 유람하는 것을 다음과 같이 묘사하였다.

문으로 걸어 들어갈 때, 어느덧 앞에 돌출한 산에 꽂인 크고 영롱한 산석을 맞이하고, 사면에는 각 양식의 바위 덩어리가 무리지어 둘러있어서 결국 안에 있는 방과 집을 모두 가렸다.❶

> ❶ 『홍루몽(紅樓夢)』제17회, "步入門時, 忽迎面突出挿天的大玲瓏山石來, 四面群繞各式石塊, 竟把里面所有房屋悉皆遮住."

휘어지고 꺾인 길은 공간 전환과 경관 변환을 증가시키고, 이런 종류는 곳곳에서 볼 수 있는 양식으로 그런 예는 이미 많이 거론한 것이다. 상술한 정황에서 명청明淸 원림예술에 각종 양식이 얼마나 깊숙이 지배했는지를 어렵지 않게 보았다. 그러나 오히려 조원가들이 말한 아래 면의 원칙적인 문제들을 설명할 수 있다.

당 옆의 정사는 삼영인데, 소각 가장자리에 배를 붙여서, 뒤에 동쪽으로 큰 못을 만들었고, …… 청송헌·쇄운정이 그 동쪽에 자리 잡았다. 모두 긴 회랑으로 연결되었다. 난간이 정밀하고 공교할 뿐만 아니라, 창문이 밝고 환하며 꽃 하나 돌 하나까지도 묘하게 자리 잡고 있었다.❶
하나의 꽃 돌 하나도 위치가 알맞게 배치되었다.❷

동원은 산이 높기 때문에 아래에 못을 만들었고, …… 오히려 어떻게 그곳을 정밀하고 상세하게 살펴서 위치가 알맞은가!❸

소주 마을 입구의 문 안에 수곡원이 있는데, …… 원 중에 정사가 많지 않으나, 위치에 법도가 있었다.❹

왕원은 산에 기대어 기둥을 걸었고, 샘물을 터서 못을 만들었다. 대사와 정우가 법에 맞게 제작되어, 사치스럽지 않고 천하지도 않다.❺
연곡원은 매우 적고, 휘어지고 꺾인 것이 어울리며, 결구에 법도가 있다.❻

❶ 「월중원정기1(越中園亭記之一)·영추당(詠雛堂)」, 『기표가집(祁彪佳集)』 8권, "堂之旁精舍三楹, 附以弦舫小閣, 後爲東大池, …… 聽松軒·鎭雲亭居其東. 皆以長廊貫之. 不特欄檻精工, 戶牖軒爽, 卽一花一石, 無不妙有位置."
❷ 이어(李漁), 『한정우기(閑情偶寄)』4권, 「거실부(居室部)·산석제5(山石第五)」, "一花一石, 位置得宜."
❸ 왕사장(王士禎), 「동원기(東園記)」, "(東園)因高爲山, 因下爲池, …… 抑何其審處精詳而位置合宜也!"
❹ 양장거(梁章巨), 『낭적속담(浪迹續談)』1권, "蘇州閶門內有繡谷園, …… 園中亭榭無多, 而位置有法."
❺ 인경(麟慶), 『홍설인연도기(鴻雪因緣圖記)』제3책, 「왕원문화(汪園問花)」, "(汪園)倚山架楹, 決泉成沼. 臺榭庭宇, 制作合度, 不侈不陋."
❻ 전영(錢泳), 『이원총화(履園叢話)』20권, 「원림(園林)·연곡(燕谷)」, "(燕谷)園甚小, 而曲折得宜, 結構有法."

자연을 숭상하는 기본미학의 목적은 중국고전원림을 발전시키는 것으로, 명청 때에는 힘을 다하여 구불구불하게 변환시키는 동시에, 의외로 사람을 놀라게 하는 것은 경관요소마다 모두가 법도나 위치에 똑 맞게 하는 것을 강조하였다. 이것은 또 우리들의 생각이 이학 중의 이율배반적인 것에 이르지 않을 수 없게 하는데, 즉 한 편으로는 전에 없이 이학이 '천인' 체계의 문화요소마다 골수에 깊이 들어가서 통솔할 것을 강화하였고, 다른 한 편으로는 '생동감이 넘치는 것'을 전통체계의 생명을 연속하는 기본원칙으로 유지해야 한다고 자각하였다.

하나의 꽃 돌의 모습이나 위치·모든 경물의 조합·예술 공간 일체는 '호천' 체계에서 고도하게 유기적인 일환이 되어야, 이런 시스템이 고도로 강화되어 신속하게 궁진하여 '호천'에서 일체의 예술변화를 인정하기 때문에, 할 수 없이 원림예술을 다르게 변화시킨다. 즉 자연으로부터 변하여 만들어지고, 풍부한 생명활력의 운율이 변하여 경직되기 때문에 무수한 양식의 지배를 받는데, 명정 원림가들이 이러한 몇몇 양식을 어떻게 서술했는지 보겠다.

..........................

…… 원림을 여는데 묘결이 있으니, 오직 자로와 말할 수 있다. 삼군을 부리는 것에 비유하면, 기와 정❶이 바뀌기 때문이다. 또 예를 들면 보충하여 공격하고, 뛰어난 의사는 오장육부에 적중하는 것과 같다. 실은 허를 운용하기 위한 것이고, 산은 모이게 하기 위하는 것이다……❷

모든 원포의 터를 닦는 데 청당을 위주로 정하여 먼저 경관을 취하여 묘함이 북쪽에 자리 잡고 남쪽을 향하는데 있다. …… 담장은 모름지기 넓게 쌓아야 빈 땅이 많이 남게 된다.❸

네모반듯한 가운데 반드시 휘어지고 꺾인 곳을 찾는다면, 휘어서 꺾인 곳이 오히려 반듯해질 것이다. 서로 사이가 어울리면, 뒤섞여서 묘하게 된다.❹

좌측에 무림을 설치하면, 우측의 광야를 반드시 탁 트이게 해야 한다. 앞에 연못이 있으면 뒤에는 반드시 대

사를 지어서 채운다. 밖에 꼬불꼬불한 작은 길이 있으면, 안에는 기석을 쌓아서 깊숙하게 해야 한다.❺
원정의 누각 같은 것은 집에 의례적으로 회랑을 설치하고 돌을 쌓아 산을 만들고 꽃을 심어 형세를 취한다. 또 큰 것 가운데 작은 것이 나타나고 작은 것 가운데 큰 것이 드러나서 허 가운데 실이 있고 실 가운데 허가 있어야 한다. …… 큰 것 가운데 작은 것이 드러나는 것은 산만한 곳에는 긴 대나무를 심어서 바꾸거나 두루 무성한 매화로 바꾸어서 그곳을 가린다. 작은 가운데 큰 것을 드러내는 것은 착원의 담장은 요철의 형상이 어울리고 녹색을 장식하여 등나무 넝쿨을 끌어들인다. 깊은 골짜기 큰 바위에는 글자를 새겨서 비기의 형상을 만든다. 창을 밀면 석벽에 있는 것 같으면, 높고 가파름이 무궁함을 느낀다. 허한 가운데 실한 것은 더러는 산이 다하면 물이 다하는 곳으로 한 번 꺾어서 돌면 널찍하게 탁 트일 것이다. 더러는 헌각에 부엌을 설치하여 한 번 열면 별원으로 통한다. 실한 가운데 허한 것은 문을 열어도 별원과 통하지 않는데, 대나무와 돌이 어울려서 실제로 없는 것 같은 것이다. 담장 머리에 작은 울타리를 설치하여 마치 월대 위에 있는 것 같은 것이 실한 곳이다.❻

❶ 기정(奇正): 옛날 병법(兵法)의 술어로, 전진(戰陣)을 마주하고서 전투를 벌이는 것을 정(正)이라 하고, 엄습하거나 매복 작전을 벌이는 것을 기(奇)라 한다. 『손자(孫子)・세편(勢篇)』
❷ 「복축우산문하지전개과원봉기(卜築寓山聞何芝田開果園奉寄)」, 『기표가집(祁彪佳集)』 9권, "……開園有妙訣, 惟子可與語: 譬如行三軍, 奇正易其所; 又如補與攻, 良醫中臟腑. 實者運以虛, 散者欲其聚.……"
❸ 계성(計成), 『원야(園冶)』 1권, "凡園圃立基, 定廳堂爲主, 先乎取景, 妙在朝南, ……築垣須廣, 空地多存."
❹ 계성(計成), 『원야(園冶)』 1권, "如端方中須尋曲折, 到曲折處還定端方, 相間得宜, 錯綜爲妙."
❺ 청(淸)・진부요(陳扶搖), 「화경(花鏡)」, "設若左有茂林, 右必留曠野以疏之; 前有芳塘, 後須築臺榭以實之; 外有曲徑, 內當疊奇石以邃之."
❻ 『부생육기(浮生六記)』 2권, "若夫園亭樓閣, 套室回廊, 疊石成山, 栽花取勢, 又在大中見小, 小中見大, 虛中有實, 實中有虛, ……大中見小者, 散漫處植易長之竹, 編易茂之梅以屛之. 小中見大者, 窄院之牆宜凹凸其形, 飾以綠色, 引以藤蔓. 嵌大石, 鑿字作碑記形. 推窗如臨石壁, 便覺峻峭無窮. 虛中有實者, 或山窮水盡處, 一折而豁然開朗. 或軒閣設廚處, 一開而通別院. 實中有虛者, 開門於不通之院, 映以竹石, 如有實無也. 設矮欄於牆頭, 如上有月台, 而實虛也."

크게는 원림공간의 안배를 가지런하게 하고, 작게는 화목 품종이나 담벼락 색채의 선택까지 모두 이처럼 엄격하고 정밀하며 상세한 규범이 있는데, 이것

## 제5장 이면으로 향하는 예술변증법과 중국고전원림·건축예술의 쇠퇴 397

이 바로 고전원림예술이 완선해진 것과 침체해진 것으로, 이율배반적이다.

그러나 직접적인 결과는 예술경계가 옛 것을 그대로 답습한 것으로, 일찍이 구양수歐陽修 같은 이는 자신이 당나라 사람의 원림미학에 다시 증가할 힘이 없어서 다음과 같이 한탄하였다.

---

내가 평소에 성당 상건의 시 외우기를 좋아하여 읊었다. '대나무 샛길을 통해 그윽한 곳에 이르니, 승방은 꽃 나무속에 깊구나.'라는 구절을 본떠서 한 연을 지으려했으나, 오래도록 지을 수 없었으니, 지으려는 뜻이 어렵다는 것을 곧 알게 되었다. 늘그막에 청주에 와서 비로소 산재에서 편안히 쉴 수 있었다. 인하여 이르길 평생토록 알아보려는 뜻이 없어서 이미 말할 수 없었으니, 이에 더욱 비슷하게 되길 바랐으나 결국 한 글자도 얻을 수 없었다.❶

---

❶ 「제청주산재(題靑州山齋)」『구양수전집(歐陽修全集)·거사외집(居士外集)』24권, "吾常喜誦常建詩, 云: '竹徑通幽處, 禪房花木深.' 欲效其語作一聯, 久不可得, 乃知造意者爲難工也. 晚來靑州, 始得山齋晏息, 因謂不意平生想見而不能道以言者, 乃爲已有. 於是益欲希其仿佛, 竟爾莫獲一言."

명청 원림예술의 경지가 전인을 어떻게 추종했는지는 그 많은 편액과 주련의 글자를 바꾸지 않고 고인의 시나 문구를 그대로 사용한데서 바로 느낄 수 있다. 이런 예는 세상에 존재하는 명청 원림 곳곳에서 볼 수 있다. 그리고『양주화방록揚州畫舫錄』이나『영연총화楹聯叢話』등의 책에 셀 수 없을 정도로 더욱 많다.

다르게 변하는 것을 상술하였는데 이를 표현하면, 원림예술이 '자연'적인 것

소주 사자림

을 추구하여 하는 수 없이 더욱 다양하게 인력에 의지하여 만드는 것이 실현되었다. 송 효종宋孝宗이 항주궁원杭州宮苑을 읊은 것 중에 "누가 인력은 자연스럽지 않다고 말했는가?"[21]라고 총결한 것이 있다.

명청에 이르러 조원가들은 더욱 원림을 만드는 중에 '자연'적인 것의 존재가치를 유지할 수 있었기 때문에, 귀유광歸有光이 조원의 일을 기록하여 "인력이 이미 다하여, 하늘이 만든 공교함이 보인다."[22]고 말했다.

원굉도袁宏道가 소주의 서원徐園을 칭찬하여 "기교가 저절로 이루어진 것을 넘어, 바뀐 것이 귀신의 공교로움 같다."[23]고 하였다.

원매袁枚도 자신의 수원隨園을 칭찬하여 "인력으로 자연의 조화를 본떴다."[24]고 하였다.

이 같은 노력의 결과가 원림의 참다운 정취를 완전히 없어지게 하고 날로 더욱 지나치게 수식하게 하였다. 사자림의 호석湖石이나 가산假山은 자연산림의 천만 번 회전하는 것을 힘껏 모방하였으나 도리어 개미가 굴을 뚫은 것 같고 어지러이 연탄재를 쌓은 것 같은 것이 일례이다. 다시 자연물을 다 없애버린 예가 있다.

> 지난 신미년에 주택의 서쪽에 기석이 있었는데, 수백 사람이 모여서 구멍을 뚫어 씻고 닦아서 석벽 몇 길이 되는 것을 찾아냈는데, 기암절벽이 즐길 만하였다. 사람들이 말하길 석벽 아래에는, 깊은 못이 있는데 그곳에 비치는 것이 더욱 묘하고, 드디어 그 아래에 네모난 못 몇 이랑을 파냈다. 바위는 파낼 수 없어서 석공에게 뚫게 하였다. 그 깊이가 몇 길 남짓하고, 물을 모아둔 것이 깨끗하였다고 하였다. 사람들이 또 말하길 정자와 못이 실로 아름다운데 꽃나무가 크게 자랄 수 없는 것이 한스러울 뿐이다 하였다. 연객은 고매·과자송·전다·이화 같은 나무를 두루 찾아다니면서, 반드시 매우 좋고 큰 것을 골라서, 그 담벼락을 허물고, 수십 인이 들어 올려서 그것들을 심었다. 심은 것이 살 수 없어서 몇 일지나 말라 죽으면 다시 큰 나무를 골라서 보충하였다. 비로소 울창하여 사랑스러웠으나, 수일 후에는 겨우 땔감으로 쓸 만하였다.❶

❶ 장대(張岱), 「오이인전(五異人傳)」, 『낭현문집(琅嬛文集)』 5권, "先是辛未, 以住宅之西有奇石, 鳩數百人開掘洗刷, 搜出石壁數丈, 嶙峋可喜. 人言石壁之下, 得有深潭映之尤妙, 遂於其下掘方池數畝. 石不受錘, 則使石工鑿之. 深至丈餘, 畜水澄靚. 人又有言亭池固佳, 恨花木不得卽大耳. 燕客則遍尋古梅·果子松·滇茶·梨花等樹, 必選極高極大者, 拆其墻垣, 以數十人昇至, 種之. 種不得活, 數日枯槁, 則又尋大樹補之. 始極翁鬱可愛, 數日之後, 僅堪供爨."

청대 특히 건륭乾隆 이후에는 조원예술이 만드는 추세로 더욱 발전하였는데, 구체적인 기법은 경관요소가 끝없이 변환하여 "샘물이 첩석을 돌아 흐르며 장엄하고 자연스러웠다."25)는 것을 추구하였다고 상세하게 소개하였다. 그러나 이와 같이 되자, 자연스러움을 추구하는 예술원칙도 어떠한 시기에 비하여 신속하고 철저하게 자기가 생각하는 반대 방향으로 나갔다.

명청 시대의 허다한 조원가들은 심지어 '외사조화外師造化'의 창작원칙을 차라리 포기하고 방향을 바꾸어서 전대의 회화 작품을 모방하였다.

가게 뒤에 있는 반 칸의 정사는 오목한 연못에 작은 경치를 배열하고, 나무와 돌을 장식하였는데, 필치마다 모두 운림[예찬]과 대치[황공망]의 그림이었다.❶

화정의 장련은 자가 남원이고 어려서부터 인물을 그리고 산수화도 통달하여, 그 뜻으로 돌을 쌓아서 가산을 만들 수 있다. 모두가 영구[이성]·북원[동원]·대치[황공망]의 그림을 모방하여 만든 것이다.❷

…… 남쪽 여울 서쪽 벼랑은 모두 황석으로 언덕을 만들었고, 높은 것은 석벽인데, 황자구[황공망]의 그림에서 모방한 것이다.❸

❶ 장대(張岱), 「노운곡전(魯雲谷傳)」『낭현문집(琅嬛文集)』4권, "肆後精舍半間, 列盆池小景, 木石點綴, 筆筆皆雲林·大癡."
❷ 완규생(阮葵生), 『다여객화(茶餘客話)』9권, "華亭張漣, 字南垣, 少寫人物, 兼通山水, 能以意疊石爲假山, 悉仿營邱·北苑·大癡畵法爲之."
❸ 섭섭(葉燮), 「해염장씨섭원기(海鹽張氏涉園記)」, 『기휴문집(己畦文集)』6권, "……南澗西崖皆黃石坡, 高者爲石壁, 仿黃子久畵."

고도로 완선한 전통문화체계가 원림에 제공되어 기타 예술영역에서 일정한 양식으로 성숙하였고, 생명원천의 고갈도 급하여 더욱 다양하게 서로 도와주었다. 동시에 원대하게 자각하여 활발한 원천을 떠나게 하여, 체내에 잔존한 에너지에 의지하여 생명을 연속하여 유지하였다. 송대宋代 산수화와 청대淸代 산수화를 대략 비교하면 원림예술과 상술한 발전이 서로 비슷하게 쇠퇴해가는 형세를 매우 쉽게 볼 수 있다.

예찬(倪瓚), 〈수죽거도(水竹居圖)〉 부분

황공망(黃公望) 〈섬계방대도(剡溪訪戴圖)〉

이성(李成) 〈무림원수도(茂林遠軸圖)〉

동원(董源) 〈용숙교민도(龍宿郊民圖)〉

셋째는 원림예술 체계가 고도로 조화하여 완미함이 반대방향으로 향해 가서 날로 용속하고 조화롭지 못한 요소가 갑자기 증가하였다. 전반적인 전통문화가 서로 비슷한 것과 고전원림예술이 끊임없이 자아 완선한 기본내용 중의 하나는 원림체계에서 요구하고 인정하는 최대한도의 조화와 완미를 실현하는 것이다. 전체 원림 공간 내지 우주공간에서 하나의 꽃과 돌이 고도한 계합을 실현하고, 전체 원림경계와 경관요소마다 풍격의 고도한 통일을 실현하는 것이다.

그러나 이러한 일체도 구성체계의 지배 아래에서 발전하여, '호천' 체계의 끊임없이 쇠약해지는 생명을 계속 진행시키기 위한 것으로, 하나의 진행과정을 결정할 뿐만 아니라 진선진미할 때에 갑자기 그만둘 수 없고, 이와 반대로 이것도 잠시도 정지하지 않고 개척하여 완선한 영역에 계속 이바지해야, 최종까지 고도하게 조화된 완미함을 추구하여 용속하고 자질구레한 경계로 빠져드는 것을 다르게 변화시킨다.

중국고전원림예술의 핵심은 풍부한 경관요소 사이이 지연·조화·풍부한 변화의 공간관계를 통하여 '천인'이 한데 모여든 정미한 운율을 표현하는데 있다. 따라서 원림을 조성하는 예술에서 가장 중요한 내용은 원림공간의 각 부분이 상호조합하거나 전환하는 것 같은 기교이다.

하지만 이런 기교와 이에 필요한 요소는, 각 경관 요소 사이에 있는 풍격의 조화된 비례 등도 고도로 완선하여 일정한 양식이 된 이후에는, 전통의 공간결구예술 중에 이바지하여 개척한 천지는 날로 고갈되었다.

'호천' 체계의 생기를 유지하기 위하여 조원예술도 하는 수 없이 자기의 규율과 전통을 위배하여 가면 갈수록 다양하게 발전적인 방향으로 풍격을 새롭게 하여 다르게 변화시키고, 세미한 경관방면의 기이함을 자랑하고 솜씨의 우열을 겨루는 것으로 전환되었다.

명대明代 유동劉侗이 당시 북경에 있는 여러 원림이 새로운 기교를 추구하여 장식하는 방법에 힘썼다는 기록을 예로 들겠다.

이황이 손수 원림을 새로 만들어 정자를 꽃송이처럼 쌓았는데, 그 꽃잎이 다섯 개면 매화라고 한다. 문에 새기고·창을 만들고, 벽에 그림을 그리고, 벽돌로 못을 만들고, 거푸집에 부어서 그릇을 만들었는데, 모두가 형상이 매화를 닮았다. 정자가 삼 겹인 것을 말하여, '매화가 겹꽃잎이다. 대개 미태복의 원림에 흩어져 있다'고 하였다.❶

❶ 『제경경물약(帝京景物略)』3권, "(李皇親新園)砌亭朶朶, 其爲瓣五, 曰梅也. 鏤爲門·爲窓, 繪爲壁, 甃爲池, 范爲器, 皆形似梅. 亭三重, 曰: 梅之重瓣也. 蓋米太僕漫園有之."

하정우기(閑情偶寄)·거실부(居室部)에 기록된 영련양식(楹聯樣式)

이와 유사한 예를 또 들면, 이어李漁가 『한정우기閑情偶寄·거실부居室部』에서 매우 큰 편폭을 활용하여 각종양식의 꽃무늬 창을 어떻게 만들었는지 서술하여, 창 사이 척 폭의 바닥에 완전하지 못한 산수 화훼의 경관을 변화시켜 표현했다고 다음과 같이 말하였다.

요즘 사람들은 고법을 변화시켜 지금의 제도로 삼은 것이다. 그것이 창문이나 난간에만 적용되었겠는가? 창문과 난간을 만드는 것이, 나날이 새롭게 달라지는 것은, 모두 옛 법에서 변화되어 나온 것이다.❶

❶ 이어(李漁), 『한정우기(閑情偶寄)·거실부(居室部)』, "今世之人, 能變古法爲今制者, 其惟窓欄二事乎? 窓欄之制, 日新月異, 皆從成法中變出."

　　이것도 당시 원림예술이 이미 '나날이 새롭게 달라진' 변화가 어느 정도 촉진시켰는지를 분명하게 말한 것이다. 그리고 그는 양식이 서로 다른 장식방법에 관하여 흥미롭게 이야기하였으나, 그 예술취미의 저속함을 더욱 드러냈다. 이러한 속되고 자질구레한 경지에 빠져드는 것은, 분명히 자신이 세운 기초가 고선 원림예술에서 추구하는 것과 가면 갈수록 더욱 멀어지게 되었다.

　　상술한 추세는 건륭乾隆시기의 원림에서 충분히 발전할 수 있었다. 같은 시기의 도자陶瓷·조소雕塑·칠기漆器·옥기玉器·범랑琺瑯·건축建築·가구家具 등 많은 예술부문들처럼 건륭시기 원림의 가장 선명한 특징은 예술기교를 다하여 만드는 것과 장식방법에 힘을 다하여 꾸미는 것이다.

　　이미 여러 차례 언급한 원명원圓明園·피서산장避暑山莊·북해北海·건륭화원乾隆花園과 명대의 격식 위에 장식을 더하여 완성한 고궁어화원故宮御花園26) 등 대량작품 중에도 이러한 점이 반영되었다.

　　아래에서 다시 몇 가지 예를 들면, 건륭시기 원림은 대담하게 새롭게 창조하기 위하여 일상적으로 사용한 기법 중의 하나가, 많은 변화를 추구하여 기이하고 특이한 건축까지도 조형할 수 있었다. 예를 들면 다음과 같은 것들이다.

원명원圓明園의 '여러 지역이 편안하고 조용한' 가운데의 만卍자 모양의 수전水殿·'담박하고 고요하며 고요한' 가운데 전田자 형 재당齋堂·'회방서원滙方書院' 가운데 반달모양의 '미월헌眉月軒'·'청의원淸漪園[지금의 頤和園]' 가운데의 전田자식 나한당'羅漢堂[없어졌다]'·수권식手卷式의 '복음헌福蔭軒'·부채형의 양인풍전揚仁風殿 등이다.

    이런 몇몇 작품은 나무로 만든 건축조형으로, 융통성을 최대한으로 발휘한 것이 특징이다. 하지만 이들 모습의 변환은 원림공간예술의 수요가 매우 적었기 때문에 대부분 장식하는 양식에 기교를 다하여 나열하였다. '온 곳이 평안하다萬方安和.'는 주제를 억지로 갖다 붙여서 건축을 만卍자 형으로 구성한 것은 다시 이 당시 복과 장수를 상징하는 제재의 장식물을 가득 채운 것과 같다.
    고전원림예술풍격이 고상함에서 시작하여 저속한 방향으로 몰락하는 것을 상징한 것이다. 이와 같은 갖가지 괴이함을 뽐내고 기궤함을 쫓는 것도 이 당시 사인원림에서 서로 쫓아간 것으로, 이두李斗가 양주揚州의 여러 원림을 기록한 것을 예로 들겠다.

동원당 뒤 5칸짜리 큰 건물이 있는데, 그 왼쪽에 작은 방이 있다. 사방으로 좁고 구불구불한 연못을 파서 둘렀는데 연못 안에는 청·벽·황·녹 4가지 색으로 구별되는 자산을 두었고, 그 안에 둥근 방을 만들었는데, 방 천정에 거울을 걸어두었고, …… 이방의 지붕은 만자 모양의 상서로운 모습으로 되어 있다.❶

함벽루 앞에는 괴이한 돌이 우뚝 서 있다. …… 그 옆에는 작은 집이 있는데, 그 집 안에는 대들보 위에 돌을 쌓아 마치 종류석이 드리운 모습을 만들어 놓았다. 그 아래쪽으로는 높고 가파른 산들이 천 겹 만 겹 이어지며 일곱 여덟 번 꺾어져서 집 앞의 깊은 못까지 이어진다. 집 안에는 돌 안석과 돌 걸상이 놓여 있고, …… 정말 신기하게 지어진 건물이라 하겠다.❷

## 제5장 이면으로 향하는 예술변증법과 중국고전원림·건축예술의 쇠퇴    409

❶ 『양주화방록(揚州畵舫錄)』4권, "(東園)堂後廣廈五楹, 左有小室, 四圍鑿曲尺池, 池中置磁山, 別青·碧·黃·綠四色. 中構圓室, 頂上懸鏡, …… 是室屋脊作卍字吉祥相."
❷ 『양주화방록(揚州畵舫錄)』10권, "涵碧樓前怪石突兀, …… 其旁有小屋, 屋中疊石於梁棟上, 作鐘乳垂狀. 其下巊岉(山畢)嶭, 千疊萬複, 七八折趨至屋前深沼中. 屋中置石机榻, …… 真詭制也."

또 『홍루몽』 17회에 이홍원恰紅院내의 추녀 장식에 관하여 묘사한 것을 예로 들겠다.

홍루몽의 대관원

가운데 정리된 것은 다른데 것과 다른 점만 보이고, 결국 간격이 구분되지 않는다. 원래 사면이 모두 정교하고 아름다운 목판으로 공중을 새겼는데, 혹은 '유운백복'이고 어떤 것은 '세한삼우'이고, 더러는 산수 인물이며, 더러는 영모 화훼이고, 혹은 훌륭한 그림·시·문장 등을 편집한 것이고, 더러는 옛 기물 또는 그것을 제재로 한 중국화이고, 더러는 만복과 만수를 상징하는 각종 꽃문양들이 모두 명수들이 다듬고 새긴 것으로, 오채로 금을 녹여서 상감한 보물이다. 하나의 선반마다 더러는 책을 쌓아두었고, 혹은 정을 설치하고, 더러는 필연을 두었으며, 더러는 모든 곳에 화병을 설치하였고, 더러는 분경을 늘어놓았다. 그 격식의 각 모양은 둥글거나 네모지고, 더러는 해바라기 꽃과 파초 잎이며, 더러는 반옥을 이어서 둘렀다. 참으로 이는 오색찬란하여 매우 화려한 모양으로, 맑고 영롱하다할 수 있다. 갑자기 오색 사호가 작은 창에 붙었는가했더니, 갑자기 채능이 가볍게 덮여서 결국 그윽한 창 같다. 게다가 담장과 벽에 가득한 것이 모두 골동 완구의 형에 의거하여 구성된 통이나 그릇들이다. 금이나 검, 매달린 병 같은 종류는 벽에 매달아 놓았지만 오히려 이런 것들은 벽과 서로 평형을 이룬다. 모든 사람들도 칭찬하여 '대단히 정치하구나! 어떻게 만든 것이라고 하기 곤란하다!'❶

❶ 『홍루몽(紅樓夢)』17회, "只見其中收拾的與別處不同, 竟分不出間隔來. 原來四面皆是雕空玲瓏木板, 或流雲百蝠, 或歲寒三友, 或山水人物, 或翎毛花卉, 或集錦, 或博古, 或萬福萬壽, 各種花樣, 皆是名手雕鏤, 五彩銷金嵌寶的. 一榻一榻,或有貯書, 或有設鼎, 或安置筆硯, 或供設花瓶, 或安放盆景; 其槅式各樣, 或圓 或方, 或葵花蕉葉, 或連環半璧, 真是花團錦簇, 剔透玲瓏, 倏爾五色紗糊, 竟系小窗, 倏而彩淩輕覆, 竟如幽戶. 且滿牆滿壁, 皆是依古董玩器之形摳成的槽子. 如琴、劍、懸瓶之類, 雖懸於壁, 卻都是與壁相平的. 衆人都贊: '好精致! 難爲怎麼做的!'"

이는 그야말로 벌집이나 개미굴을 뚫은 것처럼 눈에 가득하고, 저속함이 참을 수 없을 정도의 골동품 상점 같다. 당대唐代의 '물이 흐르듯이 마음 다투지 않고 떠 있는 구름처럼 내 뜻도 더디다.'고 한 원림의 경지나 송대宋代의 정미하고 고상한 원림풍격과 서로 비교하면 건륭乾隆 원림과 이것도 상당히 뒤졌는데, 청나라 말기나 민국초기의 원림은 실재로 동일한 수준으로 말할 수 없는 것이다.

다시 지적해야할 점은 서양문화가 들어옴에 따라 청대원림 중에 나타나는 허다한 서양식경관과 장식예술이다. 그러나 이는 '호천'격식을 근본적인 면에서 어떻게 변화시킬 수 없을 뿐만 아니라, 도리어 조화롭지 못하고 용속한 정도가 한결 지나치게 나아갔다.

역사상에도 이미 허다한 서양건축문화가 전래하여 중국건축문화 발전을 추진한 예가 있었다. 그러나 이런 일체도 중국건축문화 자체를 상실할 수 없는 강한 생명활력과 외래문화에 대한 소화능력이 기초가 된 것이다. 하루아침에 이런 기초가 다시 존재하지 않게 되어, 중국 외의 건축문화가 복잡하게 섞여서 이렇게 완전히 다른 결과가 생겼다. 탑塔같은 종류의 외래 건축형식이 앞뒤로 두 번이나 중국에 다른 영향을 전래한 것이 전형적인 예이다.

탑이 제일 먼저 중국에 전래한 것은 동한東漢 영평永平 때인데,『위서·석로지』의 기록을 보겠다.

부처가 이미 세상을 떠나서 향나무로 시체를 불살랐다. 시체를 화장하고 남은 뼈를 분쇄하여, …… 그것을 호언하여 '사리'라 하고. 제자가 거두어 받들어 보병에 두고서 향기로운 꽃을 다하고 지극히 경모하여 궁우를 지은 것을 '탑'이라 한다. …… 낙중에 백마사를 지은 때부터 불화를 성대하게 장식하였는데 그림이 매우 묘하였고, 네 개의 방식으로 궁탑 제도를 삼았는데, 오히려 천축(인도)의 옛 모양에 의거하여 중첩하여 지어서 한 층에서 3·5·7·9층에 이르렀다.❶

❶『위서(魏書)·석로지(釋老志)』, "佛旣謝世, 香木焚尸. 靈骨分碎, …… 胡言謂之'舍利'. 弟子收奉, 置之寶瓶, 竭香花, 致敬慕, 建宮宇, 謂爲'塔'. …… 自洛中構白馬寺, 盛飾佛圖, 畵跡甚妙, 爲四方式. 凡宮塔制度, 猶依天竺舊狀而重構之, 從一級至三·五·七·九."

이를 근거하면 알 수 있듯이, 불탑이 비록 인도의 사리단[솔도파窣堵坡27)]를 모방하여 지었지만 이들은 중국의 누각식樓閣式 건축특징을 융합한 것에서 가장 처음 시작되었다. 이후에는 탑이 더욱 중국건축문화에 동화된 것을 숭악사嵩岳寺 탑塔28) 에서 분명하게 볼 수 있다. 이 때 '스투파'는 원래의 주체부분이 원구圓丘와 상륜相 輪29)인데 이미 퇴화되어 다음으로 중요한 자리에 놓였고, 규모가 매우 작은 탑찰塔 刹이 되었으며, 탑신塔身의 주체부분에는 완전히 중국건축 특유의 명랑하고 풍부 한 운율의 리듬인 부드럽고 아름다운 인정미 넘치는 곡선으로 표현되었다.

동한東漢 영평永平에서 북위北魏 정광正光까지 400여년 사이에, 탑처럼 외래건 축예술형식이 거대한 진보가 있었다. 그 이전의 모습은 거의 완전히 없어졌으 나 탑의 새로운 기능과 결구와 미학풍격은 중국건축문화와 조화롭게 융합하여 일체가 되었다. 이후에 탑은 중국원림 중의 조형에서 가장 풍부하고 한 덩어리 의 예술효과에서 가장 선명하게 생동하여 주위의 산수와 서로 어울려서 생동 감이 빛나는 건축경관중의 하나가 되었다.

이런 형성과 강렬하게 대비되는 것은 원대元代에서 청대淸代에 이르는 육백여 연 동안 복발식覆鉢式30) 탑의 모습은 진보되지 않았을 뿐만 아니라 그 예술수준 은 도리어 크게 퇴보하였다. 복발식 탑은 원대에 네팔을 경유하여 중국에 전래 된 후에 유행하기 시작했다.

이 시기의 대표작은 우리가 잘 알고 잇는 북경 묘응사妙應寺에 원 세조元世祖 지원至元 8년에 세운 백탑白塔이다. 이것은 네팔 예술가 아니코[阿尼哥; Aniko]가 직접 지었는데, 탑의 자태가 웅장하여 위엄이 있으며 탑신 각 부분 비례도 균형이 맞으며 곡선이 소박하여 힘이 있다. 그러나 4백여년을 경과한 이후에 북해 北海 경도瓊島위에 같은 양식의

**복발식 탑**

라마교(喇嘛敎) 백탑(白塔)

북경 묘응사(妙應寺) 백탑(白塔) 모형
북해(北海) 경도(瓊島)위에 같은 양식의 백탑

백탑을 청淸 순치順治 8년에 세웠는데, 원래 원나라 때 옛 모습을 그대로 지켜서 조금도 중국건축문화에 동화되지 않았을 뿐만 아니라 그 조형이나 규모 등 각 방면의 예술 수준도 묘응사 원탑보다 훨씬 못하다. 명대에 북해 백탑 유지 위에는 본래 광한전廣寒殿이 세워져 있었는데, 그 풍격과 담긴 뜻도 고전원림전통의 바다 가운데 선산仙山의 짜임새에 근원하였다.

청대 이후에 세워진 것들 중에 이처럼 동화하는 능력이 완전히 없어진 것은 라마교喇嘛敎[31] 백탑白塔인데, 예술의 내용이나 조형·색조나 전체 원림이 건축과의 조화 같은 형식적인 면에서 논할 것 없이, 모두 매우 불합리하여 못 쓰는 붓처럼 되었다.

북해의 백탑은 원림 전체가 지평선에 따라 규제되기 때문에 이처럼 동화되지 못한 요소가 섞여서 전원의 고도한 양식화와 경관체계 사이에 전혀 어울리지 않는 점들도 매우 두드러지게 드러난다. 이후에 중국고전건축과 원림의 생명력이 더욱 쇠미해졌기 때문에, 건륭乾隆 45년 북경에 지은 서황사西黃寺 복발식 백탑과 비교하면 북해 백탑도 더욱 용속하게 조각된 것이다.

상술한 것을 비교하여 설명하면, 전통문화 활력이 고갈되고 전반적인 체계가 날로 점점 정체됨에 따라 외래건축예술의 수입은 이전처럼 하나의 체계가 생기를 더욱 풍부하게 할 수 없을 뿐만 아니라 원래 있던 것과 조화하는 것까지도 다시 존재하지 않았다. 상승하는 문화에 대하여 말하면, 지난날 조화가 이따금 상실하는 것은 융성하게 일어난다는 것을 상징하지만, 이미 쇠미한 문화에 대하여 말한다면, 이런 종류의 상실은 무엇을 의미하는가?

고전원림예술이 '호천' 체계를 연속시키기 위하여 마음과 힘을 다하여 변화시킨 것이 건륭시기에 최후의 높은 봉우리에 이르렀다. 이 같은 노력은 송대 원림예술처럼 '호천' 체계를 더욱 정미하고 조화롭게 할 수 없었다. 전통기법의 에너지를 더욱 궁진하는 상황에서 면모를 새롭게 바꾸기 위하여, 건륭 이후의 원림예술은 하는 수 없이 서양건축문화의 영향을 받는 가운데에서 고전원림예술을 접목하여 '호천'의 장점으로 삼지 않을 수 없었다.

원명원의 서양루(西洋樓) 유적

　예를 들면 상춘원長春園에 중국의 바로크식이 전혀 없는 건축 군으로 속칭 '서양루西洋樓'라 하는 것들과 청의원淸漪園에 지은 서양식 석방石舫32)이다. 사인원림 중에도 예가 많은데, 원매袁枚의 원림에 대하여 "서쪽 창고의 동쪽 행랑을 유리琉璃세계라 하고, 이중으로 방을 만들어, 창에 오색 유리를 끼웠는데, 빛이 아름답고 현란하게 빛나서 눈이 어지럽고 매혹되었다."33)고 한 수원隨園 같은 것이다. 또 건륭 때 양주揚州의 강원江園을 예로 들겠다.

．．．．．．．．．．．．．．．．．．．．．．

　이성당 왼쪽에는 산자락 아래에 서양건축법을 모방하여 앞에는 난간을 설치하고 심옥을 지었는데, 바라보면 수십 수백 줄로 늘어선 것처럼 보이고, 한 바퀴를 빙 돌아가기도 하고, 갑자기 길이 꺾이어서 눈이 어지럽고 발걸음 떼기가 무섭다. …… 한 방에는 자명종을 설치해 놓아 건물하나를 꺾어지나갈 때마다 종이 한 번씩 울리는데, 자명종을 울리는 기계장치가 꺾이는 곳마다 설치되어 있다. 바깥쪽에는 산과 강, 바다와 섬들, 바닷길을 그려놓았다. 맞은편엔 영등을 설치하여 유리거울을 이용해 방안에 그려둔 그림이 비치게 해놓았으며 위쪽에 한 자가 넘는 천창을 내서 햇빛과 구름 그림자가 서로 어우러지고 달빛과 햇빛이 비쳐들어 아름답게 반짝거리도록 했다.❶

..................................

양산 소묘(昭廟)의 유리 기와탑

# 제5장 이면으로 향하는 예술변증법과 중국고전원림·건축예술의 쇠퇴 417

❶ 『양주화방록(揚州畫舫錄)』12권, "(怡性堂)左靠山仿效西洋人制法, 前設欄楯, 構深屋, 望之如數什百千層, 一旋一折, 目炫足懼, ……一室之中設自鳴鐘, 屋一折則鐘一鳴, 關振與折相應, 外畵山河海嶼, 海洋道路. 對面設影燈, 用玻璃鏡取屋內所畵影, 上開天窓盈尺, 令天光雲影相摩蕩, 兼以日月之光射之, 晶耀絕倫."

　　원림이나 건축예술에서 이런 종류를 숭상한 것은 신속하게 일어난 서양근대문화가 중국전통문화에 보편적으로 영향을 끼쳐서 조성된 부분 중의 하나이다. 이 과정에서 후자의 피동성이 분명하고 쉽게 보일 뿐만 아니라 외래문화를 접수한 구조도 지난 것과는 완전히 다르다. 이것은 당연히 '호천' 체계에서 장기적으로 용납할 수 없는 것이기 때문에 '마테오리치가 바다를 건너 동쪽에 온 이래로, 서양학술이 중국에 전래되기 시작했다. 역산曆算과 사물의 이치를 파고들어 지식을 얻은 철리哲理의 학문이 앞뒤에서 들고 일어나서 강희康熙에 가장 융성했으나, 건륭乾隆에 이르러서 쇠퇴하기 시작했다." 그리고 서양미술이 중국에 영향을 끼친 것도 건륭乾隆 말엽 이후에 '결국 요절夭折'하였다.34)

　　서양회화와 원림예술에서 강희康熙·옹정擁正·건륭乾隆 세 조정에서 대표적인 인물 낭세녕郎世寧35)을 예로 들겠다.

---

낭세녕의 새로운 장르도 시비를 가릴 것 없이 청제의 뜻에 굴복한 결과이다. …… 청대 봉건통치가 한창 때에 서양의 자본주의와 문명의 충격아래에서 생긴 회화현상이다. 또 이 양종의 다른 회화전통이 서로 배척하는 조건 아래에서 잠시 타협한 산물이다. 역사가 증명하듯이, 이런 종류의 역사배경과 객관조건의 개변에 따라서, 낭세녕의 새로운 장르도 차츰 사라져서 없어졌다.❶

낭세녕 죽음서영도(竹蔭西獰圖)

제5장 이면으로 향하는 예술변증법과 중국고전원림·건축예술의 쇠퇴 **419**

❶ 양백달(楊伯達), 「낭씨녕이 청나라 조정에서 창작활동과 그 예술성취[郎氏寧在淸內廷的創作活動及其藝術成就]」, 『고궁박물원간(故宮博物院刊)』 1988년 2기, "郎世寧新體也無非是屈從於淸帝旨意的結果. …… 是在淸代封建統治盛期, 在西方資本與文明的冲擊下産生的一種特殊的繪畵現象, 也是兩種不同的繪畵傳統在互爲排斥的條件下暫時妥協的産物. 歷史證明, 隨着這種歷史背景和客觀條件的改變, 郎世寧新體也就逐步消逝了"

    이와 같이 풍미하는 방향과 순간적으로 요절하는 것이 통일된 것도 한당 무렵 중국과 서양의 문화가 장기적으로 교류하여 큰 업적이 주렁주렁 형성된 것과 분명하게 대조된다. 중국전통문화의 후기 발전제도와 고도로 정형화된 체계의 특징은 명청 무렵에 서양건축문화가 교류하여 요절하는 결과를 결정했을 뿐만 아니라 이런 교류 자체가 처음부터 끝까지 섞여도 조화되지 못하여 곳곳마다 서로 저촉되어 방해가 되었다.

    예를 들면 근본적으로 방법이 없는 것과 중국고전인림의 주된 취지와 풍격이 서로 협조했기 때문에 장춘원長春園 안의 서양식 건축 군은 어쩔 수 없이 원림에 전체에 배치하였고, 또 원명원·장춘원·만춘원은 가장 후미진 서북쪽 모퉁이에 배치하였으며, 또한 이것과 원림 내부의 나머지 중국식 경관 사이에는 흙으로 언덕을 만들어서 막았다. 따라서 서양건축문화를 '호중'에 옮겨 넣었지만 이것과 이 속의 격식은 오히려 옳고 그른 구분이 분명하다.

    또 예를 들면 건륭乾隆께서 원명원圓明園 41경 중의 하나를 '물과 나무가 선명하다'고 기록하고 말했다.

---

서양의 수법을 사용하여, 방으로 끌어들여 선풍기를 돌렸다. 시원하며 가벼운 소리가 거문고나 피리가 아니지만 자연의 소리가 아득히 들려오고 숲의 빛깔은 깨끗한 녹색을 띠었다. 역도원❶이 말하길, '겨울의 추위

에도 강한 대나무와 잣나무 같은 굳센 정신을 품으니 정신과 마음이 묘한 경지에 이른다. 지혜롭고 어진 본성은 모두 산수의 깊은 것에서 본받았다'고 하였다.❷

---

❶ 역도원(酈道元): 중국 북위(北魏 : 386~534) 때의 지리학자·산문가. 자는 선장(善長). 범양(范陽) 탁(涿 : 지금의 하북성(河北省) 탁현(涿縣) 사람이다.
❷ 「추풍청(秋風淸)·서(序)」, 『일하구문고(日下舊聞考)』81권, "用泰西水法, 引入室中, 以轉風扇. 泠泠瑟瑟, 非絲非竹, 天籟遙聞, 林光逾生淨綠. 酈道元云: 竹柏之懷, 與神心妙達; 智仁之性, 共山水效深."

여기에서 '비사비죽非絲非竹'의 전고는 서진西晉 좌사左思의 『초은招隱』에 있는 "반드시 관현악기가 아니더라도 산수에는 맑은 음이 있다."에서 나온 것으로, 본래 이는 사대부가 간교한 마음을 버리고 자연에서 깨끗한 생각을 품는 것을 목적으로 노래하여 묘사한 것이다.

건륭乾隆은 이런 옛 법도 및 이것과 상관있는 '죽백竹柏 같은 포부'나 '지혜롭고 인자한 본성'을 자신이 지킨다고 분명하게 설명한 동시에, 한편으로는 또 서양식 기계를 사용하여 물을 끌어들여서 경관을 조성하였는데, 이는 참으로 고인이 말한 마치 소머리를 문에 걸어놓고 안에서는 말고기를 파는 것과 같은 것이다. 완전히 동화할 능력이 없는 서양식 경관을 원림에 섞어 넣어서 예술이 이와 같이 파괴될 정도에 이르렀는데, 우리가 오직 이화원頤和園의 석방石舫이 주위의 산수와 건축의 풍격이 얼마나 어울리지 않는가를 본다면, 한두 가지를 알 수 있을 것이다.

중국전통예술이 상실되어 외래문화를 흡수하는 역사 환경도 급박하여 '호천壺天'의 문을 어쩔 수 없이 크게 열었는데, 이런 거대한 모순과 그 최후의 결과가 청대 후기 내지 민국초년의 원림에까지 더욱 분명하게 드러났다. 이때의 원림은 그 환경예술이나 건축예술을 쫓아서 곧바로 실내장식을 진열하는데 이르렀으며, 이처럼 서양문화를 따라 모방한 것도 혼란한 상태에서 진행된 것이다.

이화원(頤和園)의 석방(石舫)

강녕에 도원이 있다. …… 원림 경관은 서양식이 섞였고, …… 북문으로 들어가면, 작은 집 서까래 몇 개가 있고, 나아가면 서양식 누각인데 누각 상하에 은 빛 백분을 칠하였다. 진열된 기물들도 서양식이다.❶

의홍원의 땅을 상해 공용 외국인 거주 지역의 홍구로 삼았다. 때문에 '홍구공원'이라 하고, …… 많은 곳이 서양식 원림을 닮았으며 고관 귀인이 항상 자리를 빌려서 손님을 초대하여 잔치를 베풀고, 진열된 기물도 외국에서 배로 실려 온 물건으로 유명하다.❷

강녕에 공원이 있는데 선통 기유년에 지은 것이다. …… 정문에 하나의 매우 높은 차양이 있고 둘 또는 네 개의 기둥이 있는 장식용 건축물을 지었는데 프랑스식을 모방하였으며 정대나 누각도 여러 나라 방식을 본떠서 지었다.❸

❶ 서가(徐珂), 『청패류초(淸稗類鈔)』제1책 「원림유(園林類)」, "江寧有陶園,

> …… 園景參以西式, …… 自北門入, 有小屋數椽, 進而為西式樓, 樓上下
> 堊以銀光白粉, 陳器亦西式."
> ❷ 서가(徐珂), 『청패류초(淸稗類鈔)』제1책「원림유(園林類)」, "辰虹園以地
> 為上海公共租界之虹口, 故名, …… 頗似西式園林, 達官貴人恒假座以宴
> 客, 陳設器物亦舶來品為名."
> ❸ 서가(徐珂), 『청패류초(淸稗類鈔)』제1책「원림유(園林類)」, "江寧有公
> 園, 宣統己酉, …… 建者也. …… 正門為一極峻之牌樓, 倣法國式, 亭臺
> 樓閣, 亦皆摹擬各國而構之."

이와 같은 원림작품이 현재까지 적지 않게 보존되어 오고 있다. 예를 들면 소주의 졸정원 서쪽부분과 사자림 가운데의 석방石舫과 지백헌指柏軒 같은 것이다. 이것들의 예술수준은 저속하고 졸렬하며 풍격 상의 혼란함이 참을 수 없을 정도이고, 전통과의 조화는 거의 다 없어져서, 유람하는 사람들이 한 번 보면 알 수 있는 것이다. 상해에는 이와 같은 반식민지의 정도가 더욱 심한 지역으로, 1900년에 지은 목상회관木商會館에는 심지어 개를 끄는 서양 여인·고무바퀴로 된 인력거 같은 제재를 벽돌에 조각하여 원림에 장식하였다.36) 이 같은 예술 면모와 중국전통문화가 발전하고 변화하는 추세는 다시 말하지 않아도 알 수 있는 것이다.

이 장을 마치기 전에 다음에서 중국전통 나무로 만든 건축예술발전의 역사를 간단하게 보아야 할 것이다. 중국고대건축은 서양고대건축이 대부분 돌로 만든 벽체가 하중을 견디는 것과 달리, 기본특징은 나무로 구건[부재]37)를 조합하여 이루어진 구조가 지붕의 중량을 견딘다. 이 때문에 건축예술 발전의 핵심은 나무 부재의 비례·곡률曲率38)·조합방식 등의 조직과 구조예술의 변천이다.

모든 중국고대문화가 수당隨唐 시기에 성숙된 것과 똑같이 중국고대건축예술은 장기적인 발전을 겪어서 수당 시기에 맨 먼저 가옥의 양가[梁架39]가 건축물 중에서 가장 기본적이며 가장 중요한 구조나 결구영역으로 성숙하게 발전하였다. 그 결과가 또 당唐 대명궁大明宮 함원전含元殿이나 인덕전麟德殿 같은 기세가 넓은 건축을 출현시켰다.

결구 예술의 성숙은 큰 나무로 짜 맞추는 사이에서 가장 부합하는 기능과 역학을 찾아내게 하였고, 동시에 공간예술 표현력의 조합방식과 비례관계도 모두 갖추게 되었다. 지금까지도 여전히 오대산에 있는 당대 남선사대전이나 불광사대전 등의 '대목작'大木作40) 중에서 힘과 아름다움을 높은 수준으로 통일시킨 작품을 볼 수 있다.41)

오대산(五臺山) 불광사대전(佛光寺大殿)

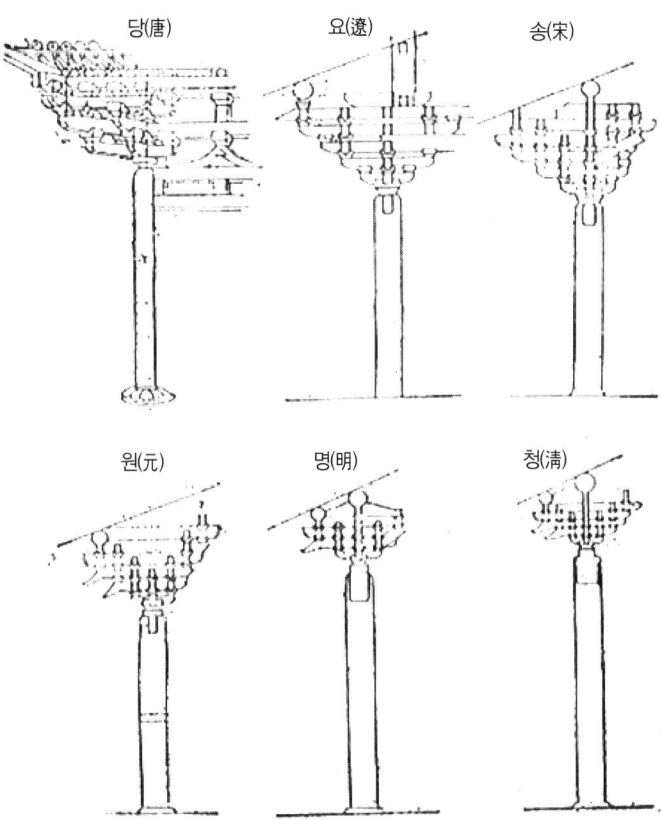

당(唐) 이후 역대(歷代) 두공(斗栱)의 쇠변(衰變)

그러나 '대목작'이 성숙한 이후에는 사회형태가 건축예술에 질적인 비약을 요구하거나 더욱 넓은 영역의 발전을 조금도 제공하지 않았을 뿐만 아니라, 도리어 건축예술의 발전을 제한하여 하나의 천지 중에서 갈수록 더욱 작아지고 갈수록 더욱 폐쇄되었다. 동시에 전통문화 표준양식의 장기연속도 나무로 만든 예술이 여전히 건축예술을 주도하도록 결정하여 사회문화 전체체계에 따라 계속 발전해 갔다.[42]

 이렇게 더욱더 작아지고 갈수록 명확해진 천지에서 생존을 바라고 발전을 바라는 추세는 중국고대사회 후기 건축예술에서 근본적인 결점이다.

 이에 건축은 다른 전통예술처럼 날마다 경지를 표기하고 외부에서 개척하는 날로 더욱 내부 경지를 세미하게 개척하였다. 성숙한 방법·모범이 되는 양식·본보기·진귀한 성과일체를 날로 협소한 경지로 넣어서 더욱 정치하며 높은 수준으로 성숙시킨 완전무결한 문화예술을 발전시켰다.

 오대산 불광사 대전[43]에서 알 수 있듯이, 이 당시 건축예술의 매력은 대부분 양梁·주柱·방枋·두공斗栱 등의 '대목작'에 비례를 합리적으로 집중하고, 웅건한 풍격과 풍부함을 실내 공간구성 위에서 조합하여 형성하였다. 그리고 '소목작'[44]은 건축예술 중에서 결코 중요한 위치를 차지하지 않는다. 따라서 이 전殿에는 여전히 한漢대 이래로 통용된 두 짝 문과 곧은 창살 등의 졸박한 '소목작'을 계속 사용하였고, 이것과 전 내부의 부재나 두공을 간결하게 처리하여 부재도 채색하지 않고 붉은 흙을 발라서 통일된 풍격을 형성하였다.

 그러나 송대 이후에는 큰 나무로 짜 맞추는 예술표현이 퇴화하기 시작하였다. 여기에서 주요하게 표현된 것은 단독건축의 규모가 축소하여 여러 체의 조합을 더욱 중요시하였고, 결구의 비례가 날로 양식화 되었다.[45] 결구의 역학 효용이 약해져서 날로 아름답고 번잡한 조형에 더욱 힘썼다.[46]는 것들이다.

 그러나 바로 이는 '대목작'이 점점 쇠미해지는 동시에 이전에 중시여기지 않았던 '소목작'이 발전하기 시작했으며, 아울러 송금宋金시기에 도달한 정미함은 이후에 따라잡을 방법이 없을 정도였다. 그 구체적인 예를 제1편 제6장 제3절에서 수차례 거론하였다. '소목작'이 짧은 시간에 최고의 경지에 오른 것은 '호천'의 격식이 전통결구예술 일체에서 발전 가능성이 단절되었기 때문에 소목작에 전력을 다한 결과가 분명하다.

명청의 '대목작'은 송대에 이후로 계속 쇠퇴하여 최종에는 완전히 교착상태에 빠지게 되었다. 결구의 역학 공릉이 크게 위축된 동시에, 이들 원래의 곡선미도 거의 돌보지 않았다. 예를 들면 주두柱頭47)권쇄법卷殺法48)·공포나 월량月梁49)을 만드는 방법은 다시 채용하지 않고 뻣뻣한 곧은 선형으로 대신하였다.50)

그리고 '소목작'도 이 시기에는 '대목작' 실패의 전례를 거듭하여 날로 쇠퇴하기 시작했다. 예를 들면 요대 대동화암사 박가교장전薄迦敎藏殿51) 벽장이나, 금대 산서 응현 정토사 대웅보옥전 내의 천궁누각 같이 눈부시게 빛나는 '소목작' 작품은52) 명청 시기에 다시 출현하지 않아서 '소목작'기법은 날이 갈수록 더욱 세부적인 영롱함에 너무 빠져들었다.

앞에서 인용한 『홍두봉』에서 이홍원怡紅院 실내장식에 대한 묘사가 전형적인

소주 반문(盤門) 서광탑(瑞光塔)의 두공

예이다. 건륭 이후에 실내 '소목작'은 중심부에 삼목杉木을 사용하고 외부에는 홍목紅木이나 자단紫檀을 사용하여 둘러싼 것 같은 것은 공력을 다하였고, 위험을 무릅쓰고 기이한 것을 찾는 기법이 한 때에 성행했다.53)

당시 회화예술이 고도의 자양분을 공급받았기 때문에 송·금 묘실의 화훼도안은 사람들이 눈으로 미처 다보지 못할 정도이고, 강렬한 사생 의지를 갖추어서 이것들과 인물고사도안人物故事圖案 및 마름꽃[菱花]·감꼭지[柿蒂]·둥근 무늬[球紋]가 변한 형체 등의 수십 종 문양이 함께 구성되어 이 시기의 '소목작'은 충분히 정미하고 풍부하게 생동하는 예술형상이었다.

그러나 명청대 '소목작'의 장식 제재는 날이 갈수록 더욱 고대 동기銅器나 옥기玉器에서 표절한 문양이 양식화 되어 심지어 복福·수壽·녹祿·만卍자 같은 속된 내용까지도 대체하였는데, 예를 들면 북해北海나 이화원頤和園의 곳곳에서 볼 수 있는 '오복봉수五福捧壽'같은 것이다.

『원야園冶』1권에서 열거한 장식하여 구부린[裝折] 도식圖式에서도 알 수 있듯이, '소목작'의 기하문양이 명나라 이후에는 점점 새롭게 변하여, 송금宋金시대와 같은 생동적인 예술형상은 갈수록 더욱 적어졌다. 설사 이런 화훼花卉의 제재가 명청 시 '소목작'에도 군더더기를 쌓아 유약하게 양식화된 도안으로 변했기 때문에 옛날의 빼어남이 없어진 것이다.

그러나 '대목작'이 완전히 교착상태에 빠졌을 때 '소목작'도 쇠락해진 동시에 전통 나무로 만드는 예술도 더욱 작은 천지 속에서 새로운 진선진미를 실현하였는데, 이런 천지는 명대 가구예술에서 실제 나타난다. 우리가 알고 있듯이 진한秦漢 이후 가구양식은 하나같이 꿇어앉는 습관에 적응시킨 것이다. 나중에 다리가 높은 가구가 전래됨에 따라 다리를 펴고 앉는 것도 선례가 되었다. 『후한서·오행지』의 기록을 예로 들겠다.

제5장 이면으로 향하는 예술변증법과 중국고전원림·건축예술의 쇠퇴  427

영제가 호복·호장·호상을 좋아하여 ……, 경도에서 귀척들이 모두 경쟁하듯이 그렇게 하였다.❶

❶ 『후한서(後漢書)·오행지(五行志)』, "靈帝好胡服·胡帳·胡床……, 京都貴戚皆競爲之."

여기에서 말한 호상胡床은 '교의交椅'나 '교상交床'이라 하고, 이는 일종의 접어서 휴대하거나 사람이 다리를 펴고 앉기에 편리한 도구로, 북경에서는 속칭 '마찰아 馬扎兒'라 하며, 한당漢唐무렵에 이미 보급되어 사용되었다.54)

그러나 주의해야할 가치는 결구가 간단한 '호상'을 제외하면, 한 영제漢靈帝부터 당나라 말기에 이르기까지 비록 7백여 년의 긴 세월을 지나면서 다리 높은 가구가 실제로 유행하지는 않았으나, 오대五代나 북송北宋 매우 짧은 1·2백년 사이에 높은 다리 가구 형식이 크게 풍부해졌고, 도시와 농촌에서도 풍미하였다.

장택단(張擇端)의 〈청명상하도(淸明上河圖)〉 부분

실내에 진열하는 의자·탁자·발받침 상·등받이가 없는 방형의 작은 걸상 같은 가구는 대략 오대나 송초에 시작되어, …… 북송 중엽 이후까지 이와 같은 실내 진설이 바야흐로 유행하였다. …… 북송 말 장택단이 그린 〈청명상하도〉 가운데 각종 상점 속에는 거의 모두 탁자나 의자 작은 걸상이 설치되어 있고, 북송 말기 남송 초기 혹 금 초기의 주예(朱銳)가 그린 〈회반거도〉와 남송 초기에 소소가 그린 것으로 전하는 〈회산거도〉 가운데 시골의 작은 가게 사이에도 탁자나 작은 걸상 등이 설치되어 있으니, 그런 것들이 보급된 정도를 명확하게 설명할 수 있다.❶

❶ 숙백(宿白), 『백사송묘(白沙宋墓)』, p.94. "室內陳設椅·桌·脚床子·机等家具約始於五代·宋初, ……至北宋中葉以後, 此類室內陳設方逐漸流行. ……北宋末張擇端所繪 「淸明上河圖」中各種商店裏幾乎都設有桌·椅·机, 北宋末南宋(或金)初朱銳所 〈繪盤車圖〉和傳南宋初蕭照所〈繪山居圖〉中之鄕間小店也設有桌·机等, 更足以明確地說明其普及化的程度."

이 글에서 알 수 있듯이, 한漢나라 말기에 이미 다리가 긴 가구가 전래되었지만, 나무 결구예술이 오히려 '대목작'에 집중한 시대로, 가구가 크게 발전할 수 없었다. 이러한 것은 '소목작'이 성숙한 이후인 송대에 유행할 수 있었고 그 이전에는 유행할 수 없었다.

그러나 가구예술은 '소목작'이 이미 쇠락하기 시작한 명대에 성숙하게 되었

갑구반거도(閘口盤車圖) 부분

다. 따라서 나무 결구가 계속하여 '소목작' 이후에 또 한 단계 발전하였기 때문에 가구가 송대에 유행했지만, 당시의 '소목작' 예술처럼 뛰어난 성숙함에는 미치지 못하였다. 이것들은 결구 상에서 오히려 합리적인 요소를 다하지 못했다. 예를 들면 오대 고굉중의 〈한희재야연도〉에 있는 등받이 의자나 하북 거록에서 출토된 등받이 의자 등은 네 개

오대(五代) 고굉중(顧閎中)의 〈한희재야연도(韓熙載夜宴圖)〉 부분

이 둥근 다리로 받치는데 기운데 등 뒤의 두개는 높기 때문에 딱딱하게 연결된 다리의 구조는 의자의 용도를 충분히 발휘할 수 없었다.

그 예술조형도 우수한 아름다움을 다하지 못했다. 예컨대 송나라 유송년劉松年의 〈사경산수四景山水〉 그림에 있는 것은 송나라 그림의 의자로, 1987년 북경민족문화궁北京民族文化宮에서 적봉赤峰의 출토문물 전람회에 진열된 요대遼代의 탁자나 의자 등은 그 선형이 모두 뻣뻣하고 딱딱하여 생동하는 부드럽고 너그러운 운율의 변화가 결핍되었다.

가구예술은 명대明代에 최고 수준으로 발전하였다. 이는 크거나 작은 나무로 만든 것에 비하여 더욱 작은 천지 속에 전통 나무로 만든 예술이 수천 년 동안 애써 노력하여 이룬 결과를 응집했기 때문에 '명나라 식 가구'가 고도로 성숙하고 정미한 예술경지를 갖추었다.

명나라 식 가구는 정연한 물건의 작품일 뿐만 아니라

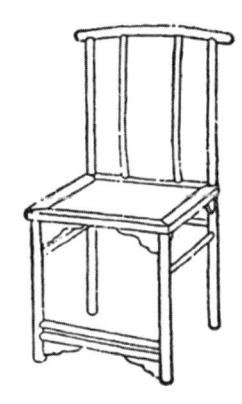

하북(河北) 거록(巨鹿)에서 출토된 등받이 의자

유송년(劉松年)의 〈사경산수(四景山水)〉 부분

작품 중에는 설령 매우 작게 만든 물건이라 하더라도 모두가 역학力學·미학美學·공능功能 세 가지가 완미하게 통일된 동시에, 모두 결구상에서 가장 합리적이고 사용하기에 가장 적합하며 또 곡선미가 가장 풍부하다. 왕세낭 선생이 '명황화리무속요장방등明黃花梨無束腰長方凳'과 '명자단선면형남관모의明紫檀扇面形南官帽椅'에 대한 품평을 예로 들겠다.

.................

이런 종류는 곧은 다리와 곧은 등받이 걸상으로, 송대에 이미 정형화 되었다. 명대에 이르러 더욱 성숙함이 더해졌다. 이 걸상은 옆다리가 두드러지고 사람들에게 가구와 큰 나무 양가 사이의 관계로 보인다. 이것은 거칠고 큰 재목을 사용하여 선과 다리가 간단하고 세련되어 이런 예는 명대 가구의 신운을 드러내기에 적당하다.❶ 관모의❷는 네 다리가 밖으로 벌려졌고, 옆다리는 두드러지고, …… 관모양의 다리와 등받이를 분명하게 밖아 넣어서 사용했을 뿐만 아니라, 머리 부분이 조금 나왔고, 견고하면서도 누체한 느낌이 들지 않고, …… 오히려 나무로 만든 양가의 특징을 지니고 있다. …… 조형은 펼쳐졌으나 중후함이 응집하여, 정결한 재목을 골라서, 정밀하고 깊게 만들어서, 자단으로 만든 가구 중에 정품일 뿐만 아니라, 더욱이 극소수의 명나라 전기 제품의 실례로 정할 수 있는 것이다.❸

.................

❶ 왕세낭(王世襄), 『명식가구진상(明式家具珍賞)』, "此種直足直棖机凳, 宋代已定型, 至明而更加成熟. (此凳)側脚顯著, 使人看到家俱與大木樑架之間的關係. 它用材粗碩, 線脚簡練, 比例適當, 顯示出明代傢俱的神韻."

❷ 관모의(官帽椅): 의자의 등받이 윗부분의 형상이 관모(관료의 모자)처럼 생겼기 때문에 관모의라 부르게 되었다. 관모의는 대부분 팔걸이를 가지고 있으며 등받이는 높고 팔걸이는 낮은 게 특징이다.

❸ 왕세랑(王世襄), 『명식가구진상(明式家具珍賞)』, "(官帽椅)四足外扠, 側脚顯著, ……管脚棖不僅用明榫, 而且索性出頭少許, 堅固而並不覺得累贅,

제5장 이면으로 향하는 예술변증법과 중국고전원림·건축예술의 쇠퇴 431

······還保留著造大木樑架的特徵, ······造型舒展而凝重, 選材整潔, 造工精湛, 不僅是紫檀傢俱中的精品, 更是極少數可定爲明前期製品的實例."

청건륭자단유속요가흑칠묘금태사의
(淸乾隆紫檀有束腰加黑漆描金太師椅)

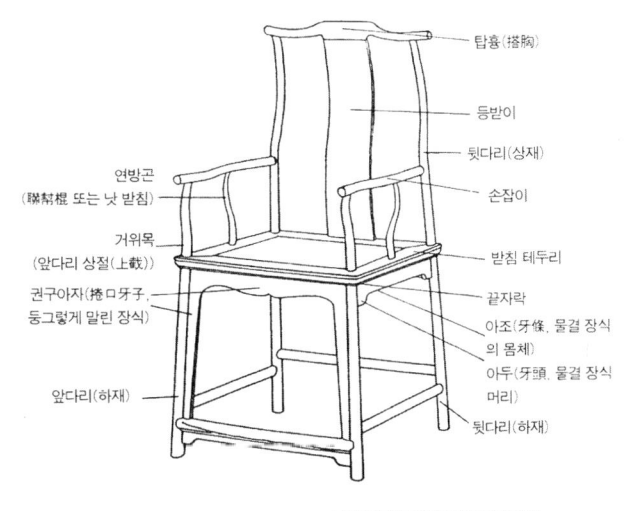

사출두관모의(四出頭官帽椅)

　명대 가구에서 의자 중에 '사출두관모의四出頭官帽椅' 같은 형식은 기품이 풍부하다. 그 원인은 당시 사람들이 양 팔을 밖으로 벌리고 앉을 때 머리 부분을 지나 S형으로 저절로 굽은 척추가 곧장 다리에 이르러서, 복잡한 곡선과 곡면을 형성하기 때문이다. 따라서 예술가는 반드시 나무자체 구조의 영활함과 곡선이 풍부한 특징을 최대한으로 발휘해야한다. 그리고 가장 적절하게 운용하여 역대 나무로 만든 예술의 성취를 응집시켜야, 비로소 인체의 복잡한 곡선이나 곡면과 부합하며, 쾌적하고 우아하며 아름다운 의자가 된다.
　한 줌 밖에 안 되는 작고 작은 명나라 식 의자는 아무리 보아도 싫증나지 않는 까닭은 이 결구가 엄정하고 각종 곡선의 변화가 풍부하며, 곡선의 예술대비가 두드러지는 운용을 집중하였기 때문에, 안案·상床·함[柜]·시렁[架] 같은 대형가구도 미치지 못하는 이유이다. 그리고 명나라 식 가구에서 '태사의太師椅'를 사람

실내 가구나 소품 배치나 실내장식의 예

들이 가장 싫증내는 것도 소유하고 있는 종류별 가구 중에서 딱딱하게 막힌 결구나 뻣뻣하고 곧은 선형의 표현에 집중하였기 때문에 인체의 곡선이나 곡면과의 거리가 멀기 때문이다.

명청 이후 건축문화의 전통방식은 가구처럼 협소한 천지에서도 충분히 펼쳐 보일 수 있기 때문에 이 당시 전반적인 건축체계에 따라 가장 미세한 부분까지 높은 수준으로 통일시켰다. 이것은 매우 자각하여 깊이 내재한 요구사항을 갖춘 것이다. 이처럼 피부로 느끼는 자아 완선은 원림 모습에 직접적인 영향을 끼쳤다. 『홍루몽』제17회 중의 소상관瀟湘館에 대한 묘사를 예로 들겠다.

많은 사람들이 …… 이리하여 정자를 나와서 못을 지나가는데 하나의 산, 돌 하나, 꽃 한포기, 나무 한 그루를 신경 써서 관람하였다. 갑자기 머리를 드니 전면 일대의 흰 담장이 보이는데 그 안에는 몇 개의 기둥으로 집을 꾸몄고 수백 개의 푸른 대가 가렸다. …… 문으로 들어가면 곧 휘어지고 꺾인 긴 회랑이인데 계단 아래는 돌들로 용로(길)를 아무렇게나 만들었고, 상면의 작은 두세 칸의 방은 하나는 밝고 두 칸은 어둡고 안에는 모두 자리에 맞게 만든 상과 책상 의자와 궤안이다.……❶

❶ 『홍루몽』제17회, "衆人……於是出亭過池, 一山一石, 一花一木, 莫不著意觀覽. 忽抬頭看見前面一帶粉垣, 裏面數楹修舍, 有千百竿翠竹遮映.……進入門便是曲折遊廊, 階下石子漫成甬路, 上面小小兩三間房舍, 一明兩暗, 裏面都是合着地步打就的床几椅案.……"

'자리에 맞게'라는 말은 집안의 특정한 공간이나 환경 또는 진열에 필요한 것들에 따라서 체계를 갖춘 가구의 치수나 양식의 설계를 가리킨다. 이것이 명청明淸시기에 완성된 궁원과 관저를 설계하는 중요한 원칙이다.55) 이렇게 사람을 놀라게 할 정도로 완전하고 치밀한 건축체계 중에서 소상관瀟湘館의 상과 책상 의자와 궤안은 이 속에 있는 하나의 산이나 돌 하나·꽃 하나·나무 한 그루와 똑 같이 조금도 분수를 잃지 않고 '호천' 중의 '위치'를 엄격하게 지켜야 비로소 완미할 수 있는 것이다.

이와 같은 전형적인 예로는 북경의 명청 고궁明淸故宮 같은 것이다. 이 속에는 전전前殿 후침後寢56)의 배치뿐만 아니라 전삼전前三殿과 후삼전後三殿 사이에서 주종을 이루는 처다 보이기도하고 내려다보기도 하는 여러 층으로 보이는 구조는 일반인들이 생각하기 어려운 엄정함과 치밀함이 있고, 이어진 태화전太和殿에는 장식방법을 선택하여 기둥을 세웠고, 의자·탁자·병풍·편액 같은 것들의 세부처리도 모두 고궁 또는 북경성 전체의 설계원칙과 조화를 이루어 일체가 된 것이다.57)

가구예술이 성숙하여 전통 나무로 만드는 예술이 연속적으로 쇠퇴하는 결과를 이루고, 동시에 또 이처럼 모든 건축 내지 문화체계에 철저하게 들어가서 어느 곳에서나 제약하는 관계가 된다면, 이것도 하나의 체계에 있는 다른 부분과 똑 같이 독립적으로 발전할 가능성을 완전히 상실하기 때문에, 이전의 '대목작'과 '소목작'이 직면한 것과 같은 위기를 만나는 것은 필연적이다. 왕세낭王世襄 선생이 청대 '자단유속요대탁니권의紫檀有束腰帶托泥圈椅' 평가한 것을 예로 들겠다.

---

의자에 매우 작은 속요❶가 있는데, 만약 속요가 있다면 다리와 발 가운데를 통과하여 영향을 받기 때문에 아래위로 어쩔 수 없이 두 개의 나무를 나누어서 만들어야할 것이다. 엄격하게 말하면 이는 불합리한 방법이다. 청나라 중기 이후에 속대가 있는 의자가 도리어 명과 청 전기보다 많은데, 이것이 형식을 중요시하고 결구를 가볍게 표현하는 일종의 방식이다.❷

---

❶ 속요(束腰): 가구를 세운 수평 방향에 오목하게 들어간 부분을 가리킨다.

제5장 이면으로 향하는 예술변증법과 중국고전원림·건축예술의 쇠퇴 435

❷ 왕세낭(王世襄), 『명식가구진상(明式家具珍賞)』, p.267, "椅子很少有束腰, 因爲如果有了束腰, 便會影響腿足從中穿過, 上下只好兩木分做, 嚴格說來, 是不合理的做法. 淸中期以後, 有束腰的椅子反多於明及淸前期, 這是重形式而輕結構的一種表現."

  이것은 크거나 작은 나무 작품이 쇠퇴하는 과정을 되풀이 하는 것이 분명하지 않은가? 가구가 더 이상은 전통적인 나무로 만드는 예술을 계속 발전시킬 여지를 제공할 수 없는 때를 만나서 송 이후의 '대목작'이나 명 이후의 '소목작'처럼 자신이 세운 기초를 부정하고 '형식을 중요하게 여기고 결구를 가볍게 여기는' 막다른 길만 형상할 수 있었던 것이 아닌가?

  '명나라 양식 가구'의 전성기는 '대목작'이나 '소목작'의 전성기에 비해 더욱 짧고, 그 내부적인 각종 폐단이 드러났지만, 나중에는 '청나라 식 가구'와 결국 부합하였다. 예를 들면 '명나라 식 가구' 중의 허다한 작품은 나무로 만든 예술 자체의 특징과 규율을 위배하기 시작하여, 방향을 바꾸어서 다른 재료를 모방한 특성이 기초가 된 공예품으로 변했다.

  예를 들면 다음과 같은 것들이다.

나무로 동기銅器를 모방한 것으로는, 『명식가구진상明式家具珍賞』(도119)의 '명 남목공탁明楠木供桌'은 "네 다리의 형태가 청동기를 모방하여 약간 정족솥발 같다"는 것이다.
나무로 석기石器를 모방한 것으로는, 왕세낭王世襄선생이 「명식 가구의 병」이라는 글에서 거론한 '청황화이리문대좌淸黃花梨螭紋臺座'❶이다.
나무로 죽기竹器를 모방한 것으로는, 『명식가구진상明式家具珍賞』의 "청황화리무속요방죽재방항탁淸黃花梨無束腰仿竹材方炕桌"이 있다.

❶ 『문물(文物)』, 1980년 6기 p.76에 보인다.

전통문화와 후기에 유학이 강화하여 불교와 도교가 서로 스며든 것처럼 나무가구가 막다른 골목에 처했을 때에도 어쩔 수 없이 갈수록 다른 예술을 모방하는 데에서 생기生機를 찾았다.

　이와 유사한 정황이 명청 공예품 가운데 많은데, 예를 들면 목기木器가 동기銅器를 모방한 시기에 동기는 오히려 자기瓷器의 예술효과에 심취하였다. 선덕宣德 동로銅爐는 시요柴窯·여요汝窯·관요官窯·가요哥窯58) 등 명요名窯의 자기를 두루 모방하여 자기와 같은 광색이나 아롱진 무늬를 강구했다. 도자기는 본래의 특유한 유약 색으로 그 아름다움을 유독 드날렸으나 이때에는 도리어 다른 재료의 질감을 모방하는데 신경 썼다.

　강희康熙 오채五彩자기나 묵채墨彩자기 같은 것은 회화의 필묵효과를 쫓아서 숭상하였다. 옹정擁正 분채粉彩자기도 몰골화훼沒骨花卉의 색채를 추구하였다. 건륭乾隆 관요官窯는 불을 때서 만드는 조형造型·색채色彩·질감質感에 전심하였다. 동銅·상아象牙·나무[木]·돌[石]·산호珊瑚·과일과 채소[果蔬]·서적書籍 등의 물품에 전심한 것들도 각종 자기瓷器와 거의 일치하였다는 것 등이다.59)

　이와 같이 서로 스며들고 모방하는 것이 갈수록 깊어져서, 모든 예술 부문에서도 자기 본래의 기초와 자기만의 예술매력이 날로 철저하게 상실되었다. 예를 들면 건륭 이후의 가구예술은 쌓아 올리거나 상감하는 공예와 서양 장식문양을 잘하는 것으로 여겼다.60) 그러나 '명식 가구'의 정감어린 결구예술과 아름다운 선형이 완전히 건륭이후 가구 예술에게 잠식당했다. 이 같은 추세가 계속 발전하여 자연스럽게 출현한 소주 창랑정滄浪亭 명도당明道堂 실내에 가득한 뿌리에 조각한 저속한 가구를 원림 실내에 진열한 것은 민망할 정도이다.

　하지만 전통문화의 능력이 연속되어 실로 사람을 놀라게 하였다. 나무로 만드는 예술의 발전이 가구처럼 협소한 천지에서도 이미 막다른 골목에 이르렀을 때 뜻밖에도 작으면서도 더욱 완전한 '천지'를 만들어서 처신할 장소를 찾았는데, 이것이 바로 '탕양燙樣'61)이다. '양식뢰樣式雷'62)가 대대로 청나라 조정 건축설계를 주관한 지가 2백연이 넘었는데, 그들은 원림이나 건축모형의 제작에

제5장 이면으로 향하는 예술변증법과 중국고전원림·건축예술의 쇠퇴 437

풍우루(風雨樓)의 탕양(燙樣)

서 전인들이 미치지 못하는 성취를 얻었고, 정미하고 뛰어나게 공교한 작품이 대량으로 세상에 전하는 것을 이미 알고 있다.

그런데 '양식뢰'가 어째서 청대에 생겼는가? 전문적으로 정미한 원림을 제작하거나 건축모형인 '양식뢰'가 어째서 청대 건축예술의 대표가 되었는가? '탕양' 예술의 성숙과 건축이 전반적인 전통문화체계 후기까지도 발전한 것이 어떤 관계가 있는가? 이런 문제는 분명히 음미할 가치가 있다.

전통적인 나무결구 예술이 장기적으로 연속되는 가운데 모든 체계에서 세부적인 부분까지도 고도한 완선과 조화가 실현되었고, 동시에 이들의 독자적인 발전과 완선도 '대목작'에서 '소목작'으로 물러났으며, 또 '소목작'에서 가구로 물러나서, 최후에는 '탕양'까지 물러났는데, 이런 명칭은 사실 '겨자씨' 가운데로 들어가는 것과 부합하는 것이다. 양사성梁思成 선생이 중국고대건축 후기발전과 정을 총결할 때 비통한 말을 하였다.

송 이후부터 중국건축의 결구는 왕성함이 극에 이르렀다가 쇠퇴하여, 사치함이 쇠퇴하는 현상이 구체적으로 드러났다, 이책 423페이지 당 이후 역대 두공의 쇠변에서 알 수 있듯이 이 같은 경향이 분명하게 드러났고, 그것이 변천하는 경로가 외관 상으로는 큰 것에서부터 작아졌고, 웅장함에서 섬교해진 것이다. 결구 상으로는 간단한 것에서 복잡해졌고, 기능적인 것에서 장식적으로 되어갔다. 날로 변천 발전하여 지금은 최저의 경지에 이르렀다. 다시 한걸음 퇴보하여 중국건축이 바로 모든 미덕을 잃어버리고, 일종의 순수한 형식상의 명칭만 이루게 되었다.❶

❶ 양사성(梁思成), 『청식영조칙례(淸式營造則例)·서언(序言)』. "自宋而後, 中國建築的結構, 盛極而衰, 頹侈的現象已發現了, (卽本書423面—唐以後歷代斗栱的衰變)上, 這種傾向至爲明顯, 其演變的途徑在外觀上是由大而小, 由雄壯而纖巧; 在結構上是由簡而繁, 由機能的而裝飾的, 一天天的演化, 到今日而達最低的境界, 再退一步, 中國建築便將失去它一切的美德, 而成爲一種純形式上的名稱了."

이미 걸러진 중국고전원림과 건축은 이어져온 '탕양'의 에너지 속에서 더욱 작게 퇴보한 곳으로 찾아 가는 것인가? 상술한 과정에서 재차 생각해야 할 것은, 전 시대와 비교하면 중당 이후 사대부는 마음속으로 우주가 보잘 것 없다고 여겼으니 얼마나 초라한가? 따라서 굴원 시대 사람들이 마음을 기울여 탐구한 "옛날의 처음 일을, 누가 전할 수 있었던가? 천지의 상하가 형성되지 않았는데, 어떻게 살폈던가? 천지와 일월의 이치는 어두워 모르는데, 누가 그 이치를 끝까지 다 살펴보았을까"⁽⁶³⁾하는 문제를 송명철학宋明哲學에서는 찾아볼 수 없다.

## 제5장 이면으로 향하는 예술변증법과 중국고전원림·건축예술의 쇠퇴

그러나 송명철학의 정미한 정도는 도리어 전대의 철학이 훨씬 미치지 못한다. 이 때문에 황종희黃宗羲⁶⁴)가 보기에는 자신의 시대는 여전히 옛 것을 크게 능멸할 수 있다고 한 호방한 점은 자랑할 만하다.

---

명나라 문장의 공적은 모두 전대에 미치지 못하지만, 이학에 대해서는 전대가 미치지 못하니 소털 같이 많고 누에 실 같이 복잡한 것도 나누어 밝히지 않은 것이 없어서 선대의 유학에서 말하지 못한 것을 참으로 발설할 수 있다. 정호·정이 형제와 주희가 석씨를 배척하였는데 그 말이 번잡하지만 모두가 자취 위에만 있었다. 더욱 이치에 가까우나 진실을 어지럽히는 것은 결국 그가 언급하지 않았다. 명유는 지극히 적은 것을 만날 때도 종적을 감추지 않았다.❶

---

❶ 『명유학안(明儒學案)·발범(發凡)』, "嘗謂有明文章事功, 皆不及前代, 獨於理學, 前代之所不及也, 牛毛繭絲, 無不辨晰, 真能發先儒之所未發. 程·朱之闢釋氏, 其說雖繁, 總是只在迹上; 其彌近理而亂眞者, 終是指他不出. 明儒於毫釐之際, 使無遁影."

---

비록 생김새는 이학理學과 정대亭臺·낭사廊榭·양주梁柱·두공斗栱·문창門窓·난헌欄軒·가구家具·탕양燙樣·송대宋代의 조칠彫漆·명청明清의 자기瓷器 같은 것들이 서로 관계가 없는 것 같지만, 이들이 역사발전추세 면에서 깊고 밀접한 연관관계가 없다고 누가 또 말할 수 있겠는가? 바로 이것은 중국사대부 중에 걸출한 분들이 '호중'에서 한 마음 한 뜻으로 '소털 같이 많고 실 같이 복잡한 것'과 '지극히 적은 것을 만나'서 자세하게 밝힐 때에, 서양 사람들은 중세기문화에서 근대문화로 향하여 크게 변천하였다.

이와 마찬가지로 중국고전원림과 건축이 날마다 '가장 낮은 경지'로 향하여 탈바꿈할 때, 미켈란젤로(Michelangelo)는 규모가 웅장한 '다른 것과 비교하면 무색해지는 고대희랍 로마건축'의 성베드로 대성당을 주관하였다. '양식뢰'가 대를 이어서 '탕양'을 만드는데 칼과 송곳으로 생각을 다하고 괴이함을 뽐내며 공교함을 다할 때, 서양건축 중에서 실내공간에 큰 다리를 놓고 이와 상응하는 참신하고 과학적인 결구와 과학적인 재료를 발흥시켰다.(65) 오늘날에 이런 역사를 비교하면 여전히 사람들이 깨우쳐서 정신을 차리게 한다.

성 베드로 성당 내부

01 모형(模型): 모델, 견본.

02 경구(景區): 관광 풍치 지구

03 경점(景點): 경치가 좋은 곳, 명승지.

04 유돈정(劉敦楨)의『소주고전원림(蘇州古典園林)』, P.53, 주6을 참고하였다.

05 왕휘(王翬; 1632~1717): 청나라 강남(江南) 상숙(常熟) 사람. 자는 석곡(石谷)이고, 호는 경연산인(耕煙散人) 또는 청휘주인(淸暉主人)이다. 청나라 산수화가 '사왕(四王)' 가운데 한 사람이다.

06 호패형(胡佩衡),「왕석곡 작품에 대한 초보분석[對王石谷作品的初步分析]」,『문물참고자료(文物參考資料)』 1958년 6기에 상세하게 나왔다.

07 개간수량(開間數量): 창문 칸살의 수량.

08 옥정식양(屋頂式樣): 지붕양식이다.

09 권붕(卷棚): 지붕의 두 경사면이 용마루가 없이 곡선으로 연결되는 지붕형태이다, 앞 뒤 벽이 없는 집.

10 헐산(歇山): 팔작집 건축이다

11 중국 건축물의 지붕은 비나 눈이 많은 지방에 특히 발달했으며 그 형식은 시대, 풍토, 재료, 구조 등에 의해서 매우 다양한 형태를 갖고 있다. 다음과 같이 각종의 형식이 있다. 평지붕은 평정(平頂), 외쪽지붕은 단파(單坡), 박공지붕은 현산(懸山) 또는 경산(硬山), 모임지붕은 무전(廡殿), 뾰족탑지붕은 찬첨(攢尖), 합각·팔작(八作)·팔각지붕은 헐산(歇山), 망사르드지붕 2단으로 경사진 지붕·톱니지붕·맞배지붕·물매가 2단으로 된 지붕·반원통지붕은 권공정(券拱頂), 원형지붕(돔)은 궁륭정(穹窿頂), 양파형원형지붕·각(角)돔지붕은 복두정(覆斗頂), 종형(鍾形)지붕은 회정(盔頂), 첨정(尖頂)지붕, 권붕(捲棚), 나비형 지붕, 욱은지붕, 꺾은지붕, 솟을지붕, 눈썹지붕 등.

12 녹정(盝頂): 지붕형식으로 정상부 정 중앙에 구멍이 뚫려져 있는 것이 특징인데, 그 형상이 위아래의 우물이 서로 대응하고 있는 듯하다.

13 원락(院落): 울안에 따로 막아 놓은 정원(庭園)이나 부속(附屬) 건물(建物)을 이른다.

14 진증주(陳從周),「싱숙원림(常熟園林)」의 글 가운데 '양원평면도(兩園平面圖)',『문물참고자료(文物參考資料)』 1958년 3기, P.45에 보인다.

15 주가보(朱家潽),「만담첩석(漫談疊石)」,『문물참고자료(文物參考資料)』 1957년 6기, P.29에 상세하게 나온다.

16 이와 같은 기법은 '호천(壺天)' 격식과 모양에서 필연적인 산물이기 때문에 이미 만당(晚唐) 위장(韋莊)인 「이씨소지정(李氏小池亭)」에서 말하길, "작은 다리가 나직이 물을 넘었다."고 하였다.『전당시(全唐詩)』 697권.

17 화호류견(畫虎類犬): 화호불성반류구(畫虎不成反類狗)를 말한다. 즉 범을 그리다 제대로 그리지 못하면 개를 닮고 만다는 뜻이다.

18 보운각(寶雲閣)은 동을 주조하여 나무의 구조를 모방했기 때문에 너무 크게 지을 수 없었다.

19 계승전합(啓承轉合): 기승전락(起承轉落) 또는 기승전합(起承轉合)이라고도 한다. 제1구를 기구(起句), 제2구를 승구(承句), 제3구를 전구(轉句), 제4구를 결구(結句)라 하며, 이 네 구의 교묘한 구성으로 한 편의 절구를 만드는 방법이다. 즉, 기구에서 시상(詩想)을 일으키고, 승구에서 그것을 이어받아 발전시키며, 전구에서는 장면과 사상을 새롭게 전환시키고, 결구는 전체를 묶어서 여운(餘韻)과 여정(餘情)이 깃들도록 끝맺는 것이다.

20 「월중원정기(越中園亭記)」중의 3, 『기표가집(祁彪佳集)』8권, "奇石當門."

21 『몽양록(夢梁錄)』8권, "덕수궁(德壽宮)"조(條), "孰云人力非自然."

22 「역여담기에 쓰다[題玉女潭記]」, 『진천선생집(震川先生集)』15권, "人力既殫, 天工乃見."

23 「원정기략(園亭記略)」, 『원굉도집전교(袁宏道集箋校)』4권, "巧踰生成, 幻若鬼工."

24 「수원오기(隨園五記)」, 『수원전집(隨園全集)』・소창산방문집(小倉山房文集)』12권, "以人力而仿天造."

25 홍력(弘歷), 「원명원은 온 곳이 편안하다[圓明園萬方安和九詠]」중의 7, 「고산유수(高山流水)", "疏泉還疊石, 位置儼天然."

26 명나라 사람 유약우(劉若愚)의 『명궁사(明宮史)・금집(金集)』과 『일하구문고(日下舊聞考)』14・15권 등을 근거하면 알 수 있듯이 어화원(御花園) 대체는 명나라 때의 격식을 유지하였다. 그러나 장식 기법 면에서 보면, 이는 분명하게 건륭(乾隆)의 풍격을 띠었다.

27 솔도파(窣堵坡): 스투파(Stupa), 석가모니의 진신사리를 봉안하기 위한 축조물. '탑파(塔婆)'의 준말이다.

28 숭악사(嵩岳寺) 탑(塔): 북위(北魏) 정광(正光) 연간에 건립되었다.

29 상륜(相輪): 불탑 꼭대기에 있는, 쇠붙이로 된 원기둥 모양의 장식 부분.

30 복발(覆鉢): 탑의 노반 위에 놓는 엎은 주발 모양의 장식, 천상(天上)의 돔(Dome)을 상징한다.

31 나마교(喇嘛敎): 티베트에서 7세기부터 전개되어 온, 라마승(lama僧) 중심의 독특한 형태의 불교. '나마(喇嘛)'는 '라마(lama)'의 음역어이다.

32 석방(石舫): 조경에 돌로 배 모양으로 만든 건축물.

33 원조지(袁祖志), 『수원쇄기(隨園瑣記)』, "西倉之東廂曰琉璃世界, 爲室二重, 窓嵌西洋五色玻璃, 光怪陸離, 目迷心醉."

34 상달(向達), 「명청 시기에 중국미술이 받은 서양화의 영향[明淸之際中國美術所受西洋之影向]」, 『당대 장안과 서역문명[唐代長安與西域文明]』, p.367.

35 낭세녕(郎世寧)은 장춘원(長春園) 서구식 경관의 중요 설계자 중의 한 사람이다.

36 「상해 봉래구 몇 곳의 건축물상의 청대 조각예술소개[上海蓬萊區幾處建築物上的淸代雕刻藝術介紹]」, 『문물참고자료(文物參考資料)』1956년9기, P.7에 보인다.

37 구건(構件): 건축구재(建築構材)인 부재(副材)로, 대들보·기둥·문지방·두공 등을 이른다.

38 곡률(曲率): 기하학의 여러 분야에서 나타나는 개념으로 '굽은 정도'를 뜻한다.

39 양가(梁架): 트러스(truss)로 여러 개의 부재(部材)로써 짜 맞추어, 지붕이나 교량 등에 도리로 쓰는 특수한 모양의 구조물. 집을 짓는 법식으로 "대목작(大木作)"이라 한다.

40 대목작(大木作): 목구조 건축이 '대목작'이라고 불리며 기둥, 보, 두공 등으로 구성된 것을 이른다.

41 남선사대전(南禪寺大殿)·불광사대전(佛光寺大殿) 양전의 목결구(木結構) 예술성취의 분석에 대해서는 유돈정(劉敦楨)이 주편(主編)한 『중국고대건축사(中國古代建築史)』, pp.121~131에 자세하게 나온다.

42 금속(金屬) 결구(結構)가 중국고대건축에 매우 일찍 출현하였지만, 문화체계의 제약으로 인하여 장족의 발전을 할 수 없었을 뿐만 아니라 도리어 결국에는 질식하게 되었다. 그러한 과정과 원인은 졸문인 「전통문화중의 '도'와 '기'[傳統文化中的道與器]」, 『독서(讀書)』 1987년 제6기, pp.112~113에 상세하게 나온다.

43 오대산(五臺山) 불광사대전(佛光寺大殿): 당 대중(唐大中) 11년에 건립되었다.

44 소목작(小木作): 문·창·난간·실내의 공간을 구획하는 목재 칸막이 장지문[隔扇門]·각종 조(罩)·가(架)·천화(天花) 등 내외 서까래 장식 등을 가리킨다.

45 『영조법식(營造法式)』중의 "이재위조(以材爲祖)"는 당대(唐代) 건축에서 재료를 쓴 것이 송대(宋代)보다 "합리(合理)"적이지 못하지만, 오히려 자유롭고 영활(靈活)하여, 크게 발전할 여지가 있다. 자연과학연구소에서 주편한 『중국고대건축기술사』, p.72에 상세하게 나온다.

46 유돈정(劉敦楨) 주편, 『중국고대건축사』, p.235에 제시하였다. "만일 『영조법식(營造法式)』에서 규정한 결구방식과 당(唐)·요(遼) 유물(遺物)을 대조하면, 송대 건축이 이미 결구가 간단하게 변하기 시작한 것을 쉽게 볼 수 있는데, 그 중에서 가장 중요한 하나의 특성은 누공(斗栱)의 기능이 이미 약해지기 시작한 것이다. 원래 결구 상에서 상당히 중요한 작용을 하는 겹 서까래[下昻]가 몇몇은 이미 기울어진 보[斜栿]로 대체되었고, 두공의 비례도 작아져서 가운데 보[間鋪]를 보충하여 만든 숫자가 많이 증가하였다."

47 주두(柱頭): 기둥을 기둥이 받치고 있는 부재(部材). 구조적으로 위로부터의 무게를 가느다란 기둥에 전달시키는 역할을 하도록 교묘한 연구를 했다.

48 권쇄법(卷殺法): 주두를 깎는 방법으로 모를 죽인 듯이 끝을 수직으로 깎아내려 밑에서 몇 번 곡을 두어

깎아 굴리는 것이다.

49 월량(月梁): 중국 건축에서 철곡선(凸曲線)이 휘어진 (대)들보. 홍량(虹梁). 특히 권붕식(捲棚式)지붕의 들보 중 최상부의 것을 가리킨다.

50 중국과학원자연과학사연구소에서 주편한『중국고대기술사』, pp.123~124에 상세하게 나온다.

51 박가교장전(薄迦敎藏殿)은 요나라 중희 7년(1038)에 건설한 장경전이다. 박가는 박가범(薄伽梵)으로, 산스크리트어[bhagavat]의 음사. 유덕(有德)·중우(衆祐)·세존(世尊)이라 번역. 모든 복덕을 갖추고 있어서 세상 사람들의 존경을 받는 자. 세간에서 가장 존귀한 자. 곧, 부처를 일컬음.

52 이옥명(李玉明)주편, 『산서고건축통람(山西古建築通覽)』, p. 63, 64, 75에 사진이 보인다.

53 손영림(孫永林), 「청식건축 목장식 기술(淸式建築木裝修技述)」『고건원림기술(古建園林技術)』1986년 제1기, p.17에 보인다.

54 이수(易水), 「만화호상(漫話胡床)」『문물(文物)』, 1982년, 제10기, pp. 28~85에 상세하게 나온다.

55 유돈정(劉敦楨), 주편(主編), 『중국고대건축사(中國古代建築史)』, p. 338을 참고.

56 전전후침(前殿後寢): 주거의 전면에는 공적 공간을 두고, 후면에 와실 등 사적 공간을 두는 공간구성 방식.

57 장가기(張家驥), 「태화전의 공간예술[太和殿的空間藝術]」『건축사(建築師)』제2집에 상세하게 나온다.

58 중국의 6대 명요(名窯)는 시요(柴窯), 균요(鈞窯), 관요(官窯), 여요(汝窯), 가요(哥窯), 정요(定窯)가 있다.

59 『중국도자사』제1장 제3절과 고궁박물원간 1984년 4기 양백달(楊伯達), 『원명청공예미술총서』에 상세하게 나온다.

60 호덕생(胡德生), 「청대광식가구(淸代廣式家具)」『고궁박물원원간(故宮博物院院刊)』1986년 제3기에 상세하게 나온다.

61 탕양(燙樣): 나무 종이 수수깡을 이용하여 건축모형을 만든 것이다.

62 양식뢰(樣式雷): 건축설계 후 미리 미니어처로 건축의 모양을 축소하여 짓는 것을 '탕양'이라 하며, 청나라 때 뇌씨 집안이 만든 이런 모형건물이나 그 집안을 "양식뢰"라 한다.

63 굴원(屈原), 「초사(楚辭)·천문(天問)」, "遂古之初, 誰傳道之? 上下未形, 何由考之? 冥昭瞢闇, 誰能極之."

64 황종희(黃宗羲; 1610~1695): 자(字)는 태충(太沖)이고 호는 남뢰(南雷) 또는 이주선생(梨洲先生)이다. 절강성(浙江省) 여요현(餘姚縣) 사람으로 명조(明朝) 만력(萬曆) 38년에서 청조(淸朝) 강희(康熙) 34년까지 명말청초의 동란기를 살았던 학자·사상가이다. 명나라 말기의 환관(宦官) 독재에 순국한 동림파(東林派) 관료 황존소(黃尊素)의 아들로서 청년시절에 동림당을 계승한 신사(紳士)·지식층의 복사(復社)운동에 참여해 부패관료와 투쟁했다. 1644년 만주족(滿洲族)의 청조가 침입해 강남(江南)에 이르자 고향 절

강에서 남명(南明) 노왕(魯王) 정권에 참여해 세충영(世忠營)이란 의병을 끌고 항전했으나 패하고 만년에 이르러 사면을 얻을 때까지 난을 피해 다니며 은거했다.

65 진지화(陳志華), 『외국건축사(外國建築史)』, p. 126, 127, 221에 보인다. 미켈란젤로(1475~1564)와 서위(徐渭; 1521~1593)는 대체로 같은 시대이고, 두 사람은 모두 각기 자기 나라에서 가장 대표적인 예술가이지만, 만약 미켈란젤로가 성베드로 대성당·로마 시 광장·광장 양측의 박물관·문서 보관소[檔案館] 등을 설계하고 주관하여 지은 것과 서위가 마음을 다하여 짓고 융통성 없이 그 사이에 '청등서옥(靑藤書屋)'을 지은 것과 비교한다면, 이들의 문화정신 사이는 하늘과 땅의 차이로 구별하는 것은 다시 분명하게 드러난 것에 불과하다.

66 중체서용(中體西用): 청나라에서 일어난 운동의 기본 사상. 서양의 문물을 부분적으로 수용하자는 온건적 개화사상이다.

67 「양지서(兩地書)·4(四)」『노신전집(魯迅全集)』 제9권, "中國大略太老了, 社會上事無大小, 都是惡劣不堪, 象一只黑色的染缸 無論加進什麽新東西去, 都變成漆黑."

# 결론

「자서」에서는 원림에 관하여 두 가지 측면을 설명한다고 하였다. 하나는 상고에서부터 명 청 시대 내지 더 후기에 이르기까지 문화발전의 진행과정이고, 다른 하나는 산과 못·정자와 누대·가구·분경·바둑·시와 그림에서 현학·이학 등에 이르기까지 매우 복잡하게 뒤섞인 문화내용과 현상이다.

이른바 '문화'라는 것은 매우 자세하고 구체적인 부문이더라도, 모두 이런 두 방면이 엮어져 융합된 것이다. 그것은 시·공간이 뒤섞여 있는 것도 아니며 과거와 현재에 별개로 존재하는 것이 아니다.

이 같은 큰 체계를 심미대상으로 삼으려면, 기타의 방법과 비교해서 이해하는 것이 더욱 용이하지만, 이는 난해한 일이어서 필자의 미천한 학식이 드러난다. 그래서 나는 이런 능력이 마음대로 되지 않아 노력하고 힘쓰기를 희망하기 때문에, 겨우 원림의 일석一石 일수一水를 설명하는 것도 부족할 뿐만 아니라, 이러한 두 가지 느낀 점을 설명하는 것도 부족하다고 여긴다.

첫째, 중국고대문화의 종결은 우연한 원인이 아니라, 상고 이래로부터 매일같이 변천해온 필연적인 결과이다. 이러한 역사진행과정은 나날이 어두운 곳으로 향해간 후반기 단계와, 날로 점점 찬란해진 전반기 단계와 똑같이 한 걸음 나갈 때마다 모든 과정이 분명하여 이를 가려서 덮을 수는 없다. 중당 이후에는 오랜 문화의 생명가치를 연속시키기 위하여 우리들이 할 수 있는 모든 것을 이미 순도자들이 완료하였다. 말기에 이르러서 순례자들은 여전히 경건한 정성을 품을 수 있었지만, 이들이 바칠 수 있는 지혜의 희생은 오히려 순도자들에 비하면 만에 하나도 안 될 만큼 부족하였다.

둘째, 중국고대문화의 종결도, 그 하나하나 조성된 부분이 파손된 것 때문이 아니라, 전반적인 체계구조에서 작은 부분마다 자신의 에너지를 이미 다 소모한 필연적인 결과에 이르렀기 때문이다.

근대 이후 자기도 모르는 사이에 '중체서용'[66)을 논하는 자들은 점차로 늙고 쇠약한 몸과 같은 중국문화현상에서 억지로 서양 문화를 수용하고자 하였는데, 이러한 그들의 생각은 어울리지 않는 서양 문화가 자신의 활력으로 바뀌어서 재생되기를 수없이 희망하였다.

그러나 얻을 수 있었던 것이 도대체 무엇이었는가? 노신 선생이 "중국은 대체로 너무 늙었고, 사회적으로는 일의 크고 작은 분별이 없으며, 모두 감당하기 어려울 정도로 열악하고, 다만 온통 시커멓게 물든 항아리와 같으니 어떤 새로운 방향으로 진보해야 할 것을 논할 것 없이 모두 칠흑으로 변했다."[67)고 하였다.

우리가 '문화대혁명'을 거친 이후 어쩔 수 없이 이런 말을 쓸 때에는 당연히 손을 불끈 쥐고 저주하며 울었어야 했다. 어째서 이렇게 오래된 중국문화가 중당으로부터, 시커멓게 물든 항아리처럼 되어 버린 심리작용이 날로 자기 생명과 한 몸이 될 정도로 굳어버렸으며, 날로 자기 몸속 세포마다 스며들어서 이처럼 휘황찬란한 문화가 타락하여, 일이 크고 작은 구분이 없으며 모두 감당하기 어려울 정도로 열악한 처지에 이르게 되었는가를 고려해야 한다.

오로지 오래고 늙은 '호천' 문화에서 벗어난 뒤에 우리민족의 성실한 면으로 향해야만 아큐阿Q가 남긴 유물을 제거할 수 있다. 이때에 비로소 진정한 자격을 갖추어 세계민족의 숲 가운데에 우뚝하게 설 수 있는 용기를 갖출 수 있고, 삼황오제나 진한·성당에서부터 아편전쟁이나 문화혁명의 역사에 이르기까지 돌아볼 수 있게 된다.

또한 이때에 중국고대문화를 이해하고 고전원림의 가치를 포괄할 수 있어야 한다. 미국 과학자의 예측에 근거하여 예를 들면, 인류는 90년대 중기 이후에는 우주에 작은 산악이나 해양 등을 세워서 생태환경을 갖춘 천체를 인공으로 조성할 수 있다고 한다. 가령 우리민족도 언젠가는 이런 행렬에 참여할 수 있을 것이다. 현대문명의 뒤로 더욱 멀리 뒤처져서는 안 된다는 말을 이해할 수 있을 것이다.

중국사대부들이 '호천'과 '개자'에 산을 쌓고 물길을 내어 완전하고 정미한 생활환경을 구축했던 노력을 후인들에게 말하는 것은 결코 역사의 재난이 아니다.

또 지금 이후의 인류사회가 중국 옛사람들과 같은 강개한 기질을 본받을 기회가 영원히 없더라도, 몇 천 년의 꽃다운 세월을 하나의 문화형태 체계에 포함시킬 수 있어야만, 그 가운데 하나하나 섬세한 부분마다 조화의 완벽함을 갖추어 최상의 경지에 이르게 된다.

따라서 이와 같은 조화의 완벽함이 실현되는 과정과 경험은 모든 인류역사에서도 오직 중국뿐이다. 미래의 사람들도 이러한 문화 속에서 계발할 수 있고, 사회발전 속도와 사회구조가 화해되고 완선되는 과정에서 끌어당길 만한 합리적인 예가 구축된다는 것을 인정해야 한다.

그러나 오래되고 늙은 중국문명을 오늘날까지 반드시 살아 남겨야, 유일한 출로에서 가능한 빨리 민족을 진보시킬 무거운 짐까지 내려놓고 안정될 것이다.

가능한 온전하게 박물관 같은 엄숙한 인류역사문화 전당에서 진열된다면, 현란한 상주商周 청동문화靑銅文化를 대하거나 정미한 소주蘇州 원림을 이미 만든 것과 같을 것이다.

이런 진보적인 것을 바라는 것은, 역사의 방향을 바꾸어서 중국문화의 전성기였던 중세기로 나아가는 노력에 달려있고, 오늘날 세계문명과 함께하는 것도 반드시 이러한 길을 거쳐야 할 것이다.

# 가

가요(哥窯) / 444, 474
가을날 숭덕각에 올라 2수[秋日登崇德閣二首] / 263
가의(賈誼) / 178
가저(家底) / 303, 469
가지사인이 아침에 대명궁에서 조회하고 지은 것에 답하다[和賈至舍人早朝大明宮之作] / 147, 458
가탄(可歎) / 322
각장(榷場) / 77
간악부(艮岳賦) / 144, 455
갈천씨(葛天氏) / 75
감천학안4(甘泉學案四) / 169
감천학안6(甘泉學案六) / 318
강가에서 마주하는 것이 바다 형세 같아 단편을 짓다[江上値水如海勢聊短述] / 146, 457
강기(姜夔) / 148, 459
강매(江梅) / 149, 459
강본 법첩에 쓰다[題絳本法帖] / 65
강빈(江彬) / 17, 452
강우왕문학안3(江右王門學案三) / 273
강학견출(講學見紬) / 277
강희의 천도관의 모순과 해결방안[康熙的天道觀中的矛盾及其解決方法] / 213, 465
개[犬] / 147, 458
개간수량(開間數量) / 441, 472
개구리[蛙] / 147, 458
개은필기(芥隱筆記) / 105
개주(介胄) / 144, 455
거실부(居室部) / 289, 394, 407
검약위덕(儉約爲德) / 142, 454
격물치지(格物致知) / 208, 461
경구(景區) / 441, 472
경산속화나한기(徑山續畫羅漢記) / 56
경원당금(慶元黨禁) / 304, 469
경저(輕詆) / 18, 453
경점(景點) / 441, 472

경천법조(敬天法祖) / 358, 471
계고헌에 화답하여 쓰다[和題稽古軒] / 88
계륵편(鷄肋編) / 105
계승전합(啓承轉合) / 442, 472
고개지전(顧愷之傳) 16, 452
고고도후기(考古圖後記) / 145, 457
고금변(古琴辨) / 118
고덕휘(顧德輝) / 211, 464
고렴(高濂) / 211, 464
고반룡(高攀龍) / 208, 461
고산유수(高山流水) / 442, 472
고양대(高陽臺) / 86
고일(高逸) / 247, 465
고자자족론(高子自足論) / 287
고저산기(顧渚山記) / 142, 454
고헌성(顧憲成) / 210, 463
고황(顧況) / 143, 455
곡강2수(曲江二首) / 89
곡률(曲率) / 443, 473
곤룡포(袞龍布) / 143, 455
곤륜산(崑崙山) / 153
곤재기(困齋記) / 268
공융은 자연지성이 있다[孔融有自然之性] / 171
공자세가(孔子世家) / 252
공자진전집(龔自珍全集) / 149, 459
공정(孔鼎) / 73
곽(霍) / 304, 469
곽공보가 내 그림을 보고 느낀 바 있어 2수를 차운하다[次韻郭功甫觀予畫雪雀有感二首] / 281
관모의(官帽椅) / 430
관사 서쪽 못 북쪽에 새로 즙수재를 짓고 우연히 16운을 제하다[府西池北新葺水齋偶題十六韻] / 28
관어헌(觀魚軒) / 26
관요(官窯) / 444, 474
괄낭무구(括囊无咎) / 295
광장(廣莊) / 180
괴권(怪圈) / 248, 466

괴당제유학안(槐堂諸儒學案) / 356, 470
굉도전(袁宏道傳) / 317
교연(皎然) / 142, 454
교예(巧藝) / 17, 453
구건(構件) / 443, 473
구동관에 답함[答瞿洞觀] / 224
권물용(權勿用) / 248, 466
권붕(卷棚) / 441, 472
권쇄법(卷殺法) / 443, 473
궤격(詭激) / 302, 468
귀유광(歸有光) / 247, 465
귀전록歸田錄 / 105
균요(鈞窯) / 444, 474
금강경설(金剛經說) / 174
금다(琴茶) / 29
금부(琴賦) / 6
금초패(金招牌) / 302, 468
기락평문원유서각(記樂平文元遺書閣) / 339
기양석고(岐陽石鼓) / 73
기예유서(技藝類序) / 249, 467
기오(寄傲) / 231
기품(棋品) / 17, 452
김응계(金應桂) / 146, 457
꿈속에 천모산에 노닐다가 이별하며 읊음 [夢遊天姥吟留別] / 87

## 나

나원(懶園) / 251
나태함을 노래하다[詠懶] / 123
낙포기(樂圃記) / 81
낙하서생영(洛下書生詠) / 18, 453
난대(蘭臺) / 18, 453
남선사대전(南禪寺大殿) / 443, 473
낭묘(廊廟) / 142, 454
낭원(閬苑) / 146, 457
노운곡전(魯雲谷傳) / 400
노장용(盧藏用) / 247, 465
녹정(盝頂) / 441, 472

논감식수장구구열완(論鑒識收藏購求閱玩) / 145, 456
논고금우열(論古今優劣) / 47
논어(論語) / 217
논학서(論學書) / 210, 463
눌잠(吶喊) / 299

## 다

다경서(茶經序) / 42
다류(茶類) / 34
다부(茶賦) / 39
다여객화(茶餘客話) / 400
단수(斷袖) / 230
단연(端硯) / 153
닭[鷄] / 147, 458
담재 거사 시집 서문[澹齋居士詩序] / 247, 466
답계명덕서(答季明德書) / 319
답고동교(答顧東橋) / 247, 466
당금(黨禁) / 180
당송회화담총(唐宋繪畫談叢) / 144, 456
당추(唐樞) / 210, 463
당해원인(唐解元寅) / 292
대고(大誥) / 247, 466
대관다론(大觀茶論) / 34
대관원(大觀園) / 150, 460
대나무 정원에서 잠에서 일어나다[竹庭睡起] / 125
대목작(大木作) / 443, 473
대성(臺省) / 17, 453
대월(對越) / 358, 471
덕수궁(德壽宮) / 442, 472
도간전(陶侃傳) / 302, 467
도광(道光) / 213, 465
도략(韜略) / 142, 454
도미(茶蘼) / 118
도석화(道釋畫) / 145, 456
도올한평(檮杌閑評) / 211, 464
도통(道通) / 247, 465

도학(道學)조(條) / 313
도학선생(道學先生) / 209, 462
도학전(道學傳) / 304, 469
도홍경(陶弘景) / 247, 465
도화부서(桃花賦序) / 147, 457
동경부(東京賦) / 208, 461
동관(東觀) / 18, 453
동동정(東洞庭) / 304, 469
동리기(東籬記) / 157
동림학안1(東林學案一) / 169
동수학안하(凍水學案下) / 264
동심설(童心說) / 209, 463
동야어에 쓰다[齊東野語] / 105, 114
동원기(東園記) / 394
동천청록집(洞天淸錄集) / 87
동환(銅鐶) / 211, 464
돼지[豕] / 147, 458
두어(蠹魚) / 192
등광명 송사 직관지 고증서(鄧廣銘宋史職
　官志考證序) / 142, 454
등잔불「挑燈杖」 / 147, 458
또 하객에게 답하다[又答賀客] / 122

## 라

루시앙 레비 브륄(Lvy~ Bruhl, Lucien) / 343,
　359, 471

## 마

마관조약(馬關條約) / 213, 465
만담첩석(漫談疊石) / 441, 472
만력야획편(萬曆野獲編) / 165
만령(萬靈) / 357, 471
만재의 벽에 쓰다[題漫齋壁] / 184
만정언(萬廷言) / 303, 468
만찬에서 남은 술[殘酌晩饌] / 150, 460
만화호상(漫話胡床) / 444, 474

만회보(晚汇报) / 358, 471
망천집(輞川集) / 146, 457
매미「蟬」 / 147, 458
매화(買花) / 149, 459
맥산계(驀山溪) / 363
명문(名文) / 75
명식가구진상(明式家具珍賞) / 435
명헌실기(名軒室記) / 270
모기[蚊] / 147, 458
모란방(牧丹芳) / 149, 459
모형(模型) / 441, 471
몽계필담(夢溪筆談) / 97
몽재명(夢齋銘) / 342
몽훈(蒙訓) / 149, 459
무위찬(無爲贊) / 336
묵자서(墨子序) / 204
문물(文物) / 142, 145, 454, 456
문방사보서(文房四譜序) / 151, 461
문사(文士) / 148, 459
분완감상(文坑鑒賞) / 145, 456
문의당기(文漪堂記) / 356, 470
문장편(文章篇) / 149, 459
문학혁명론(文學革命論) / 249, 467
문형(文瑩) / 247, 466
미공선생의 만향당 소품[眉公先生晚香堂小
　品] / 294
미복(微服) / 294
미언(微言) / 317
미원휘의 그림에 제발 2[跋米元暉畵二]
　/ 225
미의 역정(美的歷程) / 211, 463
미자(微子) / 217

## 바

박가 / 444, 473
박가교장전(薄迦敎藏殿) / 444, 473
반고(班固) / 18, 453
반무영원(半畝營園) / 242

반지중(盤之中) / 377
방망으로부터 차담에 이르다[從帮忙到扯談] / 242
방정(方正) / 17, 452
방회(方回) / 142, 248, 455, 467
배불리 먹고 한가하게 앉다[飽食閑坐] / 125
백거이를 본받아 함부로 말하다[放言效白] / 181
백사송묘(白沙宋墓) / 428
백사유언찬요서(白沙遺言纂要序) / 168
백수의 유묵 뒤에 쓰다[識伯修遺墨後] / 182
백수재중(伯修齋中) / 187
백인잠서(百忍箴序) / 294
번얼(藩臬) / 230
범왕(范汪) / 17, 452
법보(法寶) / 356, 470
벽라수사 / 378
벽옹반수(辟雍泮水) / 358, 471
벽하원군(碧霞元君) / 324
변명론(辨命論) / 357, 471
병중희서(病中戲書) / 130
보진재에 들러서 원휘에게 주다[過寶晉齋贈元暉] / 67, 80
보화전곡연기(保和殿曲燕記) / 146, 457
복발(覆鉢) / 442, 473
복산자(卜算子) / 129
복희씨(伏羲氏) / 262
봄잠[春寢] / 122
봉씨문견기(封氏聞見記) / 239
봉화노망어구15영(奉和魯望漁具15詠) / 147, 458
부견(苻堅) / 10
부생육기(浮生六記) / 396
부용(附庸) / 247, 465
부월(斧鉞) / 247, 466
부회(附會) / 173
부회천착(附會穿鑿) / 210, 463
북몽쇄언(北夢瑣言) / 142, 454
북재우후(北齋雨後) / 39
분다(分茶) / 143, 455

불광사대전(佛光寺大殿) / 443, 473
붕당(朋黨) / 278
비돌(備突) / 204
비둘기[鳩] / 147, 458
비바람이 지나가니 배 앞에 꽃이 떨어져 재미삼아 새 구를 짓다[風雨看舟前落花戲爲新句] / 91
비방견행(秘方見倖) / 212, 465
비사대전(淝水大戰) / 17, 452
비장방(費長房) / 41
비혈(備穴) / 204
빈천행락지법(貧賤行樂之法) / 288
빈퇴록(賓退錄) / 24

## 사

사광(師曠) / 357, 471
사마 담(司馬談) / 18, 454
사상(謝相) / 18, 453
사슴[鹿] / 147, 458
사시즉사시(四時卽事詩) / 150, 460
사안전(謝安傳) / 10
사위은사(四位隱士) / 248, 466
사인무뢰(士人無賴) / 212, 465
사자림(獅子林) / 366
사자좌(獅子座) / 324
사지(四智) / 174
사칙(士則) / 265
사현(謝玄) / 17, 453
산도(山濤) / 247, 465
산수결(山水訣) / 144, 455
산에 살 곳을 잡아 집을 짓고 하지전에게 과수원 개간할 곳을 물어서 보내다[卜築寓山聞何芝田開果園奉寄] / 396
산의 원림에서 은거하다[山園棲隱] / 92
산인과 도호[山人與道號] / 230
산인명호(山人名號) / 230
산인우망(山人愚妄) / 230
산장(算帳) / 356, 470

산정일장(山靜日長) / 106
산중자운사(山中自雲詞) / 41
삼교귀유설(三敎歸儒說) / 173
삼려(三閭) / 127
삼롱(三弄) / 160
삼여루(三與樓) / 189
삽과(挿科) / 242
상륜(相輪) / 442, 472
상명제논서표[上明帝論書表] / 16, 452
상서(傷逝) / 18, 453
상종(常宗) / 249, 467
새로 지은 집에서 꽃을 쓸어버리다[新軒淸華新軒] / 150, 460
생생(生生) / 270
서개(書槪) / 65
서고동정(書古銅鼎) / 145, 456
서광(徐廣) / 16, 452
서금(瑞錦) / 44
서단(書斷) / 16, 452
서도부(西都賦) / 208, 461
서막독(書莫讀) / 128
서문장전(徐文長傳) / 305, 470
서분(書憤) / 147, 458
서산의 절에서 차를 시음하는 노래[西山蘭若試茶歌] / 39
서소오영(書巢五詠) / 147, 458
서위(徐渭) / 305, 469
서의(書議) / 66
서황주고편종(書黃州古編鐘) / 145, 456
서희(徐熙) / 75
석림연어(石林燕語) / 136, 144, 455
석방(石舫) / 442, 473
석최 지순(石花紫笋) / 31
설괵(說觥) / 146, 457
설라수사지후(薛蘿水榭之後) / 378
설직전(薛稷傳) / 143, 455
성명(聲明) / 142, 454
성무(聖武) / 199
성재형계집서(誠齋荊溪集序) / 100
소목작(小木作) / 443, 473

소박(邵博) / 142, 454
소벽산방에 써서 주다[寄題蔬壁山房] / 86
소보 설직의 벽에 있는 글씨와 그림을 보고[觀薛稷少保書畵壁] / 45
소식이 설림석병에 나가서 제하며 함께 짓자하여[子瞻題狄引進雪林石屛要同作] / 135
소씨문견후록(邵氏聞見後錄) / 49
소아(小雅) / 247, 465
소와(邵窩) / 305, 470
소요유(逍遙游) / 302, 467
소용(疏慵) / 303, 468
소이간(蘇易簡) / 151, 460
소졸이 병으로 잠들어 부회에 나가지 못하다[時爲嘉禾, 小倅以病眠, 不赴府會] / 131
소주고전원림(蘇州古典園林) / 380
소질사객(小疾謝客) / 130
소한식날 배 안에서 짓다[小寒食舟中作] / 89
손난수 시승의 농기구에 답하다 15수[和孫端叟寺丞農具十五首] / 147, 458
손단수의 누에도구에 답하다 15수[和孫端叟蠶具十五首] / 147, 458
손위(孫位) / 144, 455
솔도파(窣堵坡) / 442, 472
쇄리국(瑣里國) / 165
수거(水居) / 305, 470
수담(手談) / 17, 18, 453
수력당(壽櫟堂) / 136
수불오재의 늦은 가을에 한가로이 오언절구로 읊다[殊不惡齋秋晚閑吟五絶] / 304, 469
수원오기(隨園五記) / 442, 472
수장(壽藏) / 324
순명(順命) / 331
숭녕(崇寧) / 75
숭악사(嵩岳寺) 탑(塔) / 442, 472
습미 다구 10영을 받들어 답하다[奉和襲美茶具十詠] / 142, 454
습미(襲美) / 142, 454

습한(習閑) / 283
승수연담록(澠水燕談錄) / 105
시경(詩經) / 247, 465
시사(詩詞) / 146, 457
시요(柴窯) / 444, 474
시인목왕우군(時人目王右軍) / 16, 452
시필(試筆) / 134
시화(詩話) / 148, 459
식후(食後) / 122
신극(宸極) / 146, 457
신당서다회호(新唐書多回護) / 302, 468
신사(神似) / 97
신음어(呻吟語) / 319
심복(沈復) / 211, 464
심심풀이로 장난삼아 노십구조장에게 드린다[遣悶戲呈路十九曹長] / 90
심양삼은(潯陽三隱) / 16, 452
심원당기(心源堂記) / 143, 455

## 아

아량(雅量) / 5, 18, 453
아큐(阿Q) / 303, 468
아큐정전(阿Q正傳) / 305, 470
아호사화육자수(鵝湖寺和陸子壽) / 356, 470
안수(晏殊) / 147, 458
알금문(謁金門) / 148, 458
알묘조장(揠苗助長) / 149, 459
암하방언[巖下放言] / 105
앙취부급(仰取俯拾) / 75
애제(哀帝) / 302, 468
애한(愛閑) / 130
애헌학안(艾軒學案) / 304, 469
앵무새[鸚] / 147, 458
양가(梁架) / 443, 473
양계초(梁啓超) / 212, 465
양계초사학론저4종(梁啓超史學論著四種) / 202
양대학(楊大鶴) / 98

양만리(楊萬里) / 143, 147, 455, 458
양만리전(楊萬里傳) / 240
양명자언(陽明自言) / 304, 469
양명학(陽明學) / 208, 461
양부산전(梁夫山傳) / 278
양선에 대신 써서 답하다[代書答梁先] / 75
양식뢰(樣式雷) / 444, 474
양자자호찬(楊子慈湖贊) / 357, 471
양지서(兩地書) / 445, 474
양집중(楊執中) / 248, 466
어록(語錄) / 303, 315, 469
어록상(語錄上) / 338
어록조(語錄操) / 358, 471
어제상하천광시(御製上下天光詩) / 357, 470
어제원명원기(御製圓明園記) / 357, 470
어제제의란당(御制題漪瀾堂) / 304, 469
언어(言語) / 16, 452
여대림(呂大臨) / 145, 457
여동 채문에 쓰다[祭呂東菜文] / 312
여마력산(與馬歷山) / 174
여요(汝窯) / 444, 474
여화(餘話) / 145, 457
역대명화기(歷代名畫記) / 12
역여담기에 쓰다[題玉女潭記] / 442, 472
연북(硯北) / 211, 464
연북루기(硯北樓記) / 192
연북잡지(硏北雜誌) / 211, 464
연적(硯滴) / 147, 458
연참(鉛槧) / 75
열유(列維) / 343
영규율수회평(瀛奎律髓滙評) / 305, 469
영아진순(靈芽眞筍) / 31
예기(禮記) / 357, 471
예로부터 명필가 계보를 올리다[條疏古來能書人名啓] / 17, 452
예법속사(禮法俗士) / 209, 462
예운(禮運) / 357, 471
오경재(吳敬梓) / 248, 466
오대산(五臺山) / 443, 473
오도자(吳道子) / 144, 456

오려방언서(吾廬放言序) / 320
오여필(吳與弼) / 208, 461
오와 초에 가서 장사군과 헤어지고 머무른 뒤에 막부의 제공과 하려함에[將適吳楚, 留別章使君留後, 兼幕府諸公] / 302, 468
오이인전(五異人傳) / 399
오자사과추수(吳子似過秋水) / 129
오중의 한쪽 땅에서 주둔하여, 육노망이 살고 있는데, 성곽을 나오지 않아도, 너비가 교외 들판 같아서 내가 매일 방문하여 흉금을 터놓고 대하였는데 아쉽게도 가셨기 때문에, 오언시 10수를 지어서 집 벽에 쓰다[臨頓爲吳中偏勝之地, 陸魯望居之, 不出郛郭, 曠若郊野, 余每相訪, 款然惜去, 因成五言十首奉題屋壁] / 94
오지기(吳之器) / 211, 463
오충경이 고음정을 꺼내다[吳沖卿出古飮鼎] / 72
오타방(烏托邦) / 356, 470
옥정식양(屋頂式樣) / 441, 472
옹유한평(甕牖閑評) / 105
와각쟁투(蝸角爭鬪) / 142, 454
와서(蝸書) / 87
완가(阮家) / 178
완계사(浣溪沙) / 143, 145, 455, 456
완대월(阮大鋮) / 248, 466
왕간(王艮) / 209, 463
왕국유(王國維) / 146, 457
왕도(王導) / 17, 452
왕벽(王檗) / 303, 468
왕사임(王思任) / 19, 231, 454
왕석곡 작품에 대한 초보분석[對王石谷作品的初步分析] / 441, 472
왕선(王詵) / 144, 456
왕심재(王心齋) / 273
왕안석(王安石) / 148, 458
왕원문화(汪園問花) / 394
왕유 오도자 그림[王維吳道子畵] / 144, 455
왕이전(王廙傳) / 17, 452

왕탄지(王坦之) / 17, 453
왕표지(王彪之) / 19, 454
왕휘(王翬) / 441, 472
왕희지전(王羲之傳) / 16, 452
외신전(外臣傳) / 233
외신총론(外臣總論) / 248, 466
요지(瑤池) / 146, 457
요한 괴테 / 212, 464
용다록후서(龍茶錄後序) / 31
용졸당기(用拙堂記) / 295
용지(容止) / 18, 453
우문허중(宇文虛中) / 146, 457
우산주(寓山注) / 211, 464
우서(迂書) / 265, 336
우서다여묵(又書茶與墨) / 37
우여초약후(又與焦弱侯) / 232
우제지잠(牛蹄之涔) / 305, 470
운곡잡기(雲谷雜記) / 142, 454
원경백속(元輕白俗) / 181
원굉도(袁宏道) / 210, 463
원굉도전(袁宏道傳) / 183, 317
원도(原道) / 149, 459
원락(院落) / 441, 472
원림(園林) / 215, 251
원림의 사람이 꽃을 접붙이는 것을 보다[觀園人接花] / 113
원명원은 온 곳이 편안하다[圓明園萬方安和九詠] / 442, 472
원야(園冶) / 396
원야서(園冶敍) / 232
원유(遠遊) / 87
원정기략(園亭記略) / 442, 472
원중도(袁中道) / 210, 463
원지에서 살며 잠시 30수[守居園池雜題三十首] / 145, 456
원효서(阮孝緒) / 19, 454
월량(月梁) / 444, 473
월상시신(越裳是臣) / 305, 470
월왕(越王) / 180
월중원정기(越中園亭記) / 442, 472

위(衛) / 304, 469
위경(渭涇) / 231
위야(魏野) / 247, 466
위원(魏源) / 305, 470
위충현(魏忠賢) / 248, 466
유거(幽居) / 130
유공은 적노를 보내지 않았다[庾公不遣的
　盧] / 171
유과(劉過) / 249, 467
유관자본주의 맹아의 기개문제[有關資本主
　義萌芽的幾个問題] / 212, 465
유극장(劉克莊) / 143, 304, 455, 469
유담(劉惔) / 305, 469
유량(庾亮) / 210, 463
유량(庾亮) / 302, 467
유량비문(庾亮碑文) / 302, 467
유보궐 추원에서 흥을 부친 10수에 답하다
　[和劉補闕秋園寓興之什十首] / 43
유영(柳永) / 148, 458
유우석(劉禹錫) / 143, 455
유월(俞樾) / 213, 465
유지기(劉知幾) / 18, 454
유향(劉向) / 18, 454
유현공로(孺玄孔老) / 17, 453
유환기문(遊宦記聞) / 146, 457
육일시화(六一詩話) / 95, 148, 459
육홍점위다소오(陸鴻漸爲茶所誤) / 143, 455
윤가전(尹嘉銓) / 304, 469
은조축산인(恩詔逐山人) / 230
음다성우당(飮茶盛於唐) / 142, 454
음짐지갈(飮鴆止渴) / 303, 468
의란당(漪瀾堂) / 304, 469
의왕(蟻王) / 322
이개선(李開先) / 212, 465
이락(伊洛) / 356, 470
이립옹과 12루[李笠翁與十二樓] / 236
이백시가 종정 고문의 기이한 글자를 좋아
　한다[李伯時好鐘鼎古文奇字] / 146, 457
이소경개선(李少卿開先) / 201
이약(李約) / 145, 456

이어(李漁) / 248, 466
이업후(李鄴侯) / 230
이여진에게 답하다[答李如眞] / 172
이온릉전(李溫陵傳) / 210, 463
이은(吏隱) / 233
이의해구(以義解仇) / 51
이일분수(理一分殊) / 356, 470
이절(二浙) / 110
이조(李肇) / 145, 456
이지(李贄) / 248, 466
이지(李贄) / 209, 462
이직보원(以直報怨) / 51
이청조(李淸照) / 147, 458
이행중 수재 '취면정'(李行中秀才'醉眠亭') 3
　수 / 126
인간세(人間世) / 180
일기점철태평(一期點綴太平) / 245
일실(一室) / 282
일진(一眞) / 319
일침황량(一枕黃粱) / 358, 471
임강선(臨江仙) / 145, 457
임매매(林妹妹) / 150, 460
입언(立言) / 300
54운동(五四運動) / 249, 467
6대 명요(名窯) / 444, 474

## 자

자고천(鷓鴣天) / 129, 149, 459
자다가 일어나 늦게 짓다[睡起晏作] / 122
자처음(自處吟) / 206
자호학안(慈湖學案) / 340
작은 밭에서 일어나다[小圃睡起] / 125
잡서(雜書) / 357, 471
장갈(長褐) / 187
장거정(1525~1582) / 304, 469
장거정전(張居正傳) / 304, 469
장구성(張九成) / 303, 468
장대(張岱) / 248, 467

장선(張先) / 150, 460
장세남(張世南) / 146, 457
장시곡비(臧是穀非) / 181
장식(張栻) / 147, 458
장염(張炎) / 143, 455
장옹가전(張翁家傳) / 243
장원(莊園) / 149, 459
장자(張鎡) / 211, 464
장자(莊子) / 302, 467
장적(張籍) / 145, 456
장취원기(將就園記) / 326
장현(張玄) / 10
장화(張華) / 145, 456
장후전(張詡傳) / 271
적노마(的盧馬) / 210, 463
적송자(赤松子) / 180
전광일섬(電光一閃) / 209, 462
전기(錢起) / 142, 454
전론(典論) / 148, 459
전성(專城) / 122
전습록(傳習錄) / 315
전영(錢泳) / 213, 465
전전후침(前殿後寢) / 444, 474
전정 오찬선에 답한 시 2수[答和吳傳正贊善二首] / 303, 468
전제(筌蹄) / 211, 463
전종서(錢鐘書) / 147, 458
접연화(蝶戀花) / 145, 363, 457
정성(征聖) / 149, 459
정요(定窯) / 444, 474
정이가 경연의 예를 논한 뒤에 쓰다[書程頤論經筵禮子後] / 280
정주(程朱) / 208, 461
정초(鄭樵) / 151, 461
제고(制誥) / 143, 455
제섭(題躞) / 192
제이공린〈산장도〉20수 병서[題李公麟〈山莊圖〉] / 61
제자(諸子) / 302, 467
제자백가(諸子百家) / 173

조(條) / 201, 442, 472
조반을 마치고 정원정에 오르다[朝飯罷登淨遠亭] / 40
조설근(曹雪芹) / 150, 460
조시(組詩) / 92
조청시(早请示) / 358, 471
조칠(彫漆) / 153
조태부의 새로 지은 별장에 답하다[和刁太傅新墅十題] / 147, 458
졸부(拙賦) / 261
졸재(拙齋) / 251
졸재기(拙齋記) / 268
종경(宗經) / 149, 459
종병전(宗炳傳) / 17, 452
종지(宗旨) / 208, 461
좌사원랑이 중추를 보내며에 답하다 10수[和左司元郞中秋居十首] / 70
주객사술략(主客司述略) / 209, 462
주경여(朱慶餘) / 143, 455
주덕송(酒德頌) / 209, 462
주두(柱頭) / 443, 473
주미(麈尾) / 18, 453
주밀(周密) / 356, 470
주박(周朴) / 95
주방언(周邦彦) / 148, 459
주사진사(麈史) / 105
주속지(周續之) / 16, 452
주속지전(周續之傳) / 16, 452
주역(周易)・관괘(觀卦) / 209, 462
주원장(朱元璋) / 247, 466
주자어류(朱子語類) / 303, 468
주자지(周紫芝) / 143, 455
주향도전(朱享道傳) / 356, 470
중국고대성시의 국민경제의 지위와 작용[中國古代城市在國民經濟中的地位和作用] / 212, 465
중국고대회화의 우수전통[中國古代繪畵的優秀傳統] / 144, 456
중장통(仲長統) / 247, 465
중체서용(中體西用) / 445, 474

중흥사대시인(中興四大詩人) / 147, 458
즉사(卽事) / 89
증진정부(贈陳正夫) / 211, 463
증필석암선생재조읍서(贈畢石庵先生宰朝
  邑敍) / 278
지둔(支遁) / 17, 453
진(眞) / 210, 463
진계유(陳繼儒) / 236, 247, 466
진덕수(眞德秀) / 304, 469
진사도(陳師道) / 143, 455
진산인 산수권에 쓰다[題陳山人山水卷]
  / 227
진서(眞書) / 65
진서반에 입조하는 시[眞西山入朝詩] / 356,
  470
진여(眞如) / 303, 468
진원명계전금불교고서(陳垣明季滇黔佛教
  考序) / 148, 459
진정영웅조(眞正英雄條) / 27
진지화(陳志華) / 445, 474
진진낙도(津津樂道) / 142, 454
진현달전(陳顯達傳) / 18, 453
집구시(集句詩) / 147, 458

## 차

참지정사(參知政事) / 143, 455
창구(蒼狗) / 322
창천(蒼天) / 358, 471
채양전론(蔡襄傳論) / 143, 455
처음 자사가 되어 붉은 옷을 입고서 친구
  에게 보여주면서 답하다[初著刺史緋,
  答友人見贈] / 121
척확(尺蠖) / 302, 468
척확부(尺蠖賦) / 255, 259
천리(天理) / 208, 461
천명유행(天命流行) / 304, 469
천명음(天命吟) / 357, 471
천모산(天姥山) / 146, 457

천보(天寶) / 146, 457
천상여(天喪予) / 173
천인음(天人吟) / 262
천지우문(天咫偶聞) / 300
천착(穿鑿) / 173
철경록(輟耕錄) / 143, 455
철위산총담(鐵圍山叢談) / 76
첨제(簽題) / 75
첩초(牒草) / 238
청대광식가구(淸代廣式家具) / 444, 474
청량거사조(淸凉居士條) / 26
청식재(淸息齋) / 136
청영(菁英) / 358, 471
청패류초(淸稗類鈔) / 421
청하서화방(淸河書畫舫) / 144, 456
초명(焦螟) / 324
추각음(秋閣吟) / 263
추구(芻狗) / 248, 466
추연(鄒衍) / 324
추원표(鄒元標) / 304, 469
추풍청(秋風淸) / 420
춘일(春日) / 127
춘일우작(春日偶作) / 358, 471
춘재당수필(春在堂隨筆) / 206
춘추번로(春秋繁露) / 331
충자무(忠字舞) / 358, 471
치양지(致良知) / 209, 462
친구가 즐겁게 만나서 답하다 10수[和友人
  喜相遇十首] / 309
칠록서(七錄序) / 14
침륜(沈淪) / 215

## 타

타면자간(唾面自干) / 302, 468
타이(朵頤) / 282
탁록(涿鹿)의 전쟁 / 139
탁타(橐駝) / 114
탕반(湯盤) / 73

탕양(燙樣) / 444, 474
태조본기(太祖本紀) / 142, 144, 454, 455
태주학안1(太州學案一) / 274
태주학안1(泰州學案一) / 164
태화(太和) / 358, 471
통서후발(通書後跋) / 357, 471
통은(通隱) / 16, 452

## 파

파리[蠅] / 147, 458
파우스트(Fúshìdé) / 212, 464
파우스트[浮士德] / 197
패초헌객담(佩楚軒客談) / 85
포규선(蒲葵扇) / 18, 453
포송계 체원도에 쓰다[題包松溪棣園圖] / 304, 469
포옹신제(抱甕新薺) / 211, 463
포유이(布留爾) / 343
포조(鮑照) / 302, 468
표기(表記) / 357, 471
품다요론(品茶要論) / 31
품조(品條) / 17, 452
풍도(馮道) / 233, 248, 466
피서록화(避暑錄話) / 105
피서산장도영(避暑山莊圖詠) / 358, 471
필기(筆記) / 148, 459
필량사(畢良史) / 211, 464

## 하

하감(賀監) / 126
하심은(何心隱) / 303, 468
하심은론(何心隱論) / 303, 469
하안(何晏) / 295
학(鶴) / 147, 458
학림옥로(鶴林玉露) / 105
학서위락(學書爲樂) / 134
학습반(學習班) / 358, 471
학주권에 쓰다[題鶴州卷] / 275
한거(閑居) / 125
한거하여 초여름에 낮잠에서 일어나 두 절구를 짓다[閑居初夏午睡起] / 150, 460
한걸의 산수화에 발문한 2수[又跋漢杰畵山二首] / 50
한묵지(翰墨志) / 65
한서(閑書) / 124
한세충(韓世忠) / 142, 454
한언잉어(閑言剩語) / 97
한영(閑詠) / 130
한정우기(閑情偶寄) / 394, 407
한탁주(韓侂冑) / 249, 467
항용(亢龍) / 303, 468
해구보원(解仇報怨) / 51
해국도지서(海國圖誌敍) / 305, 470
해내명산원기(海內名山園記) / 324
해여총고(陔餘叢考) / 97
해염장씨섭원기(海鹽張氏涉園記) / 400
행장(行狀) / 85
행회(行會) / 212, 464
향자인(向子諲) / 143, 455
헌면재현(軒冕才賢) / 144, 455
헌원씨(軒轅氏) / 262
헐산(歇山) / 441, 472
헨리(Henry) / 212, 464
현도(玄度) / 295
현령궁에 여러 공들이 모여 이 '성시산림'을 운으로 지었다[顯靈宮集諸公, 以成市山林爲韻] / 178
현로제 가산에 차운하다[次韻漢老第假山] / 343
혜강(嵇康) / 123
호고발아(好古博雅) / 145, 456
호수에 사니 일이 없어 시를 짓는 것이 일과이네[湖居無事, 日課小詩] / 38
홍설인연도기(鴻雪因緣圖記) / 394
홍콩의 섬에서 바다를 보고 노래하다[香港島觀海詩歌] / 322

화가13과(畵家十三科) / 143, 455
화경(花鏡) / 396
화당덕명문병(和唐德明問病) / 282
화범경인 왕경이가 전중에서 지은 잡시38수에 답하고 서문을 쓰다(和范景仁王景彛殿中雜題三十八首幷次韻) / 96
화변문학(花邊文學) / 356, 470
화사(畵史) / 44, 50
화심이 일어난다(花心動) / 150, 460
화호류견(畵虎類犬) / 442, 472
확재기(擴齋記) / 303, 468

환현(桓玄) / 18, 453
황인우(黃仁宇) / 212, 465
황종희(黃宗羲) / 209, 356, 444, 462, 470, 474
황철(黃徹) / 303, 468
황태자임벽옹송(皇太子臨辟雍頌) / 358, 471
휘주(揮麈) / 148, 459
휘주록(揮麈錄) / 105
흑촉직(畜促織) / 195
희황상인(羲皇上人) / 118

\* 저자(著者)

왕의(王毅)

- 1954년 북경(北京)생으로, 1982년에 중국인민대학(中國人民大學) 중문학과(中文學科)를 졸업하고, 1982~2000년 중국사회과학원(中國社會科學院) 문학(文學)편집과 심의를 역임했으며, 2000~지금까지 중국사회과학원 철학연구소 연구원이다. 2007~2008학년도에 미국 하버드대학 '경관학연구센터[景觀學研究中心]' 경관건축학(景觀建築學) 고급연구원을 지냈다. 연구영역은 중국철학(中國哲學)·사학(史學)·문학(文學)·법률사(法律史)·중국법철학(中國法哲學)·제도경제사(制度經濟史)·조형예술(造型藝術)·고전원림(古典園林)·민간종교(民間宗敎)·사회생태(社會生態)와 제도윤리(制度倫理) 등이다.


\* 역자(譯者)

김대원(金大源)

- 1955년 경북 안동(安東)생으로, 1977~1982년에 경희대학교 사범대학 미술교육과와 교육대학원을 졸업하고, 2012년에 고려대학교 대학원에서 한문학 전공으로 문학박사학위를 취득했다. 1981년~1985년 대한민국 미술대전에서 인물화와 동물화로 특선 두 번과 우수상을 수상하였고, 1995년 제3회 월전미술상을 수상하였다. 1982년~현재까지 개인전 17회, 단체전 200여회를 하였다. 1988년~현재까지 경기대학 예술대학 교수로 제직 중이며 조형대학원장과 박물관장을 역임하였다.
- 저역서로는 다음과 같은 것이 있다.
  중국역대화론(中國歷代畵論) Ⅰ~Ⅴ. 도서출판 다운샘(2004~2006)
  집자묵장필휴(集字墨場必攜) 1~8. 공역. 고요아침(2009)
  중국고대화론유편(中國古代畵論類編) 1~16. 소명출판(2010)
  중국화론집성주석본(中國畵論集成注釋本) 1~2. 학고방(2013)
  원림과 중국문화(園林與中國文化) 1~4. 학고방(2014)

한국연구재단
학술명저번역총서
[동양편]  607

# 원림과 중국문화 ❹

초판 인쇄  2014년  1월  22일
초판 발행  2014년  1월  29일

저    자 | 왕  의
역    자 | 김대원
펴 낸 이 | 하운근
펴 낸 곳 | 學古房

주    소 | 서울시 은평구 대조동 213-5 우편번호 122-843
전    화 | (02)353-9907  편집부(02)353-9908
팩    스 | (02)386-8308
홈페이지 | http://hakgobang.co.kr/
전자우편 | hakgobang@naver.com,   hakgobang@chol.com
등록번호 | 제311-1994-000001호

ISBN    978-89-6071-358-1   94820
        978-89-6071-287-4   (세트)

값 : 32,000원

■ 이 저서는 2011년 정부(교육과학기술부)의 재원으로 한국연구재단의 지원을 받아 수행된 연구임(NRF-2010-421-A00035)
  This work was supported by National Research Foundation of Korea Grant funded by the Korean Government (NRF-2010-421-A00035).

이 도서의 국립중앙도서관 출판시도서목록(CIP)은 서지정보유통지원시스템 홈페이지 (http://seoji.nl.go.kr)와 국가자료공동목록시스템(http://www.nl.go.kr/kolisnet)에서 이용하실 수 있습니다.(CIP제어번호: CIP2014003144)

■ 파본은 교환해 드립니다.